地域の記録と記憶を問い直す

―武州山の根地域の一九世紀―

白井哲哉
須田　努　編

『地域の記録と記憶を問い直す—武州山の根地域の一九世紀—』目次

目次

＊史料の引用は、原則として常用漢字とした。

図版目次

序章　地域の記録と記憶を問い直す意義（白井）

第Ⅰ部　記録と日常生活の復原

第一章　一九世紀農村の耕地景観（辻林）

第二章　山村における「並百姓」の生業（山本）

第三章　文久三年の中山道板橋宿当分助郷免除運動と村（牛米）

序章　地域の記録と記憶を問い直す意義
―郷土史の再評価とともに―

白井　哲哉

本書は、一九世紀の武州山の根地域における共同研究の成果を、地域の記録と記憶の再検討というコンセプトの下にまとめたものである。武州山の根地域とは、後述のとおり武蔵国西部の中山間地域を指す。私たちは、この武州山の根地域に含まれる現在の埼玉県飯能市域（旧名栗村域を含む。以下、飯能市域と略す）を主なフィールドに、編者である須田と白井の会話をきっかけに平成一四年（二〇〇二）から資料調査を開始、平成一七年（二〇〇五）頃から研究会を続けてきた。

当初の研究関心は「一九世紀の地域社会像」にあり、近世と近代の時代区分で断絶しない地域史の連続的な理解を目指していた。それに加え、従来必ずしも進んでいなかったこの地域の歴史資料調査の過程で、私たちは資料自体の面白さ、資料群の残存状況、資料が語る地域の歴史言説にも関心を向けていった。

研究関心の方向を決定づけたのは、平成二三年（二〇一一）三月一一日の東日本大震災だった。本書の執筆者には被災地支援や被災資料レスキューに従事した者たちがいる。たとえば白井は、直後から茨城文化財・歴史資料救済・保全ネットワーク（茨城史料ネット）の結成に参加、茨城県鹿嶋市や北茨城市などで被災資料のレスキュー活動に従事する一方、福島第一原子力発電所事故で全町民の避難を続ける福島県双葉町で震災関係資料の保全活動を進めた。資料調査の際に参加者の間で被災地の状況を語る機会が増え、大災害の知見を調査研究に引き付けて考えるようになった。

大災害と歴史資料滅失の危機の中で、一つの言葉が発せられていた。「地域の復興なくして地域の歴史資料の保存はない」(1)。ここから学ぶことは多いが、本稿では、地域の歴史資料が地域コミュニティと不可分で存在してきたという含意に着目する。つまり、いま地域に残されている地方文書などの歴史資料は、地域コミュニティの記憶を伝えるため評価・選別された記録と理解できるのである。もちろん、一方に記録されない記憶、意図的に消去された記憶、新たに創出された記憶が存在することも認識している。

共同研究を通じて、私たちは残された記録から、現在の地域コミュニティに見られない一九世紀の地域の実態を復原した。また政治変革期だった一九世紀に地域の記録や記憶が変容を遂げる実態を解明してきた。記録と記憶の観点から地域の歴史資料に再検討を加えること。そして一九世紀における変容過程の分析からその特質を検出すること。この二点は、大震災や原子力災害により地域コミュニティが危機に晒された二一世紀の日本社会を生きる私たちに、今後起こり得る危機的状況に向き合う際の重要な視点を提供できるだろう。その意味で本書は、地方史・地域史研究への問題提起を試みようとの意思をこめている。

郷土史・地方史・地域史との結びつき

地域の記録と記憶の観点から地域史研究にアプローチしようとする本書は、地方史・地域史への理解とどのような結びつきを考えるのか。本稿ではこの問題を二〇世紀前半の郷土史に遡って考える。

かつて塚本学は、古代の古風土記、中世の寺社縁起、近世の藩撰地誌及び民撰地誌と村人の家伝記・由緒記などを「郷土史の源流」として挙げた後、柳田国男らが郷土会を成立する明治四三年（一九一〇）に郷土史の画期を設定した[2]。また木村礎は、郷土史の前提として近世の地誌類と村明細帳類を挙げ、これらと郷土史・地方史・地域史との連続・非連続を検証する必要を指摘した上で、多仁照廣の指摘[3]を受けて一九世紀末における郷土誌編纂の提唱に郷土史の画期を見た[4]。両者とも郷土史の成立時期を一九〇〇年前後に求めている。

ただし、当初それは郷土研究と呼ばれ、調査対象も方法も定まっていなかった。たとえば、埼玉県大里郡では明治四二年（一九〇九）に郷土教育の教材として尋常高等小学校に備えるため編纂を開始、同年五月に同校長会で「郷土誌編纂ニ関スル事項」を協議した。このときの編纂項目は自然界（地・水・気・動物・植物・鉱物）と人文界（戸数・教化・歴史・法制・習俗・衛生・殖産興業・交通・経済・町村自治）に編成され、一九世紀以来の日本型地誌と、当時の輸入学問だった欧米地誌学の両者の要素が混交していた[5]。小学校等で行われた実際の郷土教育では、子どもたちに地域の遺跡の所在や伝説・民話も語ったようである[6]。

そのような郷土研究に対し、柳田国男は昭和八年（一九三三）に「個々の郷土に於て蒐集せられた事実」「理解せられて居る限りの知識」を「比較も綜合も無く、又各地相互の啓発も無し」と批判した[7]。立場は大きく異なるが、羽仁五郎も昭和六年（一九三一）に、当時の「郷土科学」を「昔の生産交換手段とともに昔の所有関係及び昔の社会関係を復興しようとする」か、現在の「生産交換手段を旧所有関係の外殻の中に無理に再び押しこまう」としていると批判した[8]。

郷土研究が郷土史として提唱されるのは、柳田や羽仁の批判が出され、文部省が郷土教育運動を展開した一九三〇年代である。その一例として、当時の史蹟名勝天然記念物調査や保護に携わった柴田常恵の「郷土史の研究[9]」を取り上げよう。

柴田は冒頭で、「郷土」について「自己の成育に最も関係深き環境が即ち郷土」と定義する。その範囲は「夫々の境遇なり知識の程度なりに依って伸縮さるべき」で、「親密さを失はざる」程度で「夫々の立場に依って広狭を異に」すること、また空間のみならず「当然時間的の経過を語る歴史を含有せねばならぬ」と郷土史の意義を述べた。柴田は郷土研究に時間軸＝歴史を導入した発展形として郷土史を構想していた。

そして郷土史における資料収集を重視し、「郷土に秘められたる幾多の資料は絶えず湮滅しつゝあ」り、「貴重なる資料を猥りに湮滅に帰せしむるは到底堪へ難き所にして、今や郷土史の研究は一日を忽にす可からざるものがある」と説いた。一方で「従来郷土史に対しては左程の関心は払はれず、其研究に至っても、兎角一般史に比して軽視さるる傾向があった」が、「郷土史は夫々の郷土を主題として研究さるべきもので、我が帝国を一団として其推移変遷の状態を究むる一般史たる国史とは全く立場を異にして居る」と述べ、「一般史」＝国史と郷土史の違いに注意を促した。

もう一例として、東京帝国大学史料編纂所員だった伊東多三郎の「近代文化史上より見たる国史学」(10)を取り上げよう。ここで伊東は「歴史学の行くべき方向に関する一試案」として「郷土史の研究法」を挙げる。伊東は、まず江戸時代の地方史が「地誌の体裁を採って編述されて居るものもあ」ったという認識を示す。

伊東によれば、当時の県史や市町村史は地理・政治・経済・歴史・風俗習慣などが「全く個別的に羅列されて」いた。また、当時の社会経済史学の研究に対して「中央の専門家が自己の専門事項の特殊部門のみを抜き出して研究する結果、郷土性の完全なる理解が閑却される傾」を批判した。ここで言う郷土性とは、文化史における「その地方の固有な性質を持つもの」「特に郷土意識によって創造されたもの」「他から伝えられたものでも、（中略）地方の生活の中に溶け込んで、郷土色を豊かにした」ものなどの特性を指す。

伊東にとって「郷土性を重視した歴史」が郷土史であり「郷土性への配慮と理解のない県史・市史は、たとえ学問的内容がよくても単なる地方史」だった。[11]伊東は、地域に関する多様な分野の相互関係を究めて「一体としての生活の構成が見られてこそ、始めて郷土史の名に相応しい」と主張した。ここには近世地誌への再評価が見られる。その後伊東は、自ら編纂主幹を務めた『水戸市史』で「郷土史は郷土意識によって生命を与えられる」と述べている。郷土意識の要因として「生まれ育った所というだけではなく、その土地の一員として地域社会の生活に参加し、連帯感を持つという生活感」を挙げた。[12]歴史意識の郷土性とは、言い換えれば地域コミュニティの成員（その地の生まれ育ちか否かは関係なく）としての当事者意識である。そして地域コミュニティに根付いた文化的・精神的事象（その地の起源か否かは関係なく）の歴史的変遷についての総合的解明を、伊東は郷土史の目的とした。伊東が一九三〇年代に、歴史学の進むべき方向として近世地誌の再評価に基づく郷土史を提唱したことは注目に値しよう。

柴田も伊東も「一般史」と異なる歴史学の新たな方法として郷土史を提唱した。その主張は、郷土研究を「日本人の生活、殊にこの民族の一団としての過去の経歴」[13]と規定した柳田と異なり、地域コミュニティ成員の当事者意識に立脚する地域史の総合理解を目指すものだった。一方で、柴田は「独断的にして科学的根拠に基かざる」「妄誕なる伝説や一片の郷土愛に惹かれて空言に陥ゐる」、根拠に乏しい先人の記述を無批判に踏襲するなどの点を郷土史の課題に挙げていた。この点がアジア・太平洋戦争敗戦後に地方史が提唱される際、郷土史への強い批判の根拠となっていく。

昭和二五年（一九五〇）発足時の地方史研究協議会の会則第三条は「この会は各地の地方史研究者研究団体相互間及び、それと中央学会との連絡を密にし、日本史研究の基礎たる地方史研究を推進することを目的とする」[14]だった。また同二七年（一九五二）刊の同会編『地方史研究必携』は、冒頭で「地方史の研究は、各地域社会の先人の生き方、在り方がどのようであったかをかえりみ、一つには、郷土の前途を案ずる上での参考とし、一つにはそれが日本歴史全体のうちに占める位置をさだかにしてその意義を究めるもの」と記した。[15] これらの背景にある郷土史と地方史の関係を検証しよう。

創立期からの会員だった古島敏雄は、「地方史研究とよばれているものは（中略）その本質においては個別具体性の詳密な検討である」と述べる一方、「研究の目的である一般的歴史発展の法則的理解を探るにたるものになりたい」とも言っていた。[16] 同じく永原慶二は、「戦前・戦中の「郷土史」は一面では時勢にひっぱられて忠臣・英雄の顕彰に傾いたが、本来地域社会の総合研究という性質を持って」いたので「後者の特徴をさらに学術的にも研磨し発展させ」るべきと評価する一方、地方史を「日本列島社会・日本国の一環・一部としての「地方」であって、個性的であるが全体の一環である、という認識を踏まえた地域史でなければならない」と論じた。[17] 両者の発言が、柴田や伊東が提唱した郷土史の意義と異なる点に注目したい。

もちろん、同じ時期には「初めから地方史を中央全体史の立場に立ってみたり、中央史全体のためのものとして考究しようとするのは、本当の意味からは地域的歴史の発達を助長させるものではない」[18] という発言もあった。しかし成立時の地方史をめぐる議論の大勢は、「一般史」や国史の観点から「個別具体性の詳密な検討」の点で郷土史を評価したと言えよう。この後、一志茂樹による郷土史の立場からの地方史研究協議会批判や、佐々木潤之介による「地方史」の語を廃棄すべきとの発言が出されていく。[19]

一九六〇年代から七〇年代にかけて地方史の再検討が議論され、七〇年代後半から八〇年代にかけては地域史が提唱された。また九〇年代には「地域社会論」の提唱とそれをめぐる議論が交わされた。これら膨大な議論の紹介は別の機会に譲り、ここでは黒田俊雄[20]と木村礎[21]にのみ触れておく。両者の主張は一九七〇年代を中心に展開され、従来の「一般史」や一国史の発想及び階級闘争的視点を批判し、地域、民衆、村落などの語を冠する「生活史」の方法を提唱した点などで、実はそれほど大きな違いがない。そしてそれらは平川新[22]が指摘するような郷土史の再評価をはかった議論と評価できる。

木村の場合、一九六〇年代以来抱いてきた地方史への疑問を、一九八〇年代以降に自らの村落史研究で解決していった。すなわち、マルクスの共同体論に基づく土地所有論としての村落景観研究[23]から、柳田国男に学び衣食住を含む共同生活を分析する機能的共同体論としての村落生活史研究[24]への展開である。その成果に基づき、木村は自ら監修した茨城県千代川村（現下妻市）や境町の自治体史編纂では、近世村＝大字単位で歴史や地理を叙述した近世地誌のスタイルに学ぶ「地誌編」を企画・刊行した[25]。「地誌編」は木村が到達した郷土史の実践で、そこには伊東らと同じく近世地誌への再評価が存した。ただし、村の文化・精神生活を取り上げた木村の最後の単著[26]は、本人も認めるように必ずしも成功していない。「典型的な階級史観[27]」の一面も指摘される木村の研究において、伊東が展望した郷土性に基づく歴史意識や地域コミュニティにおける文化的・精神的事象の歴史的変遷の解明は、なお課題として残ったと言えるだろう。

その後、歴史学では「言語論的転回」や「文化論的転回」と呼ばれる「現代歴史学」の潮流が生まれ[28]、新たな文化史研究の展開とともに、史料＝テキストの読解や解釈にも再検討の眼が向けられるようになった。また大震災や原子力災害の被災経験は、地域における私たちの日常生活、すなわち地域コミュニティの存続を自明の前提とはできないことを、白日の下に晒した。

書名に付した「地域の記録と記憶」は、このような近年の社会的および学術的背景を背負った、新たな地域史研究のキーワードと考えるものである。約八〇年前に近世地誌の見直しとともに提唱された郷土史は、独自の史学方法論として再評価されつつある。本書はその次のステップを目指し、共同研究の成果を「記録」論と「記憶」論の二部構成でまとめた。その意図の詳細は各部冒頭の総説を御覧いただきたい。

武州山の根地域と飯能市域

ここで共同研究のフィールドである武州山の根地域、そして飯能市域について紹介しよう。加藤衛拡によれば、武州山の根地域の範囲は武蔵国比企郡・高麗郡・入間郡・多摩郡に広がり、外秩父と呼ばれる秩父山地外縁部から多摩山地及び多摩丘陵までの南北に伸びる一帯に相当する。(29) 図1のとおり、現在の埼玉県小川町・ときがわ町のあたりからJR八高線に沿って南下し、東京都八王子市域から多摩川を越えて奥多摩及び日野市・町田市域までに及ぶ広い地域である。私たちのフィールドである飯能市域は武州山の根地域のやや南、多摩地域に丘陵部を挟んで接している。

武州山の根地域は、史料上で「武州山之根」「武州山之根筋」等と表記される。かつて神立孝一は享保期に作成された「山之根九万石村高改帳」を分析し、その構成村が武蔵野新田を除く多摩郡全域に広がることを提示した。(30) しかし武州山の根地域という視点による埼玉県側の研究は、加藤の仕事を除けばほとんど進んでいない。本書もまたこの地域の特質の解明には至ってない。ただし各論考からは、豊富な農林産品の流通を背景に平野部や都市部と多様な関係をとり結ぶ、関東平野の西部中山間地域である武州山の根地域の姿を垣間見ることができよう。

現在の飯能市域の古代中世史は不明な点が多いが、この地域では吾那郷・加治郷・那栗郷が確認されており、私たちの主なフィールドは那栗郷と加治郷に属していた。那栗郷は入間川（名栗川）の上流山間部に展開したと考えられ、元亨四年（一三二四）の秩父神社文書が初見である。加治郷は入間川が山間部から流れ出す扇状地上に展開

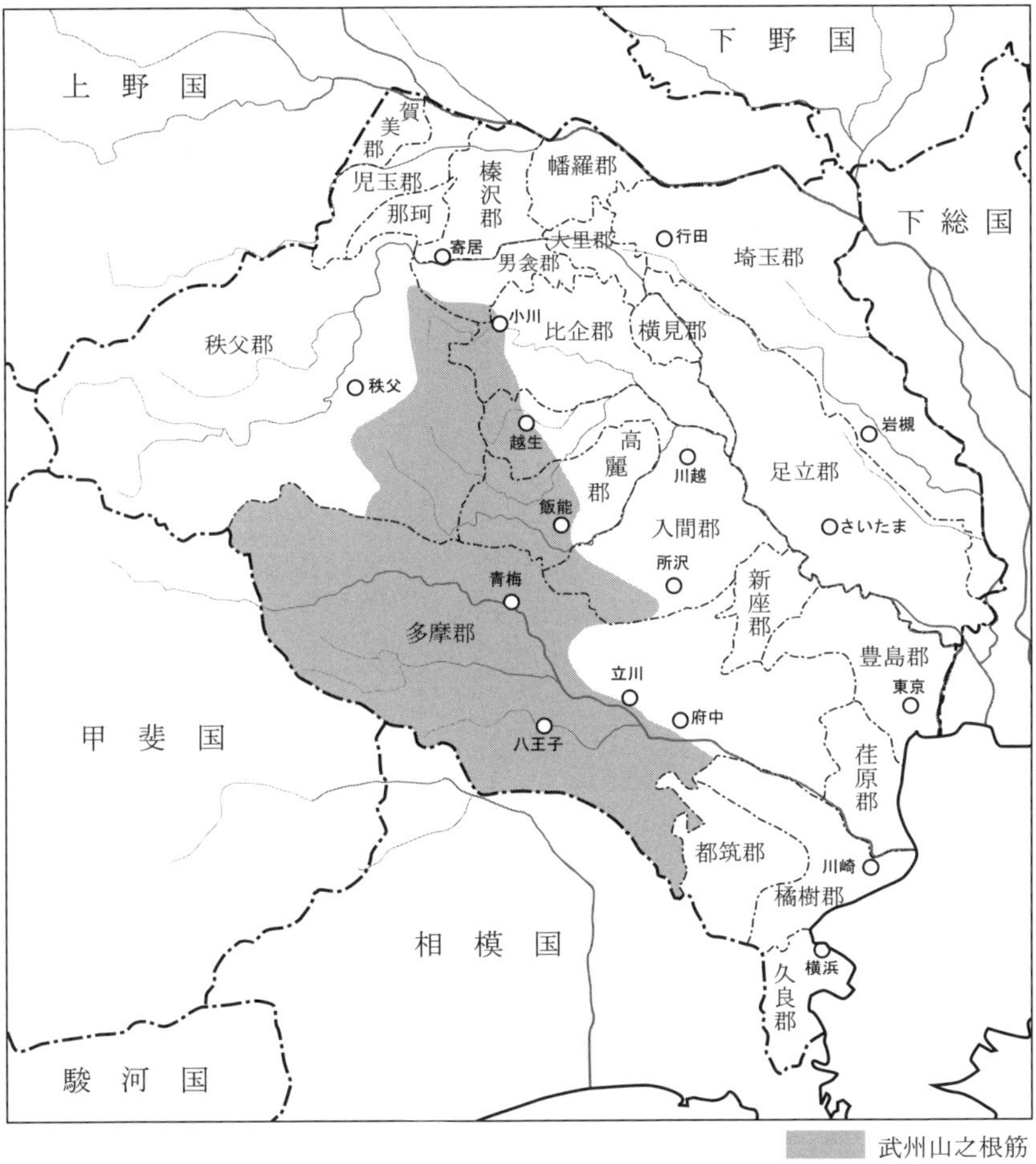

図１　武州山之根筋の範囲
（飯能市教育委員会編『名栗の歴史　上』2008年より転載）

したと考えられ、一二世紀末には丹党系武蔵武士である加治氏の支配領域だったが、加治氏は北条氏の御内人として鎌倉攻めの新田義貞軍と戦い滅亡した。飯能市中山の智観寺や入間市野田の円照寺には加治氏に関係する一三〜一四世紀の板碑が現存する。その後の加治郷は新田氏一族の所領となり、さらに関東管領山内上杉氏の勢力下に入った。当時は加治氏一族の中山氏がこの地を支配し、中山に居館を構え、居館の隣へ永正年間（一五〇四〜二一）に智観寺を中興、一六世紀中葉に飯能の能仁寺を中興したとされる。

山内上杉氏は天文一五年（一五四六）の河越夜戦を契機に衰退し、中山氏と加治郷は小田原北条氏の勢力下に入った。滝山城主（現東京都八王子市）北条氏照の永禄七年（一五六四）制札には永田、同八年（一五六五）印判状には久須美、天正三年（一五七五）印判状には久下分という飯能市域の地名が見える[31]。現在につながる飯能市域の歴史語りは一六世紀から本格的に始まると言えよう。逆に言えば、この地域における一六世紀以前の歴史は史料上も伝承上もほとんど語られない[32]。

小田原北条氏の滅亡と徳川氏の江戸入府後、慶長三年（一五九八）検地が入間川流域の長田村・小岩井村・大河原村で実施された[33]。この地域は一七世紀を通じて一円幕府領で、中山村には代官の陣屋が置かれ、門前に市町が形成されて一七世紀末頃まで一日・五日に市が立ったという[34]。武蔵国正保郷帳『武蔵田園簿』でも「中山町」の記載が確認できるが、実は地元の伝承以外の史料がほとんど残ってない。中山村の村明細帳には正徳五年（一七一五）に陣屋跡地が村人に払い下げられて翌年に検地を受けたとあるので[35]、一八世紀初頭に陣屋は廃され中山町も衰退していたことがわかる。その同じ時期である宝永四年（一七〇七）、この地域に黒田直邦（常陸下館藩、のち上野沼田藩、上総久留里藩）の所領が設定され、延享四年（一七四七）には御三卿一橋家・田安家の領知が設定された。

また一七世紀末頃から、中山町と入れ替わるように飯能村・久下分村の境道沿いで町屋が形成され始め、その家並を「飯能町」と呼ぶようになり、一八世紀後半に大きく発展する[36]。発展の契機は川越を経由して新河岸川の舟運で江戸へ向かう物流ルートの創出にあった。それ以前、たとえば入間川上流域で産出される石灰は峠を越えて多摩郡青梅へ運んでいたが、物流ルートの確立により山間部などの薪、炭、石灰が飯能町に集められて川越へ向かった。さらに一八世紀前半、入間川上流の木材を筏で江戸に直送するシステムが確立して、飯能村と久下分村の境の飯能河原は筏の継立場になった。紙漉き、養蚕、絹織物などの農間余業が盛んになるのも一八世紀前半である[37]。

現在の飯能市域に残された史料＝記録の大半は一八世紀以降のものである。この事実は、飯能市域の歴史語りが一八世紀前半に大きく転換し、それ以前の記録や記憶の多くが消去されたことを示している。大都市である江戸との経済的な結びつきが大転換の要因であり、以後は江戸との関係がこの地域に大きな影響を与えるようになる。

象徴的なエピソードを一つ紹介しておこう[38]。寛政一〇年（一七九八）の夏、江戸四谷で医師を開業する玄賀とその家族が、前から縁のあった矢颪村に移住した。玄賀は息子に医業を教えて江戸で開業させ、自らは村内で隠居する計画だったようである。だが、かねて遊興に浮かれたと言われる息子の源次郎は、早くも移住三か月後に村から数度出奔を企て、さらに四年後の享和二年（一八〇二）に村に住む娘のとみを誘って数度の出奔を試み、一時は江戸に潜伏していた。結局発見され、村へ連れ戻された二人は結婚するが、文化二年（一八〇五）に玄賀が死去すると、半年後に今度は息子夫婦を含む家族全員が村から出奔して帰って来なかった。一九世紀初頭の江戸と飯能市域の心理的距離が、現在の私たちの想像以上に近いものだったことを想像させる。

一九世紀における飯能市域は一八世紀以来の社会経済状況が継続した。久留里藩領・幕府領とともに御三卿領知が錯綜した支配状況は、この地を慶応四年（一八六八）に飯能戦争の戦地とした背景となった。そして戦争の経験は、その後一〇〇年余りにわたってこの地域の歴史語りに影響を与え続けた。その意味でこの地域の一九世紀は政治的要因に特徴づけられたと言うことができる。詳しくは本書所収の各論文を読んでいただきたい。

飯能市域の二〇世紀に対する歴史的考察は今後の課題だが、大正四年（一九一五）の武蔵野鉄道（現西武池袋線）開通[39]が象徴する経済的要因を重視すべきだろう。その後鉄道は物流から人間の移動へ重心を移し、観光そして通勤の移動手段となっていく。入間川と支流の成木川との合流地にあたる山上には、昭和五七年（一九八二）から平成元年（一九八九）にかけて住宅・都市整備公団（当時）による宅地造成工事が進められ、美杉台団地が造られた。日本の経済発展とともに多くの新住民が飯能市域へ移り住み、一八世紀以来の地域コミュニティが大きな変容を余儀なくされたこの同じ時期、歴史資料の保存機能を有する飯能市郷土館が昭和六二年（一九八七）に基本計画策定、平成二年（一九九〇）に開館した。私たちの資料調査と共同研究は、この飯能市郷土館が収集した歴史資料を主な対象としている。

二一世紀第一4半期を越えた現在の飯能市域は、将来の人口減が課題に挙がり、地域を支えた従来の社会基盤が大きく変容する過程にある。地域コミュニティが伝える記録や記憶も、一八世紀以来の歴史語りも、ここでまた大きく変わる可能性がある。本書はそれらへ答を出すものではないが、かつての歴史語りを支えた記録と記憶の具体相やその変遷を解明することに若干の意義があるだろう。もっとも本書では諸般の事情により、近世の行政村、明治前期の戸長役場、明治後期以降の旧町村役場など行政運営に関する諸論考を収録することができなかった。この点は大きな課題として残っている。

調査地域と資料

本書の中心的な調査研究の対象地域及び資料は、図2に示した矢颪（高麗郡矢颪村）の中村家文書と滝澤家文書、飯能（高麗郡飯能村）の能仁寺文書、上名栗（秩父郡上名栗村）の町田家文書と平沼家文書で、とくに図3の矢颪が調査研究上の核になっている。中村家文書は矢颪村の年番名主を務めた中村家に伝わり、現在は飯能市郷土館が所蔵する。私たちは最初に中村家文書の調査に着手し、飯能市郷土館と連携して平成二〇年（二〇〇八）に資料目録を刊行した(40)。調査を進めながら矢颪の現地調査を何度も繰り返した。その過程で滝澤家文書に出会い、飯能市郷土館と連携して資料調査を行った。

続いて飯能市域の歴史を考える上で欠かせない能仁寺文書の調査を実施した。能仁寺は飯能戦争の際に旧幕府軍＝振武軍の屯所となった所である。調査と並行して飯能市郷土館は飯能戦争の展示会を準備し、平成二三年（二〇一一）に特別展「飯能炎上―明治維新・激動の六日間―」を開催、翌平成二四年に『飯能市郷土館史料集第一集　飯能戦争関係史料集』を刊行した。私たちも特別展の準備等を直接・間接に支援した。これ以外にも、小瀬戸（高麗郡小瀬戸村）の須田家文書や旧加治村行政文書をはじめとする飯能市郷土館の収蔵資料を調査してきた。町田家文書について現在は学習院大学史料館が収蔵する。調査当時、飯能市郷土館は飯能市と名栗村の合併に伴い名栗村史編纂事業を担当していた。

私たちの共同研究が本書の刊行として結実するまでには、本当に多くの方々の御理解と御協力・御支援を得てきた。最初に、中村興夫氏、滝澤自次氏、能仁寺住職の故・萩野映明氏、学習院大学史料館はじめ多くの資料所蔵者のみなさまに厚く御礼を申し上げる。とりわけ、盆や春の彼岸の多忙な時期に大勢で押しかけながら、伽藍の一角を提供して調査を受け入れてくださった能仁寺のみなさまに改めて感謝を申し上げる。

続いて、私たちの資料調査を館の共同研究事業として位置づけ、長年にわたって受け入れてくださっている飯能市郷土館及び同館の歴代職員、そして飯能市教育委員会の関係各位に心から感謝申し上げる。とくに、初代郷土館

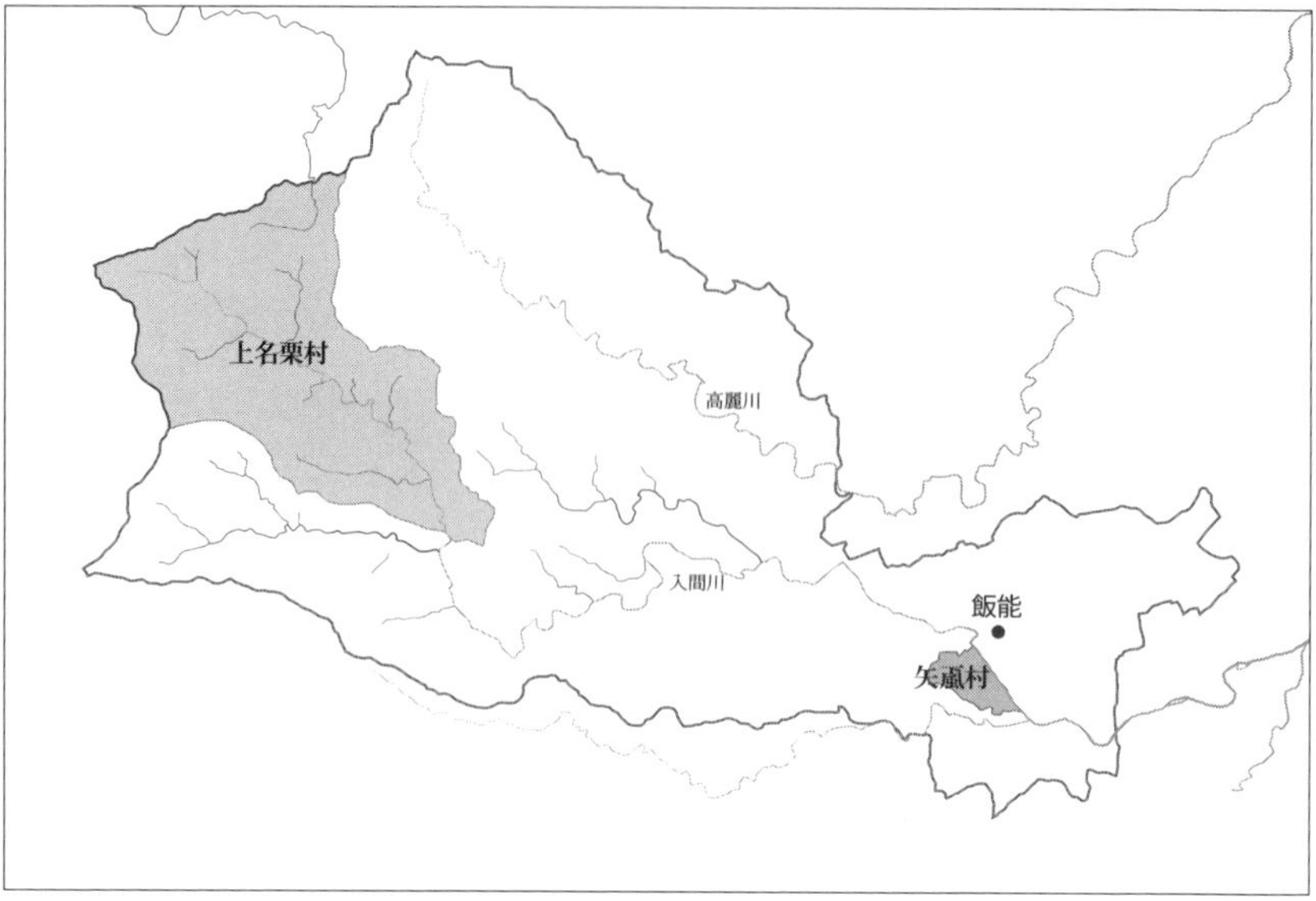

図２　本書の中心的な調査研究対象地域

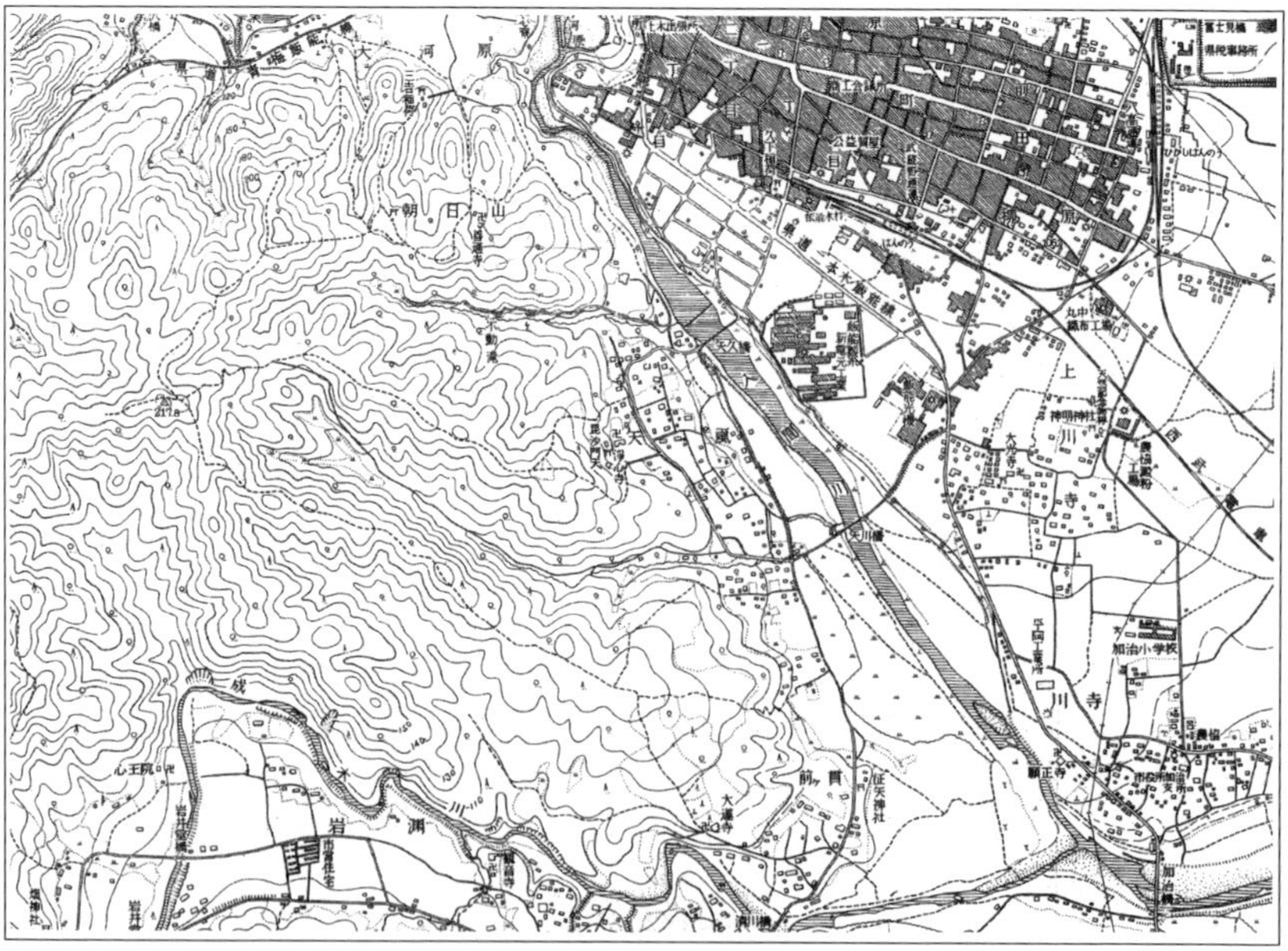

図３　昭和35年飯能市都市計画図より矢颪付近
（『中村家文書目録』口絵より転載）

長で元飯能市史編さん係長の浅見徳男氏には、調査の開始当初から現在までさまざまな御支援や御助言をいただいてきた。また現在の柳戸信吾館長と尾崎泰弘・村上達哉・宮島花陽乃の各学芸員諸氏にも、特段の感謝を申し上げたい。私たちの毎回の二泊三日調査で定宿にしている奥むさし旅館の方々にも御礼を申し上げる。資料調査参加者は最大四〇人以上に及んだことがあり、奥むさし旅館の御理解がなければ調査の続行自体が危ぶまれただろう。毎回の調査の最後には飯能市域各地の現地調査を行っているが、遠方の際には旅館の御厚意に甘えてマイクロバスを出してもらったこともあり、いろいろ助けていただいた。その他さまざまな場面でお世話になった飯能市民の方々に御礼申し上げたい。

第一回の資料調査は平成一四年（二〇〇二）八月に実施した。以来、直近の平成二七年（二〇一五）八月調査までの実施内容と参加者は巻末に掲載した。参加者の大半は二〇代の学生・院生たちである。彼らのほとんどは、この調査で初めて本物の古文書に触れる体験を得た。彼らの中から本書の執筆者が何人も輩出された。そもそも彼ら一人一人が調査に参加してくれなかったら、本書は存在しなかったのである。いま各地で活躍する彼らに「ありがとう」の言葉を届けたい。

そして、編者二人の恩師であり、資料調査合宿の大先達である故・木村礎先生に御礼を申し上げる。木村先生は私たちの調査へ計三回参加してくださった。楽しく資料調査ができればそれで満足だった当時の白井を、木村先生は「調査で終わってはいけない、研究を行わなければならない」と叱咤した。木村先生がいなければ始まらなかった本書を御本人に届けられないのは無念の一言に尽きる。

本書は、本来であれば数年前に刊行される予定だった。それが大幅に遅れてしまったのはひとえに白井の責任である。これまで御礼と感謝を申し上げてきたすべての方々、そして本書の出版をお引き受けくださった八木書店古書出版部の滝口富夫氏と編集担当の恋塚嘉氏には御礼とともに深くお詫びを申し上げる。どうか充実した本書の内容に免じていただければ幸いである。

註

（1）ふくしま歴史資料保存ネットワーク（ふくしま史料ネット）創設メンバーである本間宏氏の言葉である。なお白井哲哉「フクシマから学ぶ歴史資料の保存と地方史研究―地域史研究講習会「災害と向き合い歴史に学ぶ」に参加して―」（『地方史研究』三五七、二〇一二年）を参照。
（2）塚本学「地域史研究の課題」（『岩波講座　日本歴史』二五別巻二、一九七六年）。
（3）多仁照廣「地方史と「国史」」（『地方史研究』二〇〇、一九八六年）。
（4）木村礎「郷土史・地方史・地域史研究の歴史と課題」（『岩波講座　日本通史』別巻二、一九九四年）。
（5）田村百代『田中啓爾と日本近代地誌学―欧米地誌学との関連―』（古今書院、一九八四年）。
（6）筆者が一九八九年～一九九一年に茨城県猿島町（現板東市）で明治大学木村礎研究室の共同調査に参加した際の知見で、斎藤弘美氏の御教示による。当時、現地で七〇代の方々に聞き取り調査を実施したところ、村の歴史や伝説の語りを豊富に聞くことができた。しかしそれは彼らが小学校で教わった知識であり、それを教えた教員は郷土史家の今井隆助氏（当時九〇才を過ぎてなお御健在だった）であることが後でわかった。
（7）柳田国男「郷土研究と郷土教育」（『郷土研究』二七、一九三三年）。なお、伊藤純郎『郷土教育運動の研究』（思文閣出版、一九九八年）を参照。
（8）羽仁五郎「郷土なき郷土科学」（『郷土科学』一三、一九三一年。羽仁五郎『歴史学批判序説』鉄塔書院、一九三二年に所収）。前掲註（7）伊藤著書を参照。
（9）柴田常恵「郷土史の研究」（『郷土史研究講座』一、一九三一年）。
（10）伊東多三郎「近代文化史上より見たる国史学」（『日本諸学振興委員会研究報告』四、一九三八年。伊東多三郎『近

世史の研究　第三冊』吉川弘文館、一九八三年に所収）。
(11) 伊東多三郎「文化史における地方文化の問題」（『日本歴史』二四八、一九六九年。伊東多三郎『近世史の研究　第三冊』吉川弘文館、一九八三年に所収）。
(12) 伊東多三郎「総説」（『水戸市史』上、一九六三年）。
(13) 前掲註（7）柳田論文。
(14) 『地方史研究』創刊号（一九五一年三月）に掲載。この条文はのちに文言が修正され、その後も改訂論議が行われた。
(15) 地方史研究協議会『地方史研究必携』（岩波書店、一九五二年）。
(16) 古島敏雄「地方史研究と通史的研究」（『歴史評論』八五、一九五七年）。
(17) 永原慶二『二〇世紀日本の歴史学』（吉川弘文館、二〇〇三年）。
(18) 筆者不明「地方郷土史の研究と編纂に就いて」（丸山二郎・児玉幸多『歴史学の研究法』吉川弘文館、一九五三年）。
(19) 前掲註（2）塚本論文。
(20) 黒田俊雄「あたらしい地域史のために―地域史の現状と課題―」（『日本史研究』一八三、一九七七年。『黒田俊雄著作集八　歴史学の思想と方法』法蔵館、一九九五年に所収）。なお、藪田貫「地域史研究の立場」（『歴史科学』九九・一〇〇、一九八五年、同『国訴と百姓一揆の研究』校倉書房、一九九二年に所収）を参照した。
(21) 木村礎「地方史研究の性格と方法」（木村礎・林英夫編『地方史研究の方法』新生社、一九六八年）、同「郷土史のよさ」（『歴史と地誌』一七、一九七八年）。ともに同『地方史を生きる―木村礎地方史論集―』（日本経済評論社、一九八四年）に所収。
(22) 平川新「歴史資料を千年後まで残すために」（奥村弘編『歴史文化を大災害から守る』東京大学出版会、二〇一四年）。また西村慎太郎「民間所在資料保全の過去・現在・未来」（木部暢子編『災害に学ぶ　文化資源の保全と再生』勉誠出版、二〇一五年）は、資料保存の観点から郷土史家の再評価を試みている。

(23) 木村礎編『村落景観の史的研究』(八木書店、一九八八年)。
(24) 木村礎編『村落生活の史的研究』(八木書店、一九九四年)。
(25) 『村史千代川村生活史　地誌編』(千代川村、一九九七年)。『下総境の生活史　地誌編地誌』(境町、二〇〇四年)。なお松下正和「市民とともに伝える地域の歴史文化—兵庫県丹波市での取り組み—」(神戸大学大学院人文学研究科地域連携センター編『「地域歴史遺産」の可能性』岩田書院、二〇一三年)が紹介する「大字誌」の取り組みに通じると考えている。
(26) 木村礎『村のこころ—史料が語る村びとの精神生活—』(雄山閣出版、二〇〇一年)。
(27) 牧原憲夫「思想としての日本村落史」(『木村礎著作集Ⅵ　村の世界　視座と方法』名著出版、一九九六年)。
(28) 長谷川貴彦「現代歴史学の挑戦—イギリスの経験—」(歴史学研究会編『歴史学のアクチュアリティ』東京大学出版会、二〇一三年)を参照。
(29) 加藤衛拡『近世山村史の研究—江戸地廻り山村の成立と展開—』(吉川弘文館、二〇〇七年)。
(30) 神立孝一「「山之根九万石村高改帳」の基礎的研究」(『関東近世史研究』二五、一八八九年)。
(31) 杉山博・萩原龍夫編『新編武州古文書　下』(角川書店、一九七八年)。
(32) 清水裕介「近世中・後期における低地部の開発と景観」(原田信男編『地域開発と村落景観の歴史的展開—多摩川中流域を中心に—』思文閣出版、二〇一一年)では、一六世紀に北関東から移住した伝承を有する多摩地域の旧家を紹介する。清水によれば、多摩地域で同様の事例が散見されるという。
(33) 『飯能市史』通史編、一九八三年。
(34) 『飯能市史』資料編Ⅹ　産業、一九八五年。
(35) 中藤榮祥編『武州高麗郡中山村記録』(私家版、一九六六年)。
(36) 尾崎泰弘「飯能縄市の成り立ちと見世空間」(『飯能市郷土館年報』四、二〇〇八年)を参照。
(37) 以上、『名栗の歴史　上』(飯能市教育委員会、二〇〇八年)のほか、前掲註(33)『飯能市史』通史編を参照。
(38) 以下、辻林正貴「江戸から来た医師」(『武蔵国高麗郡矢颪村　中村家文書目録』飯能市郷土館、二〇〇八年)による。

(39)『特別展示図録　武蔵野鉄道開通』（飯能市郷土館、二〇一五年）。

(40) 前掲註（38）『武蔵国高麗郡矢颪村　中村家文書目録』。ここには共同研究の中間報告にも相当する研究コラム一二本を掲載した。

第Ⅰ部　記録と日常生活の復原

総説一　地域の記録を再評価する

―一九世紀～二〇世紀における資料保存の動向を中心に―

白井　哲哉

記録は「のちのちに伝える必要から、事実を書き記」したもの（『広辞苑』第二版）で、個人や集団が忘れてはならないと認識した知識や情報の集積である。近年は画像、映像、音声、電磁データ形式の記録が多くなったものの、その中心は書物、文書、碑文等の文字テキストであり、現在も作成され続けている。そのうち本稿が主に取り上げるのは、文字で書かれた文書や編纂書などである。

本書総説二で須田努が述べるとおり、近年の歴史学では記憶をめぐる研究や議論が盛んで、文字資料や遺物のほか口頭伝承、顕彰、祭礼、音楽、舞踊など非物質の記憶媒体も広く対象として、そこに潜められた意識や観念を抽出分析する研究が進んでいる。文書や編纂書もまた記憶媒体の一つであるから、それは他に比してどのような意義や性格を持ちうるのか、さまざまな媒体との比較を含めた再検討が求められる。

この課題を日本の地域に即して考える際、平成七年（一九九五）の阪神・淡路大震災を期に本格化した被災歴史資料の救出・保全活動＝史料ネット活動からは有益な示唆が得られる。奥村弘は、史料ネット活動の経験を通じて「地域社会の中で活用し、次の世代へと引き継いでいく人々の姿が、素材である歴史資料と連関して捉えられ、地域社会の中で通念化していくもの」である「地域歴史遺産」の概念を提唱した。[1] この背景には、内閣府が平成一六年（二〇〇四）に提唱した「地域文化遺産」が存在する。「文化遺産」は「人類の精神活動の証、先人の精神活動を知る縁」で、「法律で規定されている文化財だけでなく、広い意味で歴史的な景観やまちなみ等空間的なもの」や美術工芸品も含む。そして「地域文化遺産」は「地域の核となるようなもの」で、「価値の大小に関わらず、これらを後世に伝えていくことは現在を生きるわれわれの責務である」と規定した。[2]

これらがユネスコの世界文化遺産 world cultural heritage 等の影響下にあることは容易に想像される。だがピエール・ノラは遺産という言葉に「失われてしまった世界を再び捉える」「歴史学や想像力の投影」を行うため触媒となる「後世に伝えられるべきかけがえのない価値」という意味を与えており、[3]「地域文化遺産」はその用法に近い。これら遺産の保護の現代的意義については、福島県の被災地で史料ネット活動を主導した本間宏の「その地域にとって大事だと思うから守ろうと思うのであって、文化財として価値があるからとか、珍しいからとか、そういう意識で私どもは活動していません」という発言[4]がよく表現している。

三村昌司は、「地域歴史遺産」の中でも「文字が記されている資料」で「地域の歴史文化にかかわるもの」を「地域歴史資料」として抽出し、それらの資料をとりまく人間同士の関係性（ネットワーク）までを研究対象とすべきだと提言した。[5] 奥村もまた「そこ（歴史資料：筆者註）から明らかになる内容に着目するというよりは、残された「もの」を巡る地域における人と人との持続的な関係に重点を置く」必要を指摘している。[6] ここには文字に留められた内容にとどまらない、記録自体やそれを保存する行為も対象とする視点が示されている。

そこで本稿は三村や奥村の提言を受け、一九～二〇世紀を主な対象時期に、[7] 地域の文書や著作・編纂物のあり方や関係する人々に注目しつつ、それらがどのように重視されてきた（されてこなかった）のか、また残されてきたのかの追跡から、地域の記録の再評価を目指す。この作業は、従来の歴史資料保存運動と史料ネット活動の二つの議論を架橋する一つの試みになる。またアーカイブズ学が非現用文書に見出している歴史的文化的価値の背景を探る試みの一環でもある。

前述のピエール・ノラは、一九八九年のフランス革命二〇〇年祭の性格について、従来の「国民的なコメモラシオン（顕彰行為：筆者註）の古典的モデル」が崩壊し、「調和を欠いた多様なコメモラシオン言語から成る分散化したシステム」が取って代わったと論じた(8)。前者は「国民国家の統一的枠組み」に基づく「歴史の統一性」を前提として、政治と軍事の領域から抽出された対象が顕彰され、その内容は「伝統的装置の中核的な道具であった学校、公共の場」で発信された。これに対して後者は「軸心を失ったイニシアティヴ」、具体的には「地域や職種や組織の利害といった、ある特定の利害に固有の論理」に主導され、「ローカルなものや文化的なもの」がテレビ、博物館、顕彰団体、演劇、音楽会、とりわけ展覧会とシンポジウムで発信されたと述べる。

ノラは記憶の持つ意味について、歴史によって実証される正史から、正史が考慮に入れる必要を感じなかった、消滅してしまった伝統を歴史として認識する意識へと転換したと論じ、その前提として二〇世紀第三四半期のフランス社会史研究を挙げる。一九八〇年代の地方における文化遺産保護活動では、農村史研究者や民俗学者の調査研究成果や「民衆技芸伝承博物館」の収蔵品が蓄積され、文化遺産は「数千にも及ぶ田舎の小博物館の扱う対象となった」。これが二〇〇年祭における転換を準備したという。

第二次世界大戦の戦勝国にして中央集権国家として知られるフランスでは、「国民国家の統一的枠組み」が「ローカルなものや文化的な」遺産に解体されること、「国民史」から「国民的記憶」への転換に重大な意味があった。

この点、第二次世界大戦の敗戦国にして東西分断を経験した連邦国家のドイツでは事情が異なるようである。アライダ・アスマン(9)は、ドイツの国民史がナチスとホロコーストに大きな制約を受け、フランスのような統合性を持たない「分裂がドイツ史の特徴である」と指摘する。そして、ボンに残る戦後復興期の仮設建造物保存論、ベルリンに残る東西分断期の遺構の消滅、東西分断期に解体されたベルリン王宮の再建論などから「過去の撤去への衝動と、保存への衝動」を検討し、人々の「みずからの歴史と認めたいものはなにか」「みずからの歴史としてどんな歴史を語り、記憶にとどめたいのか」に注目する。

ノラが言及した地方博物館やその展示品について、アスマンは一九八〇年代のドイツにおける「博物館（設立）好き」というべき動向を指摘する。当時のドイツ史研究は理論的または個別実証的であって国民史を拒否したので、中世や二〇世紀を扱った歴史展示会が地方で開催されると反響を呼んだという。そしてアスマンは展示会の陳列品に対し、歴史的価値を備えた「権力や行政官僚機構の道具」など「本物の証拠品」、それ自体の価値は明示的でない「歴史の遺物」、想像力を刺激する「私的な思い出の品」の三つに区分した。そしてこれらが全体に「過去の記号の担い手」であると論じ、博物館や資料館はそれらを保存して「歴史の物質的存在とその異質性を保障する」場であると指摘する。

ノラが「国民史」を解体する「国民的記憶」の例に挙げた地方博物館の展示品や収蔵品を、アスマンは「歴史の喪失という背景」をもつドイツの例で具体的に分析し、真正性をもった資料の存在自体が人々の過去に対する記憶を想起させると主張した。ドイツと同じ敗戦国で分権国家の伝統を持つ日本との比較は興味ある問題だが、ここでは地域の記憶媒体としての歴史資料をめぐる問題に限定して論じる。

ノラやアスマンが注目した地方博物館は、日本では一九六〇年代以降に増え始める。とくに一九八〇年代には、従来の優品保管陳列型というべきスタイルからの転換を促す、「社会の要請にもとづいて、必要な資料を発見し、あるいはつくりあげていく」伊藤寿朗の「地域博物館論」[10]が提唱され、大きな影響を与えた。一九八〇年代から九〇年代前半にかけて設立された市区町村立博物館では、市民の協力を得ながら近現代の生活資料を発見して収蔵する活動が進み、展示会では地域に密着したテーマが取り上げられた。フランスやドイツに見られるのと同じ動きが、同時期に日本でも確認できるのである。

だが日本がドイツやフランスと決定的に異なるのは、地方博物館が歴史的公文書や民間所在の古文書をしばしば収集・保存する点にある。記録文書の保存利用施設であるアーカイブズ（文書館・公文書館）の設置はフランスやドイツをはじめ海外で一般的で、ノラが述べる「国民史」の材料はアーカイブズの所蔵文書と考えられる。一方で日本ではいまだその設置が進まず、地方博物館が記録文書の保存先になる例も少なくない。この事実は、日本において公文書や古文書が考古遺物や民具と同列の「歴史の遺物」や「私的な思い出の品」＝〝もの〟資料として扱われ、記録として十分に扱われていないことを示すと言えよう。

近代に政治権力がアーカイブズを設置しなかった東アジアでは、長らく原文書保存ではなく編纂書の形式で記録を残してきた。中国では歴史書、族譜、地方志が、それぞれ王朝、一族、地方の根本をなす記録と考えられ[11]、編纂資料は残されなかった。地方の記録について、たとえば中近世における中国安徽省の徽州では地方志、契約書、公文書、日記などに関する資料集が編纂され、これらを作成主体の一族が管理していた[12]。朝鮮ではさまざまな文書から日記、謄録などの記録が編纂され、それを材料に「朝鮮王朝実録」が編纂された[13]。だが、そもそも「朝鮮時代には原文書を保存するという概念はなかったと思われ」[14]、材料の文書を保存しなかった。朝鮮の支配層である両班家が所蔵する文書は、族譜と並んで身分を証明する官職任命状や科挙合格証書の類が残る程度だという[15]。朝鮮の村落文書も、戸籍や徴税に関する公文書が村落指導者の家に残されているという[16]。

一七世紀以降の日本でも中国や朝鮮と同じく江戸幕府や藩の歴史書や地誌が編纂された。だが日本では、編纂の材料になった文書の原本は重要資料として保存され[17]、外部で所蔵する文書は写で収集して原本を所蔵先に残し、その写本も保存された[18]。幕府や藩の文書も、一八世紀以降に選別保存のシステム整備が進み半現用文書が保存されるようになった[19]。

村社会では一八世紀以降に村方旧記と呼ばれる編纂書が作成された。武蔵国の場合、一七世紀中葉に村落指導者の家で家譜の編纂が始まる。その後、一七世紀末から一八世紀初頭にかけて、家の由緒を村の歴史へと転換して村方旧記が成立し、家譜は衰退する。しかし一九世紀に入ると旧記の編纂は衰退し、一方で新興の村落指導者の家を中心に再び家譜の編纂が始まって一九世紀末まで続く。村内において自らの家の家格を確立したいという意識が、一九世紀に新興の村落指導者が家譜を編纂する動機の中にあった[20]。

旧記のスタイルを取らなくとも、一九世紀の武蔵国では家、村、社会をめぐる出来事について、基本的に毎日書き綴った「日記」、重要事項を抄出して日次で書いた「年代記」などと呼ばれる記録類が多数作成された。たとえば、多摩郡柴崎村の鈴木平九郎は養子として天保六年（一八三五）一一月に鈴木家を継いだが、そのとき鈴木家は継嗣が絶えていた。そこで平九郎は鈴木家再興の一環で記録を作成することを発起し、同八年（一八三七）正月から晩年の安政五年（一八五八）まで「公私日記」等と名付けた日記を書き続けた[21]。また秩父郡上名栗村の平沼家は、江戸で大地震の起きた安政二年（一八五五）から大正八年（一九一九）まで親子三代にわたって「古今稀成年代記」と命名された年代記を書き継いだ[22]。家政への参考のため記録を作り始めたのである。

文書については、村や町のコミュニティや村落指導者（名主・庄屋）の元に大量の文書群が保管され、とくに一八世紀後半から顕著に増えることが知られている。久留島浩[23]や高橋実[24]は、この時期に行政村請化が進行して村の中で作成する文書が飛躍的に増大したことを指摘する。たしかにそのとおりだが、一七世紀から一八世紀の残存文書をみていくと評価選別による文書廃棄が行われたと思われるのに対し、一九世紀の文書は下書、メモ、反故の類まで残っていることが多い。増えただけでなく、ある時期からあまり捨てなかったと考えられる。

ここで一九世紀の村落指導者による編纂活動と村の文書管理との関係に注目したい。武蔵国埼玉郡西袋村の場合、一七世紀から代々名主を務めてきた小澤本家は、一八世紀後半に名主役を小澤分家へ一時期譲り、そのとき保存されていた文書も引き渡した。その後一八世紀末に小澤本家が名主役に復帰したとき、小澤分家は文書の引き渡しを拒んだ。そのため小澤本家は「旧記無之」状態に陥り、近隣の村々を廻って村政上に必要な文書や記録を書写し、これらが後に小澤本家が編纂する村方旧記や家譜の材料となった。小澤分家が村方文書の引き渡しを拒んだ理由について、当時の小澤本家と小澤分家は村内で拮抗した富裕層だったので、小澤分家が本家に対抗する自家の家格の証拠書類として文書を再認識したものと思われる[25]。

このように一九世紀日本の村社会では、経済的な階層分化と地主制の展開という一般的動向の下で、富裕層だった村落指導者が行政村請化を担う家であることの正当化、自家の家格の証拠、子孫の家政における参考として、書物を編纂したり文書自体を自らの手元に確保したりする動きが見られた。とくに文書に対して重視されたのは、村政の監査や説明の際に必要な文書の記述内容ではなく、大量の文書の存在自体である。〝もの〟資料としての文書に価値を見出し、それ自体を家の記憶としたのだった。

明治二二年（一八八九）の市制・町村制施行の際、明治政府はいったんは戸長役場で保存させていた近世以来の公文書の大半を廃棄扱いにして、戸籍、土地台帳、地籍図、社寺明細帳などごく一部の文書のみを新しい町村役場に引き継がせた。このとき行政上の価値を失った文書が廃棄されなかったのは、文書の内容よりも〝もの〟資料としての価値認識ゆえと言えよう。しかし政治・行政システムから分離されたかつての村落指導者の家は、次第に編纂書や文書への関心を徐々に失っていったと思われる。それから半世紀ほど経った一九三〇年代、文部省が主導した郷土教育運動で各地の師範学校に郷土資料室を設置した際は、郷土誌とともにこれらの文書も資料として購入された。(26)この時期、多くの文書がすでに古書市場へ流出していたのである。

周知のとおり、明治初期の政府は国史や地誌の編纂を企図し、その材料となる全国の記録文書の保存政策をすすめ、(27)府県史や皇国地誌を各府県から提出させた。埼玉県の場合、府県史では県庁保存の文書を利用し、(28)皇国地誌では各町村が当時保管していた文書を使って調査書「村誌」を提出させた。(29)しかしこれらの資料収集活動は、明治一九年（一八八六）の府県史編纂事業中止と同二四年（一八九一）の『大日本国誌』編纂事業中止によって途絶える。前述した市制・町村制施行後の地方における動向を併せて考えれば、近代日本における記録と資料保存の歴史は一九〇〇年前後に一つの不連続をみるべきである。

日本初の「地方史誌」と評価される『大阪府誌』は明治三四～三六年（一九〇一～〇三）に編纂され、(30)東京市でも同三四年に市史編纂が建議された。近代国民国家体制下における地方の記録化事業の開始であり、これに続く形で郷土誌の編纂と郷土教育が進められた。埼玉県では明治四三年（一九一〇）ごろに、尋常高等小学校単位の郷土誌編纂が郡ごとに進められた。(31)これに携わったのは当時の学校教員たちで、その中からのちに郷土史家が輩出される。(32)たとえば滋賀県で尋常高等小学校の教員だった中川泉三は、同三九年（一九〇六）ごろに村長の依頼を受けて

『柏原村誌』を編纂、翌四〇年（一九〇七）には郡長からの依頼で坂田郡誌の編纂に着手し、大正二年（一九一三）に『近江坂田郡誌』を刊行した[33]。これらの郷土誌編纂は旧家の所蔵文書を調査した。そして郷土誌の本文で引用や翻刻掲載をおこない、また学校の郷土教育で教材として使用した。ここに旧家の文書は〝郷土の記録〟として評価され、古文書と呼ばれる新たな地位を得たのである。

当時すでに流出が始まっていた古文書は、明治四三年（一九一〇）の「図書館施設ニ関スル訓令」で図書館の収集対象となる。図書館施行規則に初めて「郷土資料」の文言が登場した昭和八年（一九三三）以降、各地の図書館に郷土資料室が整備されて古文書の収蔵が進んだ。そして古文書の保存は、昭和二三〜二八年（一九四八〜五三）に展開された近世庶民史料調査研究委員会の活動や、同二六年（一九五一）の文部省史料館設置などを経て、一九五〇〜六〇年代に一つのピークを迎える。だが図書館の場合、その利用は「重要ではあるが、趣味的、好事家的感覚では、これらの資料もアクセサリーの域を出ない。ほとんど利用されない虫食い本[34]」と批判を招く傾向があったようである。結局のところ〝郷土の記録〟は、郷土史家や「中央の研究者」以外の利用者を多く得なかった。

この状況を変えた契機は、一九七〇〜九〇年代に隆盛した行政主導による自治体史の編纂事業である。たとえば一九六〇年代に始まる神奈川県史編纂事業で木村礎が主導した近世文書所在悉皆調査[35]は、範囲の狭い区市町村で効力をより発揮し、旧家の人々がその保存の意義を再発見する機会になった。また編纂事業に対する市民の理解を得るため講座・講演会等が開催された。おそらくこの動きと関係するが、同じ時期にいわゆる〝古文書ブーム〟が始まった。一部で図書館から分離する形をとって都道府県立を中心に文書館・公文書館の建設が進み、古文書や公文書等の収集保存から閲覧利用までを一貫しておこなう体制が整備され始めたのも同じ時期である。さまざまな動向が相互作用して、古文書の保存に対する人々の理解は徐々に高まっていった。

二〇世紀後半日本の地方史研究と歴史資料保存運動に深くコミットし続けた木村礎は、その晩年、敗戦後の日本歴史学に関わる活動で「最高の成果」は歴史資料保存運動だと語っていた(36)。この時期は高度経済成長に伴う伝統的生活文化の消滅が進行していて言わば最後のチャンスだったこと、文化財保護活動もまた一般の国民との距離が遠かったことを考えれば(37)、この運動が果たした歴史的意義は限りなく大きい。

だが阪神・淡路大震災で明らかになったのは、依然として人々の中で「身近にある過去を伝えるものが」「歴史的文化的価値を持つものとは考えられていない場合が多かった(38)」ことだった。多くの人々にとって古文書は、いまだ地域の記録の役割を十分果たすまでに至っていなかった。冒頭で紹介した「地域歴史遺産」の提唱は、この眼前の現実を打開するため歴史資料ネットワークがとりくんだ理論的格闘の所産だと言えよう。

平成二三年（二〇一一）の東日本大震災では、文化庁による「文化財レスキュー事業」が実施され、地震や津波の被災地で前近代から現代までの時期を問わず、また文書記録、民具、書画、調度品などの種類・形態を問わず、その場で重要と判断された物品がすべて救出・保全された(39)。被災により地域社会が壊滅に瀕した地域にとって、被災以前の事物は何であれ被災以前の生活の痕跡であって記憶の断片であり、保存することでそれらの記憶は記録化される。アスマンが言う「歴史の遺物」「私的な思い出の品」の意義づけである。とくに古文書など文字テキストは、本来〝もの〟資料の意義づけにとどまらない、過去の地域社会の社会生活や精神生活を微細に詳述できる特徴を持っている。

日本各地で進行している限界集落の増加と〝地方消滅〟の問題(40)、そして「地域社会の存続が、この震災でまさに一挙にリアルな問題となりつつある(41)」状況を踏まえ、地域に残されてきた文字テキストを読み解き直して、そこで生活する（してきた）人々の元で、それらの物質的かつ精神的な置き場所を作ることが、現在の課題であろう。すでに史料ネット活動で実践が始まっている。たとえば宮城歴史資料保全ネットワークはブックレット「よみがえるふるさとの歴史」シリーズの刊行を開始し、レスキューされた被災古文書を読み解いた近世の地域史が第一冊を飾った(42)。

二一世紀第一4半期の日本では、古文書を〃郷土の記録〃と認識する社会的理解がようやく根付いてきた。続いてこれらの記録を読み解き、地域コミュニティの新たな記憶として還元する郷土史の作業が求められている。

＊　＊　＊

本書第Ⅰ部「記録と日常生活の復原」の諸論考は、飯能市域を中心とする地域の記録の分析から、地域コミュニティの生活や意識を復原した成果である。以下、掲載順に紹介していこう。

第一章　辻林正貴「一九世紀農村の耕地景観―高麗郡矢颪村を事例に―」

キーワード：耕地の変遷・小字の統合・切畑

辻林は一九世紀における矢颪村の耕地景観について、一七世紀から一九世紀に至る土地台帳の精密な分析と小字の復原作業を通じて追跡し、この村が近世を通じてほとんど耕地を変貌させていないこと、にもかかわらず小字は一九世紀前半に大規模な変化が見られること、の二つの結論を導き出した。本書における矢颪村関係論考の序論の意義も有している。

第二章　山本智代「山村における「並百姓」の生業―秩父郡上名栗村を事例に―」

キーワード：諸稼ぎの選択・商売の流動性・稼ぎの多様性

山本は一九世紀前半における上名栗村の「並百姓」が従事した作業の実態を復原的に分析し、山稼ぎ以外の多様な稼ぎや商売が流動的に営まれていたことを明らかにした。近代以降に失われていった当時の生活実態を知ることは、現代に生きる私たちが山村の生活を見直す契機となり得る。

第三章　牛米努「文久三年の中山道板橋宿当分助郷免除運動と村」

キーワード：臨時助郷役・重層的、継続的な運動・由緒

牛米は幕末の武蔵国における臨時助郷役賦課に対する村々の免除運動について、広域に点在する関係文書の博捜作業を通じて全体像を描き出した。また勝ち取った免除の理由が後に「由緒」として主張される過程を明らかにして、幕末における新たな「記憶」の形成を示している。

第四章　佐藤顕「一九世紀地方寺院組織の展開―曹洞宗能仁寺を中心に―」

キーワード：仏教教団組織・民衆の仲裁者・明治維新

佐藤は一九世紀に入間郡や高麗郡で起きた寺壇争論と特段の争論が見られなかった飯能村の能仁寺を事例に、地域における寺院と民衆の関係を描き出した。また明治維新後の曹洞宗と能仁寺の動向から近代地域における寺院のあり方を展望する。近年では地方寺院の経営難が話題になっているが、ここでも地域にとっての寺院を見直す契機が示されている。

第五章　尾崎泰弘「明治中期の地域指導者と居村の「開発」―中村忠三九を例に―」

キーワード：地域指導者・公益道路請願・日本弘道会

尾崎は近代加治村の初代村長だった中村忠三九が村長辞任後に取り組む公益活動を取り上げ、道路関係の公文書の詳細な分析等から「開発」への希望と挫折の過程を描き出した。中央政界等を目指さずひたすら地域に根ざそうとした地域指導者の行動は現代的視点からの再評価が求められよう。

このほか、コラムとして本村慈「平沼家の家憲」を掲載した。本稿で紹介した「古今稀成年代記」の作成者である平沼家の事例から、一九世紀末〜二〇世紀初頭における家意識とその記録化の具体相を知ることができよう。

註

（1）奥村弘「地域歴史遺産という可能性―豊かな地域歴史文化の形成のために―」（神戸大学大学院人文学研究科地域連携センター編『「地域歴史遺産」の可能性』岩田書院、二〇一三年）。

（2）内閣府　災害から文化遺産と地域をまもる検討委員会『地震災害から文化遺産と地域をまもる対策のあり方』（二〇〇四年）。

（3）ピエール・ノラ「コメモラシオンの時代」（ピエール・ノラ編『記憶の場―フランス国民意識の文化＝社会史―』三、岩波書店、二〇〇三年）。

（4）本間宏「東日本大震災と歴史資料保護活動」（国立歴史民俗博物館編『被災地の博物館に聞く―東日本大震災と歴史・文化資料―』吉川弘文館、二〇一二年）。

（5）三村昌司「地域歴史資料学の構築にむけて」（前掲註（1）書）。

（6）奥村弘「なぜ地域歴史資料学を提起するのか―大規模災害と歴史学―」（奥村弘編『歴史文化を大災害から守る

（7）三村昌司「とらえなおされる地域歴史資料」（前掲註（6）書）では、主に二〇世紀後半期の事情を検討している。
（8）前掲註（3）。
（9）アライダ・アスマン『記憶のなかの歴史―個人的経験から公的演出へ―』（松籟社、二〇一一年）。
（10）伊藤寿朗『市民のなかの博物館』（吉川弘文館、一九九三年）。
（11）ジョセフ・デニス「宋・元・明代の地方志の編纂・出版およびその読者について」（須江隆編『東アジア地域叢書六　碑と地方志のアーカイブズを探る』汲古書院、二〇一二年）。
（12）王振忠「村落文書と村落志―徽州歙県西溪南を例として―」（国文学研究資料館アーカイブズ研究系編『中近世アーカイブズの多国間比較』岩田書院、二〇〇九年）。
（13）金炫榮「文書と記録、そして「休紙」―朝鮮時代における文献の伝存様相―」（前掲註（12）書）。
（14）金炫榮「朝鮮時代地方官衙における記録の生産と保存」（前掲註（12）書）。
（15）文叔子「近世における両班家門の文書伝来と構造」（前掲註（12）書）。
（16）李海濬「朝鮮後期における村落文書の生産と管理」（前掲註（12）書）。
（17）たとえば林千寿「熊本藩家老松井家文書の成立過程」（国文学研究資料館編『幕藩政アーカイブズの総合的研究』思文閣出版、二〇一五年）は、武家における文書保存の契機に家譜編纂があったことを明らかにしている。
（18）白井哲哉『日本近世地誌編纂史研究』（思文閣出版、二〇〇四年）。
（19）国文学研究資料館アーカイブズ研究系編『藩政アーカイブズの研究―近世における文書管理と保存―』（岩田書院、二〇〇八年）、及び前掲註（17）書所収の諸論考を参照。
（20）前掲註（18）。
（21）『公私日記』全五巻（立川市教育委員会、二〇一一～一五年）。
（22）『名栗村史研究　名栗郷』二（名栗村教育委員会、二〇〇一年）所収。

(23) 久留島浩「百姓と村の変質」（『岩波講座日本通史』一五、岩波書店、一九九五年）。
(24) 高橋実「日本近世村落における文書の作成と管理・保存」（前掲註（12）書）。
(25) 前掲註（18）。
(26) 伊藤純郎『郷土教育運動の研究』（思文閣出版、一九九八年）。
(27) 中野目徹「明治初期内務省における「記録文書保存」政策―明治八年太政官達第六十八号をめぐる一考察―」（歴史人類学会編『国民国家とアーカイブズ』日本図書センター、一九九九年）。
(28) 太田富康『近代史研究叢書一六　近代地方行政体の記録と情報』（岩田書院、二〇一〇年）。
(29) 重田正夫「埼玉県における皇国地誌の編輯過程」（『文書館紀要』一八、埼玉県立文書館、二〇〇五年）。
(30) 藤本篤「地方史誌編纂と編纂体制」（地方史研究協議会編『地方史の新視点』雄山閣、一九八八年）。
(31) 無記名（重田正夫執筆）「明治・大正期の歴史と地誌」（『彩の国さいたま史料編さんだより』二、埼玉県立文書館、一九九六年）。
(32) 郷土史家は学校教員からのみ輩出されたのではない。添田仁「戦後郷土史のなかの地域歴史遺産―生野町史談会の挑戦―」（神戸大学大学院人文学研究科地域連携センター編『「地域歴史遺産」の可能性』岩田書院、二〇一三年）は、二〇世紀後半の事例だが、兵庫県の生野町史談会を主導した教員出身以外の郷土史家を紹介している。
(33) 中川泉三没後七〇年記念展実行委員会編『史学は死学にあらず』（サンライズ出版、二〇〇九年）。
(34) 日本図書館協会編『中小都市における公共図書館の運営』（一九六三年）。
(35) 小松郁夫「古文書の調査・保存と木村礎先生」（『記録と史料』一六、二〇〇六年）。
(36) 木村礎「戦後史料保存事始」（『埼玉県地域史料保存活用連絡協議会会報』二七、二〇〇一年）。
(37) 森本和男『文化財の社会史』（彩流社、二〇一〇年）、白井哲哉「残すべき「地域の歴史資料」とは何か」（茨城文化財・歴史資料救済・保全ネットワーク編『発見！土蔵の中の文化遺産』岩田書院、二〇一六年）。
(38) 奥村弘『大震災と歴史資料保存―阪神・淡路大震災から東日本大震災へ―』（吉川弘文館、二〇一二年）。
(39) 日高真吾「生活文化の記憶を取り戻す―文化財レスキューの現場から―」（木部暢子篇『災害に学ぶ　文化資源

の保全と再生』勉誠出版、二〇一五年）。

（40）増田寛也編著『地方消滅―東京一極集中が招く人口急増―』（中公新書、二〇一四年）、山下祐介『地方消滅の罠―「増田レポート」と人口減少社会の正体―』（ちくま新書、二〇一四年）。

（41）山下祐介『限界集落の真実』（ちくま新書、二〇一二年）。

（42）井上拓巳『よみがえるふるさとの歴史一　荒浜港のにぎわい―東廻り海運と阿武隈川舟運の結節点―』（蕃山房、二〇一四年）。

第一章　一九世紀農村の耕地景観
―高麗郡矢颪村を事例に―

辻林　正貴

はじめに

普段私達が暮らしている場所において、せいぜい数年前の姿は分かったとしても、それよりも過去になると、写真や映像でも残っていない限り、その場所がどのような様子だったのか、知ることは難しい。その場所場所において、過去から今まで様々な出来事があり、発展を遂げてきたのにもかかわらず、私達はあまりにも暮らしている場所の歴史を知らなすぎるのではないか。

そこで、本稿は、矢颪村の年番名主を務めた中村家に伝来する古文書の中から、寛文、文化、慶応、明治期の土地台帳（検地帳・地引帳）を使用し、一九世紀矢颪村の耕地の景観を明らかにし、過去の地域の姿の変遷を知ることを目的とする。

主題に入る前に、本稿で取り上げる矢颪村、現在の飯能市大字矢颪、美杉台、征矢町の概況を簡単に述べる。

当該地域は、入間川の右岸に位置する。入間川で起こる氾濫が、田畑に被害をもたらすことが多々あったため、集落はそれよりも一段高い、山に沿った段丘上にあった。

昭和五七年（一九八二）には、当時の住宅都市整備公団による開発によって美杉台団地が誕生し、入間川沿いの地域における平成五年からの区画整理事業などを経て、現在に至っている。

さて、本稿では、一九世紀に一つの大きなポイントを置いたわけだが、その理由は、耕地について論じる上で避けては通れない地租改正という大きな転換点が存在するためである。地租改正について、かつて福島正夫は「旧貢租形態を廃棄して、法定地価に対する定率金納の制をとったことの進歩的な意義は認めねばならない」(1)と、明治期以前の旧体制から、新体制への変革を促した大きな出来事と評価している。佐々木寛司は地租改正を、「新たな租税制度の創出を図るため」の「税制改革」であり、古い土地制度を全面的に解体させたものとして評価する。(2)渡辺尚志も「近世の土地所有関係に対して、地租改正による「近代的土地所有権」の強行的な実現は破壊的な作用をおよぼした」と指摘する丹羽邦男の研究(3)に触れながら、「農民の土地所有に関して、近世と近代を分かつ大きな画期であった」と地租改正について評価する。(4)

以上三名の評価を簡潔に述べてみたが、共通点は、地租改正がそれまでの古い土地制度を解体し、新たな土地制度を創り出した大きな出来事であったということであろう。地租改正については、他にもたくさんの先行研究が存在し、十分に整理しきれていないが、前述の評価はおそらくどの研究でも共通していると言える。

一方で、地租改正を経て実際の耕地はどう変化したのか、その様子を明らかにした研究はまだ少ないように思われる。神谷智は、地券と近代的土地所有権についての研究(5)の中で、先行研究の整理を踏まえ、「分析対象が政府や地方行政レベルの分析が中心で、実際在地でどのような土地売買譲渡が行われていたか、その実態については、ほとんど分析がなされていない」、つまり実際の土地の動態にまで視点が向けられていないこと、また「実際に発行されていた地券や土地売買譲渡規則における、近世との連続性については述べられていない」こと、以上二点を指摘する。

古い体制から新しい体制への大きな転換点である地租改正を経て、実地レベルで耕地が変化したのか否か、また地租改正前後だけでなく、それ以前の耕地の様子から連続して考察した場合、変化したのか否か。本稿の目的である景観復原という観点ではまだ十分に取り組みがなされていない点である。

今回は、前述した二つの視点に立脚して矢颪村の耕地景観を復原することで、村落景観の復原を土地の観点から試みると同時に、大きな転換点を含む一九世紀における、当該地域の様子を明らかにしようとするものである。様々な視点、角度から村落景観の復原を行った研究として、木村礎編『村落景観の史的研究』(6)がある。また、同書内の橋本直子の論考(7)は土地台帳さらには絵図類、空中写真を使用して景観復原を行ったものであり、筆者が本稿にて試みる研究の先駆的成果である。

なお、当該地域である矢颪村の成立については、尾崎泰弘が寛文八年（一六六八）の検地帳を使用して明らかにしている(8)。尾崎はその中で、寛文期から明治期に至るまでの小字の変遷についても述べているが、本稿はその小字の変遷を踏まえながら耕地の復原を試みるものである。

一　土地台帳による耕地の復原

本節では、「はじめに」で述べた通り、中村家に伝来する古文書の内、寛文八年（一六六八）、文化六年（一八〇九）、慶応三年（一八六七）、明治五年（一八七二）の検地帳及び明治九年（一八七六）の地引帳から、それぞれの時期の耕地（ここでは田及び畑とする）の状況を明らかにすることで、村落景観の復原を試みる。

これら検地帳及び地引帳には矢颪村の田畑が一筆ずつ記録されており、どこの小字にあるのか、その等級は、名請け人は誰なのか、といった情報まで克明に記述されている。そのため、これら土地台帳を丹念に読み解くことで、それぞれの時代における耕地の状況が明確に表現できると考える。

なお、本稿では、小字の変遷と各小字に含まれる耕地を復原対象とする。

1　寛文八年矢颪村の耕地

一九世紀の耕地の復原を試みる前に、まずは矢颪村の検地帳の内、もっとも古い寛文八年の「武蔵国高麗郡矢颪村申御縄水帳[9]」及び「武蔵国高麗郡矢颪邨申御水縄帳（写）[10]」を使用して、寛文八年時点の矢颪村の耕地の状況を復原する。寛文八年という時代は、『新編武蔵国風土記稿』において、「矢下風(ママ)村は郡の中央より西南寄にあり、（中略）何の頃かいづれの村を割て一村とせしや（中略）恐くは前ヶ貫を割て矢下風(ママ)村一村とせしものなるか[11]」と記述された、まさに「前ヶ貫を割て」矢颪村が成立した年である[12]。矢颪村成立当時の様子を明確にしておくことで、より一九世紀の矢颪村の村落景観復原が詳細なものになると考え、寛文八年から復原を試みることとする。

寛文八年当時の矢颪村の小字、筆数、各耕地の反別を明らかにした。それが表1である。記載のあった小字は全部で四九であり、最も多くの筆数をもつ小字は「東ことう」であった。以下、「すなノ宮」「前原沢」と続く。「東ことう」が一町一反二畝一五歩と最も広く、筆数も多かったことを踏まえると、「東ことう」はかなりの反別を有する小字であったことが想像できる。また、筆数自体はそれほど大きくない「西コトフ」の耕地がかなりの反別を保有していることからすると、東と西を合わせた〝ことう〟という地域一帯が、矢颪村内の耕地の中でも大きな反別を占めていたことを想像させる。「東ことう」「西コトフ」を含め、各小字の位置関係については後ほど検討するが、筆数と総反別の検討について、小字が空白となっている分について言及しておかなければいけない。今回、寛文八年の検地帳を整理するにあたり、小字が空白、つまり何ら記載がない耕地については、一律で空白としてまとめている（一つ前に記載されている耕地に、小字の記載があったとしても同一の小字として集計はしていない）。その結果、矢颪村のほとんどの耕地が小字不明として集計されてしまっている。よって、寛文八年における耕地の筆数及び反別の検討については十分たりえないことを断っておきたい。

次に、小字・耕地の様子を図1としてまとめた[13]。全筆数の内、半数以上が田の場合は楕円の囲いで、畑の場合は四角の囲いで表記し、小字がどこにあるか比定できたものだけ地図上に落とした。

入間川沿いに広がる小字は、基本的には田が広がる地域であることがわかる。とくに、「前原下」「秋津下」「川通り」など入間川下流域により多くの田が広がっていたことが想像できる。一方で、川から離れるに従って、畑がちの小字が多くなる。

なお、一部入間川から離れた山間の「よし沢」や「ごんずがやと」といった小字に、田があることが明らかとなったが、これらの小字は近くに高根川という川が流れていることから、谷戸田である可能性が考えられる。

2　文化六年矢颪村の耕地

次に、「田方御水帳写」[14]及び「畑方御民図帳写」[15]を使用し、文化六年時点の矢颪村の耕地を復原する。

小字の一覧と各小字の筆数、総反別を表2にまとめた。記載のあった小字数は全部で八六であった。ただし、「スナノ宮」と「すなの宮」など、音は同じで表記が異なるものについては、同じ字とみなすこともできるため、それ

中畑			下畑			下々畑			切畑			屋敷			総計			
筆	畝	歩	筆	畝	歩	筆	畝	歩	筆	畝	歩	筆	畝	歩	町	反	畝	歩
																	1	22
																		15
									6	33	57					3	4	27
																		12
2	6	19	12	22	138											5	7	25
																		10
						6	26	103								2	9	13
																	2	
												4	7	56			8	26
			1	11		1	1									1	2	
									6	3	82						5	22
6	21	80														5	1	
																	2	17
			2	10	28	4	9	70	1	7	10					2	9	18
1	4	16															4	16
																	15	18
																	1	1
			1	2	6												2	6
1	1	14	1	3	6												4	20
1	3	6															3	6
																	9	5
1	10	20	1	1	24											2		12
5	3	50															6	2
																		21
						7	46	80	1	3	6					5	1	26
2	22	36														2	3	6
																	4	22
4	9	43										2	6	56		3	5	17
																	1	5
			1	5	10	1	4	6	13	21	144					3	7	
																	6	19
1	6	18															6	18
																	7	7
																	4	2
1	1	10										8	29	82		4	4	2
						11	27	113	2	4	25					3	5	18
																		27
			10	29	163	2	3	16								3	7	29
						17	85	291	5	16	30				1	1	2	15
						1	2	5	6	12	40					1	5	15
																		16
									3	4	48						5	18
			4	26	81	2	8	50								3	8	11
																	2	25
																	6	9
3	12	49	2	4	1	2	2	25								2		15
4	12	70														2	8	1
									5	9	71					1	1	11
																	1	24
37	136	540	37	113	420	15	32	211	21	16	281	44	128	613	10	7	8	21
69	246	971	72	226	877	69	245	970	69	128	794	58	170	807	19	2	3	3

表１　寛文八年　矢颪村小字及び総面積

	上田			中田			下田			下々田			上畑		
	筆	畝	歩	筆	畝	歩	筆	畝	歩	筆	畝	歩	筆	畝	歩
■合							1	1	22						
ごんずがやと										1		15			
シボ口															
しぼ口												12			
すなノ宮													7	21	108
みすけど										1		10			
みなみくぼ															
よし沢										1	2				
れんか															
れんが															
ゐびくぼ															
榎戸													4	25	70
外田宮下							1	2	17						
柿戸															
関口															
宮ノキハ	1	15	18												
橋場				1	1	1									
坂上															
山王脇															
山王脇か■															
山王脇かん■													1	9	5
山王脇中矢下													3	7	28
山下										1	1	12			
秋津下							1		21						
西コトフ															
川くぼ															
川通り				1	2	2				1	2	20			
前原													4	15	68
前原下	1	1	5												
前原沢										2	1	20			
前田							1		10	3	4	69			
太平															
台通り							1	7	7						
瀧澤口							1	4	2						
中矢下													2	10	30
天台															
田ノ久保							1		27						
嶋崎															
東ことう										1		24			
東とう神明沢															
南久保										1		16			
梅木クボ															
北下り															
北通り川ばたむかいだ				1	2	25									
堀添													1	6	9
堀添前原															
堀添打出													4	12	51
由沢															
連下										1	1	24			
(空白)	10	44	150	50	169	628	65	145	965	46	46	567	22	94	296
総　計	12	60	173	53	174	656	72	159	1,071	59	57	789	48	199	665

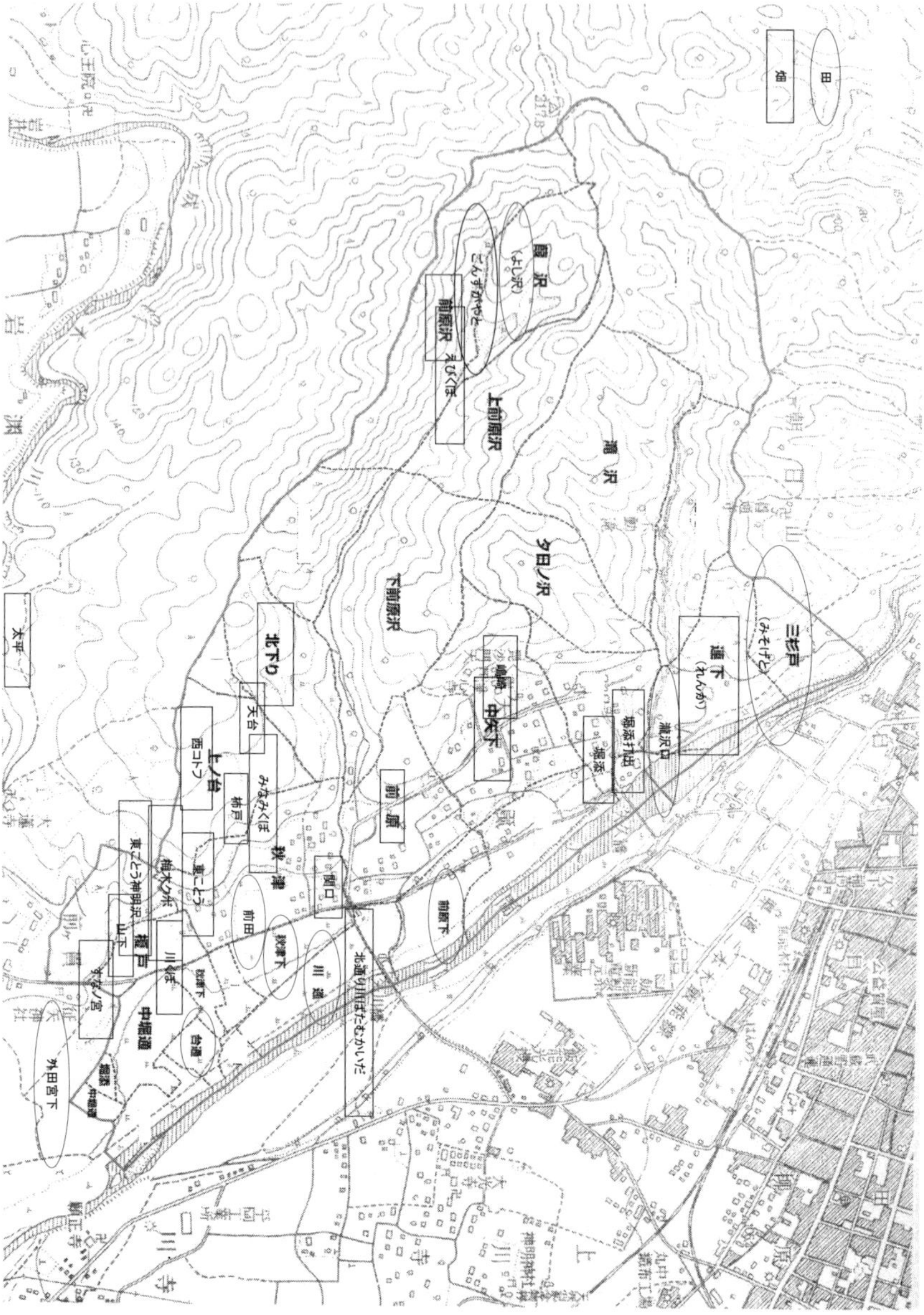

図1　寛文八年　矢颪村小字及び耕地の様子

を除くとおよそ七〇となる。以上の結果、もっとも多くの筆数を持つ小字は三六筆の「東ことう」であった。以下「前原」「前原下」「前原沢」「ミソケト」といった三〇筆前後を持つ小字が続いている。

筆数を多く持つ「東ことう」「前原」はその面積も大きく、それぞれ一町四反一畝五歩、一町二反二畝二三歩であった。寛文八年時の復原から、東西を合わせた「ことう」という地域一帯が矢颪村の全耕地の中において多くの比率を占めていた、と想像したが、文化六年のデータで、それが明らかになった。

また、筆数は二〇程度ながら反別が九反四畝二〇歩の「柿戸」や、一町一三畝一六歩の「シボ口ヲ子」なども、矢颪村内でも大きい小字であったと思われる。とくに、「シボ口ヲ子」は、等級の内半分が切畑であり、山の中もしくは山に近い小字であることが想像できる。

以上を踏まえ最後に文化六年時点での小字・耕地の状況を図2としてまとめた。[16]表記の仕方については、ほぼ寛文八年の方法と同じであるが、一部小字によっては田畑の反別の差がそれほど大きく見られない小字があった。そういった小字については、田を現す楕円と畑を表す四角の両方を表記している。

田畑の広がりについては、基本的には寛文八年と変わらない。つまり入間川沿い、とくに下流域に田が多く広がり、入間川から離れていくに従って畑が広がるようになる。

3　慶応三年矢颪村の耕地

ここでは、「田方名寄帳[17]」及び「畑方名寄帳[18]」を使用し、慶応三年時点の矢颪村の耕地を復原する。

これまで同様、小字の一覧と各小字の筆数、総反別を表3としてまとめた。記載のあった小字数は全部で九六であり、文化六年同様、音が同じで表記の異なるものを考慮すると、九四となる。もっとも多くの筆数を持つ小字は

中畑			下畑			下々畑			切畑			屋敷			総計			
筆	畝	歩	筆	畝	歩	筆	畝	歩	筆	畝	歩	筆	畝	歩	町	反	畝	歩
																	6	20
																		14
									8	7	122					1	1	2
																	9	20
									5	7	47						8	17
						9	52	117	10	45	79				1		13	16
			10	24	112											4	1	27
			2	5	22												5	22
5	32	103														3	5	13
																	4	2
						4	9	50								1		20
									1	3	6						3	6
			6	17	85	3	5	47	21	21	283					5	6	25
																	2	10
																2	1	13
			1	5													5	
																1		2
																	4	2
						2		7									2	7
2	8	30	1	1	6											1		6
3	12	57														1	3	27
			1	3	20	12	69	169	4	14	71					9	4	20
7	19	102	7	13	94											3	8	16
																3		17
1	2	4														2	6	11
			1	2	10											3		8
1		21																21
			2	6	29	4	11	90								2		29
1	1	14	1		24												2	8
																	2	10
			2	11	16	3	10	54								2	3	10
						2	9	25									9	25
2	15	30														2	5	5
3	4	38	1	2	4											3		14
1	4	8														1	3	6
																		12
5	26	46	9	6	115	3		19								3	8	
																	8	2
																2	5	3
																	6	22
																1		7
1		12	1	7	6												9	25
			1	1	24												1	24
						1	5	3									5	3
																	7	27

表２　文化六年　矢田村小字及び総面積

小　字	上　田			中　田			下　田			下々田			上　畑		
	筆	畝	歩	筆	畝	歩	筆	畝	歩	筆	畝	歩	筆	畝	歩
アクツノ下							1	6	20						
あ久つの前										1		14			
エビ久保															
かんな													2	9	20
シボロ※															
シボロヲ子															
スナノ宮※													4	12	65
すなの宮※															
タカキワ															
タキザワロ							1	4	2						
テンタイ※															
テンダイ※															
ミソケト※															
みそげど※										1	2	10			
よし沢							4	7	69	8	9	94			
れんか															
阿久津の下				2	9	32									
阿久津の前										2	4	2			
井戸□										2	1	30			
榎戸															
下ノ前															
柿戸															
関口															
宮ノワキ	3	26	65				3	1	42						
宮ノ下							7	20	127						
橋場				7	17	82	14	2	146	2		40			
後															
坂ノ上※															
坂下															
坂下　前原下													1	2	10
坂上※															
坂之上															
山王塚													1	9	5
山下							5	22	32						
山根													3	7	58
志ぼ口※										1		12			
寺平															
秋の下	1	8	2												
秋津の下	4	13	56	1	5	7	1	5							
秋津ノ前※										2	6	22			
秋津の前※										5	7	97			
秋津後													1	2	7
神明後															
西コトウ															
川はた前原下													1	7	27

中　畑			下　畑			下々畑			切　畑			屋　敷			総　計			
筆	畝	歩	筆	畝	歩	筆	畝	歩	筆	畝	歩	筆	畝	歩	町	反	畝	歩
8	31	110	1		18											5	7	13
2	9	48														2	1	3
																7	6	8
4	3	58	2	4	6											3	8	1
18	59	228	5	11	9	2	1	31							1	2	2	23
																	2	16
																	1	25
																	9	29
7	20	85	4	7	45	1		4								9	6	27
1	2	19	1	1	14												4	3
2	6	4														1		1
1	5	16															5	16
						1		24										24
						4	11	28	8	7	128					4	2	1
						1		20								1	1	17
																6	1	13
2	6	18															6	18
																		24
									2	12						1	2	
																1		29
																	6	20
									1	2	20						3	15
2	9	21	11	32	183	2	3	16								5	7	17
1	4	14															4	14
						5	9	81	4	13	22					3	1	7
						16	82	220	9	17	84				1		9	28
																6	1	2
																	1	7
3	13	56	2	21	9											3	9	27
1	3	6															3	6
						3	15	53								1	6	23
						1		24										24
						4	10	87								1	2	27
									3	4	48						5	18
									1	1	18						1	18
			9	54	140	5	9	128								7	1	28
																1	2	2
																	2	17
																1		28
																	9	29
																2	9	14
																	5	12
1	2	18	3	11	25							63	176	905	2	4		18
85	295	1,166	84	244	1,016	88	310	1,297	77	153	928	63	176	905	21	6		28

小　字	上　田			中　田			下　田			下々田			上　畑		
	筆	畝	歩	筆	畝	歩	筆	畝	歩	筆	畝	歩	筆	畝	歩
川久保※													4	20	65
川窪※													2	10	15
川通り				13	41	145	8	18	118	2	7	45			
前													7	26	87
前原													10	38	145
前原　秋津ノ後													1	2	16
前原　天王ノ後													1	1	25
前原　天王ノ前													1	9	29
前原下	2	2	29	10	15	131	7	22	97				4	16	56
前原下 川ハタ※															
前原下 川はた※													1	3	27
前原下川はた															
前原川はた															
前原沢							2	3	17	17	9	188			
前田				2	7		1	2	12	6		45			
台通り				5	15	88	6	40	105						
大平															
瀧ノ沢										3		24			
瀧沢															
瀧沢口							1	6	29	4	2	60			
田ノ久保※							2	3	29	1	2	21			
田ノ窪※										1		25			
嶋崎													2	6	7
嶋崎川はた															
東コトウ※										1	5	24			
東ことう※										1		24			
道通り	2	11	31	6	29	90	5	14	91						
道添				1	1	7									
内手													1	3	22
内手　前原下															
南ノ久保※															
南ノ窪※															
南久保※															
梅木久保※															
梅木窪※															
北サカ															
堀間※							8	7	138	1		14			
堀合※							2	2	17						
堀添				2	7	28							1	3	
堀添　内手													2	9	29
堀付				4	22	43	3	4	61						
門窪													1	5	12
（空白）										1	2		4	17	30
総　計	12	60	183	53	168	653	81	188	1,152	62	56	791	55	216	757

※＝同じ音で異なる表記の小字があるもの

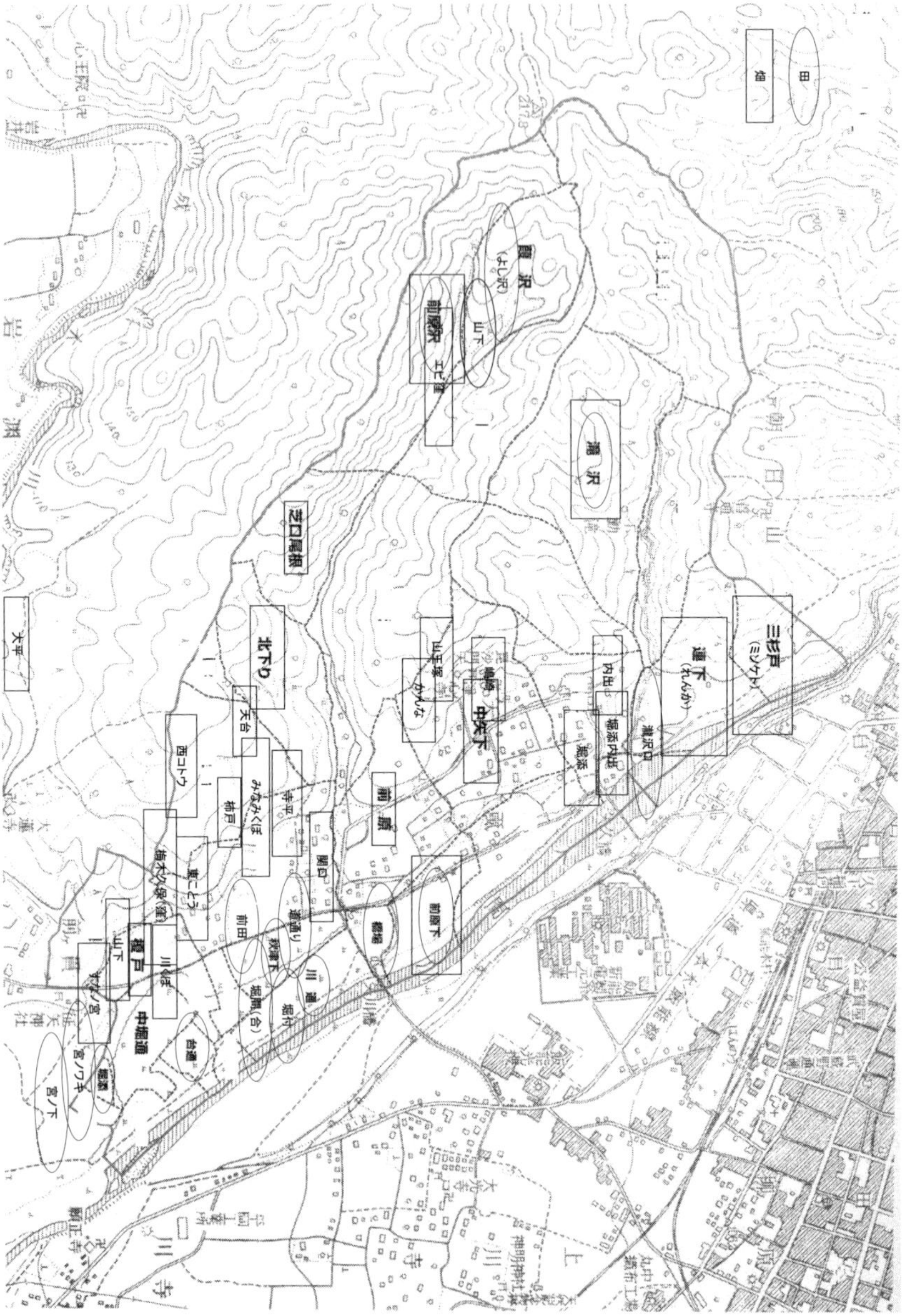

図2　文化六年　矢嵓村小字及び耕地の様子

三七筆の「前原」であり、続いて三〇程度を持つ「前原沢」「前原下」「東ことう」と続く。

文化六年の検討同様、筆数の多い小字はその反別も大きく、一帳四反一〇歩の「前原」や一町二反二畝八歩の「東ことう」は、文化六年同様大きな小字であったことがわかる。一方で、「前原沢」は三〇前後の筆数を持ちながらも、反別は五反弱という結果となっていることから、必ずしも筆数と反別の関係が純粋な比例関係にないことも、改めて理解できる。

最後に、慶応三年時点での小字・耕地の状況を図3としてまとめた[19]。文化六年と同様の表記方法をとり検討した結果、田畑の広がり方については、基本的には同様、つまり川沿いに田が広がり、離れるに従って畑が広がることがうかがえる。

慶応三年の検討で注目すべきは、「連下」における畑の面積が文化六年に比べ急増していることである。文化六年の史料において、「連下」の畑について記載されなかったのか、もしくは文化六年から慶応三年の間に、この地域において畑が新たに開墾されたのか、この点については後に検討することとする。

4　明治五年矢颪村の耕地

明治五年時点での矢颪村の耕地を復原するために、「（寛文八年）武州高麗郡矢颪村申御縄水帳写　弐之内田方壱冊[20]」及び「（寛文八年）武州高麗郡矢颪村申御縄水帳写[21]」を使用する。

表4として、小字の一覧と各小字の筆数、総反別をまとめた。記載のあった小字数は四一であり、筆数の多い小字としては、小字数三八の「秋津」や「川通り」「前原」「前原沢」が挙げられる。「川通り」「前原」「前原沢」は文化六年時点から筆数の多い小字であったが、「秋津」は慶応三年時点で初めて見られた小字であり、筆数もわず

中畑			下畑			下々畑			切畑			屋敷			総計			
筆	畝	歩	筆	畝	歩	筆	畝	歩	筆	畝	歩	筆	畝	歩	町	反	畝	歩
									5	2	82						4	22
1	3	6														1	2	26
						9	22	84	3	5	44					3	1	8
																	4	28
			1	2	3												2	3
																2	3	22
			1	2													2	
																2	1	11
									3	5	40						6	10
									3	2	51						3	21
						1		4									2	2
5	12	44														4		24
			1	1	18	7	46	137	2	10	30					6	3	5
			1	9	10	1		12									9	22
						1		14										14
						3	16	52								1	7	22
9	38	120	7	12	95											5	7	5
						1		3										3
1		24	1	2	6												3	
1	4	16															4	16
1	4	29															4	29
1	3	22															3	22
																	2	
1		24	1	2	10												3	4
2	8	46														1	9	22
																5	8	8
																		14
																2	7	7
1	9	27															9	27
			5	9	70											2		19
			7	13	68											2		9
			1	2	6												2	6
2	7	18	2	1	34												9	22
5	3	50															6	14
5	26	46	9	4	119	3		19								3	6	4
									1	5	26						6	8
									12	45	96					4	8	6
																		20
																2	6	1
																	4	20
						1	2	5	3	6	16						8	21
						8	50	121								5	4	1
						2	10	20									10	20
						2	2	48									3	18
6	31	67														4	3	21
1	8	24															8	24
																8	5	24
																	4	12
16	51	205	4	13	10	2	2	17							1	4		10

表３　慶応三年　矢亀村小字及び総面積

小　字	上　田			中　田			下　田			下々田			上　畑		
	筆	畝	歩	筆	畝	歩	筆	畝	歩	筆	畝	歩	筆	畝	歩
エビ窪															
カンナ													2	9	20
テンダイ															
よしやつ							1	4	28						
よしやつ 山キシ															
よしやつ 山ギシ							5	22	52						
よしやつ　山下															
よし沢							3	6	54	9	10	107			
よし沢 エビ窪															
よし沢 前原沢															
井戸□										2	1	28			
榎戸													4	25	70
柿戸															
柿戸　坂ノ上															
柿戸　坂上															
柿戸　南窪															
関口															
関口　井戸□															
関口　下ノ前															
関口　下川原															
関口　高際															
関口　山下															
関口　前													1	2	
関口　堀合															
関口前													2	10	6
宮ノ下	5	29	93				8	21	155						
宮ノ脇							2		14						
橋場				7	17	82	13	2	125	2		40			
高際															
砂ノ宮※													2	8	39
砂之宮※													2	4	31
坂ノ上															
山キシ　川端															
山下										4		54			
寺平															
芝口										1		12			
芝口ヲ子															
秋津										1		20			
秋津ノ前										11	21	151			
神原下				1	4	20									
神明沢															
西ことう															
西ことう 芝口ヲ子															
西ノ窪															
川窪													3	9	44
川窪　榎戸															
川通り				15	48	165	7	18	94	3	9	65			
川通り　掘付				1	4	12									
前原													15	60	198

中畑			下畑			下々畑			切畑			屋敷			総計			
筆	畝	歩	筆	畝	歩	筆	畝	歩	筆	畝	歩	筆	畝	歩	町	反	畝	歩
																	1	25
																	9	29
2	4	33															7	19
						1	2	4									2	4
7	16	69	3	9	24	1	1	6								8	2	5
																	2	10
2	10	31				1		4								4	1	7
						3	11	16	8	7	95					4	8	14
																		10
																	1	11
2	1	34														1	2	16
1		21																21
1	4	8															4	8
																	3	7
																5	2	4
2	7	24															7	24
																		24
									2	12							12	
4	17	50	1	3	6											3	3	23
			1	1	24												1	24
2	9	21															9	21
				1													2	21
																	8	23
																	20	18
			9	28	152	2	3	16								3	6	18
			1	2	4												2	4
			2	5	29												5	29
						17	83	242	8	22	54				1	2	2	8
			1	1	6												1	6
						2	4	45									5	15
															1	2	3	17
																	1	7
1	7	14														1	1	6
									3	2	20						2	20
			12	66	206	2	1	54								6	15	20
									1	2	20						2	20
																	7	27
																1	7	19
																	7	28
																	6	9
																2	5	2
			1	5	26	2	5	20	3	11	28					4	7	4
			9	21	118				2	4	22					2	9	20
			1	3	1	1		27	1		6						4	4
																	4	2
1	5	15	3	30	23											3	6	8
									14	2	181						8	1
									2	7	30	61	171	856	2	1	9	4
83	287	1,088	85	247	1,068	73	260	970	76	149	841	61	171	856	21	5	4	23

小　字	上　田			中　田			下　田			下々田			上　畑		
	筆	畝	歩	筆	畝	歩	筆	畝	歩	筆	畝	歩	筆	畝	歩
前原 テンダイノ後													1	1	25
前原 テンダイノ前													1	9	29
前原　秋津ノ後													1	2	16
前原　川端															
前原下	2	2	29	9	13	111	6	16	91				3	12	65
前原下　坂下													1	2	10
前原下　川端													6	27	92
前原沢							3	4	27	20	13	266			
前原沢口										2		10			
前田										4		41			
打手													3	9	42
打手　後															
打手　山根															
打手　前													1	3	7
台通り				3	9	74	5	38	80						
大平															
瀧ノ沢										3		24			
瀧沢															
中矢下													3	11	27
中矢下　神明後															
中矢下　川端															
中矢下　前													1	1	21
田ノ窪							4	2	98	2	2	45			
田向ノ脇				3	12		2	8	18						
嶋崎															
嶋崎　坂下															
嶋崎　田向															
東ことう										5	5	72			
東ことう 山キシ															
東ことう 西ノ窪															
道通り	7	32	79	14	60	191	5	21	47						
道添				1	1	7									
内手													1	3	22
梅ノ木窪															
北サガリ															
北サガリ　田ノ窪															
堀間※							4	5	87						
堀合※							13	10	229						
堀添				2	7	28									
堀添　打手													1	6	9
堀付				3	18	31	3	4	61						
連下							2	12	58	7	6	112			
連下 ミソケト															
連下　三杉道															
連下　瀧沢口							1	4	2						
連下　内手															
連下沢															
（空白）							1	2	16				2	8	32
総　計	14	63	201	59	193	721	88	199	1,336	76	67	1,047	56	221	805

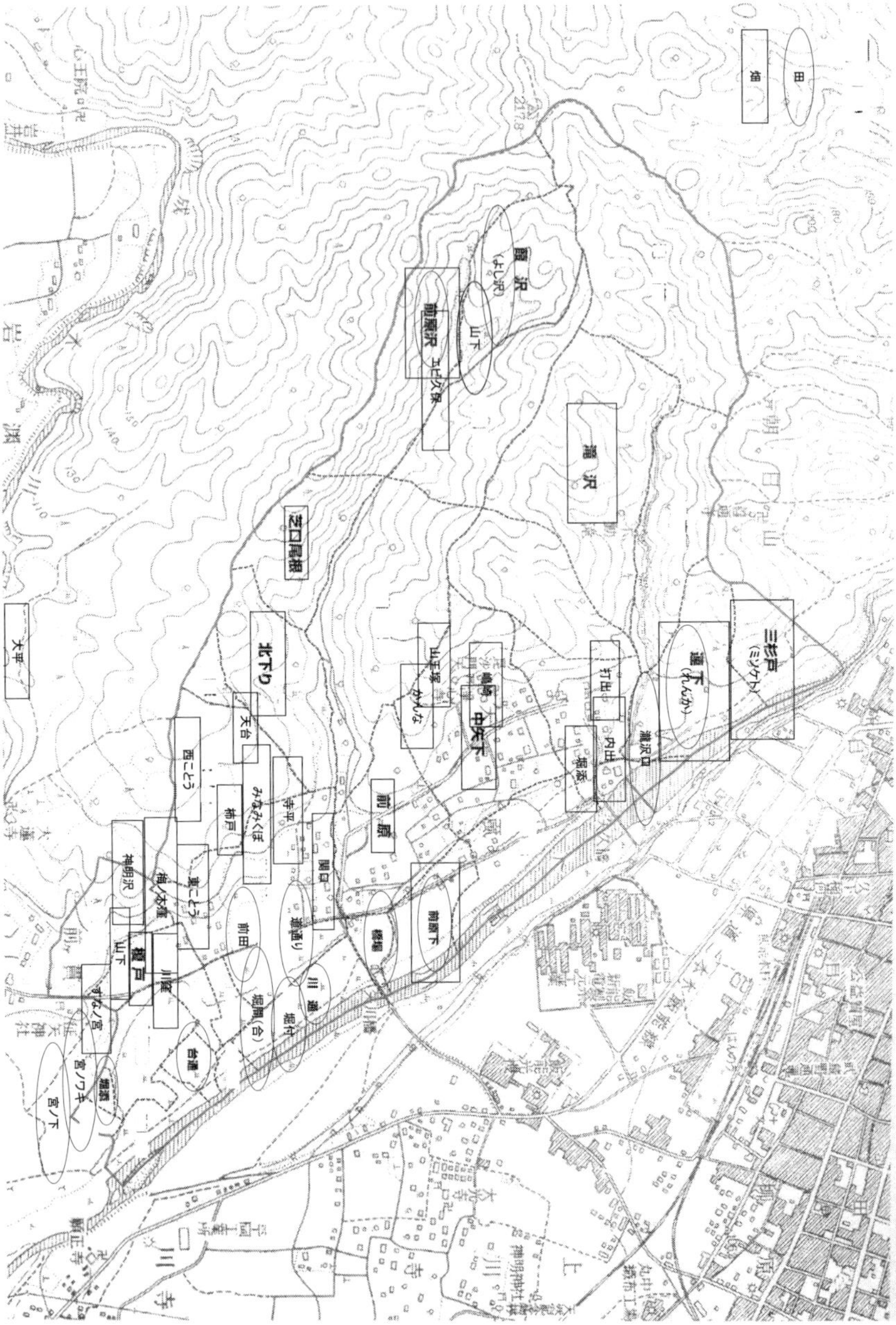

図3　慶応三年　矢颪村小字及び耕地の様子

か一であった。小字の数が文化、慶応の時点より減っていることは明らかであり、小字が統合されていることが考えられる。また、大きな特徴として、新たな字の創出と古い字の統合が見られるのである。この点については後述する。

筆数を多く含む「秋津」「川通り」「前原」はいずれも一町以上の反別であり、大きな小字であったことがうかがえる。また、筆数は二四と少なめだが、「東ことう」もこれまでの検討同様一町以上の反別となっており、その大きさをうかがい知ることができる。また、慶応三年までと比べ、一町以上の反別となっている小字がわずかながら増えている。これらのことから小字の統合が想定され、その影響が各小字の面積にも表れていると思われる。

最後に、明治五年時点での小字・耕地の状況を図4としてまとめた(22)。田畑の広がりについてはこれまでの検討と同様の状況を示していることが明らかとなった。

また、慶応三年時の検討において注目した「連下」については、田が六畝一〇歩、畑が八反二畝九歩と、より畑の割合が大きくなっていることがうかがえる。慶応三年での田の面積がおよそ二反弱あったことを考えると、田から畑へと地目が変わっていることが予想できる。

5　明治九年矢颪村の耕地

最後に、「地引帳(23)」を使用して、明治九年時点での矢颪村の耕地を復原する。

表5として、小字の一覧と各小字の筆数、総反別をまとめたが、記載されている小字が全部で二八と、これまで検討してきた年代に比べ、明らかに筆数が減少していることがわかる。明治五年よりもさらに減少しており、小字の統合がさらに進められたことが十分にうかがえる。統合の例として、寛文八年から確認することができ、反別も

	中畑			下畑			下々畑			切畑			総計			
歩	筆	畝	歩	筆	畝	歩	筆	畝	歩	筆	畝	歩	歩	畝	反	町
69	5	21	52	3	5	50	1		4					8		10
5	1	3	6											1	2	11
																12
				11	22	120								2	6	
							3	13	56					1	4	26
				2	4	3								2	1	
	1	5	15	9	53	88	2	4	47	6	13	69		8	2	9
										11	12	153		1	7	3
178	10	49	135	1		18							1		6	1
														2	14	3
				2	10	28	10	49	181	1	7	10		7	3	9
	2	4	40												5	10
														2	8	5
														2	5	25
				1	2	6									2	6
	5	3	50												7	5
										6	33	57		3	4	27
6	17	79	261	11	18	123	5		26				1	2	4	24
				4	2	61							1		8	16
														2	1	13
							1	2	5	6	12	40		1	5	15
							7	46	80	1	3	6		5	1	6
													1	2	7	17
232	16	50	226	4	13	10	3	2	37				1	3	7	25
57	5	10	69	3	5	14	2	1	30					7	7	1
				1	5	10	1	4	6	14	22	172		6	6	8
	1	6	18												6	18
71	4	12	70											3	1	21
														4		20
														1	1	1
58	3	18	44	2	4	30								5	9	
							14	36	147	2	4	25		4	5	22
				11	33	177	2	3	16					4	2	13
							14	76	257	5	16	30	1		9	29
										3	4	48			5	18
				10	58	156	3	8	78	1	2	20		7	6	14
														1	6	11
9															6	9
							1	1		14	1	182			8	2
															6	
																10
685	70	260	986	75	234	894	69	245	970	70	129	812	17	6	7	15

表4　明治五年　矢颪村小字及び総面積

小　字	上　田			中　田			下　田			下々田			上　畑	
	筆	畝	歩	筆	畝	歩	筆	畝	歩	筆	畝	歩	筆	畝
空白							2		14	12	15	121	5	29
カンナ													1	9
しぼ口										1		12		
すなノ宮														
みなみくぼ														
よしやつ							3	16	27					
れんが														
ゑびくぼ														
榎戸													11	46
外田				2	7	28	8	21	155					
柿戸														
関口														
宮ノキハ	3	26	65											
橋場				6	16	58	13	4	117					
坂上														
山下							1		9	6		66		
芝口														
秋津										2	1	28	3	12
秋津下	7	32	79	9	43	129	4	21	47					
秋津前										10	17	133		
神明沢														
西ことう														
川通り				24	80	317	10	22	155	4	7	85		
前原													15	56
前原下	2	2	29	10	17	131	6	16	91				3	12
前原沢							7	10	120	15	8	210		
太平														
打出													5	15
台通り							5	38	80					
瀧澤口							2	10	31					
中矢下				2	7		2	8	18				5	17
天台														
嶋崎														
東ことう										5	5	72		
梅木クボ														
北下り														
堀合							12	9	221					
堀添													1	6
蓮下沢														
連下										4	4	60		
連下（三杉堂）										1		10		
総　計	12	60	173	53	170	663	75	175	1,085	60	57	797	49	202

	林			山林			芝地			寺地			社地			墓地			総計			
歩	筆	畝	歩	筆	畝	歩	筆	畝	歩	筆	畝	歩	筆	畝	歩	筆	畝	歩	町	反	畝	歩
	1	4																	1	3	8	4
	2		39				5	11	81										1	9	5	22
	7	21	102	9	59	122	2		40							2	3	9	2	3	7	21
	11	39	196	23	335	334													3	9	5	8
																				2	7	5
																				3	4	3
	10	39	151	14	119	196	1		15										1	7	1	
				9	147	98													1	5		8
	4	3	56	13	78	203	1	2	2							2		37	4	3	3	9
																			1	3	3	13
	10	68	182	2	9	37	1		10										3	4	2	21
				5	121	48													3		9	13
																			1	2	6	12
	11	7	143	6	53	71	1		15				1	2	10	1	2	2	2	8		7
							2	5	27										1		1	11
				1	5	20	5	32	30										4	4	9	
																				5	4	12
							4		40										5	4	6	5
	5	49	82																	5	3	12
				18	448	184													4	5	4	4
																				3	8	21
	11	4	145	6	128	66				1	11	27				1	17	13	4		5	21
				7	117	83	5	3	57										2	3	2	5
				7	243	70	1		10										2	4	6	14
	11	47	172	4	31	66	7	1	126							1	1	5	1	4	7	25
				9	205	133													2		9	13
	6	20	66	10	111	177	3	1	42										2	2	2	23
				2	6	44	3	9	41										2	3		22
	89	301	1, 334	145	2, 215	1, 952	41	64	536	1	11	27	1	2	10	7	23	66	63	6	7	4

表５　明治九年　矢嶋村小字及び総面積

小字	田					畑					田荒地			荒芝地			宅地			秣場	
	筆	町	反	畝	歩	筆	町	反	畝	歩	筆	畝	歩	筆	畝	歩	筆	畝	歩	筆	畝
榎戸						15	1	2	2	29							2	10	35		
堰元	6		3	8	8	19	1	2	2	26							5	17	78		
奥平						13		4	9	11							14	90	187		
下前原澤						1			3	18											
宮ノ脇	5		2	7	5																
橋場	10		3	1	14	2			2	19											
三杉戸	1				28																
芝口ヲ子																					
秋津	14		3	1	14	36	1	6	6	26							18	135	221		
秋津下	29	1	2	3	22	2			9	21											
上ノ台						29	2	5	8	2											
上前原澤											1	1	25							1	185
川通	23	1	2	6	12																
前原	1			1	8	31	1	1		22							14	89	216		
前原下	20		5	3	14	6		3	4	24							2	6	36		
前原澤	15		3	5	10															1	375
台通	7		5	4	12																
滝沢谷津	10		2	4	25															1	520
滝尾塚						1			1	20											
滝澤																					
端添	6		3	2	11	1			6	10											
中矢下	4		1	1	27	26	1	2	9	22				1	5	9	11	87	102		
北サガリ	3			8	9	14		9	9	6											
北滝沢	1				24																
矢ノ根	7		2		19	9		3	4	27											
夕日ノ沢																					
連下	2			6	15	7		5	2	1							3	22	22		
葭沢	9		2	1	27															2	191
総　計	173	6	5	1	4	212	12		5	14	1	1	25	1	5	9	69	456	897	5	1,271

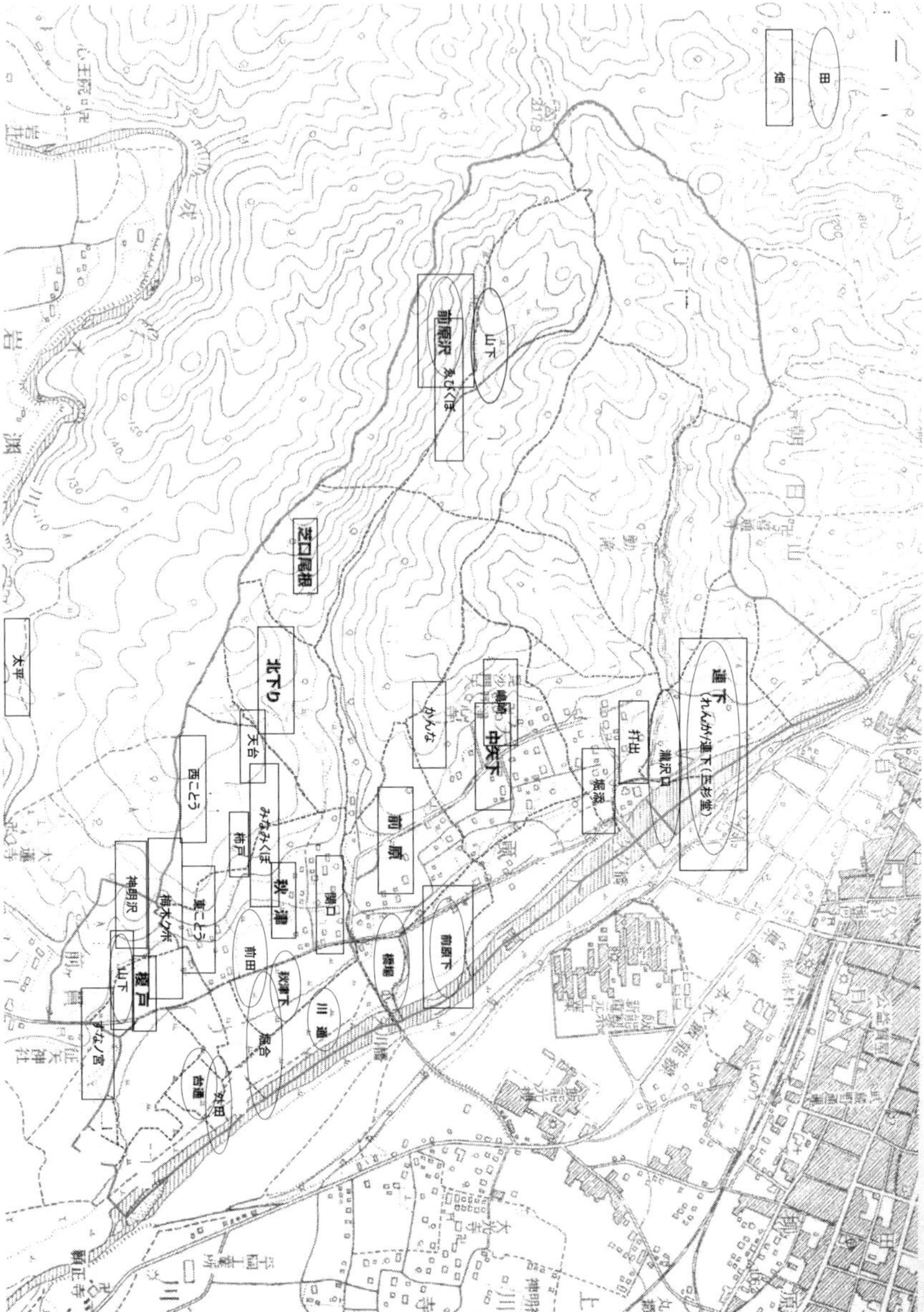

図4　明治五年　矢貮村小字及び耕地の様子

大きかった「東ことう」という小字が消えており、この点は重要である。小字の統合の検討については後に譲り、ここでは「秋津」「前原」といった小字が筆数を多く含んでいることを述べておく。

筆数の多い「秋津」「前原」とは別に、「榎戸」「堰元」「上ノ台」「中矢下」なども、それぞれ一町以上の反別を持っていることが明らかとなった。とくに「上ノ台」については、その反別が二町五反八畝二歩と、寛文八年以降の検討の中で最大となっている。この小字の位置が明確にできれば、統合の状況がより明確にできると思われる。

では、その小字・耕地の状況を図5で検討する(24)。川沿いに田が多く広がっていることは、これまで検討してきた各年代と同じであったが、「中矢下」「秋津」「矢ノ根」など川から離れた小字についても、徐々に田が広がり始めていることがうかがえる。小字の統合が進められていた可能性を先に述べたが、「中矢下」や「矢ノ根」については、図1から図4の検討により、周辺一帯はほぼ畑が広がる地域であったことが明らかである。よって、別の小字に含まれていた田が、統合によって編入されたとは考えにくく、明治五年から明治九年の間に新しく開墾されていたことがうかがえよう。「秋津」については、東の「秋津下」が田がちな地域であり、小字の統合によって「秋津下」の数筆が「秋津」に編入されたことも考えられる。

二　小字・耕地の変遷

本節では、前節の検討を踏まえながら、寛文以降明治までの期間を、一九世紀の百年間を通して、小字と耕地の変化の有無を考察する。

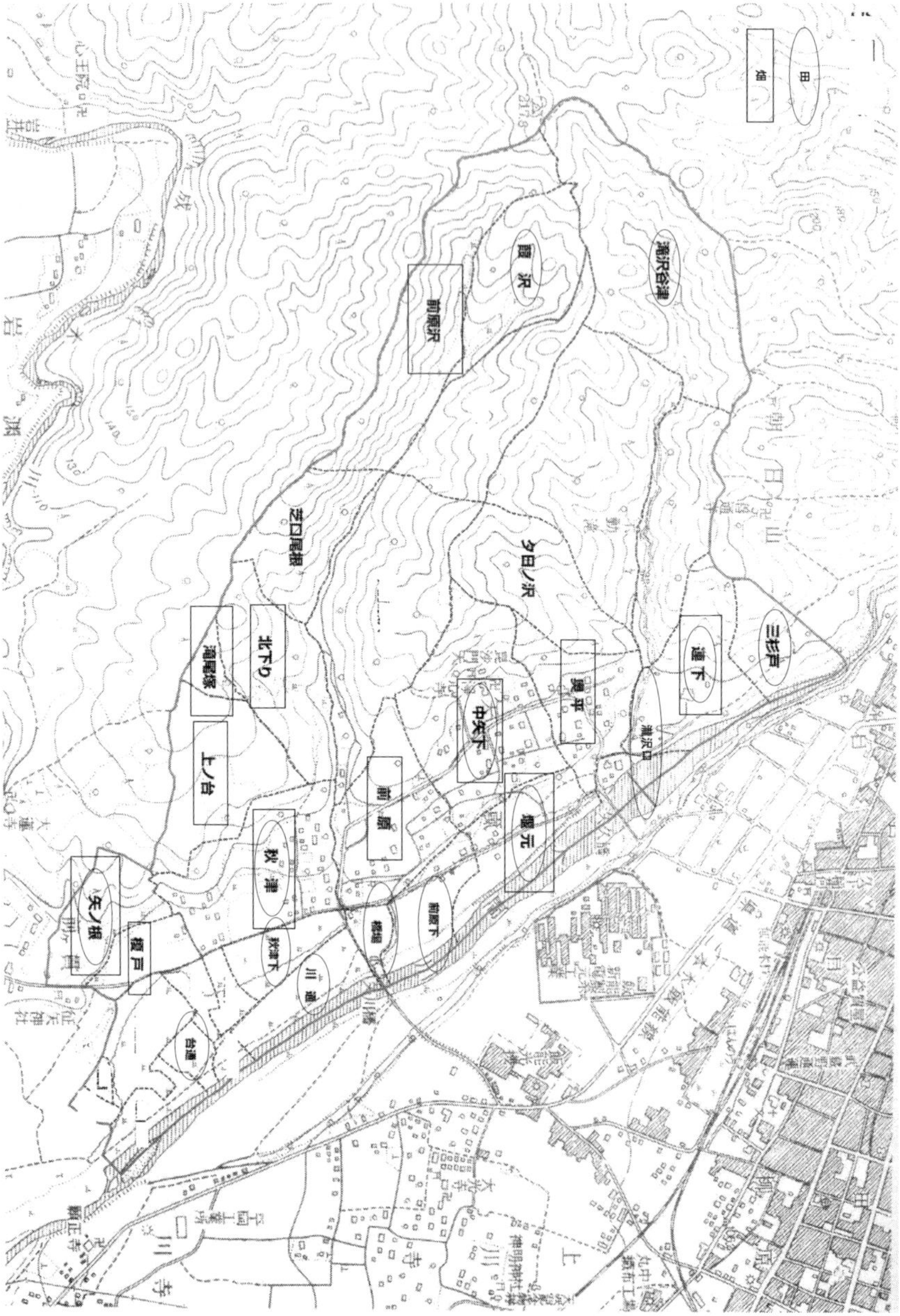

図5　明治九年　矢颪村小字及び耕地の様子

表6　秋津、秋津下筆数及び総面積

	秋津				秋津下			
	田筆数	田総面積	畑筆数	畑総面積	田筆数	田総面積	畑筆数	畑総面積
寛文八年	−	−	−	−	1	21歩	−	−
文化六年	−	−	−	−	7	3反 1畝23歩	−	−
慶応三年	1	20歩	−	−	−	−	−	−
明治五年	2	1畝28歩	36	1町2反 2畝26歩	20	1町 4畝15歩	4	4畝1歩
明治九年	14	3反1畝14歩	36	1町6反 6畝26歩	29	1町2反 3畝22歩	2	9畝21歩

1　小字の変遷

前節では、史料の記載から最大で九六あった小字が明治九年には二八にまで減少していることを明らかにした。ここでは「秋津」と「秋津下」の小字を事例[25]として、田畑の反別を基に小字の統合を検討する。表6は、表1から表5のうち、「秋津」と「秋津下」の田畑の筆数と総反別をあらわしたものである。

まず、「秋津」は慶応三年時点で初めて確認ができ、その筆数及び総反別はごくわずかなものであった。ところが、明治五年、明治九年の時点では、田畑共に急増する。

では、「秋津下」はどうだろうか。「秋津下」の耕地は寛文八年時点でわずかながら確認され、文化六年の時点では筆数、反別共に増えていることがわかる。慶応三年では確認できず、その原因は不明だが、明治五年、同九年の時点では再び確認できる。

しかし、「秋津下」も「秋津」同様に明治期に入ると反別が急増する。両小字の周囲には、「道通り」や「前田」など、慶応期までは確認ができ、明治期以降は確認ができなくなっている田がちの小字もあるため、それらの小字の統合とも想像できるが、この点については次節の田畑の総反別の検討で

表7　矢颪村　田畑総反別

	田				畑			
	町	反	畝	歩	町	反	畝	歩
寛文八年	5	3	9	19	11	8	6	17
文化六年	5	6	4	19	13	9		4
慶応三年	6	3	2	5	13	2	3	2
明治五年	5	5	2	18	12	1	4	27
明治九年	6	5	1	4	12		5	14

再考してみたい。

なお、明治九年に初めて確認できる「上ノ台」についても検討する。「上ノ台」一帯は、明治五年までは「東ことう」「西ことう」「柿戸」「南くぼ」「天台」といった小字が広がる地域であり、それら小字が明治九年時点では見られなくなっていることを考えると、「秋津」「秋津下」とは違い、小字の統合により新しくできた小字と考えたほうが無理がない。

そこで筆数と総反別を比べてみると、「上ノ台」の筆数は畑ばかり二九、反別は二町五反八畝二歩であった。一方で、前述の「東ことう」「西ことう」「柿戸」「南くぼ」「天台」の明治五年での筆数、反別を合計すると、筆数は田が五、畑が五九、総反別は二町九反五畝二歩であった。地目と筆数は大きく変化した一方で、面積は四反程度の変化にとどまっており、小字の統合による変化と考えることができる。

2　耕地の変遷

ここでは、矢颪村全体の耕地の状況について、反別からその変遷を検討したい。表7は、各年代の田畑の総反別を表したものである。明治九年には田畑の等級がなくなっているため、表記を田畑の区別にとどめることとした。

表7から明らかなのは、田は慶応三年の段階で、畑は文化六年の段階で反別が最大となり、以降微増もしくは微減となっている点である。明治五年時点で田畑共に反別が減少しているが、明治五年の史料は寛文八年の検地帳を基に作成されたものであることがその表題からもうかがえるため、反別においては正確に明治五年の状況を示して

いない可能性も考えられる。

ここで注目しておきたいのは、前節で想定した新たな開墾については、総反別から見る限り考えられない、ということである。「秋津」「秋津下」ともに、明治五年以降一町弱もの田畑の反別が確認できたが、総反別の増加は見られないからである。この点から、「秋津」「秋津下」の反別増加は、新たな開墾によるものではなく、小字の統合によるものと考えられる。

3　切畑の変遷

ここでは切畑に着目し、筆数、反別からその変遷を検討してみたい。

加藤衛拡の研究によれば、「切替畑は農業的に利用されると共に、その付属林野は林業的にも利用され、さらに寛文検地が個々の切替畑を一筆一筆検地したことで、名請人は付属林野の権利も慣習的に所持することとなり、より積極的な林業・山林経営を展開していったと推定される。[26]」林業が盛んであった当地域においても、同様の検討を行うことで当時の概況を見ることができると考える。表1から表5までの「切畑」の筆数と反別をまとめたのが表8である。

寛文八年から明治五年までを比べてみると、筆数、反別共に大幅な増加、減少は見られない。とくに、寛文八年と明治五年とを比較すると一筆、一畝一八歩の差だけである。新たに検地されたものと思われるが、いずれにせよ田畑同様、新たに開墾された可能性は低く、小字の統合による差異と考えられる。

表８　切畑の筆数と総反別

	筆数	反　別
寛文八年	69	１町５反４畝14歩
文化六年	77	１町８反３畝28歩
慶応三年	76	１町７反７畝１歩
明治五年	70	１町５反６畝２歩
明治九年	−	−

なお、明治九年については、「切畑」という地目自体を見ることができない。山林や林の反別と比べてみても明らかに差が大きく、切畑の扱いがそれまでと比べ変わったことが推測できる。

おわりに

以上、各年代の土地台帳を使用して、小字と耕地の状況を図示し、そして一九世紀の百年間におけるそれぞれの変遷を検討した。

冒頭で掲げた二点、一九世紀の矢颪村の耕地の復原、そして地租改正という大きな変換点を含む百年の中での耕地の変遷について、わずかながら明らかにできたのではないかと思う。

耕地の復原においては、入間川沿いと、山間を流れる高根川の源流のわずかな場所に田が広がる他は、基本的には畑が広がっていたことが明らかとなった。小字と耕地の変遷においては、慶応三年から明治五年に至る段階で小字が統合され、それに伴い耕地もその所属を変えたが、新たな開墾などは行われず、結果として矢颪村の耕地の総反別は大きな変化はなかった事が明らかとなった。

江戸から明治へと、支配体制が大きく変化し、土地制度にも変化が生じた一九世紀において基本的には耕地には変化がなかったものの、所属する小字は大幅な統合や創出が見られたのである。これはまさに地租改正という大きな変換点によって発生したものであり、「はじめに」で整理した、地租改正が新たな土地制度を創り出した一つの事例と言えよう。統合の一例としてあげた「東ことう」の名請け総人数を比較し、小字統合の状況と比べてみると、また新たな発見があるかもしれない。今後の課題である。

本論文では、小字と耕地の復原と変遷を検討したが、検討は不十分であると言えよう。明治五年までは耕地に等級が存在したが、等級単位に落とし込んで図示できていない。また、明治九年には耕地の等級が見られなくなるが、それと耕地復原の関係も図示、検討できていない。
さらには、田畑だけではなく、屋敷や山林など、景観を復原する上で不可欠な要素はまだまだたくさんある。それらの検討については、本論文では全く着手できなかった。引き続きこれらの検討を進めていく必要がある。

註

（1）福島正夫「地租改正と土地所有権―地租改正諸法案をめぐって―」（『福島正夫著作集三　土地制度』頸草書房、一九九三年）。
（2）佐々木寛司『地租改正　近代日本への土地改革』（中公新書、一九八九年）。
（3）丹羽邦男『土地問題の起源』（平凡社、一九八九年）。
（4）渡辺尚志『新しい近世史四　村落の変容と地域社会』（新人物往来社、一九九六年）。
（5）神谷智「地券発行下の土地売買譲渡について―近代的土地所有権再考―」（『近世における百姓の土地所有』校倉書房、二〇〇〇年）。
（6）木村礎『村落景観の史的研究』（八木書店、一九八八年）。
（7）橋本直子「中期以降の新田開発と村落景観⑵―小貝川中流域鳥羽谷原の場合―」（前掲註（6））。
（8）尾崎泰弘「寛文八年検地と矢颪村の成立」（『飯能市郷土館研究紀要』五、二〇一〇年）。
（9）中村家文書四六九（B土地　a）検地・名寄・地籍）。
（10）中村家文書九三二（B土地　a）検地・名寄・地籍）。
（11）『大日本地誌大系一三　新編武蔵国風土記稿九』（雄山閣、一九三二年）。

(12)　前掲註（8）。
(13)　飯能市郷土館『武蔵国高麗郡矢颪村　中村家文書目録』巻末の「矢颪の小字」と、註（8）記載の尾崎論文内「図1　近世矢颪村の地字とムラ（組）」を基に、筆者が作成。
(14)　中村家文書九二七（B土地　a）検地・名寄・地籍）。
(15)　中村家文書九二八（B土地　a）検地・名寄・地籍）。
(16)　前掲註（13）。
(17)　中村家文書四四九（B土地　a）検地・名寄・地籍）。
(18)　中村家文書四五〇（B土地　a）検地・名寄・地籍）。
(19)　前掲註（13）。
(20)　中村家文書四八六（B土地　a）検地・名寄・地籍）。
(21)　中村家文書五五二（B土地　a）検地・名寄・地籍）。
(22)　前掲註（13）。
(23)　中村家文書五〇七（B土地　d）地租改正）。
(24)　前掲註（13）。
(25)　今回は、文化六年を除き、厳密に「秋津」「秋津下」と表記のあるもののみを集計している。文化六年は、「秋津の下」「アクツノ下」を集計した。
(26)　加藤衛拡『近世山村史の研究―江戸地廻り山村の成立と展開―』（吉川弘文館、二〇〇七年）。

第二章　山村における「並百姓」の生業

―秩父郡上名栗村を事例に―

山本　智代

はじめに

現在、地方では過疎化・高齢化が進み、山村では「限界集落」という概念が生まれ、共同体としての維持が困難となっている地域もある。しかし、近世の山村は耕地に比して多大な人口を抱えていたところが少なくない。それは、山村には多くの人口を抱えうるだけの資源があり、それを最大限に活用し生活を営んできた人々の知恵や技術があったからである。それにもかかわらず、近世の村落史研究においては、耕地の狭さや石高の低さなどから山村の多くは正当な評価をされず、「貧しい」「遅れた」「閉ざされた」地域とみなされてきた。

それはひとえに、耕地の少ない山村においても、村民の生活基盤をあくまでも「農業」に置き、その規模の大きさを示す石高所持・土地所持の分析からしか村民の姿を捉えて来なかったからである。

一九八〇年代以降、坪井洋文の「日本文化多元論」[1]や、網野善彦の「水田中心史観」への批判[2]により、石高所持や農業（とくに稲作）生産を中心とした村落分析の問題点が指摘され、人々の生活の営みを多面的に捉えようとする動きが見られるようになった。

こうした中で、山村そのものの実態にせまる研究も活発になり、平地にはない山なりの生活文化の体系に注目した白水智の研究[3]をはじめとして、二〇〇〇年以降、多くの山村史に関する著書・論文集がまとめられた[4]。

佐藤孝之は、このような近年の山村史研究の成果を受けて、石高制にもとづき山村を認識していた「山村貧困史観」は克服されたかのような研究状況だと評価している[5]。

近世山村の本来の姿を復原し再評価することは、過疎化が進み荒廃していく現代の山村の問題を考えることにもつながる。それぞれの地域に根ざした生活を復原することは、これからもその地域で暮らしていくための手がかりとなる。「山村貧困史観」が克服されつつある中で、今後はより積極的に現代社会における山村の果たす役割を考えていくことができるだろう。

本稿では、こうした問題意識から、近年展開されている山村史研究の成果をふまえつつ、江戸近郊の山村である武蔵国秩父郡上名栗村（現埼玉県飯能市）の百姓の生業の復原を試みたい。本稿において百姓の生業、とくに諸稼ぎに注目するのは、耕地が少ない山村における百姓の生活にとっては、諸稼ぎがより重要な意味を持ったと考えるからである。

諸稼ぎについて深谷克己は、自家用にもする薪・炭・莚などの余りを売りに出す「余稼ぎ」、駄賃稼ぎや店商いなど商工的な稼ぎ仕事である「余業」、紅花や木綿など自覚的な小商品生産である「余作」、日雇い稼ぎである「手間取り」の四つの性質に分類している。そして、百姓経営を成り立たせるための稼ぎを「相応之稼」とし、「余業」のうち「相応之稼」を超えた商業的なものも出現したとしている[6]。本稿ではこれをふまえて、単に「稼ぎ」といった場合は四つの性格全てを含むものとし、商品の売買を行う商業的余業をとくに「商売」と表現することとする。

上名栗村は近代以降「西川林業地帯」と称された東京近郊の林業地帯であり、近世においては江戸の消費を背景に発展した製炭と材木生産により、多くの人口を抱えていた村である。それにもかかわらず、慶応二年（一八六六）に起こった「武州一揆」の発端となった地でもあることから「世直し状況論」や「豪農・半プロ論」の視点による研究が行われ、百姓の多くが「階層分化」の結果「小農経営の維持」が困難になり、土地を手放さざるを得なくなった貧困層として位置づけられてきた⑺。

これに対して加藤衛拡は、寛文検地による「山」の把握とその利用のされかた、「西川林業地帯」の製炭・林業の展開過程、材木商を営んでいた名主町田家の林業経営などについて実証的に検討し、高い生産力を発揮した山村としての上名栗村の姿を描き出している⑻。しかし、上名栗村には基幹産業である製炭・材木生産を中心に多様な諸稼ぎが存在したことを把握している一方で、「農民」の「小農経営」を補完したものとして製炭を捉えるなど山村における諸稼ぎの持つ意味を充分に評価できておらず、一般の百姓の経営実態を明らかにできたとは言えない。

そこで本稿では、近世の史料が石高制社会の下で作成されたものであることを念頭に置いた上で、可能な限り百姓一人ひとりに注目し、豊富な林産資源に支えられた上名栗村の諸稼ぎが百姓にとってどのような意味を持ち、百姓たちがそれをどのように選択して暮らしていたのかを具体的に明らかにすることを目的とする。

なお、主に使用する史料は、学習院大学史料館所蔵の町田家文書である⑼。上名栗村は享保九年（一七二四）に年貢勘定をめぐる村方騒動により古組・新組に二分されている。村入用の不正等の疑いで名主町田家が訴えられたこの村方騒動は、結局不正はなかったとして内済となったが、従来通り名主町田家のもとに属する古組、訴訟を起こした新組とに分裂した。こうした事情によるため、新・古組の分布は地図の上に線を引いて示せるような単純なものではなく、村組ごとに複雑に入り交じっている。古組は代々上名栗村の名主を勤めてきた町田家が、新組は新たに組頭の中から年番名主を立てるようになり、年貢の割付・納入以外はそれぞれ独立した村機能を有し、名寄帳や宗門人別帳など村方の諸帳面も新古別々に作成するようになった[10]。

町田家文書を利用する場合、上名栗村のうち古組分の史料が中心となるが、両組の間に大きな地域差はなく、古組を分析することで上名栗村の全体像をある程度把握することが可能であると考える。

一　上名栗村百姓の諸稼ぎと生活意識

1　「寛富ニ営メル」上名栗村

上名栗村[11]は荒川の支流である入間川（名栗川）の上流部分に位置した村で、館林藩領となった一時期を除き幕府領であった。村高は延享元年（一七四四）以来幕末まで、石高四二三石七斗二合、本高反別一〇九町九反一畝一歩で、上名栗村の耕地に水田はなく、上畑・中畑は合わせても全体の一五％しかない。逆に六〇％を占めるのが下々畑・切畑という等級の低い耕地だが、その実態は雑木・杉檜が植えつけられた山林となっていたことが指摘されており、食料生産の場となり得る耕地はわずかしかなかった。

このような土地柄のところに、近世を通じて三〇〇軒前後、一三〇〇人程が生活をしていた。単純に村高を人口で割り一人当たりの平均石高を算出すると三斗あまりとなり、石高のみで判断すれば「極貧」の村である。下々畑・切畑では焼畑が営まれ、屋敷地周辺の常畑では麦や芋、野菜などが栽培されていたことが想像できるが、村内の耕地における農業生産だけでは到底生活を成り立たせることができない。しかし、御林として「はねばみ」と「横倉」

の二か所、入会地として「炭谷入」「人見入」「白谷」「焼谷」「山中」の五か所があり、耕地の代わりに豊かな山林に恵まれ、上名栗村にはこの豊富な山林資源を利用した山稼ぎが数多く存在した。たとえば、古くは寛文検地前から百姓持山に薪炭林が造成されて製炭が行われていたこと、(12)万治三年（一六六〇）の名寄帳に「綿」「紬」が見えるため、秩父絹との関係で早くから養蚕業が盛んだったこと(13)などが指摘されている。

近世中期以降は村明細帳の記載から、より具体的な稼ぎの実態を知ることができる。享保五年（一七二〇）の上名栗村明細帳(14)には、「男耕作之間ニハ釜炭、鍛冶炭焼申候而、商売仕申候、其外日用抔を取申候」、「女常々耕作之間ニハ木綿、麻、絹少々拵申候」とあり、男の稼ぎとして製炭と日用が、女の稼ぎとして木綿や麻、絹を作っていることが挙げられている。

ここでは男の稼ぎとして主に製炭があげられているが、入間川の流域は豊かな雨量と比較的温暖な季候のために、杉や檜の良材を産する林業地帯として近世より有名であり、加藤衛拡によれば、一八世紀半ばに上名栗村の林業において炭・薪生産から材木生産への傾斜が見られるという。(15)これを示すように、文政六年（一八二三）の明細帳(16)には、「男ハ農業之間炭焼出し、又は材木伐リ出シ筏ニ仕、川丈ヶ乗下ヶ江戸問屋ニ而売払、土地之稼ニ仕候、女ハ紙漉又ハ蚕、絹、太織出し、或ハ挽木、板貫、炭等背負、賃銭取仕候」と、男の稼ぎとして炭焼の他に材木生産とその流送が加わっている。一九世紀に入る頃には、炭焼と材木生産が上名栗村の「土地之稼」と言える程のものになっていた。女の稼ぎにも養蚕・織物関係に加えて紙漉や挽木、板貫、炭等の輸送が記され、ここにも材木生産が活発になったことによる変化が見える。なお紙漉は、名寄帳に多くの「紙舟役」が見えることから、女性の稼ぎとして各々の家で行われていたと考えられる。

一九世紀初頭に成立した『新編武蔵国風土記稿』には、次のような上名栗村の姿が記されている。

〔史料1〕[17]

此村ハ土地偏狭ニシテ。耕作ノ場所少ナシト云ヘトモ。山深ク林広ク。諸木茂生シ。杉檜ノ類モ。土地ニ応セシユヘニヤ。成木モ早ク。良材ヲ出スコト。他村ニ勝レリ。シカノミナラス。運送ノ津モヨケレハ。是ヲ鬻クニ。自ラ善価ヲ得レハ。年穀三四ヶ月ヲ支フト云ヘトモ患トセズ。村民各自ニ良材ヲ鬻テ。米粟ニ易フレハ。事ノ足ラサルハナク。却テ寛富ニ営メル民多ク。土風モ自ラ穏ナリ。

上名栗村は「土地偏狭」で耕地が少ないが、杉・檜の良材を産する上に運送の便も良く、村民はおのおの良材を売り、その代価で食料を手に入れることができたためにかえって「寛富ニ営メル民」が多いという。「良材ヲ出ス」「善価ヲ得」などの記述からは山がちな上名栗村の土地柄が肯定的に捉えられている。また、「寛富ニ営メル」という表現から、豊富な林産資源を背景にした諸稼ぎが多くの現金収入をもたらし、村民が豊かな生活を送っていたことが想像できる。

2　稼ぎの基盤としての流通機構の整備

上名栗村において製炭や材木生産が「土地之稼」として発展し、村民に多くの現金を獲得させた背景には、流通機構の整備や材木需要の高まりがあった。

上名栗村で生産された炭は、主に道中の村々の駄賃馬による陸送で飯能の問屋へ運ばれた。飯能へ運ばれた炭は馬で川越へ、川越からは船で江戸へと運ばれるか、炭会所を通じて陸路で所沢、田無を通って江戸へ運ばれた[18]。

飯能は宝永・正徳期（一七〇四〜一六）に、飯能村と久下分村の境に縄や筵を取り扱う在方市が立ったことにはじまり、しだいに山方の産物である炭・石灰も扱う市場となっていった。享保一七年（一七三二）に上名栗村の炭生産者が記した文書から、この時期にはすでに飯能の市で炭が重要な商品となっていたことが分かっている。一九世紀になると、飯能に名栗地域等から産出される炭を扱う問屋が少なくとも一五軒出現し、炭が多く流通していたことを物語っている。[19]名栗の炭焼稼ぎにとって、一八世紀はじめの飯能という市場の成立とその後の発展は、収入増加をもたらす重要な契機になった。

一方で、材木は筏に組まれて入間川を利用して直接江戸まで流され、炭とは別の流通ルートを持っていた。材木の生産地域の村々には、自分の持山や他人の立木を買って伐採、搬出、筏流送などを多くの人足を宰領して行う材木商人が存在していた。[20]正徳・享保期（一七一一〜三六）には入間川上流の村々に材木商人が多数存在しており、一八世紀初頭には材木を出荷する体制が整えられていたと考えられる。上名栗村でも文化期には一〇数軒の材木商が存在していたが、その代表として古組名主町田家が知られている。

町田家は一八世紀後半ころより経営が活発化し、炭・材木商の他、安永五年（一七七六）には酒造を開始し、文化〜天保期（一八〇四〜四四）には日用品商売、金貸業も営んでいた。[21]一九世紀に入ると急速に山林を集積し、これを基礎とする山林経営者、材木商人、炭商人として発展していった。寛政五年（一七九三）に川辺一番組古問屋の株を取得して以降は、江戸浅草や深川へ計五軒の材木問屋を出店し、伐り出しから流送、販売という材木の一環した生産流通体系をつくったことで生産地に大きなメリットをもたらしたと評価されている。[22]

村内には、町田家と同様の経営を展開した材木商人や炭商人が他にも散在し、流通の要、または労働力を組織する存在となったことで、江戸後期にかけて上名栗村の材木生産はますます発展していった。

このような状況の中で、植林から伐出まで携わる日雇人足や、製材を行う木挽などの稼ぎの増加がもたらされた。従来、上名栗村における日雇人足の増加の原因は「階層分化」の結果土地を失い、材木商などに「労働力販売」せざるを得ないものが増加したためだと考えられてきた。しかし、もともと耕地が少なく、「土地之稼」として製炭・材木生産が中心にあった上名栗村では、これらの諸稼ぎの位置づけも、日雇人足増加の意味も、別の視点から再検討する必要がある。そのためにまずは、上名栗村の百姓が諸稼ぎをどのように捉えていたのかをみていきたい。

3　「身上相続」のための諸稼ぎ

「農間渡世」や「農間稼ぎ」という言葉から、諸稼ぎには農業経営の補完のために行うものというイメージがつきまとうが、上名栗村の百姓が諸稼ぎをどのようにとらえていたのかを、天保九年（一八三八）に出された筏川下げをめぐる訴訟文書からみていきたい。

〔史料2〕[23]

私共村方之儀荒川通り枝川入間川之源秩父武甲山根本ニ而、西者右武甲山、東ハ隣村南村、百姓山峯続誠極山中旁深之村方、畑山をも西北へ向日影多故、土地柄悪敷、麦種蒔之事八月彼岸、穫収翌年半夏之頃、里方ニ競候得者弐ヶ月余も余分之日数を不経候而者実法無之村方ニ御座候得者、夜ニ日を継相励、土地相応之作柄仕附、老人・妻子夫々猪鹿を追ひ、別而為長男ハ御免之四季打鉄炮を以夫々相防、困窮仕候儀ニ付、先年御側御用人中様、当郡武甲山御参籠之砌、上名栗村ニ御旅宿被遊、百姓とも勤柄格別難渋致候を被聞召、御帰府之上村役人共被召出、下々畑ニ而二歩九厘、切畑ニ而三歩壱厘、猪鹿喰荒し御年貢永久引被下置候程之村方ニ而、則御割附取持仕候、上木畑多作畑場狭故、何様出精仕候而も猪鹿喰荒し半ヶ年之給料作り難出、夫食買上今日を営罷在候村方ニ御座候所、寛文之頃ニ競永四拾三貫弐百文ニ有之候所、当時之永弐拾貫六百九文御年貢倍納ニ相成難行仕候処、先前御代官様御教諭に付、農間杉檜を栽附、成木[redacted]毎年売木致し、村中之者伐出しに付賃銭取、御年貢・諸役残を以、不足之夫食道法八里余御座候川越町或飯能町買ひ為登相用ひ申候、左候得者伐木飢而不食〔虫損〕兼候品々候得とも、谷川■之津■仕売買之米麦買為登、露命相続仕、誠ニ難有仕合奉存候、■里方百姓与違ひ山方之儀ハ畑迚も平地も無之岨敷場所を耕作いたし、鋤芸糞灰之手入与申、勤筆紙ニ尽し難申上仕合、前書申上候通、極山中村ニて杉檜栽附弥出精仕伐出し、御当地江筏ニ而差送り売捌、御年貢上納仕百姓勤ハ寛保中伊奈半左衛門様御仁恵を以御教諭被成下候、御蔭与不残難有仕合、且者谷川有之故与奉存候、左候得者田方之百姓用水大切与心得同様山方ハ伐木川下ヶ用水与猶以大切ニ存、谷川を命之蔓、人之■■同様与相心得罷在候、

これは、入間川下流の村から用水や水車堰の差障りになることを理由に筏流しを差し止められたことに対し、上名栗村が訴え出たものである。

史料中では繰り返し上名栗村は「極山中」の村であり、里方とは違うことが述べられている。平地が少なく、日影が多く、「上木畑多作畑場狭」と土地柄も悪く、麦を作っても里方より二か月も遅れ、畑からは半年分の食料も収穫することができないという。それ故に「農間」に杉・檜を植え付け、「村中之者」がそれを伐り出して賃銭を得、年貢を払い、残りで川越または飯能で夫食を買い「露命」を「相続」する「夫食買上今日を営罷在候村方」だとする。

ここで述べられている上名栗村の姿は、〔史料1〕に挙げた『新編武蔵国風土記稿』のそれとは大きくかけはなれている。それは〔史料2〕が代官に宛てた公文書であり、石高制の枠組みの中で語られたものだからである。しかも、この訴状を作成した百姓たちは、入間川上流の村々にとっていかに筏川下げが重要であるかを主張するために、必要以上に「困窮」を強調している可能性がある。

こうした事情を考慮した上で〔史料2〕を見てみると、耕地に恵まれないために「仕方なく」諸稼ぎをしているのではなく、広大な林産資源を活用した稼ぎを積極的に行い、土地柄を活かした生活をしていたことが見えてくる。そして「杉檜栽附弥出精仕」とあるように、上名栗村において「出精」すべきは農業ではなく材木生産などの諸稼ぎであり、「田方之百姓用水大切与心得同様山方ハ伐木川下ヶ用水与猶以大切ニ存」と述べていることから、上名栗村にとっての材木生産が里方にとっての農業と同じくらい重要だとの認識がうかがえる。しかも、材木の伐り出しには杣のような特定の職人ではなく「村中之者」が関わっていたことから、村民はそれぞれに材木生産の技術を持っていたと考えられる(24)。

また、〔史料2〕では杉・檜を植え付け、その販売収入で年貢上納・夫食購入を行うという生活は、寛保期（一七四一～四四）に代官伊奈半左衛門の「御教諭」があったためとするのも興味深い。伊奈半左衛門の御教諭が記された史料を見つけることはできなかったが、ここからは石高制の中で、事実上林産資源の売買による年貢上納が領主により認められていたことを示している。

〔史料3〕(25)

私共村々之義谷合山付之場所ニ而、田畑地狭故作方之間ニハ山稼重ニ仕、筏商売人ハ不及申、其外之百姓共面々持山之内ニ而杉松丸太筏ニ拵、板貫等挽、雑木ハ真木ニ割江戸送り仕、石代金日雇賃銭駄賃助成を以御年貢諸役相勤メ、年中夫食買調候而渡世相送リ申候（中略）平生夫食買調渡世仕候村々殊ニ山稼ニ而身上相続仕候百姓共ニ御座候、

この史料は、入間川流域の村々（高麗郡中藤村・上下赤工村・曲竹村など）の材木商人たちから宝暦七年（一七五七）に出された筏川下げについての願書である。ここでも筏商売人だけでなく一般の百姓まで、各々が「山稼ぎ」

に重きを置き、その収入により年貢上納や夫食購入を行うという生活のあり方が述べられている。「山稼ニ而身上相続仕候百姓」という表現から分かるように、山稼ぎこそが自分たちの百姓経営を成り立たせる手段だと認識していたと言える。この願書の差出に上名栗村は含まれないが、いずれの村も上名栗村と同様に材木生産がさかんな地域であり、百姓たちの意識には同じようなものがあったと考えられる(26)。

以上のように上名栗村における諸稼ぎは家計補完的なものではなく、「身上相続」のための主要な生業であった。ただし、石高制という建前の下で稼ぎを中心とした生活を送るためには、正当性が必要だったのだろう。そして、上名栗村において山稼ぎによる「身上相続」に正当性を持たせていたものが、耕地に恵まれないという土地柄と、〔史料2〕に見えた寛保期の伊奈半左衛門による「御教諭」であった。

二　諸稼ぎの性格

1　文化初期における諸稼ぎの多様性

町田家文書に現存している正徳二年（一七一二）から明治四年（一八七一）までの上名栗村古組の宗門人別帳のうち、文化元年（一八〇四）から文化七年（一八一〇）のものには、世帯ごとに「農事之間〇〇稼（商内・商売）仕候」や「農事之外〇〇稼（商内・商売）」という形で稼ぎの記載がある。これを利用して上名栗村の諸稼ぎの存在状況と彼らが諸稼ぎをどのように選択していたのかを探っていきたい。

まず、上名栗村に存在していた稼ぎの全体像を知るために、文化元年の人別帳に記載された諸稼ぎを項目ごとに集計し、それぞれに従事する軒数を表にしたものが表1である。[27]

古組全一六八軒のうち、何らかの稼ぎや商売を持つ者は一五六軒、全体の約九三％を占める。「農事外商売なし」とされた五軒のうち二軒は後家、一軒は高齢の女性であるため、ここに記載されるような稼ぎには従事していなかったのだろう。何も稼ぎが記載されていない三軒も、後家と百姓の妹が戸主であるため同様のことが言える。なお、村明細帳に見える養蚕や機織りなど女性の稼ぎは人別帳に記されていないが、当然従事していた可能性も考慮しなければならない。

稼ぎの内訳を見ると、やはり製炭や材木生産に従事する者が多い。とくに、炭焼は六五軒と全体の約三九％を占めている。これに炭俵編や炭背負、炭商売、駄賃稼を入れると一〇四軒、約六〇％の百姓が製炭に関わる稼ぎを行っていた。

材木関係も多く、材木商は五軒、材木商、木挽稼、杣日雇を合わせて一二軒ある。加藤衛拡の分析によると、文久元年（一八六一）に町田家が雇っている日雇人足のうち、半数以上が造林・伐出・筏流の材木生産関係に従事していた。[28]これをふまえて、日雇人足の多くは材木生産関係の作業に携わっていたと考えると、材木生産関係の稼ぎは三三軒、全体の約二〇％にあたる。

前節であげた〔史料1〕や〔史料2〕とあわせて考えると、上名栗村の中心的な生業である製炭と材木生産には、約八〇％の百姓が従事し、多くの上名栗村の百姓が炭や材木生産に関わる基本的な技能を身につけていたといえる。

村内には古組だけでも炭や材木の売買に携わる材木商・炭商が一七軒存在し、村内で生産された林産物の出荷体制も整っていた。こうした商売には、村役人クラスの百姓が携わっている場合が多く、炭材木商売二軒については一軒は名主栄次郎、もう一軒は栄次郎の祖父浦之助（隠居）と、二軒とも町田家である。一方で、炭背負や炭俵編には女性や高齢者が多く従事しており、同じ炭関係の稼ぎの中でも家の規模や家族の状況に合わせた稼ぎを行っていたことが分かる。

表1からは製炭・材木生産以外の稼ぎ、例えば大工や鍛冶などの職人や豆腐、酒小売、煙草や菓子などの商売、医師や目薬売など医療関係の生業の存在も拾うことができる。製炭・材木生産に中心が置かれつつも、村内には多様な稼ぎが存在していたことを示している。さらに文化元年から文化七年の人別帳に記された諸稼ぎの推移をまとめた表2には、壁屋や表具師、荒物小間物など、より多様な商売・稼ぎを見ることができる。

文化元年からの七年間のうち、総軒数にはほとんど変化はないが、文化五年から七年にかけて、諸稼ぎについての記載がないものが増加していく。記載がないものが何を示しているのか、なぜ記載されなくなったのかについては不明である。しかし、記載がないからといって、諸稼ぎを行わず「農業のみ」で生活するようになったとは考えにくい。文政一二年（一八二九）の農間渡世書上[29]には、上名栗村全体の二八一軒のうち「農業一統渡世之分」が一五軒、同じく天保九年（一八三八）の書上[30]には古組一五三軒のうち「農業一統渡世之分」が一〇軒とあり、この時点でも「農業」のみで生活を成り立たせている者がほとんどいないことを考えると、諸稼ぎの記載はなくとも何らかの稼ぎを行っていたと考えるのが自然だろう。

稼ぎの記載がなくなった家を除いても、それぞれの稼ぎに従事する軒数には若干の増減がある。この変化はどのような理由によるものか。次項では、個々の家の稼ぎの変化を追い、人々がどのように稼ぎを選択していたのかをみていきたい。

表1　文化元年上名栗村古組の諸稼ぎ

生　業	軒数	備　考
炭材木商売	2	内名主1軒
農事外材木商売	3	
農事外炭商内／商売	12	内組頭1軒、百姓代2軒
農事外木挽稼	5	
農事外杣日雇稼	2	
農事外日雇人足稼／日雇稼	21	内抱百姓1軒、百姓母1軒
農事外炭背負稼	10	内後家1軒
農事外炭俵編稼	5	後家3軒（内抱百姓後家2軒）、百姓姉1軒、抱百姓1軒
農事外炭焼稼	65	内組頭1軒、抱百姓1軒
農事外駄賃稼	10	内抱百姓1軒
農事外ぞふりわらし造稼	1	
農事外大工稼	1	弟子4人
農事外煙草商内	1	組頭1軒
農事外豆腐商内／商売	4	内百姓代1軒
酒造	1	
農事外酒小売商売	4	内後家1軒
農事外古着商内	1	
農事外目薬商内	1	
農事外屋根屋稼	1	
農事外網漉稼	1	
農事外鍛冶稼	2	
農事外紙漉稼	2	
農事外くわし商内	1	
医師	(1)	組頭太七抱医師
住職	4	医王寺・円正寺・柏林寺・正覚寺（出家道心9名）
農事外商売なし	5	内後家2軒、百姓母1軒
記載なし	3	後家2軒、百姓妹1軒
合　計	168	

※文化元年「人別下書（古組分）」（町田家文書2718）より作成。
※抱医師は総軒数に含めていない。

表２　文化元年～７年における上名栗村古組の諸稼ぎ

生　業	軒　数						
	文化元年	文化２年	文化３年	文化４年	文化５年	文化６年	文化７年
炭材木酒造商内	－	1	－	1	－	－	－
炭材木商内	2	－	2	4	5	5	1
材木商内	3	2	2	2	2	2	5
炭商内	12	12	10	7	7	7	6
炭木挽	－	－	1	－	－	－	－
木挽	5	6	6	10	7	7	8
杣	－	1	1	1	2	2	1
杣日雇稼／取	2	1	1	1	－	－	－
日雇人足稼／取／賃銭取	21	26	26	29	26	25	25
炭背負	10	6	5	5	4	4	4
炭俵編	5	6	5	5	6	3	3
炭焼	65	66	67	61	57	45	44
駄賃稼／取	10	10	9	8	8	8	7
ぞうり（わらじ）造	1	1	1	1	－	－	－
大工稼	1	1	1	1	1	2	2
煙草商内／売	1	1	1	1	2	－	1
豆腐商内	4	2	2	1	－	－	－
豆腐材木商内	－	－	－	1	1	－	－
酒造稼	1	－	－	－	1	1	1
酒造質両替商売	－	－	－	1	1	1	1
酒小売	4	4	4	3	2	1	2
酒小売鍛冶	－	－	－	－	－	1	－
古着商内	1	1	1	1	1	－	－
目薬売	1	1	1	1	1	1	1
屋根屋	1	1	1	1	1	1	1
網漉稼	1	1	1	－	－	－	－
鍛冶	2	2	2	2	2	1	1
紙漉	2	2	2	2	2	2	1
菓子商内	1	1	1	1	1	1	1
灰買	－	－	1	2	－	－	－
壁屋	－	－	－	－	1	－	－
槙拵	－	－	－	－	1	1	－
賃木綿とり	－	1	1	1	－	－	－
香具商内	－	－	－	1	－	－	－
表具師	－	－	－	－	－	1	1
荒物小間物商内	－	－	－	－	－	1	1
藤伐り	－	－	－	－	－	－	1
医師	(1)	1(1)	1	1	1	1(1)	1
住職	4	4	4	4	4	4	4
観音堂守	－	－	－	－	1	－	－
農事外商売なし	5	－	－	－	－	－	－
記載なし	3	4	5	6	19	38	43
合　計	168	165	165	166	167	166	167

※文化元年～７年の人別帳（町田家文書2718～2724）より作成

※医師の（１）は、組頭太七抱医師（文化元・２年）・百姓甚助抱医師（文化６年）。人別帳の総軒数には入っていない。

※文化元年の日雇人足稼と日雇稼（１軒）は同様の稼ぎとして集計した。

※文化２年の「雇稼」は日雇人足と同様の稼ぎとして集計した。

※文化３年には「炭焼」が「炭背負」に、「炭焼」が「日雇」に、「駄賃」が「灰買」に朱筆で訂正されているものが１軒ずつあったが、訂正された方の稼ぎを集計した。

※文化５年人別帳総軒数は168軒となっているが、実際には167軒しか書き上げられていない。

文化４年(1807)	文化５年(1808)	文化６年(1809)	文化７年(1810)
豆腐商内	(源四郎後家もん47)	日雇稼(養子弥四郎37)	日雇稼
日雇取(悴長次郎25)	日雇取	日雇取	日雇稼
木　挽	木　挽	木　挽	
日雇取	—	—	—
炭背負(すめ30)	日雇稼		
炭材木商内	炭材木商内	炭材木商内	炭材木商内
炭材木商内	炭材木商内	炭材木商内	材木商内
炭　焼	炭　焼	炭焼(悴幸右衛門37)	炭商内
炭　焼	炭　焼	炭　焼	材木商内
炭　焼	煙草商内		
木　挽	木　挽	木　挽	木　挽
木　挽	木　挽	木　挽	木　挽
酒小売	炭　焼	炭　焼	炭　焼
豆腐材木商内	豆腐材木商内	荒物小間物商内	荒物商内
駄賃取		炭焼　＊1	炭　焼
	＊2		

2　諸稼ぎの複合性と流動性

文化元年から七年にかけて退転したもの、他所から移転してきたものも加えたのべ一七六軒のうち、稼ぎの記載がなくなるものも含めて変化があったものは九八軒あり、全体の約五五％であった。古組百姓のうち半数以上が七年間という短い期間にもかかわらず、稼ぎを変えていることになる。とくに、日雇人足稼、木挽稼、炭焼稼、炭背負稼、駄賃稼などの山稼ぎに従事している者は変化が激しく、数年単位で稼ぎを変えている場合もある。稼ぎが変化した者のうち、特徴的なものを抜き出してまとめたものが表３である。

まず、世帯主が変化したことに伴って記載される稼ぎが変化している場合をみてみよう。

例えば、源四郎（№１）やまん（№２）がこれにあたる。世帯主がそれぞれ養子・弥四郎、息子・長次郎に変化したが、先代が行っていた豆腐商内や酒小売の商売は受け継がれず、跡継ぎは両者共に日雇稼ぎを

表３　諸稼ぎの変化

番号	戸　主		石高	文化元年(1804)	文化２年(1805)	文化３年(1806)
1	源四郎52	百　姓	0.91166	豆腐商内	豆腐商内	豆腐商売
2	まん56	百姓市太郎後家	2.08733	酒小売商売	酒小売	酒小売
3	八十八44	百　姓	0.67333	炭焼稼	炭焼稼	炭背負稼(倅与八13)
4	豊吉13	百姓辰五郎倅	0.70599	炭背負稼	日雇稼(辰五郎47)	日雇稼
5	すめ26	百姓利助後家	0.248	農事外商売なし	炭焼(すめ父三右衛門62)	炭焼
6	栄次郎25	名　主	19.24896	炭材木商売	炭材木酒造商内	炭材木商内
7	太七76	組　頭	11.73004	炭商売	炭商内	炭商売
8	幸七71	百　姓	1.25499	炭焼稼	炭　焼	炭　焼
9	佐吉47	百　姓	5.5014	炭焼稼	炭　焼	炭　焼
10	吉蔵28	百　姓	2.76527	炭背負稼	炭背負	炭　焼
11	仙次郎53	百　姓	3.02237	炭商売	炭商内	炭木挽
12	五平41	百　姓	0.89565	豆腐商内	木　挽	木　挽
13	八太郎42	百　姓	0.19	酒小売商売	酒小売商売	酒小売
14	重郎兵衛59	百姓代	3.31532	豆腐商売	豆腐商内	豆腐商売
15	五郎兵衛45	百　姓	1.812	駄賃稼	駄賃稼	駄賃稼
16	政右衛門63	百　姓	1.11532	農事外商売なし		

＊１：小間物渡世開業〔天保９年８月「(農間渡世御糺につき書上書)」(町田家文書2855)〕

＊２：婿・熊太郎が居酒渡世開業〔文政12年３月「(農間渡世取調につき書上)」(町田家文書2853)〕

※文化元年～文化７年の宗門人別帳（町田家文書2718～2724）より作成。

※戸主の横にある数字は文化元年時点、あるいは初見の時点での年齢。

※「—」はその年の人別帳に存在しないこと、空欄は稼ぎの記載がないことを示す。

※網掛けは前年の稼ぎと変化しているもの。

行っている。それぞれの跡継ぎである弥四郎や長次郎は、代替わりと共に急遽日雇稼ぎをはじめたのではなく、おそらくは世帯主となる以前より自らの稼ぎとして行っていたものだろう。この場合、豆腐商内や酒小売は商家のように跡を継ぐべき家業ではなく、あくまでも源四郎やまん個人の稼ぎであり、弥四郎や長次郎の日雇稼も個人の資質に合わせて選択されたものと考えられる。

一方で世帯主が変化しても稼ぎが変化しなかった家は七軒あり、うち四軒は炭焼、他三軒は炭商内、材木商売、日雇人足であった。炭焼のように家族経営で行われているものや炭・材木商売という規模の大きな商売については、世帯主が変わっても受け継がれることもあった。

文化二年（一八〇五）一〇月に病死した八十八（No.3）とその跡を継いだ与八の事例では、八十八が病死した翌年、「炭焼」と記された与八の稼ぎが朱筆で「炭背負」に書き改められており、新たな世帯主が行っている稼ぎに合わせて書き換えられたことをよく示している。[31]

世帯主が死亡しなくとも、奉公など何らかの理由で不在となることは多い。豊吉（No.4）やすめ（No.5）の家のように、それぞれが異なる稼ぎに従事しており、誰が世帯主として人別帳に登録されるかによって、記載される稼ぎも変化した。このような場合、ひとつの家の中に複数の稼ぎが存在していたと言える。

豊吉（No.4）は文化元年時点の人別帳には「百姓辰五郎悴」と記され、一戸前の百姓として扱われていない。それは豊吉が一三歳と若年であった上に、父が村内奉公へ出ているため不在だったからだろう。翌年からは父辰五郎が世帯主として登場し、日雇稼を行っている。豊吉が行ってる炭背負は、一三歳の子どもでもできる稼ぎ仕事であり、[32]父辰五郎が世帯主として日雇いと記載された年も炭背負に従事していた可能性がある。文化三年には、豊吉は村内奉公に出、豊吉の妹むめも隣村である南川村へ奉公に出ている。豊吉の家のように、一家総出で稼ぎに従事していることも多かっただろう。

ひとつの家の稼ぎを検討するとき、五郎兵衛（No.15）は文化六年に小間物渡世を開業し、政右衛門（No.16）の家でも文化五年に婿の熊太郎が居酒屋を開業しているように、実際には稼ぎに従事していても人別帳には記されない場合もあったことを考慮しなければならない。

また、山稼ぎの中には筏流しをはじめ季節労働も多く、個人としても複数の稼ぎを季節や状況に合わせて兼業していた可能性がある。上名栗村の字白岩での材木の伐り出しをめぐる作成年不明の史料に、「新組百姓孫左衛門幷同人伜弥三郎父子之旨、農業之間者をもニ炭商売幷筏材木等、其外時々之小あきなひ、何ニ不寄少々宛致居候」と述べられているとおり(33)、炭商売、筏材木の他にその時々の状況に応じて、「小あきなひ」を少しずつ組み合わせて行っていたという稼ぎのあり方が実態に近かったと考えられる。

次に、世帯主が変化しないにもかかわらず稼ぎが変化した場合、つまり同一人物において稼ぎが変化している場合を見てみると、稼ぎから商売に転換するもの、それとは逆に商売から稼ぎに転換するものが見られる。

稼ぎから商売に転換するものの中には、山稼ぎから新たに炭・材木商をはじめるものもあった。炭・材木の需要の高まりを背景に、文化元年にはすでに栄次郎（No.6・名主町田家）や太七（No.7・組頭）のような炭・材木商が十七軒存在していたが、わずか七年の間にも幸七（No.8）や佐吉（No.9）などが新たに炭商内や材木商内をはじめている。炭・材木関係の商売だけでなく、吉蔵（No.10）は炭背負や炭焼から煙草商内を始めているように、経済が活発になり人々の購買力が高まったことを受けてはじめたと考えられる商売への転換もあった。

これとは逆に、商売を行っていたのに山稼ぎに転じているものには、炭商売から木挽に転じた仙次郎（No.11）、豆腐商内から木挽に転じた五平（No.12）、酒小売から炭焼に転じた八太郎（No.13）などが挙げられる。その他にも、重郎兵衛（No.14）のように、豆腐商内をしながら材木商売に手を出してみたり、翌年には全く関係のない荒物小間物商内を始めてみたりと、一見何の脈絡もなく商売を変化させている者も存在した。

同一人物がこのように山稼ぎから商売、商売から山稼ぎと流動的に稼ぎを変化させることができたのは、村民の多くが基本的には製炭や材木生産に必要な技術を身につけていたためである。その上で、山稼ぎにとどまらず、利益を得られると見込めば新たな商売をはじめ、商売が成り立たなくなればまた山稼ぎに戻るという柔軟性を持ち合わせていた。

重郎兵衛（No.14）が何の脈絡もなく商売を変えているように見えるのも、利益を得られる商売を探して試行錯誤しているところだったからではないだろうか。文化元年に重郎兵衛が行っている豆腐商内は、文化七年までの間に、上名栗村古組内に四軒あったうち一軒もなくなってしまっている。逆に、重郎兵衛が荒物小間物商内を始めた年には、五郎兵衛（No.15）も小間物渡世を始めている。村外からの買い入れによって豆腐の供給がまかなえるようになった、人々の消費活動が活発になり小間物の需要が増えた、あくまでも推測にすぎないが、このような村内の需要の変化を重郎兵衛は敏感に感じ取っていたのかもしれない。重郎兵衛の事例はまた、稼ぎ・商売の選択の多様性が大いにあったことも示している。

以上のことから、上名栗村の稼ぎは山稼ぎを中心に多様に存在し、複合的かつ流動的であったと特徴づけられる。

三　百姓の消費活動の拡大

1.　居酒屋・煮売屋の増加

文化期の人別帳には、酒小売や煙草、菓子売など嗜好品を扱う稼ぎ・商売も見られたが、これらも数ある稼ぎ・商売のうちの選択肢のひとつであった。ここではとくに、居酒屋等の商売に焦点をあて、炭や材木生産に関わる山稼ぎの中でどのように登場してきたのかを見ていきたい。

文政一二年（一八二九）と天保九年（一八三八）の「農間渡世」の書上[34]には、居酒渡世や煮売渡世などの商売が書き上げられている。ここに書き上げられている商売を古組分のみ抜き出したものが表4である。人別帳から、文

表4　文政・天保年間における上名栗村古組の渡世

渡　世	開業年次	西暦	渡世人　＊1	文化年間の世帯主（稼ぎ）　＊2
居酒渡世	寛政８年	1796	弥八	弥八（酒小売）⇒天保９年書上になし
居酒渡世	文化５年	1808	熊太郎	政右衛門（農事外商売なし→文化２年以降記載なし）⇒天保９年書上になし　熊太郎は政右衛門聟
居酒渡世	文政元年	1818	鉄五郎店竜蔵	不明〔鉄五郎は組頭太七倅〕⇒天保９年書上になし
居酒渡世	文政４年	1821	弥右衛門(弥左衛門)	弥右衛門（文化５．炭焼→文化６年以降記載なし）　＊3
居酒渡世	文政７年	1824	国次郎（国治郎）	長四郎（杣日雇稼→文化６年以降日雇稼）　国次郎は長四郎倅
髪結渡世	文化元年	1804	市之助（定兵衛）	不明　＊4
煮売渡世	文化11年	1814	栄次郎店正平(正平)	町田家借店
煮売渡世	文政12年	1829	又七　※	むめ（日雇人足稼→文化２年又七・日雇稼→文化7. 記載なし） 又七はむめ倅
穀商売	天保６年	1835	勝平　※	栄次郎抱竹松（日雇人足稼） 勝平は竹松倅
穀商売	天保８年	1837	安助　※	名主栄次郎（炭材木商売）
小間物類	文化６年	1809	五郎兵衛　※	五郎兵衛（駄賃稼→文化5. 記載なし→文化6. 炭焼）
質屋渡世	寛政10年	1798	安助店善七　※	近江より
質屋渡世	天保５年	1834	文五郎　※	重兵衛（炭焼→文化7. 記載なし）

◆文政12年３月「(農間渡世取調につき書上)」(町田家文書2853)、天保９年８月「(農間渡世御糺につき書上下書)」(同2855) より作成。

＊１　文政12年・天保９年ともに書き上げられている人については、カッコ内に天保９年時点での渡世人も記した。また※印がついている渡世人は、天保９年にのみ書き上げられている。

＊２　人名が文化年間の世帯主、カッコ内は文化元年〜文化７年における生業の変遷。

＊３　弥右衛門は文化５年より人別帳に登場する。

＊４　市之助は天保13年の人別帳に「栄次郎店」として見えるが、定兵衛との関係は不明。

化期の稼ぎが分かるものについてはそれも記した。

この中でも居酒渡世に注目すると、文政一二年、新組も含めた上名栗村内に一一軒もの居酒渡世があった。この一一軒のほかにも、寛政一〇年から質屋を営んでいる善七は、近江国出身で、酒造も行っていたことが文政期の他の史料から分かる。(35)古くは新組に寛延元年（一七四八）、安永七年（一七七八）に開業しているものもあるが、大部分は煮売渡世などと共に寛政・文化・文政期に開業しており、一九世紀に入ったころから商売が活発になってきたと思われる。

表4を見ると、文化元年以降に新たに開業した居酒屋が四軒ある。そのうちの二軒は、文化元年の時点で日雇や炭焼などの山稼ぎを行っており、一石前後の百姓である。彼らが今まで行っていた山稼ぎに代えて、またはそれに加えて、居酒屋等の商売を始めた背景には、嗜好品に対する需要の高まり、人々の消費活動の活発化を見ることができる。

文化期は一節で見たように、炭の流通を担った飯能で炭を扱う問屋が増加し、村内では材木問屋を江戸へ出店する動きも見られ、炭・材木の生産・出荷が急速に増大した時期だと言える。炭・材木生産の増加は、多くの稼ぎを生み出し、人々の購買力を高めただけでなく、人々の往来も増やした。生産された炭を運ぶ炭背負や、駄賃、材木の川下げに関わったとされる日雇人足等は、上名栗村の文化期の人別帳に多く見えたが、こうした稼ぎに携わっていたのは村内の人間だけではない。

加藤衛拡によると、文化元年に町田家から飯能へ送る炭の駄送を担った四九名のうち八六％が赤沢村・原市場村など上名栗村と飯能との中間にあたる村の者であり、(36)炭駄送だけを見ても他村から人の出入りが多くあったことが明らかにされている。こうして人々の往来が活発になったことで、彼らを相手にした居酒屋や煮売屋を始める者も出てきたと推測できる。

しかし、これらの商売は必ずしも安定したものではなかった。表4で寛政期から開業しているものも含めた居酒渡世五軒のうち、天保九年には、弥左衛門、国治郎の二軒を残して見えなくなる。文化期の人別帳の稼ぎを見ても、文化元年に酒小売を行っていた四軒のうち、文化七年まで続けているのは一軒のみで、代わりに文化六年から酒小売をはじめたものが一軒ある。このことから、村内では居酒屋や煮売屋などの開業と消滅が絶え間なく起こっていたと考えられる。それには、次のような上名栗村の稼ぎの特性が背景にあると言える。

製炭・材木生産を中心とした稼ぎは多くの現金収入を生み出すものであったが、たとえ炭・材木商として大きな利益をあげていたとしても、洪水により出荷途中で筏が流失してしまったり、炭が水をかぶってしまったりするなどの災害や事故が起こった場合は、その分大きな損失となる。それだけに、炭・材木商売だけでなくこれらの生産に携わる稼ぎの者は浮き沈みが激しく、彼らを相手にする居酒屋や煮売屋などの諸商売も同様だったのだろう。

だからこそ、上名栗村の百姓は二節で見たように、その時々の状況に応じて様々な稼ぎ・商売に手を出してみるが、それで成り立たなくなればまた違う稼ぎ・商売へ移行する、という身軽さを持ち合わせていた。そして、彼らの多様な生業の選択肢の中に、浮き沈みが激しかったとしても大きな財を生み出す可能性のある炭・材木商売や、盛衰のある居酒屋などの商売が含まれていたことからは、より多くの利益を得たい、より豊かな暮らしを送りたいという欲求も生業を選択する際の基準だったことがうかがえる。

2　「贅沢」の出現

居酒屋・煮売屋をはじめとする商売が増え消費活動が活発になると、単に嗜好品を購入するだけでなく、次第に身の回りを贅沢に飾り、生活が華美になるものも登場してくる。文化・文政期は他地域においても、諸稼ぎにより財を得た百姓の中に消費への欲求が生まれ、生活も年々華美になりつつあった時期だと指摘されている[37]。

幕府も文政一〇年（一八二七）から、関東農村の荒廃や治安悪化の状況に対して地方改革を実施し、風俗の取り締まりを強化した。上名栗村の場合でも、酒などの嗜好品の消費はもちろん、身の回りのものに贅沢を求めたり賭け事に熱をあげたりと、消費への欲求は様々なものへ向けられていた[38]。

このような状況の中で、文化元年（一八〇四）に家作普請をめぐる訴訟が一件起こっている。訴訟人は、文化期の人別帳に「目薬商内」として登場する百姓磯次郎である。

磯次郎は自らについて、「少高之百姓ニ而、農業之間々先祖ゟ家伝ニ而眼病療治仕候ニ付、村々遠近相廻り専療治仕候間、薬取又者療治人罷越候[39]」と、先祖からの家伝によって眼病の治療を行っていると述べている。人別帳には「農事之外目薬商内」と記され、この時の訴状にも「農業之間々」「眼病療治」を行っているとあるが、差出には「古組百姓医師磯次郎」と書かれており、彼の意識としては「先祖ゟ家伝ニ而眼病療治」を行う「医師」だったただろう。

近隣の秩父では、長い間の経験と知恵に基づく民間薬療法が知られ、秩父の民間薬として、山の資源を活かした植物性約九〇種類、動物性約四〇種類もの薬がある。秩父の村々には、家代々、秘薬や家伝薬と称し、極秘の処方で薬をひさぐ家筋がかならずあったという[40]。磯次郎もこのような家筋であったのかもしれない。寛政四年（一七九二）には、磯次郎の弟泰元も眼医師家業をしていたことが分かっている[41]。

磯次郎は治療に出向くばかりでなく、自宅で患者の治療を行ったり、目薬の販売を行ったりすることもあった。患者・薬を求める人が訪れるため屋敷が手狭になり、家作普請を行うに至ったが、普請の途中で五人組であり妹聟である政右衛門に差し止められ訴訟に及んだ。磯次郎の家作普請の何が問題だったのか。次の史料は、この訴訟の内済証文である。

〔史料4〕(42)

乍恐以書付奉申上候

一、武州秩父郡上名栗村百姓代重郎兵衛外弐人ゟ奉申上候、今方〔般〕百姓磯次郎儀、政右衛門江相懸り家作差滞出入、名主栄次郎方へ申出候ニ付、紀之村役人共一同申談内済熟談取懸候処、手段不行届破談仕引候而ハ磯二郎義御訴へニ罷出候ニ付、名主添簡いたし候様申之候得共、栄二郎義右普請見届候上ニて添簡可遣之旨申渡し候処不取放、政右衛門強勢もの役向難を厭ひ添簡致呉不申候抔と申立駈込御訴訟仕候ニ付、磯二郎差上候訴状御添御書付村役人共江被下置、依之尚又取嗳ニ立入普請見届候処、家之高サ屋上迠ハ二丈三尺程ニ而間口四間弐尺、奥行三間八尺、二階造床間付仕候、左候迚も政右衛門如何相心得理不尽普請差障不而已人足迠も差押候哉と承候処、同人相答候ハ筆外百姓普請仕候悪例ニ相成不宜趣を以、五人組之義ニ付花麗之普請ハ不相成候旨、相改候義ニ而、理不尽ニ人足差押へ口論いたし懸候抔と申義ハ決而無御座候、一躰磯二郎儀ハ親類□（虫損）儀ニ御座候へハ、普請取懸り節相談等も仕候ハヽ、倶々世話もいたし可懸候処、組合之ものへも一向ニ相談不致、右躰花麗之家作仕候ニ付、人足共へ差構者無之候へども家作へ差障候義ニ御座候、以来村内悪例相成不申様取斗致度段申候ニ付、磯二郎義何れの差図を以床之間付花麗普請いたし候ニ組合之もの共へも相談不致取懸候哉、決而並百姓身分ニ而床之間付之普請不相成候間、床柱ニ丸太を遣候上者□（虫損）住面づらをけづり敷居・鴨居を入、押入いたし筈ニ而出入内済致候様異見申聞候処、至極納得いたし双方申分なく出入内済為仕候、然ル上ハ右一件ニ付重而双方より御願ヶ間敷義為仕間敷候間、何分磯

二郎願之筋御下被成下候様奉願上候、以上

秩父郡上名栗村
百姓
訴訟人　磯次郎
同
相手　政右衛門

文化元子年
六月

（以下、双方五人組・立会人・村役人一三名連印略）

柳原小兵衛様
御役所

〔史料4〕から、磯次郎が新しく建てた屋敷は、高さが二丈三尺（約七m）、間口四間二尺（約七・八m）、奥行三間八尺（約七・八m）の二階建て床の間付きのものであったことが分かる。普請を差し止めた政右衛門は、とくに床の間をつけたことを取り上げ、「並百姓」にとっては「花麗之普請」であると主張しており、磯次郎が「並百姓」としての分限をこえたことが問題になっている。

文化元年の時点で磯次郎は六〇歳、自ら「少高之百姓」と述べている通り、石高はわずか八斗弱、妻しか（四四歳）、娘くに（一五歳）、倅国太郎（一二歳）の四人家族であった(43)。しかし、「農業之間々」に行っているという目薬売り、眼科医としての収入は家計補完的なものではなく、「並百姓」の身分には「花麗」すぎると評価される二階建て・床の間付の家を建てる程だったのである。

〔史料4〕の本文中には、磯次郎が「二階造床間付」の普請を行ったことについて、「並百姓身分」においては床の間を付けるような華美な普請を行ってはいけないこと、村内の悪例となることが度々述べられている。この事例からは、「並百姓」には「並百姓」の分相応な暮らしがあり、それを超えることは許されないという意識が当時の人々の間にあったといえる。この家作普請をめぐる訴訟は結局、床の間を押し入れに造りかえることで内済となり、磯次郎の主張は認められなかった。

「花麗」な家作普請を行った磯次郎の存在は、稼ぎ・商売による現金収入が、時に「並百姓」の分限を超える暮らしさえ出来る程の財をもたらすものであったことを示している。これは、〔史料1〕の「寛富ニ営メル民」が多いという上名栗村の暮らしぶりを裏付ける。また、「花麗」な家作普請は結果的に否定されたが、分相応の暮らしが求められる社会の中でそれにとらわれず、自らの商売で得た財により自らの欲望を通そうとする者が登場したということも意味している。

おわりに

近世上名栗村の生業の中心は耕作ではなく様々な諸稼ぎにあり、百姓たちは諸稼ぎこそが「身上相続」をするための手段だと認識していた。豊富な林産資源とそれを出荷する流通機構の整備を背景に発展した製炭・材木生産に関わる稼ぎが上名栗村の「土地之稼」であり、「村中之者」がこれに従事していた。

一九世紀初頭の人別帳に記載された稼ぎの分析からは、製炭・材木生産に関わる稼ぎだけではなく、それ以外の稼ぎ・商売も多様に存在しており、それぞれの家族構成や技術などに合わせた稼ぎに従事していたことが分かった。また、稼ぎの記載が変化した家を個別に分析することで次のような稼ぎの性格を明らかにすることができた。

世帯主が変わると同時に稼ぎも変わっている事例の多いことから、上名栗村の百姓が従事している稼ぎや商売は代々受け継がれるべきものではなく、基本的には個々の資質や年齢、性別などに応じて個人で選択されるものであったと言える。そのため、親子や夫婦でそれぞれ個別の稼ぎを持ち、ひとつの家の中でも複数の稼ぎが存在していたことが想定できる。また、一人の百姓が幾種類もの稼ぎを同時並行的に行っていた可能性もあり、様々な稼ぎや商売を複合させることで、一戸の百姓としての経営を成り立たせていたと考えられる。

個々の稼ぎを追ってみると、七年間という短い期間においても稼ぎを変えている者が比較的多かった。その変化の仕方に規則性はなく、製炭関係の稼ぎから材木生産関係の稼ぎへ、稼ぎから商売へ、商売から稼ぎへなどと流動的であった。これは、豊富な林産資源の存在と、「村中之者」が製炭や材木生産などそれを加工する技術を身につけていたこと、さらに山稼ぎにとどまらない稼ぎ・商売の選択の多様性があったことを背景に、上名栗村の百姓がその時々の状況に合わせて柔軟に稼ぎを変えていたことを示している。

以上のように、多様で、複合的かつ流動的であったことが上名栗村の諸稼ぎの性格だったと結論づけることができるが、このような性格は、山村で生きるための強みとなっている。多様な稼ぎを複合させて行うことで、いずれかの稼ぎで利益を得ることができなくなったとしても、簡単には生活が成り立たなくなることはない。林産資源を利用するための様々な技術を身につけていれば、新しく始めた商売が成り立たなくなったとしても、また山稼ぎに戻れば暮らしていくことができる。自然環境に左右されやすい生活の中で、柔軟な諸稼ぎの選択は百姓たちが身につけた知恵だったと言える。

そして、諸稼ぎの選択の中に山稼ぎだけではなく菓子売や豆腐売、居酒屋や煮売屋などの商売が含まれるのは、単に「身上相続」のために必要な収入を得ることを目的とするのではなく、より生活が安定するもの、多くの利益を獲得できるものを求めて新しい商売に挑戦した結果だと推測できる。

居酒屋や煮売屋など嗜好品への需要を見込んだ商売の存在は、人々の消費活動が活発になったことを示しているが、時代が下るにつれて人々の贅沢への欲求は様々なものに向けられるようになり、目薬商内磯次郎のように「並百姓」には分不相応だと判断された華麗な家作普請を行う者も登場した。

磯次郎の家作普請が否定されたのは、彼のように「並百姓」の分限を超えてでも個人の欲望を追求しようとすることが、共同体の破壊へとつながる行動だと認識されていたからだろう。

磯次郎は「先祖ゟ家伝ニ而眼病療治」を行っている「医師」であることから目薬商内専業であったと考えられ、流動的に稼ぎを変えたり、いくつかの稼ぎを複合させて生計を成り立たせたりはしていない点においても他の百姓とは異なっている。この事例は、諸稼ぎを専業化させた者の中から、つまり、上名栗村の稼ぎの性格とは異なる稼ぎのあり方の中から、財を蓄え、村の社会を変えていくような存在が登場したことをうかがわせる。

ただし、磯次郎は「医師」でありその他の「並百姓」の生業と一概に比較できない部分もあるため、今後の課題として、他の商売に従事する者や他地域の分析から事例を積み重ね、近世を通じて百姓の暮らしぶりがどのように変化したのかをさらに検討する必要があることを挙げておきたい(44)。

註

（1）坪井洋文『イモと日本人―民俗文化論の課題』（未来社、一九七九年）など。
（2）網野善彦『「日本」とは何か』（講談社、二〇〇〇年）など。本書を初めとして、網野はたびたび「『百姓』イコール『農民』ではない」ことを訴えている。たとえば本書（二五六頁）では、「豪農」の典型とされていた奥能登の時国家を「多角的起業家」と評価し、「頭振」「水呑」などの無高民についても、そのすべてが貧しい農民ではなく、中には田畑を持つ必要のない裕福な商人、職人、廻船人も少なからずいたことを示している。

（3）白水智『知られざる日本―山村の語る歴史世界』（NHKブックス、二〇〇五年）。

（4）笹本正治『山に生きる―山村史の多様性を求めて―』（岩田書院、二〇〇一年）、米家泰作『中・近世山村の景観と構造』（校倉書房、二〇〇二年）、大賀郁夫『近世山村社会構造の研究』（校倉書房、二〇〇五年）など。

（5）佐藤孝之『近世山村地域史の研究』（吉川弘文館、二〇一三年）。

（6）深谷克己「江戸時代の諸稼ぎ」（深谷克己・川鍋定男『江戸時代の諸稼ぎ―地域経済と農家経営―』農山漁村文化協会、一九八八年）。また、生業研究として平野哲也『江戸時代村社会の存立構造』（御茶の水書房、二〇〇四年）も重要である。ともに、そもそも「余業」という捉え方は農耕専一を農民の理想像とする領主側の価値観であるとし、実態は農耕と稼ぎ仕事の二つの結合によって一家の生業を成り立たせていたという指摘をしている。

（7）一九七八年に『歴史学研究』四五八において「幕末の社会変動と民衆意識―慶応二年武州世直し一揆の考察―」と題した特集が組まれ、一九八一年には山中清孝（『近世武州名栗村の構造』埼玉県入間郡名栗村教育委員会）、大舘右喜（『幕末社会の基礎構造―武州世直し層の形成―』埼玉新聞社出版局）、森安彦（『幕藩制国家の基礎構造』吉川弘文館）の著作が立て続けに出版されるなど、一九八〇年前後に活発に行われた。

（8）加藤衛拡『近世山村史の研究―江戸地廻り山村の成立と展開―』（吉川弘文館、二〇〇七年）。

（9）町田家文書に付されている史料番号は、学習院大学史料館資料目録による。

（10）保坂裕興「村方騒動と文書の作成・管理システム―武蔵国秩父郡上名栗村を事例として―」（『学習院大学史料館紀要』六、一九九一年）。

（11）上名栗村を扱った先行研究は、前掲註（7）（8）の他に『名栗村史』（飯能市名栗村史編集委員会、一九六〇年）、『名栗の歴史（上）（下）』（飯能市教育委員会、二〇〇八年・二〇一〇年）などがある。特に断らない限り、上名栗村の概況についての記述は、これらの文献によった。

（12）前掲註（8）加藤著書一三六頁。加藤は、上名栗村の下々畑・切畑は切替畑であり、切替予定地として検地帳に登録された数倍の「切替畑付林野」が付属していたことを明らかにし、これらが薪炭林、杉檜の用材林となっていくことを指摘している。上名栗村における「百姓持山」とは、これら下々畑・切畑とその付属林野を指すと考えられる。

(13) 前掲註（11）『名栗村史』五八頁。

(14) 享保五年八月「武蔵国秩父郡上名栗村差出明細帳」（町田家文書六三八）。

(15) 前掲註（8）加藤著書。また、丸山美季も「近世西川地方における山方荷主町田家の江戸進出―町田屋栄助店・藤田屋喜助店―」（『学習院大学史料館紀要』一五、二〇〇九年）において村明細帳や入会地への人工造林の侵蝕などの事例により、これを裏付けている。

(16) 文政六年八月「（御尋ねにつき村明細書上帳）」（町田家文書一七九三）。

(17) 国立国会図書館内閣文庫所蔵『新編武蔵国風土記稿（浄書稿本）』巻之二百四十八・秩父郡巻之三「上名栗村」、三丁目。

(18) 『飯能市史』通史編、三〇九頁、『飯能市史』資料編X　産業、一九八五年、五一頁。

(19) 前掲註（18）『飯能市史』資料編X　産業、六三頁、前掲註（11）『名栗の歴史（上）』二一三〜二一六頁。

(20) 前掲註（18）『飯能市史』通史編、三二一〜三二二頁。

(21) 前掲註（8）加藤著書、二〇四頁。

(22) 前掲註（11）『名栗の歴史（上）』二九四〜二九五頁。なお、江戸に出店した材木問屋の経営については、丸山美季の詳細な研究がある（前掲註（15））。

(23) 天保九年「乍恐以書付御訴訟奉申上候（川下の用水・水車堰をめぐり筏川下げ差障りについて）」（町田家文書一四六二一）より。■は判読不能だった文字。

(24) 近隣の赤沢村では、一般の百姓が日雇人足として材木商人に直接雇い入れられ、造林から伐出までの材木生産に携わっていたことが指摘されている（脇野博「山里の社会集団―杣と日用」〔後藤政知・吉田伸之編『山里の社会史』山川出版社、二〇一〇年〕）。

(25)「乍恐以書付奉願上候」（前掲註（18）『飯能市史』資料編Ⅹ　産業、七三〜七五頁、史料二六）。
(26)上名栗村においても、「百姓持山諸材木伐出シ、筏組立同国荒川通枝谷ツ入間川筋川下り仕、江戸表ニ而売捌、右木代を以御年貢御上納夫食手当ニ仕百姓相続罷在候」（文政八年／『名栗村史』六二頁）などと述べられている史料があり、材木生産によって「百姓相続」をしているという同様の自己認識を持っていたと言える。
(27)山中清孝や戸石七生も同様に宗門人別帳に記載された稼ぎを検討している（前掲註（7）山中著書九三頁・第一二表、戸石七生「近世後期西川地域における生業の分析―武蔵国秩父郡上名栗村古組宗門改帳における農間稼―」〔『林業経済』七七六、二〇一三年〕）。しかし、両者が作成したデータ間の差異や、省略されている稼ぎが見られるため、改めて原史料にあたり表を作成した。
(28)前掲註（8）加藤著書二一三〜二一七頁。また、同じく西川林業地帯と称される地域に属した赤沢村の中規模材木商人・浅見家の分析を行った脇野博によると、浅見家が明治五年（一八七二）に雇った日雇人足のうち、ほとんどが造林から伐出まで複数の作業に携わっている（前掲註（24））。
(29)文政一二年三月「（農間渡世取調につき書上）」（町田家文書一八五三）。
(30)天保九年八月「（農間渡世御につき書上下書）」（町田家文書一八五五）。
(31)文化三年「宗門人別帳下書」（町田家文書二七二〇）より。
(32)戸石七生は世帯内の分業に注目し、実質的な世帯主は辰五郎の妻とめであり、炭背負いも彼女が行っていたとしている（前掲註（27）戸石論文）。本稿では宗門人別帳が倅の豊吉を記載した点に注目した。
(33)「差出申一札之事（白岩村材木伐り出し出入について）」（町田家文書七七一一）。
(34)前掲註（29）・（30）町田家文書。
(35)善七は、文政一二年三月「取為替証文之事（酒造蔵借り受けについて）」（町田家文書八三六七）などから、近江蒲生郡岡本村の出身で、質屋だけでなく酒造も行っていたことが分かる。
(36)前掲註（8）加藤著書二三八頁・表三八。
(37)高橋敏『家族と子供の江戸時代―躾と消費からみる―』（朝日新聞社、一九九七年）には、養蚕で栄えた上州赤城山麓の民家の中に、床の間や袋棚、綺麗な釣天井等が見えるものも出現したことが述べられている。

（38）『名栗村史』には、養蚕の発展から女性までもが賭け事に集まっている様子も記されている（前掲註（11）二一九～二二四頁）。

（39）文化元年六月「乍恐以書付欠込御訴訟奉申上候（古組百姓医師磯次郎普請について訴訟書付）」（上名栗村町田家文書七七二六）。

（40）『日本民俗文化体系　第一三巻　技術と民俗（上巻）―海と山の生活技術誌―』（小学館、一九八五年）、三三二・三三三頁「秩父の膏薬」。

（41）前掲註（11）『名栗の歴史（上）』四〇四頁。

（42）文化元年六月「乍恐以書付奉申上候（家作出入についての内済証文下書）」（町田家文書七七二五）。前掲註（11）『名栗村史』二二〇・二二一頁に、「文化三年」のものとして磯次郎と政右衛門との出入についての記載があるが、人名や出入の内容などから、この記述のもとになっているのは同史料と思われる。

（43）文化元年「人別下書（古組分）」（町田家文書二七一八）。

（44）宮坂新は、商業的な稼ぎ仕事である「余業」に注目し、余業の存在により持高が経済力を示す指標としての機能を失うと同時に、一部の百姓の中には余業を相続すべき家業とする意識が芽生えていることを示している（宮坂新「江戸周辺農村における『余業』経営者の存在形態」〔『風俗史学』三五、二〇〇七年〕）。このような百姓の意識も含めて、今後事例を積み重ねていく必要がある。

第三章　文久三年の中山道板橋宿当分助郷免除運動と村

牛米　努

はじめに

幕末における助郷は、文久期以降の政治情勢の変化にともない、加助郷や当分助郷等の臨時の助郷が広範囲の村々に連続して賦課され、各地で免除嘆願や宿助郷との間での人馬不勤問題などを引き起こすようになった。こうした助郷制度の改革は新政府の課題として持ち越され、御親征中の宮・堂上領への助郷賦課や、「海内一同」による助郷負担など、助郷負担を特定の村々から全国一律に拡大する方向での駅逓改革を必然化することになる(1)。

しかし、新たな助郷負担への村々の反対は強く、新政府は「天下ノ公課」である助郷を「私役等ヲ以種々申立候村邑」があると布達のなかで非難せざるを得ないほどであった(2)。

久留島浩は、幕末維新期の房総地域の当分助郷反対運動を分析し、広域的に結合できる論理ではなく村々の地域利害が優先されたこと、近世後期に新たな人足役負担を拒否する論拠とされた「二重役反対」の論理が継承されたこと等を指摘している(3)。

本稿で取り上げるのは、文久三年（一八六三）の中山道における当分助郷をめぐる、多摩・狭山地域の村々の免除運動である。文久年間の中山道の助郷といえば、和宮の大助郷がすぐに思い浮かぶ。和宮降嫁は公武合体路線の象徴であり、朝幕の重要な政治イベントでもあったため、大通行に対応して広範な地域から大量の臨時助郷が動員された。街道筋の自治体史などをみても、幕末期の象徴的な事件として取り上げられてはいるが、村々の負担が増大したなどの一般的な記述にとどまっているのがほとんどである。文久三年の当分助郷免除の嘆願もまた、このような文脈のなかで触れられるにとどまっている。

文久三年の当分助郷は、将軍上洛への諸役人の随従や、前年に決定された諸大名の参勤交代制緩和による大名妻子等の帰国にともなう交通量の増大に対応するものであった。いずれも幕藩制成立以来の未曾有の出来事であり、従来の宿場と定助郷だけで対応できるものではなく、必然的に遠方の村々へと臨時助郷が拡大されることになった。しかも文久期以降、中山道及び東海道への臨時助郷は連続する事態となるのである。しかし、こうした臨時助郷については、助郷差村の負担増大や免除嘆願などが指摘されるものの、その実態は必ずしも明らかにされているとはいえない(4)。そこで本稿では、文久三年の助郷免除運動の実態を、運動形態と免除の論理に注目して検討することを課題としたい。

一　中山道板橋宿の当分増助郷免除運動

文久三年二月、将軍上洛にともなう中山道の通行増加に対して、還御までの当分助郷賦課願いが、板橋宿及び浦和宿の名主・問屋から道中奉行所に出され許可された。そして、同年三月二六日には、参勤交代制の緩和による諸大名及び妻子・家臣等の帰国による交通量の急増に対処するための加助郷や当分助郷が命じられ、三月一日からの勤埋が指示された(5)。参勤交代制緩和に対して、中山道組合宿取締の浦和宿問屋名主星野権兵衛と板橋宿同豊田市右衛門は、一宿毎に一万二〇〇〇〜三〇〇〇石程度の臨時助郷の差村が必要と判断し、各宿の問屋との連絡調整にあたっている(6)。また、同年五月二日には尾張藩主の通行に際しての当分助郷も命じられ、これらの村々には諸大名の帰国のための助郷に限定した当分助郷が一一月まで命じられた。本稿で取り扱う文久三年の当分助郷とは、このような三月から一一月までに段階的に賦課された臨時助郷のことである。

諸大名の帰国にともなう当分助郷は村高の七分通、また他の宿場への助郷を勤めている場合は残高の七分通の勤高とされた。残高がなければ皆免除である。帰国に際しての人馬継立は相対とされ、宿助郷の疲弊やトラブルを避けるため、人馬の割り当てや賃銭の渡し方を正路にするよう道中奉行から宿の問屋へ申し渡がなされている。

当分助郷の差村となった村々には道中奉行所からの印状が出されるが、板橋・蕨・浦和・大宮の四宿の宿役人及び定助郷惣代からの嘆願書には、「御印状相拒人馬一切不差出、（中略）御免除相成候分、又は当時歎願中抔と申立、触当候而も人馬不差出向も御座候」と記されている(7)。当分助郷の差村となった村々は、道中奉行所への免除嘆願を開始し、それを理由に印状の請印を拒否して人馬の差出に応じなかったのである。蕨宿では、尾張家の通行に際して当分助郷のうち一七か村が印状の請印を拒否しており、浦和宿でも定加助郷のうち南入曾村が人馬の差出を拒否している。もっとも六月時点では、大宮宿以外の板橋宿・蕨宿、浦和宿（南入曾村を除く）では触当て通りの勤務がなされているとされているが、後述するように、必ずしもそうではなかったようである。

まず、板橋宿の当分助郷免除運動から見ていきたい。板橋宿の当分助郷差村は表1の村々で、武蔵国の豊島・多摩・入間・高麗郡の四郡に渡っている。板橋宿問屋と当分助郷差村との動きがわかるのは、六月からである。三月からの当分助郷が五月二五日に免除となったことをうけ、板橋宿問屋から六月に所沢に出張する旨の廻状が順達された。多摩郡一五か村の免除割合を確認して、三月から五月までの勤埋の精算を行うのがその目的であった。あまり史料が残されていないが、三月下旬に差村となった村々から免除嘆願書が提出されたようである。六月に宿の問屋から勤埋（精算）の申し入れがなされたため、免除が否認または一部しか認められなかった村が再嘆願を行ったというのが一般的な対応だったようである。

文久三年七月二八日、多摩郡前沢村・門前村・南沢村・落合村の四か村が再度の免除嘆願を行った(8)。いずれも「武蔵野原続悪地」で新田地同様の困窮村であり、川越街道大和田宿や田無駅への定加助郷を勤めていること、普請役や尾張家鷹場役人の通行などの際に人足を出していること、領主である藩主や旗本の墓参などの負担があることなどが掲げられている。また、過去に甲州街道高井戸宿の差村に指定された際には、村柄見分で「村高不相応之重々役」とされて免除されたことが強調されている。武蔵野新田に接続する生産力の低い困窮村という文言は、この地域の村々の嘆願書には枕詞のように登場する。これは畑方の困窮村という一般的な意味だけではなく、武蔵野新田が臨時助郷から免除されていたという事実を踏まえたものであったと考えられる(9)。また、川越街道大和田宿や田無村の定加助郷というのも、相対で継立人足を出しているというものであった。この嘆願書においては、普請役や尾張家鷹場役人、領主の墓参などの様々な人足役を掲げて、当分助郷の人足役免除を訴えているのである。そして、これら四か村の嘆願に対して、「定助郷」の「宿方」である大和田宿役人からも、継立に支障が出るので「助郷村」の臨時助郷を免除してほしいとの嘆願が提出されており、これが功を奏して最終的に四か村とも皆免除に成功したのである。

また、多摩郡熊川村と川崎村は、六月の嘆願により、日光脇往還拝島駅の助郷と玉川の鮎上納御用を理由に五分

表１　文久３年　板橋宿当分助郷差村

郡　名	村　名	現自治体名
豊島郡	関村	練馬区
足立郡	大牧村　差間新田　大崎村新田　辻村新田　片柳村　西山村新田　上土呂村新田　下土呂村新田	さいたま市　川口市
多摩郡	前沢村　南沢村　門前村　落合村　内藤新田　吹上村　大門村　下師岡新田　三ツ木村　今寺村　中野村　上成木村　田中村　川崎村　熊川村　戸倉村　養沢村　二ノ宮村　乙津村　留原村	東久留米市　国分寺市　武蔵村山市　福生市　羽村市　昭島市　あきる野市　日の出町　青梅市
入間郡	北入曽村　萩原村　根岸村　藤沢村　下谷ケ貫村　高倉村　小谷田村　新久村	狭山市　入間市
高麗郡	真能寺村　小岩井村　上岩沢村　久下分村　芦苅場村　平松村　永田村　篠井村　川崎村　川寺村	飯能市　狭山市

※埼玉県史料集第７集『中山道浦和大宮宿文書』15より作成。

通の免除となった[10]。この二か村は、玉川付の荒地で玉川架橋やその修復の自普請人足、拝島駅助郷などの継立人足、玉川上水御用継立・普請人足、鮎の上納御用、尾張家鷹場御用などの「弐重三重役」を列記して免除嘆願を行っていたのである。そして玉川上水の水元である羽村御普請所人足を理由にさらなる免除を勝ち取り、最終的に皆免除となったようである。日光脇往還の「助郷」については、次節であらためて取り上げる。

こうした当分助郷村々の免除運動は、板橋宿だけでなく中山道の各宿場において広範に展開された。先の前沢村等四か村に隣接する下里村・小山村・神山村・柳窪村は浦和宿の当分助郷とされたが、同様な免除運動を展開している[11]。四か村は、三月に最初の嘆願を行ったようで、五月と六月、八月にも繰り返し嘆願を行っている。「武蔵野新田続」の困窮村で、大和田町・田無村の「定助郷」、尾張家鷹場や玉川上水普請役人の通行、日光法会の際の岩淵・川口両宿への助郷などが理由に掲げられている。そしてこの後、四か村のうち下里村が単独で、小山村と神山村は二か村で嘆願を行っていることが確認できる。下里村は五分通の免除を勝ち取り、さらに岩淵・川口両宿への加助郷を理由に嘆願を継続して皆免除となったのである。下里村は、大和田宿への助郷により五分通の免除となっているので、小山村と神山村、柳窪村も同様に五分通免除となったものと推測できる。ただ、小山村と神山村もまた、岩淵・川口両宿への加助郷を理由に掲げており、別々に嘆願を行った理由は不明である。下里村単独の嘆願書がないので、下里村には他の三か村とは異なる人足役があったと推測するのみである。

小山村と神山村の嘆願書には、多摩郡や入間郡の村々が分通免除または皆免除となったことが記されており、近隣の村々の動向を踏まえながら嘆願を行っていることが確認できる。共通の人足役を負担する村々が共同で嘆願を行い、その成果を踏まえて嘆願運動を含む次の行動へと移っていくのである。

しかし、すべての村が当分助郷免除運動を展開したわけではない。同年六月、板橋宿問屋が黒須村に出向いて印状への請印を求めたが、「御印状調印不承知之村柄も多分有之」という状況で、村々の足並みは揃わなかった(12)。免除運動を理由に請印を拒否する村が少なくなかったのである。そうしたなか、高麗郡小岩井村等七か村は、板橋宿から遠方に位置することを理由に、当分助郷人足を買い納めとすることを取り決めた。そして板橋宿役人に「厚無心申入、少シも下直取斗呉候様」依頼し、七月には板橋宿に赴いて問屋に「種々無心」を申し入れている。これら七か村は、道中奉行所への免除運動ではなく、板橋宿との人足賃の値引き交渉を選択したのである。一一月の当分助郷の終了により、一二月一五日に板橋宿問屋が所沢に出張するが、このとき七か村は内金として五〇両を渡し、正月下旬に交渉することとなった。しかし、七か村は交渉に出向かず「打捨候所」、翌元治元年（一八六四）八月一三日、ようやく所沢で再交渉が行われた。席上、七か村は「種々下直之懸合」を行うも不調に終わり、人足一人につき銀二匁七分、七か村の合計金額六六両余で示談が成立したのである。七か村の負担額は表2の通りである。

興味深いのは、この一件を書き留めた真能寺村名主双木利八郎が、次のように書き残していることである。今回は村役人の骨折りにより決着し、一安心である。しかし、公儀に背いて嘆願運動をした村々では多分の入用が掛かっていると聞いている。そして、免除運動とその後の勘埋を巡る宿方との訴訟は「不宜」として、むしろ「先方懐江入而致候事肝要ニ存候」と記し、後世の者たちへの教訓としているのである。広範な地域への当分助郷の割り当ては、実際には人馬が徴発されるのではなく金銭負担をするということである。そうであれば、買上げ人足の負担額と免除運動の手数や費用を秤にかけることは当然であろう。従来の近世史研究においては、幕末期における過重な助郷負担に対して、村々が反対運動を展開したという点のみを過剰に評価するような傾向があるように思える。しかし、むしろ当時の村々の指導者たちは、村の負担を少しでも回避するため、免除運動を含めたより柔軟な対応を選択する能力を獲得していたのである。

表２　高麗郡７か村の買上人足金額

村　名	負担額
真能寺村	金６両、銀 14 匁５分６厘
久下分	金 10 両、銀５匁
上岩沢村	金７両、銀 12 匁１分８厘
下岩沢村	金９両２分、銀６匁２分
平松村	金 10 両２分、銀３匁８分６厘
小岩井村	金９両２分、銀６匁２分
川寺村	金 12 両３分、銀 12 匁９分２厘
合　計	金 65 両１分、銀 60 匁９分２厘
（不足額）	銭 12 文

※「双木利夫家」1863 より作成。

二　大宮宿当分助郷免除運動

ここでは、板橋宿や浦和宿などと異なり、免除運動が継続して展開された大宮宿の当分助郷の村々の動向を見ていきたい。なお、表３に大宮宿当分助郷差村の一覧を掲げたが、史料により村名が異なる場合があり、これはそのまま史料通りに記述したことをお断りしておきたい(13)。

大宮宿の差村となった村々のうち、多摩郡・入間郡の一二か村と高麗郡

表3　文久3年　大宮宿当分助郷差村

郡　名	村　名	現自治体名
入間郡	栗原新田　高根村　大森村　坊村　小ヶ谷戸村　二本木村　富士山村　堀之内村　矢寺村　黒須村　北野村	入間市　所沢市
高麗郡	中沢村　女影村　下大谷沢村　大谷沢村　田木村　鹿山村　双柳村　落合村　岩淵村　中居村　下加治村	日高市　飯能市
多摩郡	石畑村　岸村	瑞穂町　武蔵村山市
埼玉郡	大口村　大戸村　柏崎村　浮谷村　横根村	さいたま市

※『所沢市史』近世史料Ⅱ（pp.544−545）を、荒田家文書（武蔵村山市歴史民俗博物館所蔵のマイクロ版）などで修正した。

の一九か村は、文久三年四月一日から一〇日頃まで大宮宿に人足を差し出したが、それ以降は人足を引き上げ、道中奉行所への当分助郷免除の嘆願運動を展開した(14)。嘆願書によれば、三月晦日に二本木村の村役人が大宮宿へ買い上げ人足による勤めを交渉したが、宿役人との交渉は不調に終わった。そこで四月一日から一〇日まで大宮宿へ人馬を差し出したものの、一日一人当たりの飯料が人足四五〇文、宰領となる村役人が六〇〇文と入用が嵩んだため、七日に人足を引き上げて人足一人当たり四匁五分ずつで宿方と相対の取り決めを行った。ところが三郡の二八か村は、高百石に付金一分ずつを取り集め、三郡の惣代四名を取り決めて道中奉行所へ免除嘆願を行ったのである。二本木村は、大宮宿との買上げ人足賃の値引き交渉を選択したのであるが、他の村々の嘆願運動に巻き込まれた形となった。嘆願は、多摩郡・入間郡の一二か村と、入間郡・高麗郡の一六か村の二組に分かれて行われた。便宜上、前者を第一グループ、後者を第二グループとする。

四月一六日、多摩郡岸村名主平兵衛と入間郡矢寺村組頭庄右衛門を惣代とする両郡一二か村の嘆願書が出された。惣代となった岸村名主平兵衛のもとには、村人連名による当分助郷免除嘆願の頼み証文が提出されている(15)。嘆願運動における惣代と村の関係は、他の村々も同様であっただろう。これら第一グループに属するのは、多摩郡岸村・石畑村、入間郡栗原新田・矢寺村・坊村・北野村・小ケ谷戸村・駒形村・高根村・荻原村・堀之内村・二本木村である。(16)

一二か村のうち、岸村と石畑村、栗原新田は、「武蔵野原場末」に立地する「麁田薄地之土地柄」で、狭山の山影で作物の実りが悪く、平生でも萱や薪を近在の市場へ売りに出して年貢を上納する「困窮之村方」と記されている。残りの入間郡九か村もまた「武蔵野地続」で、同様に作物の実りが悪い「難渋極窮」の村方で、年貢もようやく上納しているとされている。そして、一二か村とも大宮宿へは荒川と新河岸川を隔てて九里から一一里の遠距離に位置しており、大宮宿に行くだけで一日がかりとなる。そのため一日の助郷に三日がかりとなるので、村高百石に対し一〇人の人足勤めは不可能であるとしている。また、これらに加えて、尾張藩鷹場の御用人足や旗本領の「在々江御引移」の人足負担、日光脇往還の継立場である二本木村や箱根ヶ崎村への人足差出、将軍上洛に随従する旗本の人足動員などの、様々な負担が書き上げられている。そして嘆願書は、様々な人足役を負担しているので、今回の当分助郷は「二重之役」であるとして免除を求めたのである。

さらに嘆願書は、村々の困窮や人足負担の過重さだけでなく、大宮宿の問屋の批判も連ねている。すなわち、宿役人は当分助郷の村々に「入魂金」を強要しながら、定加助郷村々と異なり人足の割り当てや賃銭の支払いに不当な取り扱いをしているというのである。急な増人足に応じられない場合には、割増しの買い上げ人足賃を要求するなど、宿方の不正批判は続いている。そして、当分助郷により「手明」となった大宮宿近隣の村では、助郷不勤を喜んで日待ちをしているなどとも付け加えている。助郷村々からこうした批判が出されたのは大宮宿だけであり、同宿での嘆願運動が三郡の差村全体により展開される原因となったのである。

四月二五日、惣代は取調べ中の一旦帰村を申し渡される。しかし帰村中の五月二日、今度は尾張家当主の上洛と大名家族の帰国を理由とする、五月一日付の当分助郷差村の印状が大宮宿より届いたのである。今度は高百石につき人足一八人を、五月三日まで大宮宿に差し出すことが命じられていた。

五月三日、第一グループのうち二本木村は、四給の村役人相談の上で単独で追嘆願することを決定した。同村は大宮宿との人足賃交渉を選択したものの、三郡全体での嘆願運動となったため、別に単独で「追嘆願」を行ったのである。

二本木村の惣代は五月三日に出府し、馬喰町の郷宿で追加の嘆願書を認め、翌日道中奉行所に提出した。二本木村の再嘆願書には、毎年五月と一一月の二回、八王子千人同心の日光火の番御用交代の際の継立場であること、交代の節は単独では継立ができないので、近隣の高根村・駒形村・坊村・栗原新田・荻原村の五か村から相対で人馬を出して貰っているとあった。さらに、近年は普請役の通行や尾張家鷹場の御用人足が嵩み、継立や年貢上納にも差し支えているとされている。その上、地頭の妻子や家臣の村方への引っ越しなどの夫役があると記されている。旗本の妻子の引っ越しというのは、文久三年三月に生麦事件の賠償を求めて来航したイギリス軍艦との戦争に備えて、旗本たちが妻子や家財を近郷の知行地などに疎開させたことを指している。二本木村は、現在他の一一か村とともに助郷免除を嘆願中であるが、これ以上の負担には耐えられないと訴えたのである。

二本木村の追嘆願は、一二か村による嘆願と基本的に内容は同じである。ただ、二本木村の願書は、日光脇往還の継立場御用を理由に、日光社参の際には二本木村は宿方としてその都度助郷を免除されてきたことを強調する内容になっている。つまり二本木村は、他の宿への助郷を免除されるべき、日光脇往還の「宿場」であると主張しているのである。そして二本木村は、大宮宿への当分助郷により日光火の番の通行などの継立が困難になると訴えた。五月五日、二本木村の願書は道中奉行所に受理されたのである。

二本木村の惣代たちは、同日、八王子千人頭月番へも嘆願書を差し出すべく、四谷南寺町の千人頭屋敷に出向いている。願書は月番の窪田喜八に、六日に提出された。このままでは日光火の番御用交代の継立に差し支えると窮状を訴え、道中奉行所へ嘆願中なので、千人頭から「其筋江」の口添えを嘆願したのである。願書を受けとった窪田喜八は「不手馴事故印紙差出候事迷惑」と回答したが、それでも千人頭の支配頭である講武所奉行に訴え出るよう指示した。そこで翌日、千人頭の使者に二本木村の惣代二名と郷宿が同道し、小川町の講武所に嘆願の口添えを申し立てたのである。願書は講武所頭取に受理され、講武所奉行から道中奉行に届けられることになった。しかし、講武所奉行から道中奉行への口添えは「筋違」として、嘆願書は差し戻しとなった。このことを千人同心組屋敷で知った惣代は、今度は当年の火の番で、月番老中への伝馬使用の朱印・証文の頂戴伺いに出府していた千人頭石坂弥次右衛門に、再度の嘆願を直接依頼したのである。五月一五日、石坂は講武所へ嘆願書を持参し、目前に迫った日光火の番御用交代の継立が無事に行われるよう、道中奉行所への掛け合いを依頼した。千人頭としても、日光火の番御用の交代を支障なく勤めるためには、継立場である二本木村の負担軽減は必要だったのである。

二本木村が再嘆願を行った同じ五月三日、残りの一一か村もまた当分助郷免除の再嘆願を行った(17)。願書の内容は、「武蔵野原場末」と「武蔵野原地続」のいずれも年貢上納にも差し支える「難渋村」であること、大宮宿からは遠距離にあること、大宮宿問屋の不正など、四月の嘆願とほぼ同じである。ただ、その先は少々異なっている。栗原新田・坊村・荻原村・高根村・富士山村の五か村は二本木村の「助郷」、岸村と石畑村は箱根ヶ崎村の「助郷」であるとしている。二本木村が日光脇往還の継立場＝宿場であることを理由に免除を嘆願しているのであるから、継立場に人足を差し出している村々もまた「助郷」村として免除されるべきであるという論理である。ただ、七か村以外については地頭による夫役などの記載はなくなり、尾張家鷹場の御用人足を勤めているとするにとどまっている。そして当分助郷の免除と、大宮宿問屋の不正究明を訴えたのである。第一グループの村々の共通点は、一二か村全部が尾張家鷹場に属していることである。[18]様々な人足役を併記するのではなく、日光脇往還継立場の「助郷」と尾張家鷹場の御用人足を強調した嘆願内容に変化しているのである。

多摩郡・入間郡の第一グループの免除の論理は、二本木村が日光脇往還の「宿場」として助郷免除となってきたこと、その「宿場」に人馬を差し出している五か村もまた「助郷」村であること、同様に多摩郡の二か村も日光脇往還の「宿場」である箱根ヶ崎村への「助郷」村であることを全面に押し立てる内容に整理・強化されたのである。

一方、入間郡と高麗郡一六か村の第二グループもまた、四月一六日、高麗郡双柳村名主新平治と高麗郡岩淵村名主庄左衛門を惣代として道中奉行所へ免除嘆願を提出した。[19]嘆願の村は、入間郡駒寺野村・黒須村、高麗郡岩淵村・落合村・仏子村・双柳村・中居村・下加治村・田木村・中沢村・鹿山村・中鹿山村・下鹿山村・女影村・大谷沢村・下大谷沢村である。第二グループの特徴は、駒寺野村・仏子村・鹿山村・中鹿山村・下鹿山村の五か村が、大宮宿ではなく上尾宿の当分助郷差村であることである。大宮宿と上尾宿の差村が、一緒に免除嘆願をしているのである。

これらの村々もまた、四月一日から一〇日までは、それぞれ差村となった宿場に人足を差し出している。しかし成木川・入間川・荒川を隔てて九里から一一里の遠距離に位置しているため、第一グループと同様に人足差出に困難を来しているとされている。そして大谷沢村と中沢村が日光脇往還の高萩村への助郷、黒須村は日光脇往還と秩父への街道筋の継立、旗本領の女影村・田木村・下鹿山村が将軍上洛御供人足や浅草御蔵警固人足などを負担しているので「二重役」になると主張している。第二グループの村々もまた、入魂金の強要や賃銭の不当減額等の大宮宿問屋の不正について詳細に記述している。こちらもまた、日光脇往還や秩父往還の「宿場」や「助郷」村であると、基本的な論理は第一グループと同様に整理されたのである。ただ、同じグループでも、この論理に合致しない村々については、個別の人足負担を列記したのである。

これらの嘆願に対して、道中奉行所の沙汰はなかなか下されなかった。そのため単独で嘆願書を出した二本木村物代は、一九日に、日光火の番交代の継立を理由とする帰村願いを差し出した。道中奉行所からは、「只今否哉申聞候義出来兼候間」、一両日の差し控えを申し渡されている。そして五月二二日、二本木村は再び帰村願いを出し、ようやく認められたのである。

一旦帰村した二本木村の惣代は、六月一八日再び出府し、同月二〇日、道中奉行所で五分通免除を申し渡された。差し迫った千人頭の日光火の番交代御用の継立を理由に、千人頭から講武所奉行を通して口添えを求めた結果とはいえ、五分通の減免を勝ち取ったのである。二本木村は、勤高の七分通から五分通減免され、残りの勤高は二分通となった。しかし、同一歩調をとってきた第一・第二グループの嘆願は、いずれも六月二二日に不許可となった。両グループとも大宮宿問屋の不正を主張していたため、宿方へは「不相当之取計無之様」に申し渡したと付け加えられただけであった。

入間・高麗・多摩三郡の村々の嘆願は、聞き届けられなかった。しかし、日光火の番御用の継立を理由に二本木村が五分通減免を勝ち取ったことは、嘆願運動を次なるステージへと推し進めた。

最初に行動を起こしたのは、二本木村とその「助郷」五か村である。五分通免除の請書を差し出した二本木村は、帰村後すぐに五か村と次の策を講じている。そして六月二七日、二本木村は領主のひとりである旗本長田豹太郎の用人を使者に立て、道中奉行所に当分助郷皆免除の嘆願書を提出したのである。嘆願書のなかで二本木村は、日光脇往還における火の番交代御用継立場のうち、すでに拝島村・扇町屋村・根岸村は「其御筋江御願立仕」、箱根ヶ崎村も代官への「御願立」により助郷を仰せ付けられたことを、新たな嘆願理由に掲げている。文意が取りにくいが、いずれも交通量の多さから宿場並とされ、相対ではなく助郷村の付属を認められたという意味であろうか。そして田無村と中野村が、板橋宿への当分助郷を皆免除となったことが記されている。両村もまた「宿場」と認められて免除になったのである。こうした新たな事実を掲げながら、二本木村は「宿場」としての自村だけでなく、「助郷」村である栗原新田・坊村・高根村・駒形村・荻原村の五か村と一体となった皆免除運動を展開するのである。七月五日に「助郷」五か村もまた同趣旨の嘆願書を提出し、八月七日に沙汰が下されている。結果は、栗原新田が七分通、他の四か村は二分通の免除となった[20]。この五か村は、皆免除を求める嘆願を繰り返し、九月七日に三分通、一〇月二八日にも三分通の減免を勝ち取っている。そして文久四年（一八六四）正月、二本木村を惣代に、あくまでも五か村全部の皆免除を求める嘆願運動の継続を確認しているのである。ここには、二本木村の継立を円滑に維持するため、「宿と助郷」の六か村が一体となって免除運動を展開する村の姿を見て取ることができる。ただ、その結末は残念ながら不明である。

二本木村と五か村以外の村々もまた、新たな嘆願運動を展開する。七月四日、岸村・岩淵村・小ケ谷戸村・双柳村を惣代とする二七か村で再嘆願がなされたようである[21]。その結果、九月七日、二本木村助郷村と同様に、岸村・石畑村・黒須村・中沢村・大谷沢村の五か村が、脇往還の継立場への助郷により三分通免除を認められたのである。しかし、これ以外の村々は「外村々差響ニも相成」との理由で不許可となった[22]。

このとき三分通免除となったのは、日光脇往還の助郷村である。村々が掲げていた様々な「二重役」のなかで唯一減免を認められたのはこれだけで、尾張家鷹場御用人足や旗本の人足役、「武蔵野続」の難渋村などの理由は認められなかった。これらを認めると、減免の対象が広範囲になって収拾がつかなくなるのである。それでも、道中奉行所が日光脇往還の継立場やその人足役を、宿場や助郷村に準じて皆免除または減免する沙汰を下したことは、文久三年に展開された当分助郷免除運動の大きな成果として村方に共有されることになるのである。

二本木村グループ以外の村々もまた、皆免除を求めて免除運動を継続するが、これ以降の動向は必ずしも明らかではない。一二月一二日の沙汰では、九月に三分通免除になった岸村など五か村のさらなる免除は不許可となった。しかし原宿村、猿田村、中鹿山村、下鹿山村、鹿山村もまた、脇往還の助郷を理由に上尾宿当分助郷を三分通免除となっている。そしてこのとき、「地頭警衛筋夫役」を理由に岩淵村と野々宮村の二か村にも三分通免除が認められたのである。村々の嘆願運動は、またひとつ新たな免除の論理を勝ち取ったことになる。ただ、それ以外の村々については、「困窮難渋之申立」は「一般之義」であり、他の村々への影響が大きいとして不許可となっている。これらのグループもまた、三分通減免となった村々も含めて、あくまでも皆免除を求めて嘆願運動を継続するのである。

しかし、一二月の沙汰は道中奉行所の最後通牒であった。道中奉行所は、一一月二五日限りで大名の帰国に伴う当分助郷の期限が終了したので、これ以上の嘆願は認めないと宣言した。そして宿方との勘埋の清算を命じ、一時に勘埋ができない村方は宿方と交渉するよう申し渡したのである。

当分助郷期間の終了は、助郷免除運動に大きな転機をもたらした。共同で免除運動を展開してきた村々は、これまでの運動の成果を受け入れて宿方との勘埋交渉に臨む村と、あくまでも皆免除運動を継続する村に分かれていくのである。

文久四年二月、第二グループの惣代として皆免除運動を担った岸村は、村人の意向により、あくまでも皆免除運動を継続する道を選択した(23)。そして石畑村と高麗郡の下加治村・中沢村の四か村で嘆願を継続するのである。このうち下加治村以外は、日光脇往還の「助郷」により三分通免除が認められている。この四か村の嘆願に共通するのは、従来の論理に加えて、他の村々が獲得した新たな論理を付加していることである。

岸村と石畑村の新たな論理とは、玉川上水助水堀の普請人足と江川農兵の砲術稽古、それに尾張家鷹場御用人足である。これを「二重三重」の役と記している。玉川上水の助水堀普請は、玉川上水の水元である羽村堰の普請人足を理由に、福生村などが皆免除となったことを踏まえたものである。また、下加治村は日光脇往還の根岸村への「助郷」と将軍上洛に供奉した旗本の夫役、中沢村もまた旗本の夫役を掲げている。岩淵村などが、地頭の人足役により減免となったことを踏まえたものである。

この嘆願書の下書きと推測される願書によれば、最初は大宮宿差村の岸村・石畑村・下加治村・田木村と、上尾宿差村の高麗本郷村の五か村による嘆願書が作成されたが、高麗本郷村と田木村が抜けて、新たに大宮宿差村の中沢村が加わる内容に修正されている[24]。高麗本郷村は、後述のように上尾宿差村の猿田村などと一緒に嘆願をしている。

また、上尾宿の差村もまた同様の理由で、皆免除の嘆願を行っている。日付が虫損で不明確であるが、「文久」は判読できるので四年の二月と推測される。五分通免除の上鹿山村、三分通免除の岩淵村と大矢沢村、中居村の四か村である。上鹿山村は、同じ継立場である田無村・所沢村・根岸村が皆免除となっていること、羽村堰への普請役の通行や久留里藩主黒田家の菩提寺である能仁寺への墓参などの人足役負担を掲げている。岩淵村は同様に羽村堰への普請役の通行と、領主である旗本の芝将監橋警固の夫役を掲げた。大谷沢村は日光脇往還の高萩村と根岸村への「助郷」、それに上洛供奉中の旗本留守屋敷の夫役、中居村は根岸村への「助郷」と旗本の上洛供奉による夫役を掲げている。

上尾宿の差村からは、元治元年三月に、もう一組が皆免除の嘆願を行っている。[25]これらの村々も上鹿山村・根岸村などの「助郷」として三分通免除となっているが、猿田村・久須美村は旗本の江戸警固、野々宮村も旗本の芝将監橋警固、駒寺野新田は近村の鈴木新田・栗原新田が皆免除となったとの噂、高麗本郷は往還筋の通行の多さなどを掲げている。いずれも、継立場への人足差出による減免は勿論、他村が減免を獲得したのと同様の論理が付け加えられていることがわかる。

しかし、こうした皆免除を求める嘆願は、六月にはすべて却下されたと思われる。すでに当分助郷は終了し、道中奉行所も減免の嘆願を受け付けないため、減免運動が継続できる状況ではなかったのである。こうして、減免を認められた村々はさらなる減免を、認められなかった村々は減免を求めて嘆願を繰り返す免除運動は、当分助郷期間の終了により終焉を迎えた。そして減免運動を継続してきた村々は、今度は宿方と定助郷村からの勤埋の訴訟に対処しなければならなくなるのである。

元治元年四月、大宮宿及び定助郷惣代から、当分助郷差村への勤埋の訴状が提出された。[26]訴状によれば、当分助郷となった入間郡、高麗郡、多摩郡の二五か村は、大口村を除いて四月一日から一〇日までは人足を差し出したものの、一一日には人足を引き上げて帰村してしまった。これを見て、当分加助郷の足立郡上宝来村など一四か村が五月上旬から人足を引き上げたとある。当分加助郷の村については、今明らかにすることができないが、三郡の村々が人足を引き上げて免除運動を展開したのは既述のとおりである。そして、この免除運動は定加助郷の村々にも影響を及ぼしていたのである。唯一、人足を一日も出さなかった大口村は、嘆願によりその後に皆免除となったと記されている。

免除運動を展開した村々は、嘆願中であることや分通免除となったことを理由に、大宮宿からの触当てを拒否していた。宿方は、分通免除の村々には道中奉行からの免除の継添の提示を求めるも、さらなる嘆願を継続中という理由で事実上無視されていたようである。これが、一二月の道中奉行の申し渡しを機に、それまでの免除運動の成果に従って、宿方と個別に交渉を行い、最終的に勘埋の精算を余儀なくされていくのである。しかし、その実態はよくわからない。

ただ、この大宮宿の訴状に対する六月付の返答書がある。[27] 内容は、当初は触当て通り百石に付人足一〇人を差し出したものの、一日は通行が終了したためゼロ、二日は六人と必要以上の人足を差し出させている。困窮の村方なので近隣の村から人足を買い上げて触当てに応じているのに、人足が無用になっている。にもかかわらず五日には百石に付三人の増人足が追加されるなど、当惑することが多い。無用な人足の帰村も引き止められ、無駄な入用が嵩んでいる。それに入魂金を支払えば早く助郷が済むよう差配するとの要求があったが、まったく改善されない。入魂金は、上尾宿や浦和宿など他の宿では要求されていない。また、四月七日に諸大名の帰国見合わせの触れが出されていたのに隠していたことなど、ここでは大宮宿問屋の不手際や不正が批判されているのである。この返答書は中沢村など一一か村の連印であるが、中沢村以外の二四人の惣代として、岸村・小ケ谷戸村・鹿山村・岩淵村の村役人が連署している。宿方の訴状が、当分助郷の三郡二五か村を対象としているので、このような形式になっていると考えられる。

結局、これら三郡の村々の反論は聞き届けられなかった。村々の勘埋精算の詳細は不明であるが、免除運動の当初から惣代として運動の中心にいた岸村名主平兵衛が書き留めた「中山道大宮宿一件三郡惣代仲間勘定帳」の日付は、明治二年（一八六九）である。[28] そうしてみると、最終的な勘埋の精算が終了し、惣代たちの入用の精算もすべて終わったのは明治二年ということになる。残念ながら、岸村の嘆願運動に要した費用の総額は不明である。岸村は、その後に課せられた将軍御進発による東海道川崎宿の当分助郷に対しても免除運動を展開するが、その理由のひとつに大宮宿との勤埋訴訟を掲げている。減免運動を継続してきた村々は、当分助郷の負担だけでなく、勤埋の訴訟という大きな負担を負うこととなったのである。

おわりに

以上、これまであまり分析されることがなかった、文久三年の中山道における当分助郷免除運動について検討してきた。

このときの当分助郷は、前年の参勤交代制緩和による諸大名の帰国に伴う臨時的なものであったが、将軍御進発や尾張家当主の通行なども重なるものであった。そのため宿場から遠距離の村々に、広範囲に臨時助郷が賦課されたのである。なお、当分助郷の期間は文久三年三月から一一月までであった。

当分助郷免除運動は、実際に人足を差し出すことを要求された大宮宿と、買上げ人足代金を支払う板橋宿・浦和宿などでは様相を異にしている。すなわち大宮宿の場合は、四月の上旬は人足を出したものの、それ以降は免除嘆願を理由に人足の差出を中止している。宿方の「入魂金」要求などへの反発もあり、大宮宿の差村となった村々は三郡全体で免除嘆願を提出するなど、継続的な免除運動が展開された。一方、板橋宿や浦和宿の場合は、当分助郷期間の終了を待って宿方が当分助郷差村と人足賃の精算協議に入っている。板橋宿の差村のなかには、免除運動ではなく宿方との人足賃の値引き交渉を選択する村があるなど、差村全体による免除運動はなされていない。

このような宿場による差異はあるものの、文久三年の当分助郷免除運動の最大の特徴は、広範囲な地域において、重層的、継続的な運動が展開されたことである。実際の運動は地域利害を優先しており、久留島が指摘したように、近隣の村同士が村柄や様々な人足役の負担を掲げて嘆願を開始するが、他村の減免や皆免除の情報を収集しながら運動を進めていることは注目される。二本木村を中心とするグループの嘆願運動が大きく変化するのは、日光社参の際に日光脇往還の継立場として助郷を免除されてきたという事実の発見であった。二本木村は宿方との人足賃の交渉に入ったが、他の村々とともに嘆願運動を展開することになった。最初の嘆願書の内容は、困窮村であること以外には、尾張家鷹場人足や日光脇往還の継立人足、地頭への人足役などを並列するものであった。それが、他の村々の減免や免除の情報を収集することにより、日光脇往還の「宿場」として助郷免除を要求する内容に変化するのである。そしてそれは、「宿場」である二本木村のみならず、「助郷」を差し出す村々の免除論理となるのである。

ただ、二本木村が「宿場」としての免除嘆願と同時に、継立を行う八王子千人頭の道中奉行所への口利きを依頼したように、ただ嘆願内容を修正しただけで減免が認められるほど簡単なものではなかったのである。最初に減免や免除が認められた村々は、単に嘆願書を提出しただけでなく、何らかの伝手を通じた工作を試みていたのではないかとの推測も成り立つのである。それはともかく、他の村々の嘆願結果の情報を収集しながら、自分たちの嘆願運動の戦術や論理を選択していったのである。そしてそれは、運動の過程で行動を共にする村々が入れ替わっていくことをも意味している。

当分助郷免除運動は、道中奉行所への嘆願運動が第一段階とすれば、当分助郷終了後の宿方との勤埋訴訟が第二段階となる。史料の関係で勤埋訴訟については具体的な分析ができなかったが、これらの村々には、これ以降も当分助郷などの賦課がなされ、同様な免除運動が展開されるのである。そして、その過程で村々は、免除を勝ち取った論理を、助郷役免除の「由緒」として主張していくことになる。こうした助郷免除の「由緒」化は嘆願内容の変化にも現れているが、次の臨時助郷免除運動のなかでは、古来からの助郷免除の「由緒」として堂々と主張されることになるのである。(29)

註

（1）児玉幸多『近世宿駅制度の研究（増訂版）』（吉川弘文館、一九六五年）、五四九～五七四頁。山本弘文『維新期の街道と輸送（増補版）』（法政大学出版会、一九八三年）一～五一、二三三～二七七頁。

（2）明治元年九月一二日付太政官布告第七三四号（『法令全書』）。

（3）久留島浩「明治初年の東海道宿駅助合勤埋金一件」（『千葉県史研究』一〇別冊「房総の近世1」、二〇〇二年三月）。筑紫敏夫「明治初年における東海道助郷滞金と房総の村々」（『交通史研究』五一、二〇〇二年一一月）。久留島・筑紫両氏は、同時期に同じ問題を論じており、しかも維新期の房総地域の勤埋反対運動が、大区小区制における代議員制度のもとで展開されたことを評価する点でも共通している。両者ともに、組合村や助郷組合などの地域社会を単位とする村々の政治的力量が、大区小区制における議事制度へとつながっていくことを展望している。この点については筑紫氏のほうが明確で、府県会や国会開設など自由民権運動への展望を示しているが、廃藩置県後に助郷勤埋の清算が府県に指示されたことを考えると、もう少し丁寧な分析が必要であるように思える。

（4）丹治健蔵「幕末維新期の助郷負担—武州多摩郡の村々を中心として—」（『交通史研究』四四、一九九九年八月。後に、丹治健蔵『関東水陸交通史の研究』法政大学出版局、二〇〇七年に収録）。

（5）『浦和市史』第三巻　近世　資料編Ⅲ、一九八四年、史料二七・二八。

（6）『板橋区史』資料編三　近世、一九九六年、史料三八二。

（7）『新修蕨市史』資料編二　近世、一九九四年、六三〇～六三三頁。

（8）『東久留米市史史料』、一九七八年、二七八～二八四頁、及び『東久留米市史』、一九七九年、四七九頁。

（9）『小平市史料集三〇　交通・運輸』（小平市中央図書館、二〇〇八年）。市内の村々の助郷関係資料を網羅した解題で、文久元年以降毎年のように武蔵野新田に助郷差村の指示が来ているが、新田村であることを理由に嘆願書を提出し、助郷が免除されていると指摘されている。なお、武蔵野新田が助郷を勤めたのは、安永五年の日光社参と文久元年の和宮下向の二件のみであるとの、きわめて興味ある指摘もなされている。日光社参と和宮下向が、助郷の論理とは異なる論理を有していた可能性を示唆するものといえる。なお、この点に関しては、佐々木栄一「交通夫役にみる役負担体系の実態と変質」（『法政史学』四一、一九八九年三月）が参考となる。

(10)『福生市史』資料編　近世二、一九九〇年、四二〇～四二四頁。

(11)前掲註（8）。

(12)以下の記述は、埼玉県飯能市郷土館収蔵双木利夫家文書一二七三、一八六三による。

(13)北野村の一件資料では郡名が間違っているので訂正した。

(14)以下の記述は、断りのない限り『埼玉県史料集七　中山道浦和大宮宿文書』（埼玉県立浦和図書館、一九七五年）、二二五～二二九頁による。同史料は、三～七月までの二本木村の一件史料を高根村役人が郷宿で写したものの写本である。惣代の岸村・岩淵村が峰村・岩崎村になっているなど、史料的には注意すべき点がある。

(15)東京都武蔵村山市歴史民俗資料館収蔵荒田孚家文書一八〇一。

(16)前掲荒田孚家文書一九九九。この下書きでは、駒形村は富士山村と訂正されている。

(17)『武蔵村山市史』資料編　近世、二〇〇〇年、史料三九八。

(18)『里正日誌』七（東京都東大和市教育委員会、一九九五年）。

(19)『飯能市史』資料編Ⅷ　近世文書、一九八四年、資料二〇。

(20)『入間市史』近世資料編、一九八六年、史料二三三。

(21)『中山道浦和大宮宿文書』二三七頁。史料はここで途切れており、二七か村の村名は不明である。

(22)前掲荒田孚家文書二七〇〇。

(23)前掲荒田孚家文書二七〇〇。

(24)前掲荒田孚家文書二一八三。

(25) 前掲荒田孚家文書二七〇〇。
(26) 前掲荒田孚家文書二〇〇四。
(27) 『日高市史』近世資料編、一九九六年、二九一。
(28) 前掲荒田孚家文書一八三九。
(29) 多摩地域では、この後すぐに、甲州街道内藤新宿の定助郷をめぐる村々の嘆願運動が展開される。この嘆願運動については、拙稿「幕末の助郷と多摩の村―元治元年の内藤新宿定助郷差村一件をめぐって―」（松尾正人編『多摩の近世・近代史』中央大学出版会、二〇一二年）を参照のこと。

〔附記〕本稿の作成に当たり、史料の閲覧及利用に際し、種々のご教示をいただいた東京都武蔵村山市歴史民俗資料館の方々に、末筆ながら御礼を申し上げます。

第四章　一九世紀地方寺院組織の展開
―曹洞宗能仁寺を中心に―

佐藤　顕

はじめに

社会の変革期である一九世紀は、人々の価値観を動揺させ、地域の宗教にも大きな変容をもたらした。仏教においては、広く民衆に受け入れられていた因果応報説が国学によって否定され、後期水戸学では僧侶の堕落と仏教寺院の経済的浪費が激しく非難された(1)。それ以前から排仏論などで展開されていた批判が、国内・外から迫る巨大な危機への自覚と結びつき大きな力となり、明治初期の神仏分離政策や廃仏毀釈へと繋がっていったのである(2)。しかし、こうした仏教への批判が展開した後も、寺院は依然として地域の中に存続し、多くは現在まで続いており、神仏分離や廃仏毀釈の展開を解明するだけでなく、寺院・僧侶が一九世紀を通じて地域の中でいかなる存在意義を有していたのかを明らかにしていくことも重大な課題である。

明治初期の宗教制度については、「宗教」や「神道」に注目し、その歴史的過程を明らかにした研究成果が見られる(3)。仏教教団については、明治五年（一八七二）の教部省や教導職設置以降の様相が明らかにされているものの、それ以前の状況は充分検討されていない。教導職の設置が宗教制度において大きな画期となった点に異論はないが、その時点での教団は近世期の教団そのものではないため、維新期についてもより精緻な検討が必要である。『日本仏教史』近代では、「明治以後の教団には多少とも変改をみないものはありえなかった。それら個々の事情を探ることは（中略）詳細な全容がわかっている状況にもないので、さらに今後の個別的な考察に委ねるほかはない」と述べている。[4]明治初期の教団組織の変容過程を検討することは、この指摘から二〇年以上を経た現在においても依然課題として残っている。本章で主に検討する曹洞宗の場合、先行研究で制度や本山の変容過程は徐々に明らかにされているものの、[5]地方寺院の動向が把握されておらず検討の余地があると思われる。本章は、こうした課題に充分応えうるものではないが、一九世紀全体を検討する前提として、一七世紀から一九世紀前期における地方寺院組織の展開を動態的に明らかにし、その上で地方寺院が明治初期にいかなる事態に直面したのかを明らかにしてみたい。

近年の近世仏教史研究では、従来の研究で強調されてきた本末制度・檀家制度の成立による江戸幕府の宗教統制・民衆支配の側面だけではなく、地域での寺院・僧侶の存在意義が明らかにされている。[6]こうした視角の研究は、依然として浄土真宗の優勢地域を対象としたものが大半を占める現状であるため、本章では主に曹洞宗の寺院を取り上げたい。

具体的には以下のことを検討していく。まず一九世紀における寺院・僧侶と民衆の関係について俯瞰的に見通すため、頻発した寺檀争論（僧侶と檀家の争い）を分析する。このような事例は、従来の研究では僧侶の堕落性や宗判権を梃子にした檀家制度の強固性を示すものとして取り上げることが多かった。しかし、百姓一揆の研究が領主と民衆の関係を描き出したように、寺檀争論を検討することにより僧侶と民衆の関係の一端を明らかにすることも可能であろう。

また、それを踏まえて、寺院と民衆の目立った争論が見られなかった武蔵国高麗郡飯能村（現埼玉県飯能市、以下埼玉県内は県名を記さない）の能仁寺とその末寺で構成される地方寺院組織の展開を概観する。能仁寺がその組織を拡大させていく過程を検討し、地域で果たした役割を明らかにしたい。

一　争論にみる一九世紀の寺檀関係

本節では、一九世紀における寺檀争論について検討する。管見の限り、寺檀争論は一八世紀後期以降に散見され、とりわけ一九世紀に頻発している。武蔵国・相模国で起こった寺院運営をめぐる五つの争論を事例として検討してみたい。

1　法恩寺と下小川村名主等の争論

この争論は、文化五年（一八〇八）高麗郡今市村（現越生市）の新義真言宗法恩寺の英隆（病気のため多門寺秀乗が代理で訴訟人となっている）が比企郡下小川村（現小川町）の年番名主七左衛門、同村与市・久左衛門の三人を訴えたものである。(7) 法恩寺は関東十一談林の一つであり、末寺二三、門徒三〇、又末寺一一、又門徒寺四二を擁する田舎本寺であった。法恩寺は門徒寺である下小川村の観正寺が無住であったため、隣寺の高西寺住職へ寺役を兼帯させ、寺の世話を「惣檀中」で行なうよう申しつけていた。しかし、実際には賽銭や什物の管理を七左衛門らが独占的に行なったため、高西寺の住職は寺役を勤めかねると法恩寺へ申し出た。法恩寺は七左衛門や檀家へかけあった上で寺社奉行へ訴えた。その結果、①諏訪明神の賽銭・什物などを高西寺の住職へ相談もなく、七左衛門へ渡していたことは檀家の心得違いであるので、今後は観正寺が無住のうちは何事も相談の上で取り計らう、②観正寺が無住のうちは高西寺の住職が葬式・仏事・神事などを勤めることが決定した。観正寺の世話は「惣檀中」が行なうよう法恩寺から申しつけられていたのに、実際には七左衛門が行なっていたので、今後は「惣檀中」で世話することが決定し内済した。

2　円乗寺・真福寺と西勝院檀家の争論

この争論は、入間郡荻原村（現入間市）の組頭喜兵衛・矢寺村の組頭清蔵・糀谷村の名主孫左衛門が新義真言宗の円乗寺とその本寺である真福寺を訴えたものである。(8) 天保二年（一八三一）九月、荻原村の西勝院（新義真言宗）の住職隆慣が病気になったため、円乗寺の寛説に葬祭や「檀用」を依頼していた。西勝院の檀家は一五八軒であった。寺院の安定的経営のためには葬祭檀家一五〇軒程度が必要であったと言われており、(9) 宗教活動のみで何とか経営可能な規模の寺院であった。訴状によれば、喜兵衛らは西勝院の檀家惣代として住職の有無に関わらず「万端諸世話」をしてきた。天保三年七月に矢寺村源右衛門の父が死去した際に、円乗寺は布施の金子が少ないため葬祭の執行をためらい、源右衛門が布施を追加して、ようやく葬式を執り行なった。また、喜平次の倅が死去した際には、円乗寺に葬祭を拒まれたため隣寺の長久寺へ依頼したが、その本寺である多摩郡中藤村（現東京都武蔵村山市）真福寺から禁止されたことを理由に拒んだ。そのため、真福寺へ相談したところ、勝楽寺村（現所沢市）の仏蔵院へ布施を多く渡して依頼するよう命じられた。しかし、それでは不便であるため、その後、西勝院の檀家一同が真福寺へかけ合ったところ、円乗寺へ葬祭を行なうよう命じるので、布施を多く差し出す旨の請書を提出するよう申しつけられた。真福寺は「右書付不差出候内者、死滅葬方不相成」と述べ、檀家が円乗寺へかけあうと「右書付不差出候ハ、来春ニ相成宗判ニも可差障」と、翌年の宗判に差し支えがあると脅した。その後、西勝院住職の隆慣が死去したため、再度真福寺へ隣寺による葬祭執行を願ったところ、真福寺は円乗寺の法吟を後住とするなら葬祭を行なうが、そうでなければ「葬候儀不相成」と述べた。檀家は法吟を「不如法之僧」と認識していたため反対した。

訴状を見る限り、円乗寺・真福寺側に過失がありそうだが、訴えられた寛説の申し分は異なる。西勝院の隠居隆慣が病気になったため、荻原村名主次兵衛などが兼帯住職を真福寺へ願ったため、寛説はこれまで「寺役・檀用」を行なってきた。ところが、矢寺村源右衛門の父が死去した際に、訴訟人たちは、布施を兼帯住職と引導師に半分ずつ差し出す先例を無視し、四分の一ずつしか渡さなかった。寛説は村役人などの心底を疑わしく思い、兼帯を断り、真福寺の許可を得て西勝院の「檀用」には一切関わっていなかった。にもかかわらず、訴状には、寛説が「布施物多分不差出候而者、葬方不致」と述べ、「平日出入を好、身持不宜」人物と記されており、「心外至極」であった。真福寺も、同寺末寺の規則では兼帯住職と引導師に布施を半分ずつ差し出すことになっているのに、西勝院の檀家が四分の一ずつしか差し出さず、これを認めなければ出訴すると述べたことを批判した。また、訴訟人を「前々ゟ西勝院檀中世話人」ではないと否定している。

争論は、西勝院檀家が布施物を四分の一ずつ差し出すのが通例であると勘違いしていたことに納得し、今後は半分ずつ差し出す旨を誓約して天保四年（一八三三）五月に内済した。

3　秀源寺と檀家の争論

この争論は、安政四年（一八五七）埼玉郡上閏戸村（現蓮田市）の村役人四人（林部善太左衛門支配所の名主助右衛門など）が同村曹洞宗秀源寺の禅達の不法を訴えたものである。(10) 訴状によれば、禅達は檀家が購入した秀源寺境内の立木を大半伐採したり、境内の馬頭観音を隣村へ売り払ったり、隣接する貝塚村の大工行之助女房みよと密通するなど不法を行なっていた。前住職の禅器も檀家が帰依せず住職を退いており、禅達は「不如法ニ而、一体先住之不行跡を見習候儀ニ相見へ」と見なされ、退院を要求された。

この訴状を見ると、禅達の「堕落」は否定できない。しかし、中閠戸村の名主などの主張を見ると事情は異なってくる。嘆願書によれば、禅達は上京する資金がなかったため、同村の助右衛門などに相談して下野国足利郡五十部村（現栃木県足利市）の随泉院から借金した。上閠戸村役人は随泉院の僧を後住に迎えようと「悪意取巧」み、檀家に禅達への不帰依に同意するよう求め、この訴訟に及んだ。中閠戸村役人たちは訴えに納得せず、上閠戸村役人の主張を「全相違之儀」としている。境内の立木を他の檀家に相談もなく安値で買い取り、禅達に馬頭観音は不要と言って売り払わせたのは、当の上閠戸村役人たちであると主張した。上閠戸村役人が「私欲」から柔弱の禅達を侮って訴訟におよんで「迷惑至極」と述べている。

この争論は、秀源寺の禅達へ帰依か不帰依かに分かれて檀家の村々が争う状況であったので、このままでは「菩提所衰廃之基」となるため八月に内済した。済口証文には、「菩提所秀源寺ニ付、是迄上閠戸村役人ニ而取扱候得ハ、今般旦中より迷惑より事起り、以来旦中村々江世話人相立、秀源寺修覆其外旦中ニ相掛り候義は何事不寄示談之上、往々荒廃ニ不相成候様一同心組世話致候」とあり、これまでは上閠戸村役人が取り扱ってきたが、以降は檀家に関わる事柄は何事も各村の世話人一同で相談することが決まった。

4　宝泉寺と檀家の争論

この争論は、相模国高座郡遠藤村（現神奈川県藤沢市）曹洞宗宝泉寺の後住職をめぐるものである。[11]『新編相模国風土記稿』によれば、宝泉寺は曹洞宗本山總持寺の末寺で、天正一九年（一五九一）に寺領二一石を与えられた。開山は如幻宗悟、開基は仙波土佐守某である。争論は、文久二年（一八六二）に宝泉寺住職の大圓が隠居して、後住職を同郡葛原村乗福寺の典室へ譲る旨を仙波家へ願い出たことを受けて、檀家が「不承知」と応じたことに始まる。仙波家は總持寺へ典室以外の「身上篤実之僧」を後住に申しつけて欲しいと書状を送った。

ところが、その後、仙波家が典室の入院を認めたため、元治元年（一八六四）五月には同郡堤村の五郎左衛門の他、檀家の居住する遠藤村・円行村・打戻村・大曲村・石川村の者が連名で總持寺へ訴え、別の者を住職に任命するよう願い出た。その理由は次のとおりである。①典室は宝泉寺末寺である同郡甘沼村玉林寺の住職交代の際に、「納金」五〇両のうち八両を宝泉寺へ納め、残り四二両を自分の懐にいれた「悪僧」である（内済により金三〇両は返金）。②典室は仙波家へ賄賂を渡し住職になろうとしている。仙波家は賄賂をもらい依怙贔屓して「武家ニ有間敷始末」である。③宝泉寺の朱印状書き替えの際、典室は代僧として出府したが、「無益之雑費」で金一〇〇両を使い、總持寺へ上山した際にも多額の金を使用し、宝泉寺の衰微を厭わず不埒である。④檀家の親類が死去した折、典室に不帰依との理由で葬送を行なわなかった。

こうした訴えを受けて、大圓は「後席之儀、典室ニ不相成候共不苦」と總持寺へ書状を送っている。その結果、典室を後住とする事態は取り消され、大圓の「永住」が申しつけられた。

しかし、同年八月、大圓は病身になり住職を勤めるのが不可能になったため、再度總持寺へ新たな住職の任命を願い出た。この間、典室の親類であった遠藤村の本多家知行所名主八郎右衛門が典室を支持するようになり、小前の者にも連印させた。打戻村や大曲村の親類も典室を支持したため、再び典室を後住にする案が浮上した。九月には典室を宝泉寺後住としたい旨の願書を宝泉寺末寺の用田村寿昌寺など八か寺や遠藤村の八郎右衛門など一四九名、葛原村・円行村・打戻村の檀中世話人が連名で差し出した。また、不承知の者である堤村五人、石川村一七人、大曲村四人、打戻村・円行村・遠藤村の各一人ずつの名前を挙げて届け出た。堤村の五郎左衛門・円行村の平左衛門へは大住郡豊田村（現神奈川県平塚市）大智寺の禅應が説得にあたったが失敗した。しかし、宝泉寺の大圓は再び總持寺へ典室を後住とする旨を届け出た。

争論は、慶応二年（一八六六）高座郡一之宮村西光寺、用田村伊東孫右衛門の取り扱いで内済し、堤村の五郎左衛門も典室の後住職任命を願い出た。仙波家からも願書が出され、總持寺が典室を住職に任命した。門末惣代・檀中物代の三人が總持寺へ上山して金一〇〇両を上納している。

5　福泉寺と檀家の争論

この争論は、慶応四年（一八六八）三月、相模国高座郡小谷村（現神奈川県寒川町）福泉寺の檀家が同寺に押し込み、住職へ葬祭や宗判を差し留める住職は不要と述べ、退去を要求したことから始まる(12)。慶応二年一〇月から福泉寺の住職を勤めていた大賢は、本寺の指示であれば退くが、檀家の要求には応じられないとこれを拒否した。しかし、檀家たちは葬祭や宗判を行なわない住職の言うことに聞く耳は持たないので追放すると述べ、「組寺法類惣代」の興全寺を呼び寄せた。興全寺が駆け付けたところ、檀家は宗判などを断られたためやむなくこのような事態になったと説明している。大賢はひとまず東陽院へ移った。興全寺らが本寺清源院へ報告したところ、強制的に隠居させるのではなく内済して隠居させ、後住に大賢の弟子賢昂を据えるよう命じられた。檀家一同は、しばらく無住とするよう願ったが、清源院も納得せず、組寺が「疑惑致候義尤ニ候得共、且中へ迷惑相懸不為申様可致」と説得することでようやく了承した。ただし、大賢が隠居するために福泉寺へ戻ることは認めなかった。

この争論は結果的に、大賢が同月奥州伊達郡川俣宿（現福島県川俣町）常泉寺へ移転することで解決した。触頭の総寧寺や清源院への報告では、「病身ニ付」「旧病差重り」と理由を述べて、争論について触れていない。後住の賢昴は、明治六年（一八七三）まで同寺の住職を勤めて、足柄下郡宮上村（現神奈川県湯河原町）保善院へ移転した。賢昴が福泉寺住職へ晋山するにあたり清源院へ差し出した「寺例証文」には、大賢の時にはなかった「対檀中不和合之儀無之様、総而敬順高祖之家訓法綸不退無之、檀越教化可仕候」という檀家に関する条項が付け加わっている。この争論の以前にも、福泉寺住職と檀家は争論を起しており、安政三年（一八五六）九月に住職泰如が届け出もなく長く不在であったため、同月「病気」を理由に隠居していた。

以上、一九世紀に起こった寺檀争論について概観してきた。ごく限られた事例の検討ではあるが、当該期の僧侶と檀家には一定の緊張関係があり、僧侶が宗判権を梃子に一方的に檀家から収奪したり、不法を押し通したりできる状況ではないことがわかる。宗判や葬祭を恣意的に行なわない場合には訴えられたり、時には追放されたりすることもあった。3のように、民衆が僧侶の不法を誇張して述べることもあり、僧侶と檀家の争論が内実は檀家同士の争論である場合もあった。4のように、「悪僧」とまで言われた典室が最終的には住職に就任しており、訴えで挙げられた不法がどの程度実態を表しているかは必ずしも明確ではない。1や3では、争論を通じて特定の檀家のみが寺院運営に関わる状態からより多くの檀家が関わるように変わっている。5のように檀家が有無を言わせず僧侶を追放することもあるが、争論の内容を見ると、僧侶が堕落したために争論が頻発しているというよりも（もちろん不法を働く僧侶もいなかったわけではないが）、民衆が寺院の運営に疎遠であったために問題が起こっているように思われる。また、訴訟で僧侶の不法を批判するが、その存在自体を否定することはない。民衆が領主へ「仁政」

を要求したように、僧侶へ私欲なく葬祭や宗判を実行するよう求めたのである。一九世紀は、住職の選定や寺院の運営を僧侶や特定の檀家のみに任せるのではなく、多くの民衆が主体的に関与し始める時期であったと言えよう。

二　地方寺院組織の成立

前節では複数の寺檀争論を検討し、一九世紀の寺檀関係を概観した。争論の発生は限られた寺院にのみ見られることであるが、寺檀争論が見られない寺院では、両者の関係はどのようであったのだろうか。能仁寺とその末寺で構成される地方寺院組織を事例に検討してみたい。

飯能村の能仁寺は、武陽山と号する寺院である。一六世紀初期に中山家勝が曹洞宗通幻派の斧屋文達を招いて開いた道場を、中山家範（?～一五九〇）が本格的な寺とした。本尊は毘盧遮那仏である。天正一九年には、徳川家康から寺領五石を寄進された。開基の中山家出身である黒田直邦（一六六七～一七三五）は常陸下館藩主となった。その後、黒田家は上野沼田藩主、上総久留里藩主となり、引き続き能仁寺を菩提所とした。宝永四年（一七〇七）に高麗郡飯能村・中山村・久下分村・真能寺村が黒田家の領有となり、その後に前ヶ貫村、矢颪村、永田村、楡木村、長沢村、小岩井村、白子村、平戸村、虎秀村、上井上村、下井上村も同家の領有となった。慶応四年飯能戦争で能仁寺の伽藍は大部分が焼失したものの、後に再建されている。昭和一九年（一九四四）に発行された『飯能郷土史』では「郷土武人たる中山・黒田両家に関係する寺院であり、特に同氏代々が長きにわたって地方支配者であったことから、同氏と当寺換言すれば地方文化と当寺との関係は密接であり、この意味に於て当寺は郷土史上重要な地位にある」と、飯能市域の文化を考える上で重要な位置づけをされている。

曹洞宗は永平寺・總持寺が両本山であり、能仁寺は總持寺末に属して、本末関係は總持寺―最乗寺―龍穏寺―能仁寺と連なっていた。しかし、本寺の龍穏寺が触頭（関三刹）の一つで、その住職が永平寺住職に就任することもあったため、總持寺末寺ではあるものの永平寺とも親密な寺院であった。元禄年間には、永平寺から僧侶の修行地として常恒会地の免牘を得ている[13]。明和年間には、住職戒舟が一五一か寺の惣代として永平寺の再建勧化に反対したため、安永三年（一七七四）能仁寺から追放された[14]。能仁寺は、一三世泰州の時に、乗輿・独礼の寺格を許されて寺領も五〇石に加増された。幕末期の場合、寺内に住職の他、弟子が二～四人、下男が二人居住した（江湖会の修行僧を除く）[15]。檀家数の推移は不明だが、明治五年一三一軒、明治三六年（一九〇三）に七九軒との記録がある[16]。

一五・一六世紀、曹洞宗の僧は葬祭・授戒・祈禱の能力を持つ宗教者として民衆や在地領主層に受容され、多くの寺院が建立された[17]。武蔵国の曹洞宗有力寺院の建立は一四七〇年代～一五二〇年代で、能仁寺や龍穏寺もこの時期に建立された[18]。一六世紀末には、葬祭の執行をめぐって修験と競合があり、修験による葬祭（祭道）は禁じられたものの、以降も両者の争いは続いた[19]。僧侶の修行は曹洞宗法度で規定され、二〇年修行して初めて江湖頭（安居の首座）となり、さらに五年修行して転衣（本山で一日住職を勤め、その後京都で朝廷から綸旨を得る）、さらに五年を経ると自ら法幢を立てること（安居を主催する）を許された。転衣の際に、僧侶は本山の許可を得て京都で綸旨を得たため、曹洞宗の寺院は神社などと同様に在地と天皇・朝廷を結びつける場でもあった。

中世末から近世前期の能仁寺住職は寺院を開創・中興したため、その組織は拡大していった（表）。曹洞宗は師資相承による法脈を重んじるため、弟子が寺院を建立しても、その寺院は師の寺院に従属することになり本寺末寺の関係が成立した。能仁寺の末寺は、寛永期の本末帳の記載では二か寺だが、延享期の本末帳では一九か寺となり、その後二〇か寺となった。組織は延宝期に能仁寺と長光寺の本末争論が行なわれるなど[20]、常に安定的なものであったとは言えないが、宝暦期以降は目立った争論もなく一定のまとまりが見られる。末寺二〇か寺のうち一七か寺は一六六〇年代までに開創・中興されたが、その後に柏林寺が開創され、享保期以降の新田開発とともに東善院と吉祥院が末寺となり、その範囲を拡大させた。

上名栗村の柏林寺は、もともと千体観音を安置する堂であったが、寛文検地の時に一反が除地になり一寺となった[21]。本尊の十一面観音は大和の長谷観音を模したものである[22]。一八世紀初頭には、黒田直邦（当時は直重）や能仁寺住職泰州のほか、上名栗村の名主町田八郎右衛門などが大般若経を奉納した[23]。

多摩郡下師岡新田（現東京都瑞穂町）の東善院は、享保年間に能仁寺末寺となった。下師岡新田は享保一五年（一七三〇）に寺院の建立を申し出た[24]。享保一九年（一七三四）、能仁寺の蘭芳は東善院を譲り受けて下師岡新田への移転を願い出ている。東善院は、もともと多摩郡二俣尾村（現東京都青梅市）の海禅院の末寺で、同郡大丹波村薬師堂の別当でもあったが、僻地のために檀家もなく無住であった。翌年、東善院は引寺され、下師岡新田だけではなく、野上新田・大門新田・長谷部新田に檀家を有することとなった。しかし、長谷部新田の名主勘次郎はもともと村内に寺を建立したいと考えていたため、下師岡新田の嘆願とは別に独自で能仁寺に嘆願していた。東善院が下師岡新田に引寺されたため、相模国高座郡大嶋村（現神奈川県相模原市）清岩寺の檀家となってその末寺の引寺を願った。勘次郎は東善院に相談もなく行なったため、宝暦二年（一七五二）に東善院や下師岡新田がその離檀を認めず訴えた。翌年九月一三日の裁許によれば[25]、勘次郎は長谷部新田の者たちを能仁寺の「預り旦那」と主張したが、享保二〇年（一七三五）に東善院の檀家として宗判を受けている以上は「預り旦那」ではないと裁断された。また、勘次郎は東善院からの離檀を長谷部新田の人々に周知しておらず、清岩寺から能仁寺へ届け出てもいないので、これまで通り東善院の檀家でいることで決着した。

表　能仁寺歴代住職と末寺

世代	名	出身地	生没年	末　寺		郡村名
1	斧屋文達	—	？～1557			
2	格翁桂逸	—	1511～1573	長光寺	中興	高麗郡直竹村（飯能市）
3	材室天良	武蔵秩父	1516～1590	心應寺	開山	高麗郡真能寺村（飯能市）
				高倉寺	開山	入間郡高倉村（入間市）
4	格外玄逸	武蔵藤田	？～1603	長念寺	中興	高麗郡白子村（飯能市）
				寶蔵寺	開山	高麗郡中居村（飯能市）
				圓福寺	開山	高麗郡赤沢村（飯能市）
				西光寺	開山	高麗郡落合村（飯能市）
				大蓮寺	開山	高麗郡前ヶ貫村（飯能市）
				法昌寺	開山	高麗郡藤金村（鶴ヶ島市）
5	吉州伊豚	武蔵川越	？～1616	浄心寺	開山	高麗郡矢颪村（飯能市）
				廣渡寺	中興	高麗郡真能寺村（飯能市）
				長泉寺	開山	高麗郡小岩井村（飯能市）
6	底庵圭徹	—	？～1629	常圓寺	開山	高麗郡馬引沢村（日高市）
7	大庵文広	—	？～1635	長澤寺	開山	高麗郡阿須村（飯能市）
				永昌寺	開山	高麗郡芦苅場村（飯能市）
8	寶室存珠	武蔵青梅	？～1644	玉寶寺	開山	高麗郡中山村（飯能市）
9	武産本海	武蔵金子	？～1662	西傳寺	開山	高麗郡飯能村（飯能市）
10	虎岑東秀	武蔵虎秀	？～1681			
11	方外壽遠	武蔵中居	？～1698			
12	木巖雲喬	武蔵鉢形	1640～1722			
13	泰州広基	武蔵加治郷	？～1713	柏林寺	開山	秩父郡上名栗村（飯能市）
14	活道廣智	武蔵白子	1667～1714			
15	天順広亮	武蔵白子	1682～1762	東善院	引寺	多摩郡師岡新田（東京都瑞穂町）
				吉祥院	引寺	入間郡三ヶ島新田（所沢市）

※「能仁寺世代記」（『曹洞宗全書』史傳）、「末山御開山留」（能仁寺文書）より作成。

次に、もう一つの入間郡三ヶ嶋新田（現所沢市）吉祥院について見ていく。延享三年（一七四六）に北野新田の平田次郎左衛門が菩提供養のために、三ヶ嶋新田の三町一反を能仁寺へ寄進した[26]。これを受けて寛延年間に吉祥院は建立された。この地には寺院がなかったため「村一躰ニ吉祥院檀那ニ相成」ように願って、各自がそれまでの菩提寺から離檀を願い出て吉祥院の檀家になろうとした。しかし、離檀は認められず、安永年間にいたっても訴訟に及んでいる。離檀に反対する入間郡北野村の全徳寺は、「離檀致候得ハ衰微仕候」と反対の理由を挙げている[27]。この争論の結末は不明だが、新田開発の進展とともに能仁寺が末寺の範囲を拡大させて檀家を獲得したため、檀家がそれまでに属していた寺院と争論に及んでいることがわかる。

このように能仁寺は民衆の要求によりその組織を拡大させた。元文二年（一七三七）九月に能仁寺が焼失した際には、多くの僧俗の寄進によって僧堂や山門が再建された[28]。明和三年（一七六六）夏には住職の戒幢が大授戒会を行ない、「道俗」三〇〇人が集まっている。能仁寺文書からは、一七世紀後期以降に様々な者が能仁寺に寄進していたことがわかる。

寄進手形之事

一、飯能分内出権右衛門致死去、家督可相譲子孫無之故、内出屋敷上畑五畝屋舗拾六歩都合五畝拾六歩之處、竹木もはいともニ不残御寺江寄附仕、権右衛門父幷権右衛門両人共ニ日牌ニ御付被下候筈ニ御座候、但シ権右衛門存生之内、金弐分掛之無尽弐口取申候、此掛送壱年ニ金四両宛拾弐年之間御掛被遊可被下候、尤此屋敷畑ニ付向後如何様ニ被遊候とも少茂構無御座候、為其証人加判仍而如件

飯能村　証人　金兵衛（印）

正徳四甲午年

同断　十左衛門（印）

三月十四日

同断　十郎兵衛（印）
同断　長兵衛（印）
久下分名主　庄左衛門（印）
飯能分名主　徳右衛門（印）
上我野村　半右衛門（印）

能仁寺様

この史料は、正徳四年（一七一四）飯能村内出権右衛門が死去し家督相続者がいないため、所持していた土地を能仁寺へ寄進したことを記している。(29)このような文書が複数現存しており、前述の北野新田の平田次郎左衛門のように菩提供養のため能仁寺へ土地を寄進する者も多く、家督相続者がいない時には供養料として寄進される場合もあったことがわかる。

次に、能仁寺の住職就任の様子を第一九世として晋山した戒天を事例に見ていきたい。(30)安永八年（一七七九）九月二二日、真能寺村の心應寺において諸法類・田舎旦中・惣役人の会合によって新たな住職として長松寺（現日高市）の戒天が内定した。能仁寺のような法幢地では、住職は末寺だけでなく、より広い範囲の僧侶の中から選定されるのが通例であった。末寺の心應寺住職や能仁寺檀家惣代である飯能村の忠蔵が長松寺へ赴き、戒天にその旨を伝えて承諾を得た。戒天は土産物を持参して能仁寺を訪れ、さらに真能寺村の廣渡寺で飯能村役人に面会した。翌日、心應寺や中山村玉宝寺を訪れた後に帰参した。その後、江戸へ行き、本寺の龍穏寺など関三刹を訪れたり、黒田家・中山家へ挨拶に訪れたりした。能仁寺の住職選定に檀家や村役人が関わっており、歴代住職は武蔵国出身者が多いことから、住職は周辺村落の様子をある程度承知している者が就任していたと考えられる。

このように民衆に支持されて就任した能仁寺の住職は訴訟の仲裁者としての役割も担っていた。藩主の菩提所が赦免嘆願をする事例は、秋田藩・八戸藩・盛岡藩・磐城平藩・越後長岡藩・美濃苗木藩・鳥取藩でも見られ、中には制度化している場合もあった[31]。

まずは、嘉永期の飯能村又吉が起した「不埒」一件について取り上げたい[32]。嘉永四年（一八五一）、飯能村の又吉は「不調法」な行為により、村役人および名主見習を休役となった。同年六月、隣接する久下分村名主の金子忠五郎に飯能村名主の兼帯が申し渡されると、又吉は自宅へ小前の者を呼び寄せ、忠五郎の兼帯を拒む嘆願書を作成させた。また、飯能村組頭の小山七郎兵衛ら三名が岡役所へ兼帯を拒む書状を差し出す際には、休役の身でありながら押印した。こうした又吉の行動は「不埒至極」とされ、久留里藩で吟味されることとなった。どのような罰が申しつけられるか計り知れない状況であったが、能仁寺前住職が久留里藩の役所へ直接出向き嘆願書を差し出した。その結果、又吉には「手鎖」、組頭の七郎兵衛・伊兵衛・忠蔵には過料銭五貫文ずつ、小前一同には「御叱」が申しつけられた。藩からの申渡によれば、「不軽御筋ゟ御歎願」があったために、このような軽い処分で済んだようである。能仁寺前住職の嘆願が罰を軽減する役割を果たしたことがわかる。

このような事例は、すでに一八世紀後期から確認できる。安永期の「中山村御林一件」について概観する[33]。安永一〇年（一七八一）、久留里藩が川除け杭木として中山村御林の松八一五本を前ヶ貫村へ下付することとなった。前ヶ貫村の依頼を受けて、中山村の百姓たちは松を伐採した。しかし、余計に伐り散らしたと申し立て、同村の文平・茂左衛門・文左衛門が出訴した。そこで能仁寺は久留里藩へ期間の延長とこの一件の「取扱」を願い出て、出訴方・扱人一同に現地を見分させた。その結果、木の数に間違いはなかったため、能仁寺が扱人へ申し聞かせて、双方が納得して内済した。以後は、村中一同が御林を大切に守ることを誓約した。

また、寛政期には「鹿山村林蔵一件」が起こっている[34]。天明八年（一七八八）、飯能村百姓与八は入間郡石井村名主弟の権八を養子にした。鹿山村名主の林蔵、真能寺村医師の玄同が仲人であった。しかし、寛政二年（一七九〇）五月鹿山村の林蔵は両者を離縁させたいと訴訟に及んだ。権八の実家であった石井村名主の左文治も離縁に同意した。その理由は、飯能村の村役人が権八を掠めようとしていると判断したためであった。権八が婚姻の際に袴着用を飯能村役人へ願い出たものの、公儀の触れがあるので禁止された。その後、組頭の万右衛門が与八のもとを訪れ、一生に一度のことなので村役人へ金子を差し出せば着用しても構わないと申し出た。しかし、与八は金子を差し出さず袴を着用しなかった。ところが、その後、飯能村の百姓六兵衛が養子を迎える際の婚姻で袴を着用していた。それを聞いた鹿山村の林蔵は、与八が村役人から「遺恨」を持たれていると考え、このような状況では相続できないので離縁したいと申し出たのであった。与八は離縁に反対し、権八はすでに一子をもうけ、家内のこともほとんどまかせており、村役人が掠めようとしているのは権八ではなく与八であると述べている。飯能・久下分両村の名主は争論が長引くと双方とも困窮するため、久留里藩の江戸屋敷へ伺うこととなり、事前に能仁寺へ穏便に治まるよう口添えを依頼した。その結果八月には解決し、能仁寺へ礼状を出しており、能仁寺から久留里藩への口添えがあったと思われる。

以上は飯能村周辺の事例であるが、久留里藩領の別地域から藩への口添えを依頼されることもあった。ここでは上総国で起こった殺害事件の事例を取り上げる[35]。嘉永三年（一八五〇）一〇月一一日、望陀郡市場新町（現千葉県君津市）の勇蔵は佐藤角介と密通していた妻いねを殺害した。角介は入牢を申しつけられ、密通を白状した。しかし、角介には老母がおり、角介が厳罰に処されたら渇命におよぶだろうとして角介の助命が嘆願された。いねを殺害した当の勇蔵やいねの兄である望陀郡蓮見村名主源左衛門も能仁寺に藩への口添えを願い出た。能仁寺はこれを受けて、嘉永四年四月久留里藩へ助命を嘆願した。

また、嘉永五年（一八五二）には久留里藩家中の加藤丈太郎の祖母が能仁寺へ嘆願書を差し出している。[36]差出人の実家である川野家は宝永年間から黒田家に仕えてきたが、一〇代目の啓三郎が「不調法」な行為により家名断絶となった。喬松院（黒田直侯）の三回忌の法事執行にあたり、「相続仕候様」に能仁寺へ願っている。この嘆願の結果は不明だが、久留里藩家中の者も能仁寺を頼りにしていたことがわかる。

以上、能仁寺とその末寺で構成される地方寺院組織の展開を概観した。一六世紀に開創された能仁寺は、民衆に支持され末寺の範囲を拡大させた。能仁寺の住職はもともと近隣村出身であることが多く、民衆の支持を得て就任した。住職は民衆からの依頼を受けて藩との仲介役を果たしたり、仲裁者を務めたりした。久留里藩主が能仁寺へ参詣した際には、飯能村・中山村・久下分村・真能寺村の村役人は同寺で藩主に御目見しており、[37]能仁寺は藩主と民衆を繋ぐ場でもあった。一九世紀の能仁寺は飯能村周辺の人々にとって不可欠の存在であったと言えよう。

三　維新期における曹洞宗の変容

前節では、能仁寺を中心とする地方寺院組織と民衆との関わりについて言及した。このような能仁寺の地域での役割が明治期にいかに変容したのか、現時点では動態的に示すことはできない。前節で検討したような仲裁者・仲介者としての役割を明治期に果たした史料は管見の限り確認できず、各地の入寺慣行が終焉したように、能仁寺を菩提寺とする黒田家による支配の終焉によって仲裁者・仲介者としての役割も終焉したと考えられる。一九世紀を通じた検討は今後の課題であるが、まずは明治期を迎える中で能仁寺を中心とする寺院組織が直面した事態を検討する基礎的作業が必要であろう。以下、本節では曹洞宗の本山をめぐる永平寺・總持寺の争論について検討し、次節で能仁寺やその末寺がどのような事態に直面したのか、その一端を述べてみたい。

飯能戦争の終結後間もない、慶応四年六月六日に曹洞宗は大きな変革を迎えた。新政府から永平寺を総本寺とする旨が申し付けられ、近世の両本山体制が大きく変革したためである。能仁寺の本山である總持寺に対しても、同寺はもともと永平寺から分立した寺であるため、どちらが本山かは明白として永平寺の末寺となるよう命じられ、「本山廃絶」が決定した。永平寺は、議定である中山忠能へ嘆願しており、家臣の大口大和守のほか正親町三条家・五条家へも口添えを願っていた(38)。七月三日、永平寺は早速各地の寺院へ免牘を持参するよう触達を送り、末寺の再編を試みている。

当初、總持寺の新政府への関わりは、永平寺に比べると積極的なものとは言えない。慶応四年正月には、朝廷と曹洞宗の折衝を担っていた勧修寺家から「王政復古　被仰出候得共、曹洞一派綸旨拝戴之儀者、是迄通(39)」と、僧侶が転衣の後に綸旨を得ることはこれまで通りと申し付けられており、大きな変革を期待していなかったと考えられる。ただし、新政府は、戊辰開戦直後の正月一〇日に、執奏勧修寺家を通じて總持寺へ金穀の献納を命じており、新政府に関わらざるをえない立場にはあった。一二日に、總持寺及びその末寺の名目で玄米一〇〇石ずつ一〇年の献納を約束したため、一五日には当年分を早急に上納するよう命じられた。二〇日に献納したが、代金など六〇〇両を調達するのに苦心している。

二月、永平寺の住職が上京したことを伝えられると、總持寺内は動揺した。幕末期に、曹洞宗の僧の衣をめぐって両本山の争論が繰り広げられたこともあり（三衣一条一件）、總持寺では永平寺との確執が尾を引いていたためである。永平寺が総本山になろうと企図しているとの情報を得て、總持寺はこの事態を興廃の一大事と捉え、由緒を申立て、「一宗互格両本山之規模を可被立」と、これまで通り両本山が並び立つことを主張した(40)。さらなる上納金を確保するため、信濃・上野・陸奥・出羽の末寺へ使僧を差し向けた。

永平寺は、三月に勧修寺家へ願書を差し出した。永平寺は道元の開山した寺院であり、「日本曹洞第一道場」との勅額や、曹洞宗第一の出世道場であると綸旨を賜ったりしていたが、徳川幕府の下では関三刹と可睡斎が宗門制度を担うこととなった。この度御一新となり幕府が廃止となった上は、宗制を古格に復して総本山の職務を仰せ付けてほしい、と願い出た(41)。

一方、三月二四日に總持寺も勧修寺家へ口上書を差し出した。しかし、「越公三藩ハ不申及、秋月侯等武家ハ多分先方より手廻し、公家堂上ニも過半先方江一同之様子(42)」と、福井藩をはじめ武家・公家ともに過半は永平寺へ同意している状況であり、永平寺は三職へも接近していた。そこで、總持寺では「徳大寺卿・中御門卿様ニ者、十分当方御引立之思召」との情報を得て、徳大寺家や中御門家への接触を目指した(43)。永平寺のある福井藩の松平春嶽が執奏の勧修寺家へ永平寺の嘆願を仲介していることを知り、總持寺は「当時議定方列職ニ有ながら不相当之事」と批判している。

予断を許さない状況であったため、總持寺では鷹司家、仁和寺家、木戸準一郎（木戸孝允）へも接触を図る予定であった(44)。四月一五日に、總持寺内の東源寺が京都へ訪れ、一八日に芳春院は当主不在の勧修寺家へ留守見舞いした(45)。勧修寺家には、加賀藩の前田家が口上書を差し出し太政官へ口添えする約束を得た。木戸準一郎へも接触を図ったが、閏四月一〇日に木戸が長崎へ出立したため、失敗している。

總持寺は、「本山之興廃此一挙ニ有之」と考え、本山の地位確保のため再び献上を試みた。閏四月一九日には、興禅寺が金四〇両を持参し、二二日には千寧寺から金一〇〇両が京都へ届いた(46)。しかし、末寺に対する勧化がうまくいかず、十分な金銭を確保できていなかった。

以上のような總持寺の努力もむなしく、両本山の争いは六月に永平寺が総本山となることで決着した。しかし、總持寺はこれを承服することなく、引き続き新政府への嘆願を繰り返した。曹洞宗の僧侶は、修行の過程で必ずどちらかの本山へ上山しなくてはならないが、同年は永平寺へ上山するものが一七八名で、總持寺の九一名よりも二倍程多くなっている(47)。例年は両寺に大差はなかったから（慶応二年は永平寺三二六名・總持寺四〇八名、慶応三年は永平寺二一〇名・總持寺一七八名）、永平寺が唯一の本山となることにより、末寺も永平寺への接近を図ったと言えよう。

明治二年（一八六九）三月、永平寺は總持寺を含め諸末寺へ掟書を送った(48)。「自今已後、末派齊遵当山之家訓宜厳勤之矣」と末寺へ掟書の遵守を求め、永平寺のみが曹洞宗の本山であることを明示した。能仁寺など各地の寺院は永平寺から「宗規一新」の旨を伝えられ、新たな免牘を受け取った。一方、總持寺末寺の一部は永平寺の行為を「御政度御改正ニ事寄一宗濫觴之本山惣持寺及廃絶之様之企被致候ニ付、惣持寺及末派一同歎願中暴狂之所置」と批判する盟約書を作成し、總持寺支持の旨を誓約した(49)。同時期、總持寺の末寺である甲斐国正覚寺は金銭を集めるため、代僧として出羽・越後・佐渡を廻っているが、諸末寺の反応は様々で、總持寺を支持する寺院と永平寺を支持する寺院に分かれている(50)。例えば、米沢の林泉寺は總持寺へ加担する旨を述べ「縦令永平寺ゟ教導師順廻有之候共、此後惣持寺ゟ御沙汰無之内ハ御請被成間敷堅相断」と誓約するが、越後の雲洞庵や上京中で住職不在の寺院は調印を断わっている。

こうした動向を受けて、政府は再検討し、同年一二月に両寺を本山とするよう改め、宗祖道元が開いた永平寺の席順を上位とした。總持寺は再び本山となり、住職の奕堂が能仁寺へ翌年九月二二日付で免牘を与えた（明治三年に五院輪住制から独住制に変更）。各地から總持寺へ上山する寺院も多く、永平寺から受け取っていた免牘またはその写しが總持寺へ提出された（現存するもので、少なくとも明治元年の免牘八八、明治二年の免牘六五が回収されたことがわかる）。

その後も両本山の争論は続くが（なお、この間に寺領の上知、転衣寺院が宣旨を得る手続きの変更など様々な変更が行なわれた）、明治五年三月二四日、大蔵省から以下の演達が出され両者の盟約が図られた(51)。

演達

越前国永平寺・能登国總持寺諍論之儀ハ、古来ヨリ両寺ノ悪弊ニシテ、其派下ニ於テモ永平寺派ト称シ、或ハ總持寺派ト唱へ、互ニ層々ノ異見ヲ主張シ、争立ノ念慮又止ム時ナシ而シテ其述ル所ノ事由甚シキニ到リテハ、師弟相争骨肉相食ニ等シ、実ニ尋常俗子スラ尚恥ル所、況ヤ布教伝道ノ任アル禅師知識ノ身ヲ以テ、之ヲ傍観セハ其責何人ニ帰シテ可ナラン、唯嘆スル所以ハ永ク如斯セハ終ニ六百年来連聨タル始祖之法脈ハ勿論、一宗両山ノ滅絶ニ到ルコト指ヲ弾シテ可知也、果シテ然ラハ道元ノ子孫タル環渓・奕堂ニ於テ之ヲ如何トナスヤ、因テ今般両人ヲ徴サル、上ハ、年来之諍端今日ヲ限リ悉皆打破シ双方共無我無諍之境界ニ立戻リ一宗一体ナル宗祖道元ノ家訓ト先師瑩山ノ素懐トヲ固守シ、瑣瑣タル派下ノ物議ニ関セス、宗風挙揚之永図ニ注意シ、自今一言之訴願等誓テ政府ニ奏スル勿レ、是レ環渓・奕堂ニ示ス処之大意也（以下略）

この後には、①永平寺・總持寺を両本山とすること、②宗門の制度などはすべて両寺の連名で出すこと、③末寺へ渡す免牘も両寺の連名で出すこと、④両本山の諸堂が破損して修復する場合には双方とも助成しあうこと、⑤両本山が今後争論しないことを記した盟文を作成すること、が記されている。政府の命令を受け、二八日には両本山より盟約状が作成され、政府へ届け出て末寺へも布達された。能仁寺にも同年一〇月付けで永平寺・總持寺の連名で免牘が与えられた。この後も永平寺・總持寺の争いは続くが、ひとまず両本山体制が継続されることで合意形成された。

四　明治初期の能仁寺

本節では、能仁寺が明治初期に直面した事態について概観する。当該期に能仁寺の住職を勤めた第二四世の種月は、享和三年（一八〇三）高麗郡川崎村（現飯能市）で生まれた[52]。文化四年（一八〇七）四月五日に能仁寺で得度し、翌年から文政五年（一八二二）まで同寺で修行し、天保九年（一八三八）比企郡泉井村金澤寺（現鳩山町）で初めて住職を勤め、弘化二年（一八四五）江戸小石川の高源院（現東京都文京区）へ転住、嘉永五年駒込の大林寺（同区）へ転住、慶応二年三月一六日に能仁寺住職として転住した。飯能市域で生まれ、二〇歳まで能仁寺で修行しており、飯能村周辺の人々と関わりの深い僧侶であったと思われる。

明治三年（一八七〇）一〇月に、能仁寺住職の種月は自身が病気のため中山村玉寶寺の玉瑞を總持寺に遣わし[53]、次の口上書を總持寺へ提出した[54]。

乍恐奉歎奏口上書

一、去辰年六月中永平寺惣本山寺として宗門判度同寺江一途ニ被　仰付候得共、従来　御本山江降賜被為在候
歴帝様御綸命之御旨者、勿論御両祖御遺状も難被為立ニ付、不取敢歎願被遊、右歎願中　永平寺宗判
一定ニ者不相成候間、追而御沙汰被為在候迄、宗門規定等何事ニ不寄、先格之通り相心得、変動無之様、
兼而　御達之趣且惣持寺歎願之事件、於東京御裁判被　仰付候間、御指図御座候迄宗旨異乱等之儀無之様
之御旨、去ル巳年三月中従　朝廷御沙汰之趣御達被為在奉敬承候、然ル所永平寺ゟ法幢免状等其外宗規一

新可致旨、勅命之趣ヲ以数度厳重ニ被申聞、無拠拙寺法幢免状等同寺ゟ申請罷在候処、去三月中勅裁被仰出候御旨ニ就而者、奉対　御本山江如何共可申上様無御座候、謹慎恐縮罷在候、拙寺者御本山　御末派ニ罷在候得ハ、仮令永平寺ヨリ如何様厳重ニ被申聞候共、従前之通相断、東京之御沙汰ヲ相待可罷在筈者勿論、為其本山之大難事ヲも不顧、自立勝手之心得ニ罷在候体ニ立別、今更一言之申訳ケも無御座候、千悔不帰重々奉恐入候、自今以後弥以　御両祖　御遺範ヲ奉始　御本山御条令者不及申上、御宗判筋異乱無之様法整大切ニ勤仕候間、何卒今般之儀ハ格別之以御憐愍御宥恕之御沙汰被為　仰付被置候ハヽ、生々世々難有奉御拝候、然ル上者　向後ニおゐてハ　御本山ゟ御沙汰之外永平寺等江関係可仕筋無御座、若異乱ヶ間敷儀有之節者、何事も御本山江御伺御差揮被為在候通堅相守毛頭違背仕間敷候間、今般之儀ハ幾重ニも御寛典之御沙汰被為　仰付被下置様只管奉仰願候、誠恐謹言

明治三庚午十月廿二日

武州高麗中山村
能仁寺代
玉宝寺玉瑞

能州大本山御役局

この史料によると、永平寺が総本山となって以降、永平寺から免牘など「宗規一新」を申しつけられ、やむなく能仁寺も永平寺から免牘を受け取った。しかし、總持寺及びその末寺の反対などにより、明治二年末に再び總持寺も本山となったため、永平寺から免牘を受け取ったことを詫び、總持寺から免牘を得て今後能仁寺が總持寺の指図を受ける旨を誓約している。教団組織内での寺格を維持しようとして、両本山の争いに翻弄されていたことがわか

る。これは能仁寺のみではなく多くの寺院が直面した事態であったと考えられる。

また、能仁寺やその末寺が迎えた最大の危機は飯能戦争による被害である。慶応四年五月、旧幕府軍が能仁寺や観音寺・廣渡寺・心應寺・智観寺・玉寶寺に入った。能仁寺は飯能戦争による火災により丹生宮祠・惣門・土蔵二ヵ所を残して焼失した。他にも智観寺・観音寺・廣渡寺で被害が出て、飯能村・久下分村などでは複数の民家が焼失した。能仁寺末寺の真能寺村廣渡寺は被害状況を次のように報告している。(55)

以書付御届奉申上候

当十八日徳川家浪士与唱五百人程飯能村へ罷越、夫ゟ村役人幷隣寺廣渡寺へ及強談、野村庄三郎与申者頭与して四拾人程可致止宿趣申聞候へハ、迷惑之旨種々相掛合候得共、無拠次第ニ付為致止宿滞留罷在候、然ル処今二十三日暁六ツ半時頃官軍方ゟ討入ニ相成、右浪士与及戦争候所、追々押寄セ官軍方ゟ大炮打込発火いたし、本堂庫裏幷地蔵堂木部屋不残亡焼仕候、尤も鎮守・惣門相残り申候、就中本尊開山　御朱印過去帳漸持出し迯延之後、鎮火之上一同立合相改候所、寺内人馬軽我等一切無御座候、依之不取敢御届奉申上候、以上

廣渡寺は被害状況を具体的に報告し、八月には再建のため金五〇両を得ようと能仁寺に境内の木の売却を願い出ている。(56)能仁寺末寺は被害を強調して支援を求めるのみでなく、すぐに自ら行動していることがわかる。その前月には被害のなかった同村の心應寺でも「御朱印改」のため上京するに際して、金三五両を得ようと木の売却を願い出ている。(57)翌年には、常圓寺が本堂・観音堂の大破を理由に、境内の木の売却許可を求めている。(58)

能仁寺では、明治六年に末寺西傳寺の本堂を遷しているが、本格的再建は昭和期まで行なわれておらず（昭和九年起工、同一一年五月竣工）、しばらく焼失の影響が続いたと思われる。先述のように、明治五年に一三一軒あった檀家数は、明治三六年には七九軒と減少している。こうした中で能仁寺は土地を住民などへ貸与することで経営を

成り立たせていた。

能仁寺の置かれた状況がさらに変化するのは二〇世紀になってからである。能仁寺のある天覧山（もとは羅漢山）が観光地として活性化し、その影響を受けていくこととなった。明治四二年（一九〇九）には露店営業のための土地を貸与している。(59) また、大正一一年（一九二二）に天覧山が県指定名勝となり、昭和六年（一九三一）に天覧山駅が開業するなど次第にその影響は大きくなっていったと考えられる。

おわりに

本稿では、一九世紀における寺檀争論の様相を踏まえて能仁寺を中心とする地方寺院組織について検討してきた。結論を以下にまとめておきたい。

一九世紀は各地で僧侶と檀家との争論が頻発した。住職の選定や寺院の運営を僧侶や一部の檀家に任せるのではなく、民衆の多くが主体的に関与するようになっており、住職が宗判権を梃子に一方的に収奪を図ったり、不法を押し通したりできる状況ではなくなっていた。宗判や葬祭は僧侶の不可欠な役割であり、それを行なわない場合には民衆に訴えられたり、時には追放されたりすることもあった。

一九世紀に寺檀争論の見られなかった能仁寺は、一六世紀から一七世紀に歴代の住職が寺院を開創し、その組織を拡大させた。一八世紀にも、新田開発の進展にともなって末寺を増加させた。住職は僧侶のみでなく飯能村など檀家の意向を踏まえて決定され、就任した住職は民衆の仲裁者や藩との仲介者を務めた。能仁寺は藩主の菩提寺として、飯能村周辺の久留里藩領において他に代え難い役割を果たしていたと言えよう。明治初期に藩の支配が終わり、能仁寺は藩と民衆の仲介者としての役割を終えた。そして、飯能戦争による焼失や宗門内の本山の争論に巻き込まれるなど、時代の変化に翻弄されることになったのである。

一九世紀後期から二〇世紀までの変容過程のさらなる解明は今後の課題だが、能仁寺はそうした時期を経ても、地元の人々に「郷土史上重要な地位にある」(60)と認識される寺院であった。

註

（1）前田勉「仏教と江戸の諸思想」（『新アジア仏教史一三　民衆仏教の定着』佼成出版社、二〇一〇年）。
（2）安丸良夫『神々の明治維新』（岩波書店、一九七九年）。
（3）羽賀祥二『明治維新と宗教』（筑摩書房、一九九四年）。
（4）柏原祐泉『日本仏教史』近代（吉川弘文館、一九九〇年）。
（5）川口高風『明治前期曹洞宗の研究』（法蔵館、二〇〇二年）。
（6）近年の代表的な成果として、高埜利彦他編『近世の宗教と社会』一～三（吉川弘文館、二〇〇八年）が挙げられる。
（7）『小川町の歴史』資料編五　近世Ⅱ、№六五四。
（8）『入間市史』近世史料編、№二七八・二七九。
（9）圭室文雄『日本仏教史』近世（吉川弘文館、一九八七年）二五三頁。
（10）『蓮田市史』近世資料編Ⅰ、№三三一～三三三。
（11）文久二年「相州高座郡遠藤村宝泉寺後住一巻写」（總持寺祖院　後住届五七）、同年「相州高座郡遠藤村宝泉寺後住一件」（同五八）、元治元年「相州高座郡遠藤村宝泉寺後住一巻写」（同五九）、慶応二年「相州宝泉寺後住一件」（同六〇）。總持寺祖院文書の№は、『曹洞宗大本山總持寺能登祖院古文書目録』（日本近代仏教史研究会、二〇〇五年）による（ただし、一部目録に未掲載の史料もある）。

(12)『寒川町史』一〇別編　寺院、史料編№八八～九二・九七。
(13)元禄一三年「免翰」(能仁寺文書A―ク―二)。以下、能仁寺文書の№を括弧内に記す。
(14)「要用書写」(能仁寺E―ウ―二)。
(15)「願書曁添翰控」(能仁寺E―ウ―九)。
(16)明治五年「(能仁寺明細帳)」(能仁寺E―ウ―一八)、明治三六年「檀籍簿」(同B―カ―a―三二)。
(17)廣瀬良弘「中世後期における禅僧・禅寺と地域社会―東海・関東地方の曹洞宗を中心として―」(歴史学研究会編『地域と民衆―国家支配の問題をめぐって―』青木書店、一九八一年)。
(18)埼玉県立文書館編『埼玉県寺院聖教文書遺品調査報告書』Ⅱ　解説・史料編、一九八四年。
(19)小沢正弘「江戸初期関東における祭道公事」(『埼玉県史研究』九、一九八二年)。
(20)廣瀬良弘「本末制度の成立と展開(曹洞宗)」(『歴史公論』一一一、一九八五年)。
(21)『新編武蔵風土記稿』二四八。
(22)「能仁寺世代記」(『曹洞宗全書』史傳)。
(23)飯能市教育委員会編『名栗の歴史(上)』、二〇〇八年。
(24)『瑞穂町史』、一九七四年、六六〇～六六二・六八二・六八三頁。
(25)宝暦三年「差上申一札之事」(能仁寺A―ア―一〇)。
(26)延享三年「進上申寄附地証文之事」(能仁寺E―オ―d―七)。端裏書に「吉祥院寄附証文」とある。
(27)安永九年「檀那寺之儀ニ付出入」(『所沢市史』社寺、一九八四年、七三二頁)。
(28)前掲註(22)。
(29)正徳四年「寄進手形之事」(能仁寺E―オ―d―一三)。
(30)安永八年「三枝山長松寺ゟ武陽山能仁寺江御移転ニ付江戸屋敷本山御三刹表入院諸色控」(能仁寺D―オ―八)。
(31)佐藤孝之『駈込寺と村社会』(吉川弘文館、二〇〇六年)。
(32)嘉永四年「差上申御請一札之事」(能仁寺D―ウ―三一)、「以書附歎願奉申上候」(同A―ア―一七)。

(33)「乍恐以書付御訴奉申上候」（能仁寺A—ア—一二）。
(34)寛政二年「乍恐以書付奉願上候」（能仁寺D—ケ—一六）、同「一札之事」（同D—ケ—一二）、同「差上申一札之事」（同D—ケ—三五）、同「乍恐以口上書御礼奉申上候事」（同A—オ—一二）、同「乍恐以返答書奉申上候」（同A—オ—一三）、「口上覚」（同A—ア—八）、「乍恐以口上書奉申上候」（同A—ア—一三）。
(35)嘉永四年「以口上書奉申上候」（能仁寺A—ア—9）、「口上書ヲ以申上候」（同A—ア—一八）、「以口上書奉申上候」（同A—ア—一九）、同「乍恐以書附奉歎願候」（同D—エ—八）、同「以書附奉歎願候」（同D—エ—一一）。
(36)嘉永五年「乍恐以書付奉歎願候」（能仁寺E—オ—i—八）。
(37)『飯能市史』通史編、第五章第一節、中藤榮祥編『武州高麗郡中山村記録』（智観寺、一九九六年）。
(38)辰年「（御用留）」（總持寺祖院　京都四八）。
(39)總持寺祖院　勧修寺・令旨六一三。
(40)慶応四年「總持寺由緒京都表へ申立書」（『新修門前町史』資料編二　総持寺、二〇〇頁）。
(41)慶応四年「王政一新ニ付永平寺総本山願写」（『新修門前町史』資料編二　総持寺、二〇二頁）。
(42)辰年「（御用留）」（總持寺祖院　京都四八）。
(43)辰年「（御用留）」（總持寺祖院　京都四九）。
(44)前掲註(43)。
(45)辰年「（御用留）」（總持寺祖院　京都五〇）。
(46)辰年「（御用留）」（總持寺祖院　京都五三）。
(47)「（転衣寺院住職名書上）」（總持寺祖院　転衣寺院書上三四～三六・六八～七〇）。
(48)明治二年「掟書及度牒の雛型」（總持寺祖院　法度・掟一五）。
(49)明治二年「（曹洞宗總持寺廃絶又企ありしニ付盟約状）」（總持寺祖院　末寺六四）。
(50)明治二年「越後羽州佐州廻使手扣」（總持寺祖院　明治期史料七〇三）。
(51)明治五年「演達」（『新修門前町史』資料編二　総持寺、二〇五頁）。

(52) 明治五年「(能仁寺明細帳)」(能仁寺E―ウ―十八)。
(53) 明治三年「諸達案」(總持寺祖院　明治期史料七三)。
(54) 明治二年「乍恐奉歎奏口上書」(能仁寺E―ウ―二八)。
(55) 「以書付御届奉申上候」(能仁寺E―イ―b―二)。
(56) 慶応四年「乍恐以書付奉願上候」(能仁寺E―イ―b―三)。
(57) 慶応四年「乍恐以書附奉願上候」(能仁寺E―ア―e―一二)。
(58) 明治二年「乍恐以書付奉願上候」(能仁寺E―オ―c―一九)。
(59) 明治四二年「借地証」(能仁寺F―ア―七)
(60) 『飯能郷土史』(飯能翼賛壮年団本部、一九四四年)。

第五章　明治中期の地域指導者と居村の「開発」
―中村忠三九を例に―

尾崎　泰弘

はじめに

東京都下の多摩地域から埼玉県西北部にかけては、関東山地と台地の境目にあたり、近世以来「武州山之根地域」と呼ばれる、山がちで耕地が少なく、石高の小さい村が多く存在する地域である。本稿は、この「武州山之根」に属する地域の、近世・近代移行期における地域の指導者の行動を跡づけることにより、明治二〇年代から三〇年代にかけての当該地域の社会状況を描き出すことを目的とするものである。

地域の指導者をめぐっては、「中間層」や「地方名望家」などと定義され、経済的範疇や、自由民権運動への関わりの程度、一般民衆との関わりといった視点から類型化がなされているが、ともすれば自由民権運動の挫折→県政や国政への進出という固定的な見方から脱却しきれていないように思われる。しかし、近年ではそうした見方に批判的な研究も蓄積されてきている。例えば、高久嶺之助は、明治前期にはまだ地域差が歴然としてあり、「国」が地域に入っていった時に、どこでも地域有力層と民衆との間に軋轢があったかのように強調したり一般化したりすることに疑問を呈する。[1]また、民権運動からは一定の距離を置きながら家政や地域社会の課題に対処してきた武蔵国多摩郡小野路村の小島家の事例[2]や、明治国家成立の過程で、地域的な課題への取組を最優先して、きびしい政治的抗争の表舞台には飛び出さなかった三河国設楽郡稲橋村の豪農古橋家について検討した高木俊輔の研究などもある。[3]

本論の分析対象である中村忠三九の居村である武蔵国高麗郡矢颪村やその周辺地域は、多摩地区と秩父地域にはさまれた地域でありながら、管見では自由民権運動の高まりがほとんど見られない地域である。ここでは、村を通る道路の地方税（県費）補助道編入運動と一般民衆への教化活動の二つを軸に、一人の地域指導者が見た地域課題の認識とその解決への動きを明らかにしていきたい。

なお、ここで取り上げる中村忠三九のように、郡や町村のレベルにあって政治や行政を担う人々は「地方名望家」と呼ばれることが多いが、後述するように忠三九を「豪農」というには違和感がある。また地域の公共を担う活動は、主に村長辞任後に展開されるので、本論では、この階層に対し「中間層」、もしくは「地域指導者」の用語を用いることとしたい。矢颪村と加治村を構成する村の位置は後掲の図1（180頁）に示した。

一　加治村と中村忠三九

1　矢颪村と加治村

忠三九の居村である矢颪村は、奥秩父山地と外秩父山地の境目に端を発する入間川が、谷から入間台地へと出ていくちょうど出口のところに位置する。もとは南に接する前ヶ貫村と一村であったが、寛文検地後間もなく分村したと考えられる。(4) 村高は近世を通じて一二八石余で変わらず、一九町六反余の耕地のうち、五町五反が田、一四町一反が畑で、畑がちの村ではあるが、それでも当該地域では比較的水田の比率が高いところである。この村には、江戸時代を通じて家数でほぼ七〇軒、三五〇人ほどの人が住んでいた。ただし耕地は自村内では足らず、明治二年（一八六九）の段階で入間川の対岸にあたる久下分村、川寺村などに一一〇石ほどの出作地があった。また、男は農間に賃銭稼ぎを、女は木綿縞を織り、養蚕なども少々行う村柄であった。(5) その一方で、村を北から東にかけて流れる入間川はたびたび氾濫し、矢颪村ではそのたびごとに行わなければならなかった川除普請が大きな負担となっていた。

近代に入り、大区小区制では、同じ入間川沿いでも上流域にあたる真能寺、久下分、飯能、永田、久須美、小瀬戸の六か村のほか、後に加治村となる前ヶ貫村、岩沢村、笠縫村、川寺村などと共に第四大区四小区を構成していた。そして明治一七年（一八八四）の改革による連合戸長役場制の全面的導入により、矢颪村は、岩沢村、笠縫村、川寺村、仏子村、阿須村、落合村、前ヶ貫村の七ヶ村とともに岩沢村連合を構成する。基本的にはこの枠組みが、明治二一年（一八八八）の市制・町村制の施行によって誕生する加治村へと引き継がれることとなる。

2　中村家

矢颪村には幕末期で奥平・中矢下・前原・秋津上・秋津下の五つの村組があり、中村家はこのうち秋津上組の組頭を務める家であった。享保一一年（一七二六）の年貢の収納をめぐる村方騒動以後、矢颪村の名主はこの五つの組の組頭が交替で務めており、享保一一年から安永五年（一七七六）までは、同家当主平兵衛が五年に一度規則的に名主に就任している状況が確認できる。ところが寛政七年（一七九五）頃から平兵衛の名主在任時期が一年以上にわたることが多くなり、その後「平兵衛跡」となった時期を経て、文化一一年（一八一四）に当主善次郎が名主となる。しかしその後善次郎が名主である時期も不定期かつ数年にわたり、矢颪村では次第に名主を務める家が固定化されていく状況が見て取れる。この中村家の当主が名主であった時期は、嘉永六年（一八五三）の善次郎のあとしばらく確認されず、それから八年経った万延二年（一八六一）に彦太郎（のちの忠三九）が突如名主として登場する（彦太郎は当時一七歳）。

中村家の経営規模であるが、慶応三年（一八六七）の矢颪村名寄帳では、表1にあるとおり一町二反二畝二七歩で村内三位ではあるものの、他家に比べ隔絶しているとはいえない。むしろ一位の岩沢庄平家の方が際立っており、実際同家は矢颪のみならず、加治村を代表する資産家（表2）で、第一期飯能銀行の設立に際し中心的な役割を果たしている。岩沢家は、近世・近代を通じて政治にはほとんど関与せず、中村家とは対照的である。ただし、表3にもあるとおり、中村家も天保期から明治三〇年（一八九七）にかけて矢颪村内の土地を集積している様子は確認することができるが、それでも経営規模からすると「豪農」というイメージとはいささか開きがある。入間台地の豪農である奥貫五平次や増田忠順と比べると、このことはさらにはっきりする（表2・表4）。

3　中村忠三九の履歴

中村忠三九（一八四四〜一九二〇）は、弘化元年（一八四四）生まれで、近世には彦太郎と名乗っていた。文久二年（一八六二）に弱冠一七歳で矢颪村の名主に就任し、文久三年（一八六三）から明治五年（一八七二）までは継続して名主の地位にあったが、その多くの期間で、中矢下組の佐野左之吉と相役である。明治一二年（一八七九）に

表２　明治25年加治村選挙人資格人名

大字	氏　名	年齢	地租納額（円）
矢颪	岩沢　庄平	80	64.802
笠縫	島崎　仁平	53	57.175
笠縫	島崎勝三郎	52	45.965
川寺	鈴木　惣八		32.205
岩沢	浅野増太郎	43	30.504
笠縫	島崎　亀吉	48	27.844
岩沢	沢辺　伊平	39	23.318
阿須	山崎長十郎		18.212
岩沢	岩沢　正平	63	17.970
岩沢	浅野栄次郎	57	16.781
川寺	小高市太郎	39	15.900
笠縫	青木留五郎	69	15.617
笠縫	島崎　源吉	32	15.316
矢颪	**中村忠三九**	**48**	**15.212**

※中村家№409より
※生まれは小高のみ『飯能人物誌』より

表１　慶応３年矢颪村の土地所持状況

	所有者	組	土地所持
1	庄兵衛	奥　平	２町９畝23歩
2	常　吉	秋津上	１町２反４畝２歩
3	彦太郎	秋津上	１町２反２畝27歩
4	常　吉	秋津下	１町１反５歩
5	岩太郎	秋津下	１町２畝23歩
6	長兵衛	秋津下	８反８畝13歩
7	弥曽八	秋津上	６反７畝26歩
8	又四郎	前　原	５反９畝
9	徳兵衛		５反４畝22歩
10	弥重郎	前　原	５反４畝20歩

※「慶応３年名寄帳」より（中村家№449・450・480）

表３　中村家土地所持の推移（矢颪村内のみ）

年号	寛文８年（1668）		文化６年（1809）		天保10年（1839）		慶応３年（1867）		明治30年（1897）	
典拠	№470・933		№927・928		浄心寺文書		№449・450・480		№1374	
	面積	（歩）	面積	（歩）	面積	（歩）	面積	（歩）	面積	（歩）
屋敷	３畝10歩	100	３畝10歩	100	３畝10歩	100	３畝20歩	110	９畝12歩	282
田	２反１畝14歩	644	１反６畝８歩	488	３反３畝11歩	1001	４反２畝３歩	1263	４反２畝29歩	1289
畑	４反３畝27歩	1317	４反６畝３歩	1383	５反４畝２歩	1622	７反２畝18歩	2178	９反７畝13歩	2923
切畑	９畝16歩	286	９畝４歩	274	（無）	0	４畝16歩	136	４反６畝※	1380
合計	７反８畝７歩	2347	７反４畝25歩	2245	９反23歩	2723	12反２畝27歩	3687	19反５畝24歩	5874

※山林を「切畑」のところに記載

は矢颪・前ヶ貫村戸長となり、その後、岩沢村連合戸長、加治村長を歴任するなど長らく公職にあった（表10。200～201頁に後掲）。しかし、県政や国政をめざすといった動きはついぞ見ることができない。飯能の「町」を構成する久下分村には、矢颪村村民が名請地を多く所持しているが、その「町」には、平田篤胤没後門人の井上頼圀や権田直助といった国学者が頻繁に来訪し、また小川香魚など薩邸浪士隊の一員として薩摩藩の攪乱行動に参加していた草莽の士も出ていた。しかし、忠三九が彼らと接触をもった事実は今のところ見いだせない。

明治二四年（一八九一）に忠三九は加治村初代村長を二年で辞する。公益活動＝加治村を通る道路の補助道編入請願運動を行っていくのは、この後のことである。

二　加治村初代村長時代の中村忠三九

1　加治村役場の位置と学校問題

明治二二年（一八八九）四月、岩沢、笠縫、川寺、矢颪、前ヶ貫、阿須、落合の七か村が合併し加治村が誕生した。忠三九はその初代村長に就任する。加治村では五月一九日に収入役以下吏員を選任し、六月六日には加治村条例を決議して、(6)村政は順調な滑り出しを見せた。七月二八日から三一日までの間には村費予算を議決し、堤防や用水堰の急破修築費などを審議している。しかし九月一一日の夜、暴風雨によって大字岩沢の見光寺に置かれていた役場の建物に多くの被害がでてしまう。そこでその翌日、助役の岩沢国太郎は、村会議員の西村百太郎、田淵重三郎、浅野増太郎（以上岩沢）、嶋崎源蔵（笠縫）の四名の村会議員を呼び出しその始末方を相談した。また、その翌日には村長中村忠三九の代理としての助役岩沢国太郎が、鈴木惣八（川寺）を除く村会議員一〇名を呼び出しその修繕方の協議に入っている。一五日には村会議員の渋谷定次郎・渋谷忠太郎・山岸幾三郎（以上前ヶ貫）、佐野和一郎（矢颪）、嶋崎源蔵の五人が臨時村会開会請求書を村長宛に提出、見光寺にかわる役場として、川寺の願成寺を借りるのか、家屋を建築するかいずれかが適当なのかについて村会での審議を求めた。そして同日、「仮役場臨時修繕之件」を議題として臨時村会が召集されている（議論の内容は不明）。

その後、一〇月一七日にも「本村役場及学校移転之件」を議案として臨時村会が開会された(7)。しかしこのときは加治学校移転の件で未決のまま夜に入ってしまうものの、審議は行われたようで、追って役場が新築されるまでは、川寺八番地の願成寺を借用すること、移転の期日は同年一二月二五日と定めることなど五か条を議決している(8)。このことは一二月二七日にも加治村会で協議がなされ、一二月二五日付で岩沢村連合戸長役場跡から川寺の願成寺へ移転することが郡長に届出された。役場の移転問題はこれですんなり決まったかに見えた。

ところが翌明治二三年（一八九〇）一月、落合・川寺・前ヶ貫・矢颪の保護者が生徒を西部学校（分教場か）へ通学させることを届け出た。この動きに対し同月二七日、今度は岩沢・阿須・笠縫の人民惣代が元岩沢村連合戸長役場跡に加治学校を移設し、分教場の廃止を主張したのである(9)。

ここで、加治村域における学校設立の経緯について整理

表4　明治22年県会議員選挙人（抜粋）

町村名	氏　名	地租納額（円）
久下戸	奥貫五平次	565.980
柏原	増田忠順	526.204
霞ヶ関	發智庄平	343.849
水富	下村登代作	146.099
鶴ヶ島	内野重右衛門	135.908
名細	戸田岩松	130.447
飯能町	小能俊三	115.176
高萩	長岡喜代次郎	85.844
元加治	西久保還三	81.333
高麗川	水村栄輔	53.372
高麗	岡村市五郎	41.766
精明	小久保藤四郎	40.135
東吾野	小林拾三	37.121
南高麗	小島啓次郎	22.602
飯能町	小山八郎平	20.102
原市場	武田章次郎	14.675

※中村家№409より

表５　加治村（岩沢村連合）における学校問題の経緯

年月日	記　　事	出　典
明治 6. 9.	岩沢・阿須・笠縫共同で岩沢学校（代用校舎明王寺）、矢颪・前ヶ貫で矢颪学校（代用校舎浄心寺）設立。	市史教育編
〃　10.	川寺に川寺学校（代用校舎大光寺）設立	市史教育編
明治 7. 1.	川寺・落合共同で落合学校（代用校舎西光寺）設立。	市史教育編
明治17. 5.	第九学区（岩沢連合内）に岩沢、仏子、落合、矢颪の４校が存在	中村家No.10066
明治19. 3.	本校の外、教室３ヶ所を設置	中村家No.1760
〃　. .	矢颪、岩沢、落合、仏子の４校を合同し、岩沢村連合格知学校が設置され、岩沢を本校とする。	市史教育編
〃　. 4. 8	４月10日に格知学校「開校ノ典」挙行の通知出る。	岩沢自治会No.294
〃　. 10.	第二・第三分教室を合併し格知学校第二分教室を前ヶ貫村字砂の宮に新築したい旨の願が矢颪、前ヶ貫、落合村３ヶ村各惣代連署で出される。	中村家No.1760
明治20. 4. 17	第二分教場の開校式を挙行。落合の生徒すべてがここに通うことになる。	中村家No.309イ-２
明治21. 12. 24	格知学校（本校）の閉校式が行われる。	中村家No.408Ｂ
明治22. 4.	加治村が設置される（仏子は離脱）	
〃　. 9. 21	元岩沢連合戸長役場財産及び元格知学校財産処分評価委員について審議	
〃　. 11. 2	加治学校天長節祝賀式挙行の通知が中村村長より村会議員に出される。	加治村役場No.182
明治23. 1. 8	生徒父兄惣代大久保定吉ら落合、前ヶ貫、矢颪、川寺の父兄が４年生を西部学校に出席させることを届け出。	加治村役場No.183
〃　. 1. 23	加治学校新築についての審議を予定	
〃　. 1. 27	岩沢、阿須、笠縫の人民惣代が元岩沢村連合戸長役場跡へ加治学校移設を加治村長に請願。	加治村役場No.183
〃　. 2. 17	川寺の町田勘五郎他14名が、飯能町の小能、小山による、岩沢教室を笠縫の正願寺に移転し１校とする調停案が未執行なので村会の開会を請求する。	加治村役場No.183
〃　. 2. 20	村会で加治学校本・分２校を廃し１校を新築することを決めるも、移転は３年後とし当面は岩沢連合戸長役場と前ヶ貫旧分教場を借りる案を審議する予定も散会（翌日も出席者少数のため散会）。	加治村役場No.183
明治25. .	学校令発布に際し加治村に３つの学校を置くことが村会で採決される。	中村家No.309イ-２
〃　. .	川寺に中川学校が設置され第二分教場へ通っていた生徒の９割が通学するようになる。	中村家No.309イ-２
〃　. 10. 15	加治小学校を廃し、中川（落合・川寺で熊坂に新築）、武宮（矢颪・前ヶ貫）、厳（岩沢・阿須・笠縫で明王寺を代用）３校となる。	市史教育編
明治38. 5. 5	中川尋常小学校校舎焼失、阿須長沢寺を代用→阿須・落合の児童が長沢寺へ、上川寺は武宮、下川寺は厳へ	市史教育編
明治41. 3. 31	厳、武宮、中川が合併、加治尋常小学校となる。	市史教育編

表６　岩沢村連合戸長一覧

戸長名	就任年月日	退任年月日	期　間	根　　拠	備　　考
岩沢国太郎	明治17. 7. 16	明治17. 7. 21	５日		
中村忠三九	明治17. 7. 22	明治18. 5. 2	９ヶ月余	辞令（中村家No.302）	辞令（中村家No.302）
金子忠五郎	明治18. 5. 2	明治18. 5. 20	19日	埼玉県行政文書明952-1	飯能町在住
小山八郎平	明治18. 5. 21	明治18. 7. 27	２ヶ月余	埼玉県行政文書明952-1	飯能町連合戸長兼任
滝　忠景	明治18. 7. 27	明治20. 5. 28	１年10ヶ月		県職員？
岩沢国太郎	明治20. 5. 28	明治22. 4.	１年10ヶ月		

※特に注記のないものは『飯能市史　行政Ｉ』より作成

しておく（表５）。もともとのちの加治村域には、明治六年（一八七三）九月に岩沢村・阿須村・笠縫村が共同で設立した岩沢学校（代用校舎：明王寺）、矢颪村・前ヶ貫村共同設立による矢颪学校（同上浄心寺）、翌七年一月設置の川寺村・落合村による落合学校（同上西光寺）の三つがあった。これは岩沢村連合体制下でも同様であったが[10]、明治一九年（一八八六）にこの三つに仏子学校を加えた四校が合同して格知学校となり、本校は岩沢学校に、他は分教室とされた。つまり、この明治二三年の地域間対立は、本校に通う地域と分教室に通う地域との間に起こったものだったのである。

２　尾を引く加治村合併時の対立

もともと加治村を構成する村の間では、岩沢村連合の枠組みを決める段階から問題を抱えていた。岩沢村連合には、岩沢、阿須、笠縫、川寺、落合、矢颪、前ヶ貫の七か村と仏子村が加わっていた。しかし、仏子村からすれば連合戸長役場が置かれることになる岩沢村に行くためには、根岸村連合に属する野田村を通らなければならず、不便であるとしてそこからの分離を請願していた。しかし聞き入れられず、やむなく岩沢村連合に属した経緯があった[11]。また忠三九の居村である矢颪村は、飯能町連合への組み入れを求めていた[12]。

こうした状況もあってか、誕生したばかりの岩沢村連合では明治一七年七月から一年間の間に連合戸長が三回替わっている（表6）。特に初代の岩沢国太郎は就任わずか五日で辞任、そして次の中村忠三九を経て第三代、四代目に連合戸長に就任したのは、隣の飯能町在住で筆生であった金子忠五郎や当時現職の飯能町連合戸長であった小山八郎平であった。その理由は「当連合内ヨリ戸長ニ撰挙スヘキ人物之レ無クニ依テ[13]」であった。村どうしの対立の中で連合戸長の人選に同意を得ることができない異常な事態であったといえよう。

このことは、市制町村制公布に伴う合併の組み合わせにも影響を与えていく。そもそも「市制町村制」公布後に出された内務大臣訓令第三五二号で、合併の基準として念頭におかれていたのは、連合戸長役場管轄区域をそのまま合併町村とすることであった。そして埼玉県においては、新町村の編制にあたっては、郡長が提示した案に対し、戸長・議員・総代人に諮問しその答申を提出させる慎重な手続きを取っていた[14]。

矢颪村は飯能町への組み入れを実現するため、明治二一年八月一八日に、忠三九ら矢颪村の重立たちが飯能町連合戸長坂口幸民などにこの件で面会し、二一日には、飯能町連合の坂口戸長、岩沢村連合岩沢戸長とともに川越の郡役所を訪ね、郡長及び編制委員にこの件を説明をしている（ただしこのときは採用されず）。さらに、二五日には岩沢村連合部内でも惣代人・議員及び重立が集まり協議の場がもたれた[15]ものの、結局、八月二八日付で矢颪村は、飯能町への組み入れ請願を飯能町長宛に提出している[16]。

また、仏子村でも、同日付で同村総代人及村会議員が野田村と合併し一村としたい旨の意見書を岩沢村連合戸長宛に提出している[17]。

こうした動きを受けて九月二日に高麗郡書記の松原茂久が岩沢村連合戸長役場に出向き、総代人、村会議員、重立を召喚し諮問を行った。このときに笠縫、岩沢、川寺、前ヶ貫、阿須の五か村は、矢颪村と仏子村が組み合わせから外れてしまうと、戸数は三〇〇戸以上あるものの、細民が多いため村としても資力が乏しく、独立自治の目的が達成できないとして、このままの組み合わせにしてもらいたいとの意見書を提出している(18)。結局のところ、この日、岩沢村連合に属する村のうち、仏子村を除く七か村で町村制に基づく村を組織することが決められた(19)。

ただし、その役場位置については新村での合意を得られなかったようである。九月二日付けの「答書」では、役場位置は「川寺村」となっていた。しかし、翌一〇月に出された郡長よりの内訓に対する上申では、仏子村を除く七か村で加治村とすることに異論はないものの、川寺村・落合村・前ヶ貫村・矢颪村及び笠縫村の一部が役場の位置を川寺村に変更したい旨を、一方の岩沢村・阿須村及び笠縫村の過半が諮問の通り岩沢村に役場を置くこととした両論併記で埼玉県知事吉田清英に提出されている(20)。しかし、結局のところ役場の位置は岩沢村と決定される(21)。

つまり、明治二三年一月の学校をめぐる問題は、実は役場位置に関わる村を二分する地域間対立が再燃したものと考えられ、役場を失った旧岩沢村がその跡地に、三つある学校を統合して加治学校を置くことを企図したものであろう。

この混乱の時期に村長の重責を担っていたのが中村忠三九である。明治二三年から二四年にかけて、加治村会は出席議員少数のため流会の事態に至ることが多かった（表7）。初期の加治村政は地域間対立が顕在化し、混乱を極めていた状況にあったのである。こうしたさなかの明治二四年八月に忠三九は病気を理由に辞職表を提出し、村長退職の件が村会で認定される。最終的に加治村の学校がひとつに統合されるのは、明治四一年三月のことであった。

表7　明治22～24年度の加治村会

年月日	記　　事
明治22. 5.	忠三九、加治村長就任
〃 . 9. 12	昨夜の暴風雨で役場の建物に被害が出たので、助役（岩沢国太郎）が始末方を村会議員４名に相談
〃 . 9. 21	元岩沢村連合戸長役場財産及び元格知学校財産処分評価委員について審議
〃 . 10. 17	臨時村会（議案は村役場及学校移転）するも未決
〃 . 12. 27	役場移転について協議し、川寺村願成寺へ移転することを決定（29日に郡へ届け出）
明治23. 1. 8	生徒父兄惣代大久保定吉ら落合、前ヶ貫、矢颪、川寺の父兄が４年生を西部学校に出席させることを届け出
〃 . 1. 23	加治学校新築についての審議を予定
〃 . 1. 24	村会議員10名中半数（岩沢、阿須、笠縫）が欠席
〃 . 1. 27	岩沢、阿須、笠縫の人民惣代が元岩沢村連合戸長役場跡へ加治学校移設を加治村長に請願
〃 . 2. 17	川寺の町田勘五郎らが、飯能町小能、小山両氏が笠縫正願寺へ加治学校を移転することを説諭したことを受けて直ちに村会を開会するよう要求
〃 . 2. 20	村会で加治学校本・分２校を廃し１校を新築することを決めるも、移転は３年後とし当面は岩沢村連合戸長役場と前ヶ貫旧分教場を借りる案を審議する予定も散会（翌日も出席者少数のため散会）
〃 . 3. 27	出席議員少数のため散会
〃 . 3. 29	助役岩沢国五郎が辞職表を村長に提出（慢性疾病のため）するが、中村村長は慰留
〃 . 4. 16	明治23年度の教育費以下予算決議などについて16日村会開会するも出席議員が定数に満たず閉会
〃 . 4. 19	助役及常設委員退職者補欠選挙のため開会するも流会
〃 . 4. 23	（16日の流会を受けて）中村村長が、監督官庁より予算報告書の提出を催促されており、また学校も休校していて不都合なので、代議者としての責任を重んじ翌17日の出席を強く村会議員に求める
〃 . 7. 18	元岩沢連合村費残金処分及元格知学校経費処分につき、委員会を開会するも出席者なし
明治24. 3. 19	細民救助方法及道路修繕費臨時支出議決
〃 . 3. 28	明治24年度歳入出予算の審議、流会（29～31日も開会）
〃 . 4. 19	臨時村会（明治24年度教育費予算再議、道路改修新道開鑿）
〃 . 6. 30	明治23年度歳入出決算報告審議を予定するも流会
〃 . 8. 8	村長退職の件、村会で認定される（理由は疾病）→事務上の都合で取り消し
〃 . 9. 17	中村村長、再度辞職表提出
〃 . 10. 12	村長後任選挙会実施

※加治村役場文書№182・183・186より作成

三　中村忠三九による補助道編入請願運動

1　忠三九のみた加治村の地域課題

加治村長を辞職して二年ほど経った明治二六年（一八九三）、忠三九は公益道路を加治村に開くための寄附を募る主意書を認めている。そこには、加治村長時代の体験を基にした彼の地域観が表されているので、少し長くなるがその一部を以下に記す。

〔史料1〕(22)

土木費寄附金募集之主意書

当加治村ハ七ヶ村戸数四百八拾弐戸、人口三千有余人ニシテ、地形風土人情相均キ村落ナリ、依テ曩ニ明治廿二年四月町村制実施之際懇議ヲ遂ケ、独立ノ新村ヲ設立シ調和シタルコト既ニ四ヶ年ニ至レリ、然ル処今ヤ自治体ノ本分タル組織等更ニ視ルコト不能、不肖忠三九之ヲ遺憾ニタイズ、独リ心痛致居ルト雖モ時季至ラザル処ヨリ空敷歳月ヲ送リタリ、思フニ本村之如キ全村ノ中央ニ入間川・成木川ノ二川アリ、随テ土木ノ事業多ク且水害ノ村落ニシテ元地形上不便ニヨリテ生スルモノナレバ、是ヲ全村ヨリ推考シテ村内安寧幸福ヲ計ラントスレハ、第一着ニ道路橋梁之改築工事ヲ施し、第二ニ治水堤防樋管用悪水路之改良ヲ計リ、第三ニ勧業上養蚕・製糸・茶製造法・織物業及農業等ノ改良計リ、第四ニ教育上ノ進歩ヲ計リ、第五ニ衛生上規則之実行ヲ奏スルニ他ナシト深察スル処、如何セン土功費額ノ全村民力ノ及バザル処、又人智ノ発達セザル処、又時季ノ至ラザル処ナリ、且小生ノ見込ム処ハ、村中■テ共同一致団結ヲナシテ第一着ニ道路橋梁改修工事ニ着眼スルノ主意ハ、本村内ヲ通スル公益道ノ三道路ナリ、此三道ノ坂路ヲ開鑿及橋梁ヲ架設スルハ、最勧業上有益ト云ヘ運輸之便否ト云へ、又支線ノ道路ヲ改修スルトキハ是亦全村中平均ヲ得ルニ至ル、又教育ヨリ論ズルトキハ、本村纔ニ五百戸以内人口三千有余、地形ハ人家ヨリ人家迄距離東西壱里以内南北拾五丁以内ノ村落ニテ、学校ハ新村組織ヲ以テ東・西ニ本分ノ二校アリ、然ルヲ今回小学校令之実施ニ至リテ、生徒ノ通学之便否ト本村情況ト自治体ノ事由ノ権利ヲ主張スル場合ヨリ只々、村会ハ情実ト円滑トヲ推察し三校ヲ村会カ決議ス、又監督官庁是ヲ認可セリ、是何ゾヤ、完全ノ橋梁ナキカ為メニ如此有様ナリ、此野バンノ村落ヲ開発スルニハ公益道路ヲ開キ本村ノ安寧ヲ計ル企本ナリ、是ヲ開ク方法ハ他ナシ、町村制第二条ニ曰、町村ハ法律上一個人ト均ク権利ヲ有し、義務ヲ負担シ、凡町村公共ノ事務ハ官ノ監督ヲ受ケテ自ラ之ヲ処理スルモノトストアリ、本制ニ依リテモ尤モ然リ、況ヤ全村一致団結ヲナシ相倶ニ相助ケ自治体ナスコト緊要ノ一問題ナリ、(中略)然ルニ沿道之村落ハ、不便ノ為メニ只々旧習ニ打流れ《(ママ)》人智発達セズ、一ツトシテ感覚ヲ起スコト無之、且又勧業上ニ至テハ維新後ノ進歩ハ、養蚕業ハ何分哉改良ニ基キ、製茶業ハ価格之低落之為メニ十ヶ年以前ニ比較スレバ、茶園ノ培養等不注意ノ為メ品位ヲ落シ茶樹ヲ抜取、産額ニ至リテハ十分ノ五六分ニ至ル、織物業ハ従前ノ二子嶋ヲ七子織物ニ改良シ、何分ノ進歩ヲ見ル、農事ハ維新前与現今ト比較スルトキハ、田畑トモ改良之有益ト云フコトハ更ニ無之、自然農民等閑ニ打過キ、一ツ之改良進歩ヲ視ス、実ニ惰農ト云フ歟或ハ無心経トモ表サレル地方ノ人情ナリ、(中略)冀クハ有力者諸君之御賛ヲ得テ、小ハ一地方之為メ、大ハ広ク国家ノ為メニ応分之御寄附アランコトヲ希望致ス所ナリ。

ここで忠三九は、明治二二年四月に旧村が「懇議」を経て加治村となったものの、町村制に定められたような「公共ノ事務」を処理することができていない、今こそ一致団結をして自治体としての本分を果たすことこそが加治村にとっての「緊要ノ一問題」である、と主張する。では、なぜそうなっていないかというと、それは、村の中央に入間川、成木川の二つの川があって「完全ナル橋梁」がないためであり、これを解決するためには、まず第一に村内を通る三つの道の改修が必要であるとする。坂路の開鑿と橋梁の架設によって「勧業上有益」がもたらされ、「全村中平均ヲ得ル」のみならず、一つの村に小学校が三校並立することを認めるような「野バンノ村落」が「開発」され、本村の安寧を計ることにつながる、というのである。

では、なぜ忠三九はこの時期にこのような考えをまとめ、地域の重立たちへの寄付を呼びかけたのか。ここに至る経緯を整理してみよう。

明治一七年（一八八四）七月、忠三九は岩沢村連合戸長に就任する。後掲した明治二九年（一八九六）一一月に作成された「飯能青梅間道路地方税補助道変更願之義ニ付請願書」〔史料2〕の中で、この岩沢村連合戸長在職中に「殖産工業」を開くことに着眼し、そのためには有益道路を調査して道路を改修する工事（具体的には坂路を切り下げ、橋梁を架設する）の必要性を感じていたとする。[23]この時期既に岩沢村連合地内には、岩沢・矢颪・落合の三つの学校が設立されていたが、ここでは学校が問題との認識は示されていない。ただ、明治二〇年（一八八七）四月には、落合学校と矢颪学校が合併し、その中間にあたる前ヶ貫に新たな分教室が完成している。忠三九は既に連合戸長を辞職していたが、学校を統合していくことは岩沢村連合の方針となっていた可能性がある。そして本校である格知学校は町村制施行直前の明治二一年一二月に閉校し、[24]加治村発足とともに「加治学校」が設置されていたようである。[25]

そして明治二二年（一八八九）四月、加治村が誕生し、忠三九はその初代村長に就任する。ところが、先述のとおり明治二三年一月八日、生徒父兄惣代大久保定吉ら落合、前ヶ貫、矢颪、川寺の保護者が四年生を西部学校（前ヶ貫分教室か）に出席させることを届け出、同月二七日には、今度は岩沢、阿須、笠縫の人民惣代が元岩沢村連合戸長役場跡（岩沢・見光寺）へ加治学校を移設して一校で事足りるとする請願を加治村長に提出した。この状況を打開するためか、翌月一七日には、川寺村の町田勘五郎ほか一四名が、飯能町小能・小山による調停案である岩沢教室を笠縫の正願寺に移転し一校とする案を加治村会で審議するよう請求している。

ここまでの流れを見る限り、村長に就任した中村忠三九は学校を統合すべく村会、あるいは地域に諮っていた節が認められる。これは川寺が加治学校を一校にすることを求めていること、岩沢・阿須・笠縫は、それを大字岩沢に設置することが認められれば統合に賛成という立場を表明していることからうかがえるが、それでもこの岩沢など三大字の議員達は加治学校の校地選定をめぐる加治村会の招集を実質的にボイコットする行動に出ている。一方、忠三九の居村である矢颪を含む落合・前ヶ貫・川寺の加治村西部の地域では、第二分教室への通学を求めるなど、統合に真っ向から反対の立場を取ったのである。まさに学校問題をめぐって、加治村は分裂している状態であった。

この事態に対し忠三九は巻き返しに出る。二月二〇日、事態を打開するため、本・分二校を廃し、新たに一校を新築することとした上で、移転は三年後とし当面は岩沢村連合戸長役場跡と前ヶ貫旧分教場を借りる、という案を用意した。これが実際に村会に議案として提出されたかは定かではないが、大字岩沢ほか二大字と大字前ヶ貫ほか三大字の主張を取り込んだ上で統合の猶予期間を設ける、というまさに妥協の産物であった。

しかし、この翌年忠三九は加治村長を辞職してしまう。ところが翌明治二五年（一八九二）、加治村会は忠三九の思惑とは反対の方向に動き出す。すなわち、小学校令の実施に伴い三校の設置を決議したのである〔史料1〕。ここに忠三九の村長時代の方針は撤回されたも同然であった。

ことここに至り、忠三九は村内が一致団結していないこの状況こそ、加治村が取り組んでいくべき課題として強く認識するに至った。しかし、村長に在職していた時期でさえ協力を得られなかった居村を含む村の西部の地域を説得していくには、統合の賛否をのりこえられる別の目標が必要であった。それこそが橋梁問題を具体的施策として押し出した、「勧業上有益」で「公益ナル」事業、すなわち、地域に利益をもたらすための補助道編入請願運動であったのである。

では、村内を通る「公益道ノ三道路」とは何を指すのか、またその改修がなぜ「全村中平均ヲ得」ることになるのか、さらに橋梁架設が学校の位置をめぐる問題の解決につながるのかがわかりにくい。さらに別の史料をみてみよう。

〔史料2〕(26)

飯能青梅間道路地方税補助道変更願之義ニ付請願書

本県下入間郡飯能町ヨリ府下西多摩郡青梅町へ達スル道路ハ、右両町ハ勿論、本県内各郡ヨリ商業上貨物運搬ニ大関係ヲ有シ、且群馬県・栃木県ヨリ児玉・大里・比企三郡及入間郡飯能町ヲ経テ、東京府下西多摩郡青梅町ニ至リ、同町ヨリ氷川村・小河内村ヲ経テ山梨県北都留郡田波村ヲ通過シ、甲府ニ達スル近捷唯一ノ□道ナリ、又商業ノ為ニハ群馬・長野・栃木三県下ヨリ中武蔵地方飯能町ヲ経テ、青梅町五日市町附近等へ糸・繭・織物・茶・蚕種・雑貨類及薪・炭・木材・石灰其他百貨ノ輸出入物ヲ運搬ス、又東北・武蔵・両毛地方ヨリ御嶽神社及小河内村温泉等ニ至ルノ最近路線ナリ、此道路ヲ開クハ最国家有益ノ事業ト視留メ、当十二三年前旧高麗郡岩沢連合戸長奉職中ヨリ販路ヲ開キ、殖産工業ヲ開クコトニ着眼シ、第一有益道路ヲ調査シ沿道町村へ照會、組合連合会ヲ開キ、道路改修工事ニ着手スへキ準備ヲ為シタルモ、坂路切下ヶ、橋梁架設等多額ノ費用ニシテ民費堪エ難ク、其儘打過時期至ラズ、其後明治廿二年町村制発布実施ノ際、不肖加治村長ノ責任ヲ帯ビ、村内ノ安寧幸福ヲ計ラントスルニ、第一着ニ道路改修工事ヲ施シ、第二ニ治水ヲ完全ナラシメ、第三ニ勧業上有益事案ヲ起シ、第四教育ノ進歩ヲ計ラント、第五衛生上緩急ニヨリ整理ヲナスコト等各事業ヲ順次改良ニ着手スルコト之方針ヲ定メ、第一飯能青梅道・飯能八王子道・上相往還ニ対シ沿道町村へ照会シ、此三線ヲ公益道御編入ノ出願スルコトヲ各町村長諸氏ニ計リ、何レモ公益ナル事業ト視留メ、同意ヲ表サレ、町村会ニ諮詔ヲ経テ、明治廿六年一月八日付ヲ以テ飯能八王子及上相往還ヲ公益道ニ御編入願上申致置候処、去廿八年十一月通常県会開会ノ際、調査ノ結果飯能金子道名称ヲ以テ飯能町大字飯能ヨリ金子村南峯マテ補助道ニ組入ニ相成

ここでは飯能青梅間道路は、群馬・栃木両県から埼玉県内を通って甲府に達する近道であり、物資の流通に加え、東北・両毛地方から御嶽神社、小河内村への人の移動に便宜をもたらす、国家にとって有益な事業であることが主張される。そもそも、加治村周辺では、明治二七年（一八九四）に青梅鉄道（現在のJR青梅線）が、そして翌二八年三月には川越鉄道（現在の西武新宿線・国分寺線）が川越・国分寺間で開業し、これらの鉄道の駅に通じる道路を整備しようとする気運が高まっていた。また日清・日露戦間期にあたるこの時期は、埼玉県の財政も土木費を中心に財政支出が増大し、県会においても県費支弁または補助道編入建議が多く可決される時期であった(27)。

ところで、この史料の記述から、〔史料1〕で述べていた「公益ノ三道路」とは、飯能青梅道、飯能八王子道、上相往還の三つであることがわかる。この三道について、忠三九が公益道編入請願のためにまとめた要領が表8である。これによると、上相往還は、群馬県から神奈川・山梨両県に至る道で、糸・繭・茶・織物などの運輸のほか、伊勢・大山・御嶽などへの参詣に使われ、精明村大字中居で飯能越生道を分岐して南に向かい、双柳を経て、加治村内の岩沢を通って現在の阿岩橋付近で入間川を渡って阿須に抜け、そこから箱根ヶ崎へと続いている。地域では

表８　中村忠三九作成の上相往還・飯能青梅道・要領

道路名称	要　領	町村名	大字名
上相往還	群馬縣ヨリ神奈川山梨両縣ニ達スル一大近街ナリ、又商業ノ為ニハ、上野国高崎桐生、下野国足利地方ヨリ神奈川縣下八王子・青梅町・五日市等ヘ糸・繭・茶・織物楮其他百貨ノ輸出入物ヲ運輸ス又上下野州・北武蔵等ノ数郡ヨリ伊勢両宮及鎌倉・大山・御嶽及東海道ニ至ルノ最近道ナリ	精明村	中居・下加治・青木・双柳
		加治村	岩沢・阿須
		金子村	南峯・寺竹
		元狭山村	二本木・駒木原新田・高根
飯能青梅道	本道ハ群馬縣地方ヨリ児玉・比企・北入間郡中ヲ経過シ、高麗郡飯能町及東京府下西多摩郡青梅町・氷川村・小河内村ヲ経テ山梨縣甲府ヘ達スル一大近街ナリ、又商業ノ為メニハ、群馬・長野両縣下ヨリ、中武蔵地方并秩父郡ヨリ飯能町ヲ経テ、青梅町・五日市町等糸・繭・織物・茶・蠶種・薪・炭・木材・石灰其他百貨ノ輸出入物ヲ運搬ス又東北武蔵上下両毛ヨリ西多摩郡御嶽神社及河内村温泉等ニ至ルノ最近路線ナリ	飯能町	飯能
		加治村	矢颪・前ヶ貫・落合
		南高麗村	岩渕・下畑

＊中村家文書№1403「公益道編入請願書類」より

大山阿夫利神社へ向かう、いわゆる「大山街道」と称される道である。また、飯能八王子道は、飯能の「町」から加治村内の川寺を通って入間川を渡り、落合を経て大字阿須地内で上相往還につながる道である。

そして、飯能青梅道は、群馬県から旧武蔵国秩父郡・高麗郡を通って、青梅町・五日市町から山梨・長野へ至る道で、糸・繭・織物のほか、蚕種・木材・石灰などの運搬に使われ、飯能の「町」を起点に久下分村を経て、加治村内の矢颪・前ヶ貫・落合を通って富岡、南小曽木村に至る。

このそれぞれのルートを地図に落としたのが図1である。(28) Aが飯能青梅道、Bが飯能八王子道、Cが上相往還であるが、この図からもわかるとおり、加治村域には、入間川、成木川が貫流しており、これらの川によって、成木川、入間川の南にある阿須・落合、入間川の南にあっ

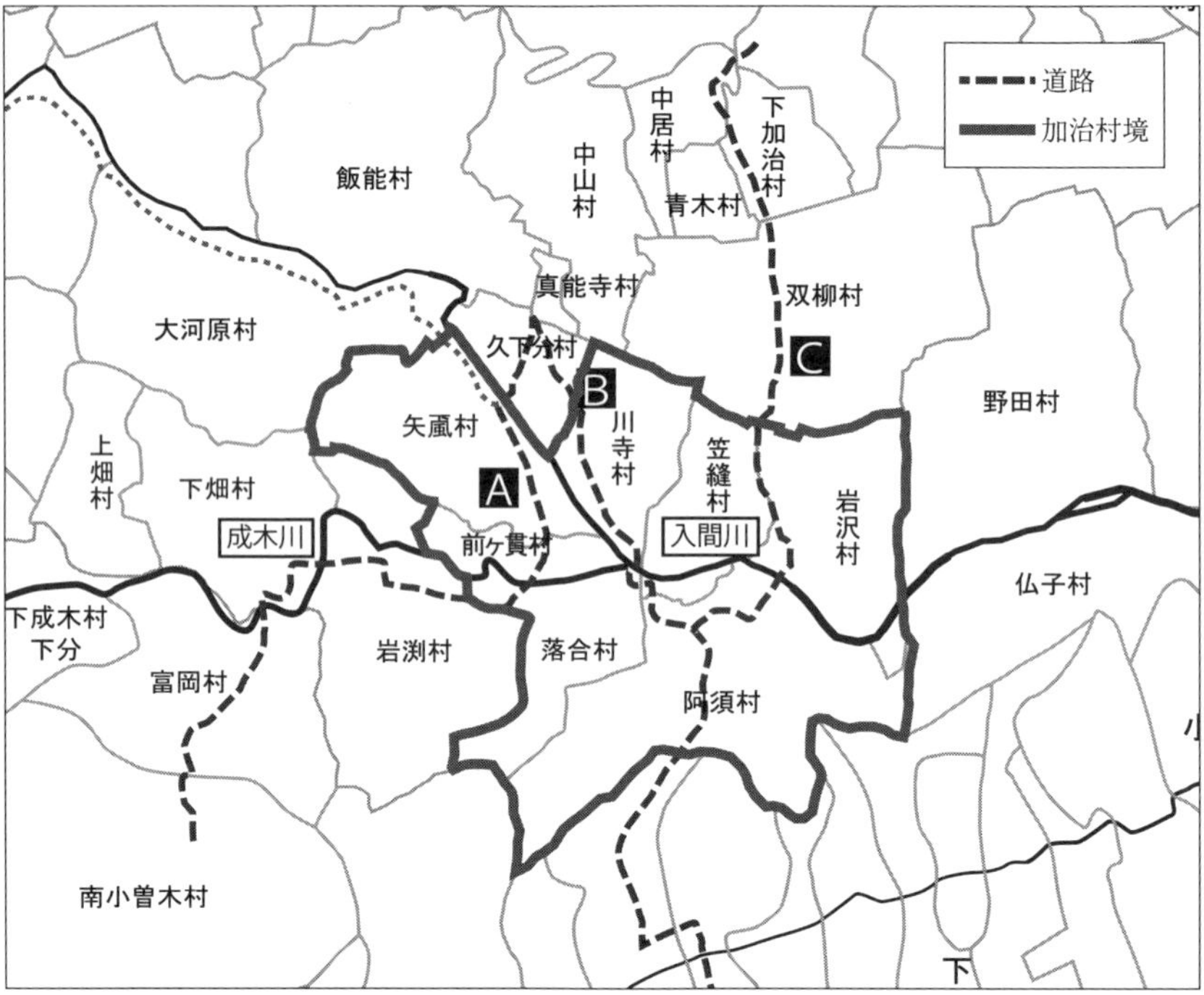

図１　近世近代移行期加治村図

て成木川との間にはさまれている矢颪・前ヶ貫、そして入間川の北側にある川寺・笠縫・岩沢の三つに分断されている。すなわち、この三道は、この二つの川を越え、加治村を構成する七つの旧村をつなぐ働きをしていることになる。

つまり、加治村が一体化するためには、この三道がセットで整備されることが肝要で、これを以て初めて加治村は「平均ヲ得」ることになるのである。忠三九がこの三道の補助道編入にこだわったのは、このためである。

2　高架橋の架設

埼玉県では、三新法施行当初の地方税による道路修繕は、国道は地方税支弁、県道は地方税補助という区分によって行われていた(29)。その後明治一六年一一月二一日布達甲第九十九号によって、土木費規則が改正され、国道や県道に限らずすべての道路について、「公益」を基準として地方税支弁もしくは地方税補助となる可能性が開かれた(30)。とはいうものの、より継続的に道路を整備していくためには、里道のままでは地元の負担も大きく、地方税補助道となる必要があった。

さて、〔史料1〕で忠三九は、完全なる橋梁架設が本校と分校の併置を認め旧村間対立を引き起こしている学校問題の解決を促すと述べる。それはどのようなことなのか。

〔史料3〕(31)

廿壱号　廿六年十二月十七日村役場へ再願書提出ス　扣

飯能青梅道成木川ニ架設清川橋変更新設再願

（前略）対接前ヶ貫地内土功ハ、字坂ノ上大沢国太郎宅地ノ先　延長四十間ノ処平均高壱尺通切下ケ、該土ヲ以テ坂ノ中央ヨリ字堰口橋梁際ハマデ延長二十間ノ処平均高サ五尺通築立、橋土台ハ岩石ヲ以テ堅箇ニ建築シ、而シテ清川橋々梁ヲ四十間余川下モノ方へ変更シ、高架橋梁ヲ架設シ以テ車馬通路ノ便ヲ得セシメ、随テ貨物運搬旅人通行等便利ヲ与ヘ嶋益不尠、殊更ニ本村教育ノ進歩ニ大関係ヲ有シ、既ニ近ク落合ノ如キ去ル明治十九年中旧岩沢村連合格知学校設置ノ際、落合校矢凪校ノ二校ヲ廃シ、中央前ヶ貫へ第二ノ分教室ヲ設置シ、廿年四月ニ至リ漸ヤク校舎ヲ落成シ、同月十七日開校式ヲ挙行シ、全落合村一般ニ生徒入校セルト雖モ、出水ノ都度ニ生徒欠席不尠、随テ入学生追々減生シ、然ル処昨廿五年（ママ）月教育令御発布ニ際シ、加治村へ三校ヲ置クコトニ村会之評決ヲ以、大字川寺ニ中川学校ヲ設置シ、同校江通学スル生徒十中八九ニ至タリ、是前年分教室へ多額ノ建築費ヲ寄附、及人夫等多少ノ寄附ナシ置ケルガ、空敷理用ナセズ、是以時勢ノ然ラシムル処ナリ、依テハ前陳ノ理由ニ因リ関係ノ大字挙而熱心ニ起工スルコトニ決定仕リ候義ニ御座候、殊ニ開明ノ今日、

人智之発達ト勧業教育ノ進歩等ニ関シテ目下急務ニシテ、一日モ怠タル所ニアラズト愚考仕候

これは、加治村大字落合五四名惣代、同村前ヶ貫一九名惣代及び大字矢颪の賛成者六名から出された再願書であるが、ここでは成木川に清川橋を架設するにあたり、右岸の落合よりも左岸の前ヶ貫側の橋梁際を五尺（一・五ｍ）高く築いてその高低差を少なくし、しかも橋の位置を下流側に変更して高架橋梁を架設すべきとする。つまり橋に至るまでの坂路の傾斜を緩くすることが、いかに貨物を運搬するための車馬や旅行者にとって利益になるかを指摘しているのである。

また、明治二〇年四月に開校した岩沢村連合の第二分教場へ落合村の生徒が通うためには、この清川橋を渡ることになるが、高架橋でないために出水の度に流されるか、渡るのに危険な状態となって、欠席がちであった。ところが明治二五年になり、加治村会の決定で川寺に三校目となる中川学校が設置されると、落合から同校へ通う児童が八、九割にも及び多額の建築費と寄附人夫を費やしたことが無駄になったとする。おそらく、落合から成木川を渡って前ヶ貫に向かうより、現在の加治橋よりの一五〇ｍほど上流に架けられていた橋（飯能八王子道）を渡って川寺へ向かう方が坂路が緩やかであり、しかもこの橋は水量が増える夏になると取り外されて渡船が設けられるため[32]、成木川を渡るよりは川の水量に左右されず利用できたからであろう。

ただそうはいっても、大水になると渡船もでなかったであろうから、その点ではいつでも川を渡ることのできる高（架）橋が架かれば、学校がどこに建設されても児童は橋を渡って常に学校に通うことができる。川によって分断されている加治村のうち、明治二三年八月に四年生を分教室に通わせることにした矢颪、前ヶ貫、落合は入間川、成木川の水面と集落のある段丘との落差が大きく、水面近くに設置される当時の橋では、川を越えるための坂の登り降りが急になり、この三大字は他の地区に比べると、高橋の建設は悲願ともいえるものであった。つまり、この

加治村成立時の地域間対立は、高架橋の建設によって解決しうる問題であったわけである。しかし坂路の切り下げや高架橋の建設には膨大な費用がかかるため、地元民の寄附や協議費（村費）だけでは施工するのは難しい。補助の割合が高い県費補助道に編入されることは、そのための絶対条件であった。

ここで、補助道編入請願の手順についてまとめておこう。忠三九が手がけた狭山名栗道の補助道編入請願運動の場合[33]、まず道路整備を望む地域では、編入を目指す路線について、道路図の調整やその橋梁、延長、幅員、運輸交通の内訳、道路状況といった基礎データを収集する。そのためには道路沿線の住民や町村長との調整、史料の調査などが必要で、これを基にその道に「公益」がある根拠を揃え、補助道編入請願について沿道町村会の議決を得る。それを経て沿道町村名で請願書を郡衙に提出すると、郡や県の担当者が現地調査を行うなどしてその妥当性を判断する。そして知事によって土木費支弁に関わる規定中にある支弁道もしくは補助道にその道路名が追加された諮問案が県会へ議案として提出され、議決されて確定される。また、それに至るには、県会で編入の必要性が建議されることも重要であった。

3　三路線補助道編入運動の展開

忠三九による加治村を通過する飯能青梅道、上相往還、飯能八王子道（飯能金子道）[34]の補助道編入運動は、村長辞任後間もなくの明治二五年三月頃、周辺の公益道調査から開始される。そして翌明治二六年一月には、まず地元の加治村会でこの三路線の公益道編入を請願することが議決される[35]。続いてこの三路線の沿道町村へ働きかけを行い、上相往還及び飯能八王子道については、飯能町、精明村、金子村、元狭山村の各村長連名の請願が郡長に提出された[36]。

ところが、順調に進んでいるように見えた三路線の補助道編入への運動は、明治二六年一二月、上相往還の入間川渡河点である加治村内大字岩沢と対岸の阿須との間で、岩沢地内における堤外築立工事をめぐり、訴訟が提起され（渡船場事件）、村内は四分五裂の状況となりこの事業は中断を余儀なくされる[37]。この争いは忠三九が病を冒して両字の仲裁に動き、三年後の明治二九年一〇月にようやく和解が成立するが、それまでの間、上相往還はもちろん、他の二路線についても忠三九は活動を進展させられなかった。そうした状況にもかかわらず、飯能金子道については、明治二八年の臨時県会で「土木費及び町村土木費補助支弁規定諮問案」が可決され、この路線の補助道編入が実現している[38]。

忠三九の居村である矢颪村を通過する飯能青梅道については、渡船場事件和解後、西多摩郡青梅町、霞村、小曽木村などの賛成を取り付け、明治二九年九月には接続する東京府下西多摩郡小曽木村富岡の有志によって岩井堂を通る道路が開鑿される（ただし、この段階では南高麗村岩淵側が開鑿されていなかったので全通せず[39]）。こうした気運を受けて一〇月一五日には、地方税補助道編入請願書が入間郡長へ提出され、同年一二月の通常県会で、同道の里道から補助道編入の建議が県会で議決されている[40]。それ以後も、地元の矢颪村を中心に民費や寄付による里道飯能青梅線の整備が進められていた[41]。こうした地元でのアピールが功を奏したためか、明治三二年一〇月の臨時県会において、「土木費及び町村土木補助費支弁規定」改正の議案が可決され、飯能青梅道も県税（地方税）補助道への編入が決定された。以後県税補助を得て矢颪地内の飯田橋架設工事、矢颪地内前原分用水路伏込木造暗渠修復などの道路整備が行われていった[42]。

このように、明治二六年の加治村長辞任後に、加治村を一つにまとめるべく、村内を貫流する入間・成木両川を川の水量に関係なく渡ることができる高架橋梁の架設をめざした忠三九の取り組みは、上相往還を除く二路線の補助道編入によって一定程度の成果をみた。

しかし、道路の改修に県費の補助があるといっても、町村の負担は避けられない。それを受け入れるには、近代地方自治体制下の加治村の村民として「相倶ニ相助ケ」ることができるような意識の進歩が求められる。

明治二五年五月、中村忠三九は日本弘道会に入会する(43)。折しもその時期は忠三九が上相往還、飯能八王子道、飯能青梅道の三道の補助道編入請願運動を開始した時期であった。では、日本弘道会の会員になったことは、忠三九が加治村を「開発」しようとしていたこととどのように関わってくるのであろうか。次節ではその点を検証していきたい。

四　忠三九と日本弘道会活動

1　日本弘道会飯能支会の設立

日本弘道会とは、明治九年（一八七六）、西村茂樹によって創設された東京修身学舎を母体とする教化団体で、維新後の滔々たる欧化主義に抗し、儒教的理念に基づく国民道徳の振興を目指した(44)。西村の思想的特徴は、その出発点が幕末期における外国の脅威にあり、老中堀田正睦に重役として仕え、維新後は明治政府に抜擢され宮内省御用掛、宮中顧問官などを歴任し常に為政者側に身を置いていたため、個人主義を否定した、あくまでも上からの富国強兵策にあったとされる(45)。また、西洋の学術は評価しつつ、「民財富まざれば道徳も十分行うこと能わず(46)」として経済の向上を重視して、道徳と経済の調和を説いた。そして国は道徳と経済の二つがなければ立つことができない、とする。[47]

西村は、道徳を弘めるための手段として、一市町村を単位とする支会の結成を勧めていた。明治二二年（一八八九）六月の宇都宮支会の開設を皮切りに、地方支会は明治二八年には七四、同三〇年には九六とその数を増やしていき、会員も同年には、六〇〇〇人を超える。関東地方は、地方支会の結成が進んでいた地域で、明治二八年の段階で全国にあった支会のうち実に四三％にあたる三二の支会が存在していた。特に埼玉県内では、主として山間・中間畑作地帯に属する秩父・入間郡部に広がっていて、これらは養蚕・製糸・織物・製茶などが盛んな地域であった。また加治村にほど近い豊岡町の黒須では、近世には黒須村の名主を務め、扇町屋村組合大惣代にもなっていた繁田家によって、明治二七年三月に県内では四番目にあたる支会が設立されている。[48] さらに黒須支会長で繁田満義の長男である発智庄平は、明治三二年四月に開催された日本弘道会第三回総会で講演を行ったり、第二代会長谷干城の下で役員である商議員に名を連ねるほどの幹部であり、後に多くの会員を獲得する飯能町や加治村は弘道会活動を展開するのに助力を得やすい場所であったといえる。

ところで、「[日本弘道会名簿][49]」によると、忠三九は明治二五年五月三日に、同会幹事山田安栄の紹介により日本弘道会に入会している。そして、明治三〇年（一八九七）には飯能支会設立をめざす。この時期はちょうど忠三九が加治村を通る「公益道ノ三道路」の県補助道編入請願運動を盛んに行っていた時期であった。ところが、会員で「高等学校校長」の堀内賢之介が新潟県に転任してしまったため、このときは設置に至らなかった。その無念さは日本弘道会事務員山香他我一に宛てた書状からうかがうことができる。[50] 忠三九待望の飯能支会設立が日本弘道会本部から認許されたのは、それから四年後の明治三四年四月一三日のことである。[51] 全国で一二六番目の支会であった。

飯能支会の発会式は同年一一月二四日、来賓として日本弘道会会長代理で副会長の南摩綱紀のほか、幹事長池田謙蔵、黒須・霞ヶ関支会長発智庄平、黒須副支会長繁田武平などを迎え、会員三百余名が出席して飯能町の観音寺で盛大に行われている[52]。大正五年（一九一六）までに日本弘道会飯能支会の会員となった人物は、二三〇名ほどを確認できるが、このうちの八七名については、紹介者と入会、退会年月日が判明する。これを見るとこのうちの七割以上にあたる六三名が忠三九の紹介であることがわかる。忠三九が日本弘道会飯能支会の初代会長に就任したのは当然の成り行きであった。

2　忠三九による加治村民への教化

さらにその五年後の明治三九年（一九〇六）三月、飯能支会では会員の居村ごとに部会を設けることとなった。その先頭を切って支会長である忠三九の居住する加治村で加治部会が設立された。支会の下に部会が設立されることは珍しかったとみえ、『弘道』一六八号（明治三九年三月発行）ではこのことを「美挙」として取り上げている。また同部会規約によれば、その事務所は当分の間、加治村役場内に置かれることになっていた[53]。

「加治部会設立趣旨[54]」では、日露戦争の勝利によって一躍列強の仲間入りをした国の民としての責務を訴え、日本固有の道徳を発揮すべきことを説くが、併せて「我実況を視来れば未だ陋劣の弊風を免れざるものあり、（中略）今回同志相謀り当部会を設立し道徳上に関する諸般の講究を為し、其是認する所は勉めて之を部内に施して善美なる発達を計らんと欲す」とし、「旧習ニ打流れ人智発達」〔史料1〕しない加治村の状況も意識されていた。そしてこの時、日本弘道会で発行した「戦後国民の覚悟」を毎戸に一部ずつ分配している。この時期は補助道編入請願運動は既に一段落している時期であるとはいえ、加治村民に向けての弘道会思想の普及を目的とした熱心な働きかけが行われていたのである。

では、忠三九は日本弘道会の説く道徳論のどこに、加治村の地域課題を解決する糸口を見いだそうとしたのであろうか。次に西村の思想を具体的に見ていくこととしたい。

3　日本弘道会の思想と加治村の課題

西村の説く道徳論のうち忠三九が共鳴したと思われる点はいくつかあるが、まず一つには、西洋の知識に対する姿勢にあったと考えられる。西村は、「道徳は惟是を知りたるのみにては何の益をも為さず、之を実行して始めて道徳の用を為す者なり」[55]と主張し、その基礎となる儒学は、近代学問の批判に耐えられるものとして現代に生かしていくべきとした。この西洋の近代的な学問を積極的に取り入れるようとする姿勢は、忠三九が従来の治水工事を「目分量的手加減的工事ニテ学理的ノ応用を了知セズ」と批判し、維新後の「泰西流」の水利工法に期待していることとも通底する。[56]また西村が経済の向上といった実利を重視しており、弘道会の主張する道徳学は、村の指導者として村民を説得させるに足る実学としての論理をもっていたといたことも大きな理由であったと考えられる。

しかし、それ以上に忠三九を惹きつけたのは、日本弘道会がその主張する道徳論を広めていく、その手法にあったのではないだろうか。西村の代表的な著作である『日本道徳論』をみてみよう。

『日本道徳論』は、明治一九年（一八八六）一二月に大学の講義室で行った講演を、翌年四月に公刊したものである。この中で西村は、「道徳学の実行」とは、「道徳の教を国中に拡め」ることで、その「良法」は、「学会即ち協会を開きて其教を弘むる」のが最も良いとする。しかも道徳学は「何れの学術何れの職業にも適応せざる」ことがなく、学会を設立することによる利益として、「朋友を得ること多し」、「知識を交換するの便を得べし」、「善事に行うに易し」、「名を成し易し」、「善良の風俗を造る」、「国民の心を一にする」の六つを挙げる。このうち「六、国民の心を一にする」では次のように述べる。

〔史料4〕

凡そ国の患うべきは、国民の心の一致せざるより甚だしきはなし、（中略）又国民が宗旨の同じからざる、学問の信ずる所同じからざる、政治上の意見の同じからざる（保守改進）等は、何れも民心の一和を妨ぐる者なり。然るに今道徳の学会を開き、同志の者は官民を論ぜず宗旨の異同を問わず、政治の意見の如何に関せず、尽《ママ》く合して会友となり、道を論じ教を説き、公道に従ひて私見を去り、愛国心を先にして、一身の利害を後にし、胸襟を開きて互に相結ぶときは、国民の一和を固ふするの方法是より善きはなかるべし

西村は道徳の学会（すなわち日本講道会、明治二〇年九月に日本弘道会と改称）に加わることで、官民、宗旨、政治の意見の違いを乗り越え、「公道」に基づくことで私見を捨てて話し合いお互いが理解できると主張する。まさに村役場や学校の位置をめぐって対立し村会での審議もできないような加治村の「開発」に、日本弘道会の主張は有効なものと期待したのではないだろうか。

4　加治村周辺における日本弘道会の受容層

ここで、飯能支会の会員数の変遷を見ておきたい。表9は日本弘道会の会誌である『日本弘道叢記』や『弘道』に

表9　日本弘道会飯能支会会員の居村

年	会員数	准会員数
明治26(1893)	28	
明治27(1894)	24	
明治30(1897)	28	
明治33(1900)	34	
明治35(1902)	135	
明治38(1905)	101	
明治40(1907)	77	
明治41(1908)	85	215
明治42(1909)	152	230
明治43(1910)	152	230
大正 5(1916)	42	185
大正 6(1917)	42	

※『日本弘道叢記』20・32・68・104・128、『弘道』165・189・201・213・225・297・309より作成

掲載されている会員名簿から、飯能支会の会員数の変遷をまとめたものである。これを見ると、加治村を含む飯能町周辺の日本弘道会員は、明治二六年（一八九三）から三三年（一九〇〇）まで三〇人前後でほとんど変わっていない。ところが、明治三四年の飯能支会設立を契機に従来の四倍、一三五人に増加している。しかし、その後支会設立時の盛り上がりを維持することができず、会員数は減少に転じる。支会設立以前の数字までは落ち込まないものの、明治四一年（一九〇八）で四割減の八五人になっている。

ところが、明治四二年に会員数は突如倍増する。日本弘道会では、明治四〇年八月に就任した徳川達孝会長の下、会勢の発展をはかることとなり、全国の支会ならびに各県に拡張委員が設置された。准会員も二三〇名を数え、合計で三八〇名を超える。明治四四年（一九一一）の数字ではあるが、あの黒須支会でさえ准会員を併せて二八三名であり、いかに飯能支会の会員数が急激に増加したかがわかる。

しかし実態としては、支会が設立された翌年の明治三五年から四三年（一九一〇）までの八年間に継続して支会員であり続けたことが確認できるのはわずか四三人に過ぎない。西村の説く道徳論を受容していたのは実態としてはこの程度であったともいえよう。

ところで、補助道編入請願運動を展開していく上で重要な位置を占めるのが、府県庁や郡役所で土木を担当する職員である。彼らは地域から上がってくるこうした要望を聞き、現地を視察してそれに対する意見を上級官庁に具申するが、それはその道路が補助道とするにふさわしいかどうかを決定する重要な要素になっていた。ここで注目されるのが、秩父・入間郡における弘道会の会員には地元の商人や地主のほか官吏、教師が中心であったという指摘である[57]。このことは、忠三九による補助道編入請願運動の裏には弘道会を通じたネットワークが存在していた可能性を示唆する。実際、明治二五年三月に、土木主任として加治村に派遣され、また同年四月に入間郡衙において公益道調査の書式を調べるのに協力した入間郡書記の渋谷秀三郎は、明治三〇年（一八九七）の日本弘道会川越支会の設立に尽力しており[58]、明治三一年の日本弘道会の会員姓名録に名前が出てくる[59]。また、明治三四年（一九〇一）の日本弘道会飯能支会設立の際、日本弘道会庶務課職員として忠三九とやりとりをしていた山香他我一は、明治三〇年一二月一九日、西多摩郡から入間郡に関わる道路線の取調の際、東京府市部土木掛職員として忠三九は面会している[60]。山香は少なくとも明治二〇年（一八八七）には日本弘道会の庶務掛職員であった[61]。

しかし、忠三九が日本弘道会会員になる直前の明治二五年の埼玉県職員録に記載されている職員のうち、弘道会員は埼玉県本庁職員七八人のうち二人、七つあった郡役所では合計一九六人の職員中二人、また県議会議員は四〇人中一人に過ぎない。つまり、忠三九の日本弘道会への入会は、補助道編入請願運動を効果的に進めるための人脈づくりを目的としたものであったとはいえず、逆にいえば、忠三九自身が西村の思想そのものに強い影響を受けていたと考えてよいであろう。

ただし、先述した豊岡町黒須の繁田満義・武平親子のように、県会議員や町村会議員、あるいは町村長など地方名望家層に日本弘道会が食い込んでいたこと[62]は軽視すべきではないように思われる。飯能支会員のうち三割を占める飯能町でも町長経験者や郡会議員などの重立たちがその一四％を占めていた[63]。

五　中村忠三九による加治村「開発」の挫折

先述のとおり、加治村を通る道路のうち、明治二八年に飯能金子道が、明治三二年飯能青梅道がそれぞれ県費補助道に編入となった。一方で上相往還は、加治村以北の飯能越生道部分については、飯能町などの沿道町村の県支弁道編入請願運動が展開されていた。しかし、加治村を通る部分は、飯能地方からは数路線の補助道編入の出願が出ていて、他の郡との比較上、組み入れは難しいとの県土木技師の見解が忠三九に示され[64]、その実現は困難な状況にあった。

ところが、明治三九年（一九〇六）七月の臨時県会に「土木費及び町村土木費支弁規定」改定の諮問案が上程される。県会では地方税支弁道や同補助道の編入の建議を行ってきており、同規定の改正を再三にわたって求めてきていた。この第一条には、国道・県道一三九路線を県費で補助する道路が定められていたが、この中から、従来県費支弁道であった飯能金子道は洩れ、さらに飯能青梅道は、加治村を通るルートから飯能町大字大河原を通り赤根ヶ峠から苅生に至るルート（従来は飯能成木道と呼ばれていた）に変更され、その「新」飯能青梅道が第一条に含まれていた。つまり、忠三九らによって一度は補助道編入を勝ち取った飯能金子道、飯能青梅道はそこから外れ、従来から補助道に編入されていなかった上相往還と合わせ、加治村には県費補助道が一もなくなってしまったのである。忠三九による道路と橋梁の整備によって、加治村民を「開発」し、村を一つにまとめる運動はここで振りだしに戻ってしまったのである。

では、その原因を忠三九はどのように見ていたのであろうか。飯能青梅道に関しては、明治三二年の臨時県会によって補助道編入が決定したものの、このルートには、沿道各字ごとに「二橋梁」及び「険悪ナル坂路四ヶ所」があった。沿道人民にとっては、膨大な建設費がかかることが予想され、県費で半分以上補助されるといっても、地元で負担する分は必ず生じるため、それには到底耐えられないと尻込みしてしまったのである。忠三九は彼らを「冷短（ママ）且無身（ママ）経」と非難し、この請願を進めてきた加治・南高麗・小曽木・霞の四か村の村長の行動を無為にしたことは、「実考スベキ一問題」であると危惧している[65]。

一方、加治村民に対する日本弘道会の思想を広めることで、その風俗を善良とし、村民が一致団結して近代自治体制としての加治村を作り上げるという試みもうまくいかなかった。明治四二、三年前後には、退会を申し出たり、「日本弘道会雑誌送本迷惑の至り」などとする葉書が忠三九の元へ送られている(66)。継続して日本弘道会飯能支会員であり続けた人の割合は低く、そういう風土を作り上げるほどに「開発」された人を加治村に増やすことができなかったのである。あるいは日本弘道会飯能支会会員の協力が善事（＝公益）を興すことにつながるという理想は、現実的な村民の道路改修に関わる費用負担の重さを乗り越えることができなかったということかもしれない。

しかし、忠三九はなおもこの三路線は加治村にとって「一等道路」なので、国家事業により改修工事をなすべきで、そのための県道編入の請願を翌明治四二年九月に行う、と決意を新たにしている(67)。しかし、明治四二年四月に忠三九は病が悪化し、日本弘道会飯能支会長の辞任の意向を表している。以後、この運動を伸展させたことを示す記録は見られない。六〇歳を超えた、日本弘道会による教化の限界を認めざるを得なかった忠三九に、もはや補助道編入請願運動を進める思想的な基盤と体力は残っていなかったのである。

むすびにかえて

ここまで、加治村を拠点として近世・近代移行期を生きてきた地域指導者としての中村忠三九の活動を跡づけてきた。忠三九は明治維新によってもたらされる近代的な知識や制度に期待していた。それは町村制を、権利と義務を有し自らが公共の事務を処理できる存在として評価していたことにも表れている〔史料1〕。

しかし、この近代地方自治体制は、加治村においては旧来の近世村間の対立をはらんだままで成立し、忠三九は初代村長に就任したものの、村政混乱の中でわずか二年で辞任することになった。しかし、村の安寧幸福を目指す意識は変わらなかった。明治三〇年一月の「飯能青梅道新道開鑿費寄附金名簿[68]」の中で、矢颪住民は「社会ノ公益ニ対スル熱情」によって、沿道各村に先駆けて新道開鑿を行う、と述べられているが、この「矢颪住民」こそ忠三九であり、村長辞職後も補助道請願運動を継続しえた源ではなかったか。

地域に近代国家が入ってきたにもかかわらず、加治村は「無心経」で、「人智発達セザル」ままであったが、川の水量に左右されず渡ることのできる橋梁が整備されれば、近代的な自治体として機能しうると忠三九は考えていた。この時期の道路整備をめぐっては、地方利益の追求と評価され、これが地域間対立を生むとされる[69]が、忠三九は、道路整備を地方利益誘導のためではなく、近代の地域社会に根深く残った近世以来の矛盾を収束する装置として機能させようとしたのである。

また、忠三九はこれと平行して「惰農」たる加治村民の教化を日本弘道会の思想を基に行おうとした。この二つは忠三九にとっての地域課題を解決するための両輪であった。

しかし、明治三九年の土木費及町村土木補助費支弁規定の改正によって、加治村の三路線はすべて県費補助道から外れてしまう。その翌年に忠三九が作成した「村里道修繕及改修工事施行ノ儀ニ付建議書[70]」は、年次や人口などの数値を変えただけで、明治二六年に書かれた「土木費寄附募集ノ主意書」〔史料1〕とほとんど同じである。そこにはこの一四年間、加治村はほとんど変わっていないという忠三九の思いがにじみ出ている。そしてこのことは、日本弘道会の説く道徳観の注入による加治村民への教化もうまくいかなかったことでもある。そこには、地域に近代国家が入ってくることを歓迎し、それにふさわしい地域に「開発」しようとしたものの、それに挫折し明治四〇年代にその活動を終わらせた地域指導者の姿を見いだすことができる。

なお忠三九は、明治三二年に吾野八王子道、飯能子ノ山道など加治村とは直接関係しない道路の補助道編入請願運動も行っている。忠三九がこれに取り組んだ目的やその意義については、今後の課題としたい。

註

（1）高久嶺之介『近代日本の地域社会と名望家』（柏書房、一九九七年）。
（2）岩崎孝和「武蔵国多摩郡小野路村名主小島家の政治・社会意識」（『自由民権』二五、二〇一一年）。
（3）高木俊輔『明治維新と豪農　古橋暉皃の生涯』（吉川弘文館、二〇一一年）。
（4）拙稿「寛文八年検地と矢颪村の成立」（『飯能市郷土館研究紀要』五、二〇一〇年）。
（5）中村家文書三九七・八六八「武蔵国高麗郡矢颪村差出村明細帳」。
（6）加治村役場文書一八二「明治二二年五月　明治村会書類綴込」。
（7）前掲註（6）。
（8）『飯能市史』資料編Ⅳ　行政一、一九八〇年、一一〇頁。
（9）加治村役場文書一八三「明治二三年一月　村会書類綴込」。
（10）加治村役場文書一五三三。
（11）『飯能市史』資料編Ⅳ　行政一、一四四頁下段。
（12）中村家文書一五一九「明治廿一年度町村制度区域編制ノ便否理由書」。
（13）埼玉県行政文書九五二―一。
（14）松沢裕作「連合戸長役場から「行政村」へ」（『明治地方自治体制の起源』東京大学出版会、二〇〇九年、三一〇頁）。
（15）中村家文書四〇八「明治廿壱年公私用事務日誌」。
（16）前掲註（12）。

(17)『飯能市史』資料編Ⅳ　行政一、四四頁。
(18)加治村役場文書一八〇「町村制関係書類」。
(19)『飯能市史』資料編Ⅳ　行政一、四四頁・中村家文書四〇八「明治廿壱年公私用事務日誌」。
(20)『飯能市史』資料編Ⅳ　行政一、四六頁。
(21)前掲註(18)。
(22)中村家文書一〇〇九アー二「土木費寄附物件募集之主意書」。
(23)中村家文書一四九二キ「飯能青梅間道路地方税補助道変更願之義ニ付請願書」。
(24)前掲註(15)。
(25)明治二二年(一八八九)一一月二日に加治学校で天長節祝賀式が挙行されるとの通知が加治村長中村忠三九から村会議員に対し出されている(加治村役場文書一八二)。
(26)前掲註(23)。
(27)『埼玉県行政史』一、一九八九年。
(28)この三道のルートは、中村家文書一四〇三「公益道路編入願調査書類」(明治二五年)付図による。
(29)老川慶喜「埼玉県の道路建設と道路行政」(高村直助編『道と川の近代』山川出版社、一九九六年)。
(30)「管下布達(甲)」(埼玉県行政文書明四六六)。
(31)中村家文書三〇九ーイ「飯能青梅道矢颪地内新道開鑿請願書」。
(32)この渡船は明治一九年(一八八六)九月一日に開設されている(『飯能市史』資料編Ⅶ　行政二、一九八四年、九三頁「改革の主趣書」)。
(33)中村家文書三一〇ア「狭山名栗道補助道編入願調査書類」。
(34)飯能八王子道は、その後飯能金子道と名称が変更となったようである。「飯能金子道修繕ニ付申請」(『飯能市史』資料編Ⅶ　行政二、七四頁)に、飯能金子道が阿須で「上相往還ト合シ」とされていることから同じ路線と判断した。
(35)中村家文書一五一八「三十一年度ニ於テ地方税特別補助下附ノ義ニ付請願」。

(36) 中村家文書一四九四「飯能八王子道上相往還公益路ニ編入之義ニ付上申」。
(37) 前掲註（26）。
(38) 『埼玉県議会史』二、一九五八年・中村家文書一四九二キ。
(39) 前掲註（26）。
(40) 『埼玉県議会史』二・中村家文書三二七―一。
(41) 明治三〇年一月の矢颪地内矢久橋から秋津掲示場までの新道開鑿、幅員拡幅工事（中村家文書一五二六）など。この工事は、現在の西部広域消防本部稲荷分署の前を通って矢久橋を渡って秋津掲示場へと至るルートで、矢颪村は明治二六年（一八九三）一一月にこの道が完成した場合には、飯能青梅道の本道にしてほしいという請願を加治村長に出している（中村家文書四一一ア）。
(42) 中村家文書一四九二ソ「飯能青梅道補助道編入願以後ニ係ル工事調査」。
(43) 中村家文書一〇一六四「〔日本弘道会名簿〕」。
(44) 加藤隆「日本弘道会と初期信用組合の設立」（『埼玉県史研究』二七、一九九一年）。
(45) 山田洸「西村茂樹と国家道徳論」（『近代日本道徳思想史研究』未来社、一九七二年所収）。
(46) 西村茂樹「殖産と教育と緩急如何」（明治二二年三月『弘道会叢記』一―一〇所載）。日本弘道会『日本弘道会四十年志』、一九一八年、二二六頁。
(47) 西村茂樹「香取郡支会演説」（『日本弘道叢記』三四所載）、『日本弘道会四十年志』一七五頁。
(48) 加藤隆「日本弘道会と初期信用組合の設立」（『埼玉県史研究』二七、一九九一年）。
(49) 前掲註（43）。
(50) 中村家文書三〇九ア「〔飯能青梅道補助道編入請願関係綴〕」。
(51) 『日本弘道叢記』一〇九、明治三四年五月。
(52) 『日本弘道叢記』一一七、明治三五年一月。
(53) 『弘道』一七〇、明治三九年五月。なおこの時の加治村長は日本弘道会会員であった山岸幾三郎である。

(54) 前掲註(53)。
(55) 西村茂樹『日本道徳論』明治二五年一月、七三〜七四頁。
(56) 中村家文書一九九「明治廿五年四月以后治水改良工事実測調書」。
(57) 前掲註(44)。
(58) 前掲註(50)。
(59) 『日本弘道叢記』八〇、明治三一年一二月。
(60) 中村家文書三三九C「飯能青梅道地方税補助道編入願ニ関シ参照書ノ理由書」。
(61) 日本弘道会『日本弘道会四十年志』、一九一八年。
(62) 県会議員では扇町屋在住の粕谷義三や鶴ヶ島町の田中万次郎（ただし田中は明治二六年のみ）、県会副議長を勤めた北埼玉郡成田村の稲村貫一郎、元入間・高麗郡長で後に埼玉県書記官となる北埼玉郡北川原町の長谷川敬助、飯能町では町長の小山八郎平、入間郡会議員の大河原浅吉、大河原政五郎、加治村長の浅野増太郎など。
(63) 飯能町を居村とする弘道会員はその約九割が明治四〇年までに入会しており、明治四二年の日本弘道会の会勢拡張運動とは関連していない。
(64) 中村家文書一四九二ソ「飯能青梅道補助道編入願以後ニ係ル工事調査」。
(65) 前掲註(64)。
(66) 中村家文書二一五一ト—二、同二一五一ト—四など。
(67) 前掲註(64)。
(68) 中村家文書三二一ア。
(69) 筒井正夫「近代日本における名望家支配」(『歴史学研究』五九九、一九八九年)。
(70) 中村家文書三三〇。

〔附記〕日本弘道会の会誌に掲載されている飯能支会に関する記事につきましては、公益社団法人日本弘道会の古垣光一氏・秦きぬ代氏よりご教示をいただきました。末筆ながら厚く御礼申し上げます。

明治27(1894). 9.10	50	疾病全治しないため村会議員、常設委員の解職、飯能高等学校組合會議員の退職を届出（№1498）		
明治28(1895).11.	51		飯能金子道が地方税補助道に編入される（№1492キ）	
明治29(1896).10.15	52		飯能青梅道地方税補助道編入請願書を入間郡長へ提出（№1526）	
明治30(1897). 1. 3	52		飯能青梅道矢颪地内新道開鑿工事主任	
明治30(1897). 9.	53			日本弘道会飯能支会設置を目指すも会員堀内賢之介（高等学校校長）が新潟県に転任し断念
明治32(1899). 2.	54		狭山名栗道地方税補助道編入調査開始（№310ア）	
明治32(1899). 3.23	54		飯能子ノ山道・吾野八王子道の地方税補助道編入請願を入間郡役所へ提出（№310ア・イ）	
明治32(1899).10.25	54		飯能青梅道が地方税補助道に編入される(『県議会史』)	
明治34(1901). 4.13	56			日本弘道会飯能支会設立
明治34(1901). 7.24	56		飯能青梅間補助道矢颪地内飯田橋秋津橋架設及道路修繕工事主任	
明治34(1901).10.27	57			日本弘道会飯能支会長に推撰される
明治34(1901).11.24	57			日本弘道会飯能支会発会式挙行
明治35(1902). 3.17	57		補助道飯能青梅道矢颪地内字前原下用水路伏込木造暗渠工事委員	
明治36(1903). 1.25	58			日本弘道会飯能支会長再選
明治39(1906). 7. 9	61		県会で「土木費及町村土木補助費支弁規定」が改正され、飯能青梅道（飯能町～矢颪～落合～岩淵ルート）及び飯能金子道が補助道から外れる	
明治42(1909). 4.15	64			日本弘道会飯能支会会長辞職届出す（№1434）
大正 9(1920). 8. 5	75	死去		

※特に注記のないものは中村家№1765·1766·1767から作成。№だけのものは中村家文書の番号。
※『県議会史』＝『埼玉県議会史』第２巻

表10　中村忠三九の履歴

年月日	年齢	村　役	道路請願・工事	日本弘道会
弘化元(1844). 9. 9	0	**誕生**		
文久 2(1862). 2.	17	**矢颪村名主**（～明治元年12月・黒田筑後守）		
明治 5(1872). 1.	27	矢颪村副戸長（～明治６年５月・入間県）		
明治 6(1873). 6.	28	矢颪村戸長（～明治９年・熊谷県）		
明治12(1879). 6.26	34	**矢颪村前ヶ貫村戸長**（～明治15年６月30日）		
明治17(1884). 2. 2	39		里道飯能青梅往還道路真行坂坂路切下ヶ改修工事発起人及工事担当。工費へ６円寄附	
明治17(1884). 7.22	39	**岩沢村連合戸長**		
明治18(1885). 4.28	40	岩沢村連合戸長辞表提出(病のため)		
明治18(1885). 5. 2	40	岩沢村連合戸長辞職		
明治18(1885). 8.30	40	岩沢村連合部内矢颪村村会議員に当選		
明治22(1889). 4.18	44	加治村村会議員当選		
明治22(1889). 5.	44	**加治村長就任**（市史通史）		
明治24(1891). 6.	46	**加治村長辞職**（No.1390）※市史通史編では10月		
明治25(1892). 3.19	47		飯能青梅道公益道補助道編入の件で郡衙に土木主任派遣を依頼（No.1518）	
明治25(1892). 5.31	47		飯能青梅道、飯能金子道、越生八王子道(上相往還)の公益道編入請願を加治村会で議決(No.1518)	
明治25(1892). 5. 3	47			**日本弘道会入会(No.10164)**
明治26(1893). 1. 8	48		飯能八王子道・上相往還公益道編入請願を入間郡長宛提出（No.1494）	
明治26(1893). 9.25	49	加治村常設委員に当選		
明治26(1893).12.	49		岩沢、阿須の間で渡船場事件起きる（No.1492キ）	
明治26(1893)	49		土木費寄附物件募集之主意書（No.1009ア－２）作成	

〔コラム〕平沼家の家憲

明治四二年（一九〇九）七月に定められた「平沼家之家憲」（以下「平沼家家憲」と記す。飯能市郷土館所蔵　平沼宏之家文書一三九六）という史料がある。A六判よりやや小さい、本文一一ページの小ぶりな上製本である。作成したのは、平沼家の第一〇代当主源一郎《げんいちろう》である。

タイトルにある「家憲」とは家の憲法というような意味であるが、一般に家訓や家憲といわれるものは、家長が家の成員や子孫に対して示した教訓や智恵であり、家や家計を維持していくための、いわば生き残り戦略を述べたものである。他にも家法や家範などの類似の言葉があり、研究者によって多少定義が異なり、使い分けもなされているが、ここでは史料に従い「家憲」としておく。

平沼家と上名栗村

まずはじめに、平沼家と周辺環境について簡単に説明しておく。平沼家は、武蔵国秩父郡上名栗村《かみなぐりむら》（現埼玉県飯能市上名栗）にある旧家である。

平沼家の位置する上名栗村は飯能と秩父の中間地点に位置する山村で、村の中央を名栗川が流れ、入間川・荒川と名を変えて江戸へと直結していた。『新編武蔵国風土記稿』によれば、広さは東西四里・南北三〇町余り、山畑のみで田はなく、家数二九一軒であったという。

「平沼家家憲」によれば、平沼家の初代は豊臣秀頼の侍医で、島原の乱の指導者だった森宗意軒の子大炊であるという。彼は医業を修め、島原の乱の前に密かに関東へと移り、徳川氏を憚って名栗に住み着いたという口伝が残るが、遅くとも一七世紀半ばには上名栗村に居住していたと考えられる。一八世紀後半から山林を集積、造林を展開して、幕末期には上名栗村において第二位の山林地主へと成長した。さらに近代に入ると埼玉県内でも有数の山林地主と

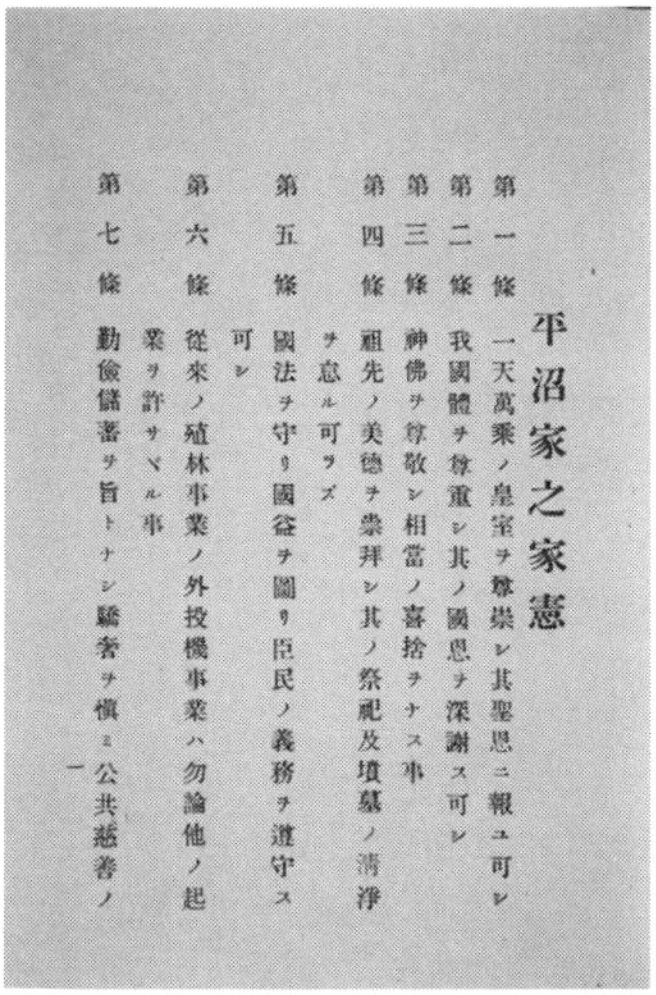

平沼家之家憲

第一條　一天萬乘ノ皇室ヲ尊崇シ其聖恩ニ報ユ可シ
第二條　我國體ヲ尊重シ其ノ國恩ヲ深謝ス可シ
第三條　神佛ヲ尊敬シ相當ノ喜捨ヲナス事
第四條　祖先ノ美德ヲ崇拜シ其ノ祭祀及墳墓ノ清淨ヲ怠ル可ラズ
第五條　國法ヲ守リ國益ヲ圖リ臣民ノ義務ヲ遵守ス可シ
第六條　従來ノ殖林事業ノ外投機事業ハ勿論他ノ起業ヲ許サヾル事
第七條　勤儉儲蓄ヲ旨トナシ驕奢ヲ愼ミ公共慈善ノ

一

図　「平沼家之家憲」

なり、大正期から戦後にかけては、源一郎の長男である弥太郎が政財界に進出し、埼玉県議会議員、埼玉銀行頭取、参議院議員などを歴任した。

平沼源一郎とは

この「平沼家家憲」を執筆したのは、第一〇代当主の源一郎である。源一郎は文久元年（一八六一）一月生まれで幼名は嘉平次といい、明治一六年（一八八三）一二月に二三歳で家督を相続した。明治四二年七月、四九歳で「平沼家家憲」を作成。この頃、源一郎には妻と妾、子供九人のほか、五人の弟妹がいた。先妻ゆきとの間に生まれた長女（当時二六歳）は結婚して家を出ていたが、後妻しげ（四一歳）との間には三男二女がおり、長男弥太郎（一八歳）、二女（一六歳）、二男（一二歳）、三男（一〇歳）、三女（五歳）がいた。昭和四年（一九二九）一二月、六九歳で没。

「平沼家之家憲」―源一郎が伝えたかったこと―

源一郎の経営方針は、この家憲に明確に記されている。「従来ノ植林事業ノ外投機事業ハ勿論他ノ起業ヲ許サザル事」（第六条）、「進ンテ土地ヲ購入スルモ所有地ヲ売却スル事勿レ、但シ山林地所ノ増加ヲ計ルヨリモ寧其栽植ヲ計レ」（第一〇条）とあるように、植林事業以外の起業を禁じ、土地の売却を戒め、山林地所の増加よりも植林を勧めている。

また財産管理については、動産または不動産のどちらか一方に偏重してはならない（第八条）、宅地・畑・山林・立木・帝国公債・定期預金は世襲財産とする、そのため立木の乱伐はしてはならない（第一一条）と説き、運用方法としては、歳出は一ヶ年の経常費の予算の半額は動産の利子で支払い、残りの半額は伐採して支払うように（第一二条）と定めている。このように財産を分類し、宅地・山林・公債・定期預金などの基本となる財産を定め、支出についてはこれらの収益でまかない、基本財産は極力減らさないようにするという教えは、三井や安田などの財閥や華族の家憲にも見られる方法であり、平沼家独自のものではない。

また、保証人や銀行・会社の役員になってはならない（第一六条・第二四条）、政党・政社に関係してはならない、代議士になってもいけない（第二五条）などの項目も、保証人や会社役員となることで債務の支払い義務を負うことのないように、つまり一個人の失敗から家の財産が散逸することを防ぐためのものと考えられる。

さらに、万一の場合に備えて、貯金は天災時変等の予備とすることを忘れてはならない（第九条）、天災・火災・盗難に対する備えは平時より怠ってはならない（第二二条）、動産・不動産の一方に損失があった場合の準備に配慮しなさい（第八条）とも述べている。災害に備えた項目は、一般には、より土地に密着した農家の家訓などに多く見られる特徴であるといえるが、仕事柄、天候や災害は関心事のひとつであったことがわかる。平沼家の他の記録においても、明治四一年四月の大雪は格別で、源一郎の被害だけで約二万本もの杉・檜が折れ、「名栗始りテノ大被害」であったと記しており、このような災害を念頭に書かれた項目であると考えられる。

家憲作成の背景—時代背景と家の文化—

このような平沼家家憲制定の背景として、二つの点を指摘しておきたい。

ひとつは、近世期から続く大規模な商家や旧大名家などによる、明治二〇〜三〇年代の家憲の制定・改定の動きである。例えば、三井家の場合、享保七年（一七二二）に定められた「宗竺遺書」が明治三三年（一九〇〇）に「三井家憲」へと改正されており、住友家では明治二四年（一八九一）の改正で「住友家憲」が出されている。このような動きは、明治一九年（一八八六）華族世襲財産法、同二二年帝国憲法制定、同二三年民法・商法公布などの近代的な法体系の整備と連動しており、自分の家の制度や家産の管理、出資金のあり方などを、法律を視野に入れて定めようとしていたためである。さらに、明治三〇年代以降は、三井・住友・鴻池・岩崎等の資産家の家憲をまとめた書籍が次々と刊行され、その内容が広く知られるようになったこともあげられる。

もうひとつは、平沼家に記録を残すという家の文化があった点である。平沼家の人々には、広い視野を持って情報を収集し、さらに、それを記録するという習慣があったことがうかがえる代表的な三点の史料を簡単に紹介しておく。

一点目は「古今稀成年代記」（同家文書二一六・三二三・四六八）。表題からもわかるように、日記のような日々の記録ではなく、著者が見聞きした上名栗村内外の「稀なる」出来事を誌した年代記である。弘化三年（一八四六）から大正八年（一九一九）までの七四年間にわたり、八代源一郎（幼名助次郎、隠居後は源左衛門）から一〇代源一郎までの親子三代によって書き継がれた。前述の明治四一年の大雪害についても詳しく書かれている。

二点目は、「変事出来ニ付心得覚記」（同家文書二四二）。これは八代源一郎の手によるもので、慶応二年（一八六六）に上名栗村を発端として起こった武州世直し一揆について、その経過や陣屋へ提出した公的文書の写し、自身の感想などを記した大変詳細な記録である。

三点目は、「かきおき」（同家文書一二七〇）という、一〇代源一郎の妻しげが、明治三三年頃から三八年までの日常生活の思い出を綴った回想録である。

このように平沼家では、一九世紀後半から二〇世紀にかけて体系的に記録を残していこうという習慣、つまり〝家の文化〟があったことがうかがえよう。一〇代源一郎による家憲の作成も、この流れのなかでとらえる必要があると思われる。

平沼家家憲では「家憲」という語を使用している、他家の家訓などで一般的によく見られる婚姻・養子に関する規定や店則・店訓がないなどの特徴もあるが、一方でもっとも際立った特徴は、家憲に歴代の先祖の顕彰が含まれている点である。

先に述べたように、平沼家の中心的な家業は山林経営である。木材は、米などの農作物とは異なり、植林から伐採できるようになるまでには数世代にわたる歳月が必要である。このことと先祖の顕彰とは深い関係があると考えられる。

近世期の家訓・家法においても、先祖への墓参や祭祀の重要性について書かれることが多かったが、平沼家家憲では家業である林業の発展と結びついて、歴代の先祖たちの顕彰がなされている点が特徴的である。そして、この先祖への感謝の思いは、同時に後世への教訓にもつながる。それが、植林事業以外の起業を禁止する（第六条）、山林地所の増加よりも植林を勧める（第一〇条）、山林・立木等は世襲財産とする（第一一条）などの経営や財産管理の方針として家憲に表れたと考えられる。

林業は一年では育たない、長期的な視野が必要なもの。だから、家や家業や家族を守るためにも、今の自分たちの行いが非常に重要となる。それゆえ、家憲を遺したのではないだろうか。（本村　慈）

第Ⅱ部　記憶の継承とその具体相

総説二　地域の記憶を語る意味

須田　努

一九九〇年代後半、多様な地域（国）において、歴史修正主義の台頭が始まった。P・ヴィダル＝ナケは歴史修正主義者との間に議論をする余地など存在しないと語り、ホロコーストを否定する歴史修正主義者を「記憶の暗殺者」と名付けた(1)。また同時期、ポスト・モダニズムと脱構築の影響を受け、歴史的事実とは何か、という問いかけも始り、このような言語論的転回の中から、小説・伝承・芸能・神話・風説・噂といった、従来無視もしくは軽視されていた素材・事象への関心が深まり、そこから、人びとの集合心性や集合的記憶を探り出すという研究が始まった(2)。

そして、二〇〇二年、ピエール・ノラ『記憶の場』（全三巻）という大著が翻訳刊行された(3)（フランスでの全巻刊行は一九九二年）。ノラは、公文書実証主義による近代史学の呪縛からの解放を唱え、歴史学は認識論的段階に突入したと語った。

ジェラール・ノワリエルは、フランス革命をめぐる記憶の場を検証し、本来、フランスは移民大国であったが、フランス革命に由来する統合モデルが支配的であったため、長い間「外国人」は国民の記憶の中で忘却されていた、と論じた(4)。この論文はフランスという国民国家を素材にしつつも、国民の記憶をナショナル・ヒストリーとして回収することなく、そこに生きた人びととの集合心性を解き明かしたものとなっている。

日本においては、阿部安成・小関隆他編『記憶のかたち』(5)という論集が出版されていた。小関隆は「序章　コメモレイションの文化史のために」において、この研究書が対象にしたのは、記念行事・銅像・祭りといった「記憶のかたち」である、と語っている。「記憶のかたち」とは、ノラが提起した「記憶の場」とほぼ等しい概念といえる。また小関は、

記憶とは（中略）、現在の状況に合わせて特定の出来事を想起し意味を与える行為として理解されねばならない。それゆえ、記憶は（中略）、その人間が所属する様々な集団のアイデンティティと本質的に絡み合っている。

と提起し、記憶が一定の集団の中で共有されていくことを重視した。これを強く受けとめた論文が、阿部安成「横浜歴史という履歴の書法」である。阿部は、明治四二年（一九〇九）に実施された「横浜開港五〇年祭り」を分析し、この式典を契機に、人びとの間において、横浜の過去が想起されていくとした。そして、その記憶の中では、貧民窟と蔑まれペストの温床とされた横浜の裏路地の世界は忘却される一方、「開港の恩人」として井伊直弼の顕彰が「旧彦根藩有志」の主導で行われ、横浜の丘陵に直弼の銅像が建立されたことを丹念に描き出した。阿部の関心は、歴史的事実と記憶との乖離にではなく、記憶を生み出す場と、記憶が創り出される過程のなかで欠落させられていく要素にあった。

二〇〇四年、テッサ・モーリス＝スズキは、中国・韓国・台湾・日本で起こった〝教科書戦争〟と記憶の共有化の問題に強く反応して『過去は死なない』（岩波書店）を刊行し、

過去への想像的感情移入を生むだけではなく、過去の出来事の原因、意味、結果の解釈を暗黙のうちに提示す

る

と論じた。彼女は小説などのフィクションから、読み手の中に記憶の共有化が始まることを示唆している。二〇一一年に刊行された板垣竜太・鄭智泳他編『東アジアの記憶の場』（河出書房新社）は、ナショナル・ヒストリーという国民主義的に継承される記憶が「敗者の累々たる屍体」をつぶしながら形成されたことを強調しつつ、これに包摂されえない東アジアの記憶を、植民地主義・人種主義・階級闘争・ジェンダー分割といった視点から解明していくことを提唱し、「いかに国民的記憶が作られたかを解剖することは、いかに他のものが忘却されたかと同時に論じられる必要がある」とも述べている。しかし、これを論証することはかなり難しいであろう。

東日本大震災以降の二〇一六年現在（本書の刊行年）、記憶への問題関心には、記憶の場としての地域が消滅するという現実が加わった。

このように、歴史修正主義への危機感や言語論的転回を背景とした記憶論が展開されていたが、これとは直接関係なく、また、これらの記憶論よりも早く、日本近世史の領域において由緒研究が盛んに論じられていた。由緒に関する研究史の整理は、これを牽引した大友一雄・井上攻・岩橋清美、そして山本英二が詳細にまとめている(6)。本来史学史的には〝誰が何時〟論文を発表したのか、というクレジットは重要であるが、本論では、屋上屋を重ねることを避け、第二部「地域の記憶」に関連して問題となる点のみに触れておきたい。

大友一雄は、儀礼研究とくに、江戸時代の村に賦課された献上役のあり方を丹念に解析する中で、役と由緒との有機的な関係を見い出し、その村が維持してきた御用品の献上を他の村が願い出たり、その村に新たな負担が課されようとした場合に「由緒書が創造され、主張を正当化するために利用された」として、由緒と献上行為が相互に補強する関係にあったと論じた。さらに、大友は「近世の場合、極論するならば全ての集団が由緒を語ったと捉えることも可能ではないか。由緒は家や集団における自己主張の一つの手段であった」と語った。

井上攻は、増上寺領の領民たちによる由緒書作製過程を丹念に分析し、その背景に「社会結合の創出や変容の問題」があることを突き止め、由緒書を作製することは「家なり集団なりの位置を、過去の歴史にさかのぼって確認する歴史学習である」と論じた。

岩橋清美も、由緒が地域社会における歴史意識の醸成や文化活動の源泉となることに触れつつ、村社会・地域社会や諸集団の統合や差別の構造を大きく規定していると論じた。

三人の由緒研究から、以下のような論点を導き出すことができる。

・由緒研究は、家・地域（以下、諸集団）がどのような条件・状況の下で、何を求めて由緒を語り（創り）出すか、という点を解明する必要がある。

・諸集団内部の変容が由緒書を作製させる契機となり、その過程において人びとはその諸集団の歴史に関心をもつ。

・由緒を共有する諸集団において、その由緒を核にして、新たなアイデンティティが形成されていく。

このように由緒研究を整理してみると、その論点は先述した記憶論と相関性が強いことが分かる。広い視点から見ると、由緒の世界は、「記憶の場」という概念の日本史（前近代）バージョンとして位置づけることも可能かも知れない——由緒研究者には不本意かもしれないが——。

一九八〇年代後半から九〇年代にかけての由緒研究は一八世紀を中心にしたものであったが、山本英二は「一九世紀社会における村および地域社会総体のなかに、由緒が語られることの民衆にとっての意義を位置づけること」が求められている、と語っていた(7)。一九世紀への注目という点に関して、久留島浩は、一九世紀とは社会秩序の動揺を背景にさまざまな家・村・諸集団により由緒が語られる「由緒の時代」であったと述べている。[8]

落合延孝は、上野国新田郡下田島村をフィールドとして、新田岩松氏と地域社会との関係に着目した。そして、一八世紀後半から「旧臣」と称する由緒の者が増加することの意味を重視して、村役人クラスが系図作成を通じて、新田岩松氏とのつながりを求めていったとして、そのような中から、尊王攘夷の情勢下、新田氏の系譜とされる新田岩松氏の権威は上昇し、由緒の源泉として地域社会との関係を強めていったと論じた。[9]

早田旅人は、幕末の陸奥国伊達郡金原田村の百姓菅野八郎の行動を分析しつつ、由緒の構造を「家・村・諸集団がもつ地位や特権、他者に対する優位性の由来を、権力者との関係などから歴史的に説明する言説」と位置づけ「他者との差別化をはかり、自己の特権・優位性を主張・維持する機能を持つ」行為と論じた。[10]

吉岡拓は、山城国（京都）の大原郷士が、弘化二年（一八四五）の由緒の改変以降、慶応四年（一八六八）・明治二年（一八六九）と嘆願書を作製したが、そこには郷内での地位の保証にとどまらない強い身分上昇志向、士分化願望が反映されているとした。そして、彼らにとって明治維新とは、新たな統治者に身を寄せることで従来の特権の維持、拡張を目指すかすべての特権を失うかの二者択一であったが、彼らの新たな由緒を作製していくという努力は、近代国家建設が進められる中で否定されていったと述べた。[11]

また、須田努は薩摩国日置郡下苗代川に居住させられていた、〝朝鮮由来の異邦人〟たちの集落を調査し、彼らにとっての明治維新とは、郷士身分の消滅と焼き物生産を通じて薩摩藩から認められていた、さまざまな特権の霧散を意味したことに着目し、明治政府の身分解放の際に士族編入を実現させるべく、由緒書を作製し明治政府に嘆願していたことの意味を重視し、彼らのアイデンティティが再構築されていくことから、主体の覚醒という問題を見い出した。[12]

このように、一九九〇年代後半以降、一九世紀（幕末から明治期）という、幕藩体制が崩壊し、社会が大きく変容していく時期において、あらたに由緒が創り出される意味が論じられている。これらの論点は以下のようにまとめることができる。

・幕末の動乱の中で既存の秩序が崩れるという外的要因が、地域内部の変容に結びつくが、それをチャンスと受け止める諸集団が現れ、新しい由緒を創造していった。

・幕藩体制の終焉という既存の権力の崩壊は、これに依存してきた諸集団の特権が消滅していくことを意味する。

・明治維新による諸政策、とくに身分解放令という外的要因によって、諸集団は新たな由緒を形成し、その集団の利益を保全しようとした。

政治的・社会的な〝外部からの介入〟や、「記憶の場」・由緒の母体となる諸集団の〝内部の変動〟によって、一定の必然性をもち、集合的記憶・由緒が創出される。その際、〝外部からの介入〟とは何か、〝内部の変動〟とはいかなるものであったのか、という視点が重要となり、当然ながら、記憶を共有する人びととは誰か、またその範囲はどこまで及ぶのか、という問題を意識する必要も出てくる。

もちろん記憶・由緒とは歴史的事実とは相違する。それらの多くはフィクションである。しかし、それらを共有する諸集団内部において了解・合意を得ていたことが重要なのであり、既述した〝外部からの介入〟や〝内部の変動〟の中で、どのようなストーリーを作り上げ、その諸集団がそれをどのように、継承し語っていったのか、という点も重要な論点となるのである。

---------*---------*---------*---------

本書第Ⅱ部「記憶の継承とその具体相」では、先述した記憶論と由緒論（とくに一九世紀の由緒研究）との結合を意識した。とくにこだわったのは、その集団の記憶・由緒が、いかなる〝外的からの介入〟や、〝内部の変動〟によって創造されたのか、という点である。以下、掲載順にそれぞれの論文を簡単に紹介しておきたい。

第一章　酒井麻子「里修験から神主への転身過程―本山派矢颪村大源寺の神仏分離―」

キーワード：里修験・神仏分離・神官化

酒井は、明治維新という社会変動を武蔵国高麗郡矢颪村の大源寺を管理した滝澤家がいかにうけとめたのかを問題とし、修験者が神主に変わる過程とその後を丹念に追っている。そして、神主への転身過程において、整備されていく由緒の問題を重視している。神仏分離という〝外部からの介入〟を里修験がいかに受け止め、新たな由緒（記憶）を創るのかという問題を示した力作である。

第二章　須田努「武州世直し騒動の記憶―村役人・地域指導者・在村文人たちの一九世紀―」

キーワード：武州世直し騒動・地域指導者・集合心性

慶応二年（一八六六）、奥武蔵の山間地域である上・下名栗村から、打ちこわしが発生した。そして、参加人員を増加させながら騒動へと激化し、武州全域に広がっていった。この武州世直し騒動を地域社会がどのように記憶していったのかを、上名栗・飯能町・青山村・秩父地域を素材として検討した。そして、同じ出来事を経験しても、その記憶は地域によってまったく相違したものとなっていることを実証し、そこに幕末社会の地域の特性とそこに生きた人びとの集合心性の独自性を見い出している。

第三章　宮間純一「地域における戊辰内乱の記憶―飯能戦争を事例に―」

キーワード：被害者・佐幕・勤王

戊辰内乱時、飯能地域において局地戦闘が発生した。この飯能戦争を飯能の人びとがいかに受け止めたのか、そして、飯能地域ではどのような内戦の記憶が創られていったのかを論じた秀作である。飯能戦争直後から、幕府への憎悪、被害者としての記憶が形成され、その後、昭和初年に飯能戦争の慰霊法要が実行された際、地域名望家・文化人ともいえる吉田筆吉が『飯能戦争梗概』を執筆した。宮間は、この書物の中で飯能戦争の記憶がどう変化しているのかをも検証している。

第四章　中西崇「飯能地域における在村鉄砲の動向と戊辰内乱」

キーワード：対人用の武器・自衛・飯能戦争

中西は、明治初年における飯能地域の在村鉄砲の存在形態を明らかにし、同地域に多数のゲベール銃とピストルが存在していることを突き止め、これらが狩猟ではなく対人用の武器であることに着目し、その背景に、幕末から明治初年における不安定な地域秩序の問題と、戊辰内乱（飯能戦争）の記憶があったことを論証した。歴史的経験と記憶の形成の問題に切り込んだ好論である。

第五章　清水裕介「一九世紀の神社氏子組織と由緒の再編」

キーワード：社寺明細帳・多岐座波神社・由緒記述

清水は、武蔵国高麗郡矢颪村を事例に、明治政府による制度改革を受け手の社寺明細帳の作成にあたり、地域内で発生したさまざまな問題を検討しつつ、矢颪村にあった神社、とくに多岐座波神社の由緒記述がどのように変遷していったのかを細かく実証した。地域社会と神社との関係を論証した労作である。

このほか、コラムとして橋本直子「災害の記憶・記録と継承への試み」を掲載した。東日本大震災後における飯能市郷土館と飯能市危機管理室による「地域における災害の記憶」調査の紹介である。

以上、各論文とも、対象時期は一九世紀から二〇世紀である。地域の記憶が創られる契機として世直し騒動・戊辰内乱・明治政府の近代化政策という〝外部からの介入〟と、地域社会における内戦の顕彰という〝内部の変動〟の問題を提起している。さらに、そこから地域社会や家が自己の利益をまもるために、どのような由緒を創り上げていったのかということにこだわった論文となっている。また、明治から昭和にかけて〝地域内部の変容〟と記憶の変化の関係に迫ってもいる。「地域の記憶」とは、そこに住まう人びとの歴史認識とアイデンティティの固塊であった。

これらの論文によって、里山地域・飯能に住んだ人びとが一九世紀（幕末から明治）という時代をどう認識し、生きていたのかという問題を提起できた。とはいえ、史料的限界もあり、創られた記憶が、それを共有する集団のあり方をどのように変えていったか、という論点を明確に提示することはできなかった。この責任は編者の須田にある。

註

（1）Ｐ・ヴィダル＝ナケ、石田靖夫訳『記憶の暗殺者たち』（人文書院、一九九五年）。
（2）須田努「イコンの崩壊から」（『史潮』七三、二〇一三年）、須田努・清水克行『現代を生きる日本史』（岩波書店、二〇一四年）。
（3）ピエール・ノラ編、谷川稔監訳『記憶の場』全三巻（岩波書店、二〇〇二年〜三年）。
（4）ジェラール・ノワリエル「フランス人と外国人」（『記憶の場』一　対立、岩波書店、二〇〇二年）。
（5）阿部安成・小関隆他編『記憶のかたち』（柏書房、一九九九年）。
（6）大友一雄『日本近世国家の権威と儀礼』（吉川弘文館、一九九九年）、井上攻『由緒書と近世の村社会』（大河書房、二〇〇三年）、岩橋清美『近世日本の歴史意識と情報空間』（名著出版、二〇一〇年）、山本英二「由緒論」（歴史科学協議会編『戦後歴史学用語辞典』東京堂出版、二〇一二年）。
（7）山本英二「近世の村と由緒」（『歴史評論』六三五、二〇〇三年）。
（8）久留島浩「村が『由緒』を語る時」（久留島浩・吉田伸之編『近世の社会集団』山川出版社、一九九五年）。
（9）落合延孝『猫絵の殿様』（吉川弘文館、一九九六年）。
（10）早田旅人「幕末期百姓の自意識と家・身分意識」（須田努編『逸脱する百姓』東京堂出版、二〇一〇年）。
（11）吉岡拓『十九世紀民衆の歴史意識』（校倉書房、二〇一一年）。
（12）須田努「「苗代川人」という主体」（久留島浩・須田努・趙景達編『薩摩・朝鮮陶工村の四百年』岩波書店、二〇一四年）。

第一章　里修験から神主への転身過程
―本山派矢颪村大源寺の神仏分離―

酒井　麻子

はじめに

大源寺は、武蔵国高麗郡矢颪村（現埼玉県飯能市）の本山派修験寺院である。近世にそこに住んでいた人々は、里修験として暮らしていた。里修験とは村に住む修験者であり、村々にいた様々な宗教者の一員であった。村の宗教者は、村人の心に安定をもたらす村にとって必要な存在であるが、そのあり方は一様ではなく、時代によっても変わるものである。

近世の村里に定着して生計を立てた修験者は、宮本袈裟雄によって里修験という概念規定がされ、知られるようになった(1)。里修験がどのようなものであったかについては、その組織編成のありかたや、宗教活動の内容、村内で有した機能とそれによる他宗教との競合の様相など多くの研究があり、里修験が請け負ったのは、加持祈禱や民間療法による医療行為や、祭礼の執行など、修行して得た「験力」や知識によって村人にふりかかる各種災厄を除去すること、紛争などの仲裁機能、寺子屋教育などによる地域の文化振興、また村人と聖地との間を取り持つことなどが挙げられる。ただし宗教者が担う役割の一つである葬儀については、寺院勢力に押され、あまり関与できなかったとされる(2)。

明治維新期の神仏分離によって、里修験を含む修験者たちの復飾（還俗）と神主への転身が進み、組織が解体していき、さらに明治五年（一八七二）の修験宗廃止令によって修験宗の消滅する経緯については、地域や各地の霊山の事例が報告されている(3)。課題としては、宮地正人が「神仏分離問題を民衆の宗教意識のレヴェルでより微細に捉えようとする場合、我々が見落すことの出来ない一つの点は修験者および修験道の問題」として「民衆が修験に托してきた強い願望と期待は、どのような代替物に托されるようになっていくのか、あるいは杜絶してしまうのか（とすればその精神的空白は何がうめるのか）」を解明すべきとし(4)、菅野洋介は、在地の宗教秩序のあり方を検討するなかで、「幕末から明治における在地レベルの修験の実態が不鮮明である」ということを挙げている(5)。また地域社会における神仏関係について、「各時代の全体社会の影響を考慮すべき課題である。近代における神仏分離の問題と連動する実態に迫るためには、分離施策がとられる前の様相の解明、施策展開の過程、その後の状況などについてみて行く必要がある」という櫻井治男の提言が同様にある(6)。

本稿は、大源寺という里修験についての事例報告であり、とくに明治維新で神主に転身していく過程を中心とするが、こうした課題をうけて、明治維新をはさんだ前後の状況について連続して考えていくことを意識した。史料的な限界もあり、里修験としての活動にはあまり触れられないが、明治維新で修験者が神主に変わる過程や、神主となってからの活動について、その思考のありかたを含めて明らかにしたい。

大源寺は、滝澤家が管理しており、同家は、明治二年（一八六九）に復飾し、多岐座波神社（現滝澤神社。多伎坐波神社とも表記）神主となった。分析の中心としたのは、滝澤家の史料(7)と、矢颪村名主を勤めた中村家の史料(8)である。

表1　矢颪村修験一覧

名称（最終）	別　称	山　号	管理施設	所属（本寺）	所在地	記載史料年代
大源寺	大福院・大正坊・常願院・大学院・滝澤坊	明王山	不動の滝（不動免）・拝殿・神明社（神明免、延宝7上知）	本山修験（篠井観音堂）	字奥平	寛文8～明治2（復飾）
東泉院	福泉院・福蔵院・福正院・東光院	松尾山（松王山）	山王社（山王免）	本山修験（篠井観音堂）	字奥平	寛文8～安政3（文久4「跡」）
大儀寺		明王山		本山修験（篠井観音堂）	字奥平？	寛文8～安永3
福蔵坊			天王社（天王免、享保17時点村人預り）			寛文8～享保17以前
本覚院				本山修験		明治17「跡」

一　矢颪村の修験寺院

近世の矢颪村には複数の修験寺院があった。それらは、修験宗の宗派のうち京都聖護院を本山とする天台系の本山派に属しており、組織編成では、大先達である高麗郡篠井村観音堂の配下に属していた。史料上にみえる院号や坊号は一〇を超えるが、これは世代で異なる個人名のためで、所有する名請地の一致や、帳面類に押された印影の比較などによって、五軒に整理できる（表1）。ここでの表記は、寺号から最後に使われた名称を用い、それ以外の院号・坊号は、別称として年代順に並べた。なお、後述するように、江戸時代の在地社会において修験寺院は、百姓家と同様に扱われていた。

1　大源寺

『新編武蔵国風土記稿』（以下風土記稿とする）[9]の「高麗郡矢下《ママ》風村」の項には、「大源寺　明王山と號す、本山修験、郡中篠井村観音堂配下なり、本尊不動を安ず」と記されている。大源寺は、字奥平の北寄りに屋敷地を持ち（図1）、管理する修験者の姓は滝澤である。

屋敷から少し西の字滝澤の山中にあった不動の滝を管理し、屋敷地には不動の滝に向いて建てられた「拝殿」と呼ばれる建物（現存）がある。不動の滝は、屋敷地の北側を流れる入間川支流の小河川滝澤の中程にあったが、上流部に美杉台団地が昭和五六年（一九八一）から造成され消滅した。位置は、現美杉台公園のテニスコート付近である。明治一七年（一八八四）頃の「〔地誌編輯取調書類〕」[10]にみえる滝の様子は次のようである。

滝澤滝　村ノ亥子ノ方字滝澤滝澤ノ中流ニアリ、高サ壱丈五尺巾二尺、左右巉岩ニシテ樹木鬱然トシテ大陽ノ輝ヲ遮リ頗ル閑寂ノ地ナリ傍ニ滝澤ノ神社アリ

不動の滝は、中程に不動像が祀られた行場であり、そこで修行する行者のための宿坊が、拝殿と母屋の間にあったという[11]。この滝は、大源寺を修験寺院として存続させる重要な要素であり、近世にも宿坊経営を行っていたのだろう。

大源寺を管理する修験者は、文政三年（一八二〇）までと四年以降とで系統が替わる。先の系統は、妻帯せず弟子筋で継承したとされ[12]、文政三年でいったん途絶える。三峯山にいた同じく本山派修験者の自然が、翌四年に二一代目として家族と共に入って相続し、滝澤姓を継いだのが、現在につながる系統である。

ただし、先の系統でも、後代には妻を伴い弟子入りしたケースもある。文化九年（一八一二）の人別送り状[13]には、多摩郡下成木村の文蔵弟が、同村上分名主武右衛門の娘なつと両人で大源寺弟子に入ると記される。なお名主家との縁組は、大源寺の社会的地位が高いことも示している。

大源寺の由緒は、安永六年（一七七七）に火事で建物や記録を焼失したこともあり古い物はないが[14]、慶応四年（一八六八）頃と推定される書付〔後掲史料1・3〕[15]には、永享の頃（一四二九〜四〇）滝澤大学良長が本山派に所属する修験になったと記す。なお、明治二〇・二一年（一八八七・一八八八）に、篠井観音堂の記録から大源寺と東泉

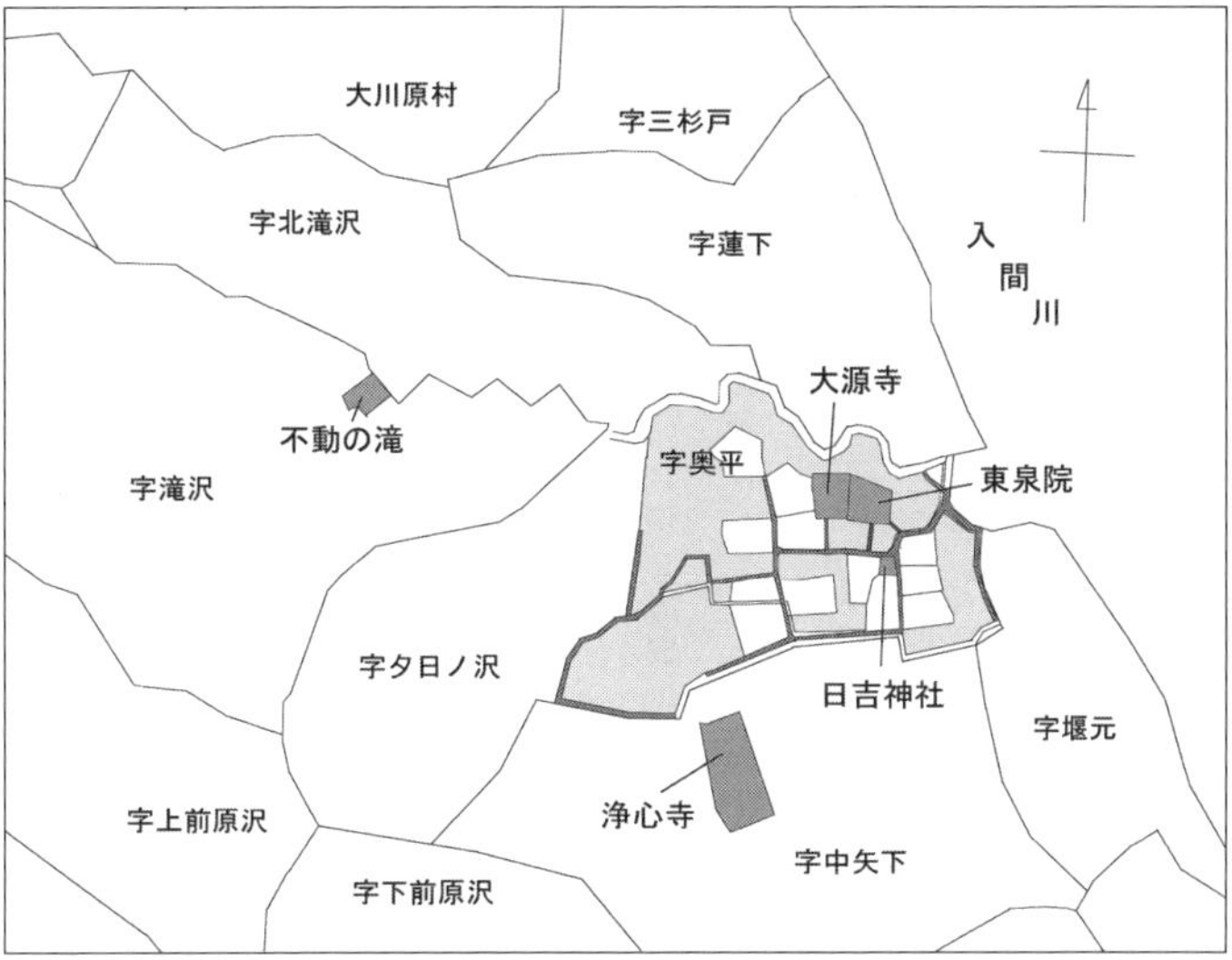

図１　矢颪村修験寺院位置図

〔矢颪村絵図〕（中村正夫家文書Dd1348）の一部に〔矢颪村地租改正字限切絵図（九番字奥平）〕（同家Bi1328ケ）を合成し加工した。網掛け部分が字奥平、字内の白抜き区画は屋敷地。

院の世代を写した「滝澤家碑銘記」によれば、[16]大源寺の開祖は良智、良長は九代である。没年が記されるのは、一三代良慶の元禄三年（一六九〇）が最初であるが、永享から元禄までの約二五〇年に五世代は少ないと思われ、由緒とは齟齬する。家断絶後の相続のため直接家の記憶を引き継げず、隣家の東泉院などに聞いた地域に伝わる由緒ということも考えられよう。

なお、幕末に由緒が記されたのは、修験者から神主への転身する際に、根拠を示すためであった。このことについては第三節で述べる。

名請地は、寛文八年（一六六八）検地帳の写しに、大福院の屋敷三畝一〇歩がみえる。[17]この検地の際、除地として不動免下田九畝と神明免中畑六畝一八歩を与えられた。[18]「神明」とは今の秋津神社で、神明免は延宝七年（一六七九）に返上されている。[19]のち名請地を増やし、慶応三年（一八六七）の名寄帳[20]では、中田三筆と下田二筆の計一反六畝九歩を有し、屋敷・除地・耕地を合わせると計二反八畝一九歩となった。田の内二筆は明治二年（一八六九）に元地主に返され、もう二筆は同四年（一八七一）に他人の持ち地に入ったと追記がある。他の史料では明治四年四月の所持地反別が、村内九畝二四歩、他村五反三畝六歩の計六反三畝とあり(21)、他村にも土地を持っていたことがわかる。

2　東泉院

東泉院は、大源寺の隣にあり、寺号不詳、山号は松尾山。管理する修験者の姓は松田である(22)。大源寺と同じ篠井観音堂の配下で、同堂が裏書した若王子からの明和九年（一七七二）の松尾山福正院宛の二僧祇免許状と、安永四年（一七七五）の松尾山福泉院宛の院号免許状が残されている(23)。風土記稿では山王社の項に「本山修験、東泉院の持」とあり、東泉院が同社別当を勤めていたことがわかる。山王社は、矢嵐村の鎮守で(24)、明治維新の際に日吉神社と社号を替えた(25)。社地は東泉院敷地の南側に隣接していたが(26)、道路の改修により分断された（図1）。現在その場所に、奥平集落の集会所である奥平精進舎が建っており、中に日枝神社（日吉神社）が祀られている。敷地内に、六代福泉院了智が建立した安永三年（一七七四）の供養塔が残る。

村内には万治三年（一六六〇）の懸仏が伝存しており(27)、この年は日吉神社の再興年にあたる(28)。懸仏は鋳造で、中心に蓮華座に座った二面四臂の像がある。像の右に「武州高麗之郡加治之郷」、左に「僧俗男女建立此於矢下村施主玄良敬白」、裏面中心上部に「キャ」とおぼしき種子、その左に「万治三庚子歳二月吉日」と陰刻される。懸仏は同社に祀られていたものだろう。施主玄良は、東泉院の関係者と思われるが、「滝澤家碑銘記」にその名前はない。年代的に該当するのは、「開祖」良圓（寛文一二年（一六七二）没）、二代良玄（元禄一〇年（一六九七）没）であり、名前の文字の共通から良玄を玄良の候補に挙げられよう。となれば、家の始まりと神社の再興は時期がずれ、再興は二世代かけた事業になったと考えられる。

東泉院は開祖良圓の没年から、一七世紀半ば以降活動していたといえよう。「滝澤家碑銘記」に男女対で名が記されることから、血統で継承されてきたとみられる。

五人組帳の記載名を追うと、天保九年（一八三八）に東泉院後家かね、[29]文久四年（一八六四）に東泉院跡となり、[30]明治を目前にして東泉院が断絶したことがわかる。明治に入り、滝澤家から跡継を出し再興した。[31]「滝澤家碑銘記」に東泉院の系譜が記され、滝澤家史料に同院由来の史料を含むのはこのためである。東泉院の由緒書が残されていないのは、明治初年に無住となっており、作成の必要がなかったからだろう。

名請地は、寛文八年検地帳に福泉院の名で、川通りに下々田五畝二五歩、関口に中畑一畝一四歩、れんがに切畑九歩、屋敷三畝一八歩がみえる。同年に除地として山王免中田一反一畝一〇歩が与えられた。[32]

また、東泉院関係の人別送り状が三通ある。一通は、文化八年（一八一一）に福泉院娘ゑつが入間郡大岱村清兵衛に、二通は、ともに文政四年（一八二一）三月の年記で、東泉院娘との女が武州御嶽山の片柳長門へ、東泉院娘ゑいが同御嶽村政吉へそれぞれ嫁ぐ際のものである。[33]御嶽山も修験の地であり、交流のあったことがわかる。

3　大儀寺

大儀寺については、寛文八年検地帳の写に記載があり、近世前期の存在がわかる。管理する修験者の姓は不明である。安永三年（一七七四）の笹井観音堂の触下書上に[34]「明王山大儀寺」とあり、山号が判明する。前述のように、文政五年成稿の風土記稿では明王山は大源寺の山号であり、大儀寺の名請地の一部も、延享四年（一七四七）時点で大源寺の名になっているが、[35]このことは、大儀寺と大源寺とが同一の寺院であることを示すものではない。

元文元年（一七三六）の五人組帳[36]には「浅右衛門・兵右衛門・平蔵・彦兵衛・福正院・大源寺」と「大儀寺・七左衛門・弥左衛門・市郎兵衛・忠左衛門・七郎兵衛」の組が続けて記されており、三か寺に並存時期があるのは間違いない。おそらく位置も近いのだろう。なお、このように五人組帳では、修験寺院と百姓家は同じように登録されている。そして天明五年（一七八五）の五人組帳よりのち、大儀寺の記載は消える。[37]「滝澤家碑銘記」大源寺分では、「大儀寺ノ母」と注記のある女性が二人記され、大源寺との縁戚関係が認められる。山号の移譲なども、こうした関係に因るものだろう。

4　福　蔵　坊

福蔵坊は、寛文八年検地帳で字前原の天王社（現八坂神社）の除地である天王免を与えられている。[38]しかし享保一七年（一七三二）村明細帳では、天王免の管理者は「預り主与右衛門」とあり、[39]それ以前に廃絶したと思われる。管理する修験者の姓も不明である。

5　本　覚　院

明治一〇年代の地誌草稿に見える。[40]他に史料はなく詳細は不明であるが、由緒が大源寺と同じで、同寺の院号の可能性も挙げられる。

二　矢颪村の修験寺院の様態

1　仲介者としての修験寺院

矢颪村の修験寺院が、村人の仲を取り持つ役割を果たしたことがわかる史料が二件ある。

一つ目の事例は、元禄一四年（一七〇一）九月、村内前原沢の田の面積が割附に相違したという訴訟で、村の檀那寺である曹洞宗浄心寺とともに「両先達」が仲裁し、解決したものである。[41] 先達とは修験道で山に入る際などの指導者を指す用語で、「両先達」は前述の修験寺院のいずれか二軒を指すと思われるが、特定できない。

二つ目の事例は、文化一一年（一八一四）三月、矢颪村の女性が江戸へ「貰請」られるにあたり、久米村武兵衛と矢颪村采女が世話をしたものである。[42] 采女は福泉院（東泉院）の弟子で、寛政九年（一七九七）に家督を譲られた。[43]

どちらも村人の仲立ちをした事例である。前者からは、修験寺院が仏教寺院と同様に訴訟の仲裁を行うこと、後者からは、修験寺院が江戸とも人的つながりを持ち、村人の移動領域を広げていたことがわかる。修験組織や自家の婚姻関係などが、このネットワーク形成に寄与したのだろう。

ただし、こうした活動のかたわら、彼らも在俗の村人と同様の務めを果たしていた。領主からの扱いは百姓と同等で、五人組に加入し、法度遵守などの請書類にも、百姓に混じり修験寺院も請印を押している。[44] それに対して浄心寺はそれを行わず、修験寺院と仏教寺院にはあきらかな区別がある。さらに修験寺院は仏教寺院の檀家として、合金や祝儀などの負担も課せられていた。天保七年（一八三六）の浄心寺へ出した金銭の覚や、嘉永四年（一八五一）の檀中から浄心寺への祝儀帳には、大源寺と東泉寺の名前が百姓名と並んでいる。[45]

このように矢颪村の修験寺院は、百姓と同格で、村人としての色々な務めを果たしつつも、一般の百姓とは別の立場で人間関係を取り持ち、銘々で宗教施設を管理していた。同じ宗教者である僧侶と比較すると、身分が別格で、かつ単身で派遣されてくる僧侶より、村の一員としての感覚は強かったかもしれない。

2　近世後期の大源寺三代

大源寺を除く修験寺院は、近世に断絶して史料が残されていないため、大源寺に焦点を絞り、その様態を追う。対象は、文政三年（一八二〇）に大源寺が断絶した後、遺跡を継承した滝澤家の二一代自然（よりかね）・二二代自僊（よりひと）・二三代良顕（よしあき）の三代である。

（1）二一代自然

大源寺の跡を継いだ自然は、秩父郡吉田村出身でもと福島姓、修験名は常願院という。同村吉田坊に同行して同郡三峯山に出仕し[46]、別当観音院の下に入った。文化三年（一八〇六）に観音院の大和入峰修行に随行して初入峰を果たし、聖護院から坊号・院号・桃地袈裟・金襴地袈裟の免許を得た[47]。文化五年（一八〇八）には、三峯山で講の接待にあたる「中之間」を勤めており[48]、また同五年から八年には上州方面への「日廻」（檀家廻り）を行っていた[49]。

その後、妻子とともに大源寺の跡式相続をするが、家伝ではそのいきさつを、三峯神社神主の娘と結婚し、妻子とともに三峯を離れ江戸に行く途中、原市場のデンドウ寺に宿を借り、そこで明寺になっている大源寺の跡をとることを勧められ、受けたとする。

文政四年（一八二一）一一月付の人別送り状からは、秩父郡三峯山観音院末同郡下吉田村正年中行事吉田坊弟子自然（正年五四歳）・同人妻よし（正年三四歳）・同人男子弟子三人が、矢颪村と小久保村の二人の紹介により、大源寺跡式相続人として上吉田石間戸村の人別から抜け、矢颪村の人別に加入したことが確認できる。[50]本当に家伝のように偶発的な相続だったのかはわからないが、入峰を済まし、幾つかの免許を得ている自然の実績が評価されたのだろう。

こうして大源寺を相続した自然は、八年後の文政一二年（一八二九）三月に六一歳で没した。[51]

（2）二二代自僊

自僊は、滝澤家中興祖と評価される。[52]自仙とも書き、修験名は大学院滝澤坊。公的な書類には自仙、私的な書類には自僊と使い分けているが、史料上の表記を除き自僊に統一して記述する。明治三年（一八七〇）四月の人別改には、自僊について、吉田村出生、当午六一歳とあり、逆算すると文化七年（一八一〇）生まれとなる。[53]自僊が、父自然と共に矢颪村に移住した時は数えで一二歳、自然が没した文政一二年は二〇歳である。同年四月には松林山二三世源全（飯能善導寺）から護身法を伝授、[54]翌年二月には、授者不明だが「湯花之大事」を伝授される。[55]善導寺は同じく笹井観音堂配下の修験寺院である。

自僊は、天保六年（一八三五）に村内百姓小嶋弥左衛門の妹ゑんを娶り、三男一女をもうけた。[56]嘉永二年（一八四九）に、桃地結袈裟免許と僧都免許を得たとされる。[57]年不詳だが、聖護院宮に供奉して摂州箕面山と葛城山へ修行に行くという自僊筆跡と思しき書簡が残り、[58]入峰修行も行ったと推察できる。

自僊は、教学研究を熱心に行い、作法・加持の次第書などの教義書や経典類を写し、八卦や方角など卜占の書き付けを残した。滝澤家史料は、自僊の署名入りや、特徴のある自僊の筆跡で書かれたものが多い。教義書や経典類は、病気治療を始めとする様々な修法に用いたと思われ、人の運勢を占った書付からは、[59]実際に卜占の依頼に応じていたことがわかる。滝澤家に残されている筮竹は、自僊の使った物だったかもしれない。また両部神道を学んだとされ[60]、「両部神道口決鈔」などの図書も残る。

自僊は、寺子屋も開いていた。宿坊で行ったと伝えられ、「武陽高麗顕学校明王山主自僊」や、これに類する署名のある図書類が数点残り、顕学校と称したとわかる[61]。開校時期は明らかでないが、署名の年記から遅くとも嘉永期にはあり、明治五年（一八七二）の学制頒布により閉校した[62]。教育には、往来物や四書五経、算術書などが用いられた[63]。

屋敷地内には、明治一五年（一八八二）に矢颪村内及び周辺村の六二人が建立した筆塚[64]と、同二〇年建立の顕彰碑「滝澤系統碑」が残り、自僊の人徳を偲ばせる。

さらには、皇族・公家・武家の系図や法流を研究し、名鑑類の刊本をはじめ武家系図本の写本の他、自僊の稿本かと思われる「雲上帝王皇統」（安政二年書）・「雲上皇統諸氏大系図」（同年書）・「編纂本朝尊卑分脈図」（安政三年書）を残している[65]。明治一〇年には集大成として「本朝姓氏苗字録」を編纂した[66]。刊行には至らなかったようだが、「滝澤系統碑」にも、彼の功績のひとつとして挙げられている。

自僊は、文久二年（一八六二）には、安永六年（一七七七）に焼失した拝殿を再建した。この建物は現存し、内部の長押には大きく「于時文久二年壬戌重陽月　明王山二十一世現住自僊造営之」[67]と彫り付けられている。建物の部材には寄付者の人名が刻まれ、寄進があったことがわかる。自僊にはそれを実現するだけの人望と経営手腕があったといえ、このことは、寺子屋経営と無関係ではないだろう。

移住者というハンデはあるが、妻を村内から娶り、修験として修行を積み、研究熱心で多くの修法を身につけ、卜占による人生相談も受ける。さらに寺子屋を開き村内外の子弟を教える彼に対して、村人の信頼は厚かったのではなかろうか。

(3) 二三代良顕

良顕は、維新前は図書と称した(68)。天保一二年（一八四一）九月矢颪村に出生し、嘉永三年（一八五〇）から安政六年（一八五九）までの十年間、父自僊の寺子屋で学んだ(69)。慶応四年（一八六八）一月に、村内新井定次郎の娘ゑいを妻に娶る(70)。

図書時代の事績で判明するのは以上である。父と同様本山修験として修行を積んでいたものだろう。昌平坂学問所に学んだ、あるいは入門しようとした、という伝承もあるが(71)、詳細は不明である。明治二年（一八六九）に家督を継いで良顕と改名した後は、復飾して神主として、また教員として活躍していくことになる。

三　維新期の滝澤家の神主への転身過程

修験道は、本質的に神仏習合にもとづく宗教であるため、明治政府によって行われた神仏分離によって大きな打撃を受けた。神仏分離の動きを見ると、慶応四年三月には神祇事務局達により、神社において僧形で別当・社僧と称する僧侶に復飾が命じられ、続いて布告により神号に仏教用語を使用する神社の由緒を書き付け申し出ることや仏像を神体とする神社を改め、神社から仏具を取り払うことが命じられる。同四月太政官布告により仏像を神体とする神社を改めることが再命令される。同閏四月太政官達により神仏混淆廃止につき、別当・社僧は還俗の上、神主・社人の称号に転じ、神道で勤めることとされる(72)。

このため修験道は、教義の中で一体化していた神と仏を無理に分ける整理がされ、その特徴を薄められていく。最終的に独立の宗教として認められず、明治三年（一八七〇）六月神祇官伺により修験道はすべて仏教徒となすこととなり、同五年九月太政官布告により、修験道廃止となった。本山修験では、慶応四年一月聖護院宮雄仁親王が還俗し、修験道管領宮となる(73)。

この情勢下で、大源寺の管理者である滝澤家は、生活を大きく変えることを余儀なくされた。

1　神主職の選択

慶応四年（一八六八）、神社別当である修験者には、別当をやめて修験宗にとどまるか、還俗して神職になるか、という選択肢があった。滝澤家が選んだのは、神職になる道だった。

〔史料1〕

乍恐以書付ヲ神職式被　仰付候趣左ニ奉申上候

武蔵国高麗郡加治郷加治庄之内矢颪村

黒田筑後守様御領分　社人滝澤大学印

祭神素盞烏尊

一矢久茂乃神社

①右社之儀者境内ニ有之、先祖与リ右社之社人ニ而、社中少々免除有之候所、「（追記）其外郷内之神社等惣而奉幣神祭之式是迄相務来候所」中古永享之頃滝澤大学良長と云者本山修験位仰ニ付京都　聖護院宮御法流ニ附属仕是迄相務来候所〇「（追記）〇本山修験道ヲ以祭式相務来り候、然ル処〇」、此度　王政御一新ニ付、②神職変革被仰付候儀奉畏候、右ニ付鎮守矢久茂乃神社社人滝澤大学と称号被　仰付度、此度何卒以御慈悲ヲ願之通御聞済被下置候ハ者、難有仕合奉存候、以上

社寺
　御裁判所

（読点・傍線筆者、以下同）

史料1は、年欠だが、宛所の社寺裁判所が存続した慶応四年五月から八月[74]の間に作成されたと考えられる願書案である。[75]滝澤大学が、先祖より境内にある「矢久茂乃神社」の社人で、（租税の）免除地を持ち、郷内の神社の奉幣神祭をしてきたと述べ、永享の頃（一四三〇年代頃）滝澤大学良長が聖護院に属して以来、本山修験道で祭式を勤めてきたが、神職変革を命じられたので、鎮守矢久茂乃神社社人滝澤大学となることを求める内容である。

傍線部①「社中少々免除」とは、大源寺に与えられた不動免を指すと考えられる。社人（神職）になることを決めた理由については、「神職変革」を仰せつけられたからだと記す（傍線部②）。これがどこからの指示かを考えたとき、次の史料がある。

〔史料2〕

（前略）従古来霞地致管摂居候院跡旧襲、連綿之事ニ候へ共、③今更修験道廃絶・神職変革之儀、可致悲哀義ハ必然之事ニ付、右之心得方ニ因循シ、当道之儀者、元来両部神道ニ在之抔と、陽ニハ神道之致風体、社職相勤、陰ニハ本山修験之旧貫を以、霞地致管摂候而者、④御布告之御趣意ニ相振、不相済事ニ候、旧幕朱印地・除地、其他氏社大社之於別当ハ、御布告之通、可致変革筈ニ候、尤其段管領宮御方江令言上、古来被附属候霞地　令旨幷村書等可有返上、⑤小社之於別当ハ、其時宜ニ随ひ、神職或者村方等江令附属、其院跡修験一途相立旧襲連綿之通、霞地可令管摂、前条之次第神社別当之不拘変革、各遂参洛言上可有之御沙汰ニ候也

辰（慶応四年）六月

小野澤大和（花押）（他二名略）

史料2は、本山を同じくする三峯山に出された聖護院坊官衆からの達書で[76]、布告に従って、神社別当職と霞地（修験の縄張り）の院跡との兼務を廃止することを命じている。この布告とは、前述した明治政府の一連の「神仏分離令」にあたると考えられ、単純に神社別当を僧形で勤めることを禁止し、復飾か退職かを促すものであるが、聖護院の達では条件を加え、旧幕府からの朱印地や除地を持つか、または氏神や大社の別当は、布告通りに神職に変革し（傍線部④）、小社の別当は、神社を（他の）神職か村の附属にし、本人は修験一途で霞地を管理する（傍線部⑤）とする。免除地を持つ神社別当にとって、この達は神職になることを命じるものといえよう。

ほぼ同文の同年閏四月付の達が、周辺の修験宗の大先達である越生山本坊や狛江行宝院にも残されており[77]、この時期、それぞれの配下に触れ出されたのだろう。なお、神職変革の条件に合わない修験者までもが神職になったものと見え、同一〇月には、朱印地・除地を持たないものが神職となることを止める触が追って出された[78]。

篠井観音堂配下では、六月二一日に「別当神主ニ変革之御触」が出され、七月二日に同堂でそれについての寄合が行われた[79]。滝澤家が見た書面は確認できないが、同家では、この通達により、大源寺の不動免を根拠として、神職となることを選択したと考えられる。「神職変革」という史料1・2に共通する文言（傍線部②・③）が、政府の通達には見えないことも、史料2を承けて史料1が作られたという傍証となろう。

2　社名・祭神の選定

神職に転身することを決めたら、必要となるのは奉祀する神名と社名である。むろん、神社に習合していた仏を分離するだけなら簡単なはずだが、大源寺の場合、そう単純に話は進まない。

〔史料3〕

奉願上又奉窺又奉内窺口上之覚

御領分高麗郡加治郷加治庄之内矢颪村大源寺滝澤坊大学院之内之⑥鎮守《由》滝澤《ザハ》御《ミ》魂《タマ》之神社之儀、居宅与り三丁余西之方「深谷之際」（追記）字滝澤与申地名、往古祭神国常立尊、則滝澤御魂之神社是也「之社人成由」（追記）、中古永享之頃滝澤大学良長と云者本山修験位仰ニ付、京都聖護院宮御法流ニ附属仕、⑦右祭神国常立尊者五形之依為五形之徳、則御尊体者大陰陽土、倶梨伽羅不動同体成事を唱へ、不動尊を安置し□（破損）之本尊与奉崇弐間四面之堂舎建立成由申伝へり、然ル□（破損）弐百有余年を経て寛文八申年不動尊へ下田九畝歩免□（破損）有之、⑧幷ニ矢久茂之社者、祭神素盞烏尊右社之別当守護仕来候所、今般　王政御一新ニ付、御布告之御旨趣ニ付、徴肺肝ニ謹而修験道変革被　仰渡候ニ付、⑨右滝澤御魂乃神社神主滝澤大学之称号被　仰付被下置度、此段偏ニ御聞済被成下候様奉願上候、早々以上

〔史料4〕

乍恐以書付奉願上候

武州高麗郡矢颪村　多伎坐波明神

厳島大神

八坂大神

右多伎坐波明神祭神　国常立尊社免下田九畝歩、社地東西百弐拾間、南北八拾五間、⑩厳島大神・八坂大神者別当屋敷之側御年貢地ニ有之、右三社共本山修験大学院別当相務来候処、今般　御一新ニ付御布告之御旨趣謹而奉拝承、⑪依之大学院自仙速ニ復飾之上滝澤寛与改名、神主ニ相願、是迄之通社務進退仕度、御聞済之

上者家族一同神葬祭ニ執行度奉存候、右ニ付故障筋聊無御座候、何卒以　御仁恤願之通御聞済被成下置度奉願上候、已上

明治二巳年八月廿二日

武州高麗郡矢颪村

多伎坐波明神　外弐社別当本山修験

大学院自仙（印）

韮山県

御役所

史料3[80]は、史料1と類似した文言を使用することから、同時期の史料と考える。しかし内容は大きく異なり、史料1で主だった矢久茂神社（祭神素盞烏尊）は簡単な記述に留まり（傍線部⑧）、代わりに滝澤御魂之神社（祭神国常立尊）を主として神主職を願う（傍線部⑥・⑨）。

翌年の史料4[81]では、多岐座波明神を主に、厳島神社と八坂神社を末社扱いにして、神主となることを願っている。史料3の滝澤御魂之神社と、史料4の多岐座波明神は、同じ社である。史料3傍線部⑥にある「居宅与り三丁余西之方、深谷之際」という位置は、不動の滝と重なり（図1）、明治一七年（一八八四）頃の地誌調査[82]で、「多岐座波神社」と「滝澤滝」はどちらも字滝澤にあって、滝の「傍ニ滝澤ノ神社アリ」ということから、両社は同一といえる。

同様に八坂神社は矢久茂神社とみられる。「矢久茂」とは八雲であり、一般に八雲神社と八坂神社は、どちらも祇園信仰として牛頭天王を祀った天王社の神仏分離以降の名称で、祭神は素戔嗚尊になることと、その位置が史料1で「境内」（傍線部①）、史料4で「別当屋敷之側御年貢地」（傍線部⑩）と、大源寺に近接するという共通点から両者は同一と判断される。

矢久茂神社から多岐座波神社へ、主とする神社を変更した理由を考えたとき、決め手となるのは不動免という除地である。前述のように、除地が神職化の条件であるならば、不動免を持つ神社は不動尊と一体でなければならず、不動尊は、信仰の源である滝とは切り離せない。矢久茂神社は滝と離れており条件に合わない。

祭神は、倶利伽羅不動と同体という理由で、国常立尊とされた（史料3傍線部⑦）。

国常立尊は、古事記と日本書紀の開闢神話に登場する神で、日本書紀では「開闢くる初に、（中略）時に、天地の中に一物生れり。状葦牙の如し。便ち神と化為る。国常立尊と号す」とみえる[83]。天神七代の一代目として、中世以降の神道説のなかで注目され、国常立尊が葦牙から生じたという話は、多くの神道書で語られる[84]。その中で両部神道の理論書のひとつ「大和葛城宝山記」では、高天海原に生じた葦牙の形の霊物→天瓊玉戈→天御量柱・国御量柱→独鈷→栗柄（倶利伽羅）→不動明王、という転化が記される。葦牙が国常立尊なら、国常立尊＝不動明王という説がなりたつのである。

疑問となるのは、いつから多岐座波神社とその祭神国常立尊が置かれたのか、ということである。神社の初出は史料3で、以降の地誌類には「従前多岐座波神社ト称シ社号改替ナシ」として、天慶二年（九三九）六孫王勧請とする由緒が記される[85]。なお、地誌における由緒の記述については、第Ⅱ部第五章清水論文で述べられている。それに対し近世の風土記稿や村明細帳に見えるのは、不動尊の存在のみで、矢颪村の人が文政九年（一八二六）に周辺の一千社巡りをした記録にも、「滝澤不動尊」と記される[86]。また村内の寺社も描かれている村絵図に、この社は描かれない[87]。

祭神についてはどうか。修験の思想として神を祀るのは不思議ではなく、例えば三峯山では、三峰権現社の祭神は、元禄年中（一六八八～一七〇三）の書上には国常立尊・伊弉册尊とあるとされ[88]、近世から勧請していた可能性も捨てきれない。しかし、史料4のようにただ尊名を記せば済むところを、史料3では「五行之徳」や「同体」云々と妙に説明調であり（傍線部⑦）、このことは、滝澤家がこの時に神道説などを参考に国常立尊を選んだということを示すのではなかろうか[89]。

以上のように、多岐座波神社とその祭神国常立尊は、慶応四年時点で、滝澤不動尊そのものを変化させたものである可能性が高い。そうならば、そもそも神社別当とはいえず、神主になる前提は本来ないのであるが、仮に社がなくとも、不動尊は国常立尊なのであり、そこに与えられた除地があるのなら、この転身の理屈は成り立つのである。

村としても、国常立尊を不動尊と同一のものとして、滝澤不動尊の由緒を多岐座波神社の由緒に適用し、不動免を国常立尊免とすることに支障はなかったのだろう。

3　社務従事者の変更

大源寺を多岐座波神社とすることとした滝澤家であるが、最後に社務を勤める人について、変更が生じた。

前掲史料1・3・4は、滝澤大学（自僊）が神主となることを願うものである。翌明治二年（一八六九）三月には、次の願書が出された。

〔史料5〕

乍恐以書付奉願上候

武州高麗郡矢颪村之内字滝澤之鎮守日吉大明神別当本山修験東泉院無住ニ付、兼帯隣寺大学院自仙幷氏子村役人一同奉申上候、今般　王政御一新ニ付御布告之御趣意被仰出、両部混淆之義難相成旨御達之趣奉拝承候、

⑫依之大学院自仙倅図書義滝澤隼人与改名、速ニ復飾、神主ニ転シ神勤仕、自身神葬祭いたし候積り、夫々相談相整、右ニ付一同聊故障筋無御座候間、何卒以御慈悲右図書江復飾願之通御聞済被　仰付被成下置度、連印を以奉願上候、以上

武州高麗郡矢颪村之内
字滝澤日吉大明神別当本山修験東泉院
明治二巳年　　無住ニ付兼帯隣寺　同　大学院　自仙
三月　　同人倅復飾願人　図書
品川県
御役所　　氏子村役人惣代組頭左之吉（印）

断絶した東泉院が別当をしていた日吉神社の神職について、自僊（自仙）の子図書が隼人と改名して勤める内容である（傍線部⑫[90]）。この時点では、多岐座波神社を自僊が、日吉神社を子の図書が、それぞれに神主を勤めるつもりだったことがわかる。

しかし半年後の八月に変更がある。多岐座波神社の神主職について、二二日には、自僊が復飾し寛と改名して勤める願書〔史料4〕を作成していたが、二九日には、自僊は復飾するが老体のため隠居し、かわりに図書が良顕と改名して復飾、多岐座波神社と八坂神社・厳島神社の社務を勤める願書が改めて作成された（史料6傍線部⑬[91]）。

〔史料6〕

乍恐書付ヲ以奉願上候

武州高麗郡矢颪村　多岐座波明神
厳島大神

八坂大神
右多岐座波神社者祭神　国常立尊社免下田九畝歩、社地東西百廿間、南北八拾五間、厳島大神、八坂大神者別当屋敷之側御年貢地ニ有之、右三社共本山修験大学院別当相務来り候処、今般　御一新ニ付御布告之御旨趣謹而奉拝承、(13)依之大学院自仙幷倅図書共速ニ復飾之上、自仙老体ニ而隠居いたし、図書義滝澤良顕改名、神主ニ相願、是迄之通り社務進退仕度御聞済之上、父子者勿論家族一同神葬祭ニ執行度奉存候、右ニ付故障之筋聊無御座候、何卒以　御仁慈願之通り御許容被成下置度奉願上候、已上

武州高麗郡矢颪村
鎮守多岐座波神社　外弐社元別当　大学院自仙
同人倅図書事改名　滝澤良顕
氏子惣代　百姓代　吉兵衛（印）
組頭　佐之吉（印）
名主　彦太郎（印）

明治二巳年八月廿九日
韮山県
御役所

急な変更ではあるが、このとき自僊は六〇歳、図書は二九歳と、代替わりをしても年齢的にはおかしくない。代替わりに必要な手続の手間も考えたのかもしれない。図書は、隼人ではなく、良顕と名乗ることとなった。顕の字は、自僊の寺子屋顕学校に因んだものか、自僊の跡継らしい名前といえよう。良顕は、同九月に神祇官から新補許状を得て、正式に神主職に就いた(92)。家督も、八月二五日に自僊から図書に譲られ（後掲史料7）、自僊は隠居となり、寛と名乗った。

以上のような過程を経て、大源寺の修験者は多岐座波神社神主に転身し、また、この神社によりふさわしい由緒

も整えられていった。

四　明治期の神主滝澤家

1　祠掌兼勤

神主となった良顕に対し、周辺村から神社の奉幣が要請された。補任直後の明治二年（一八六九）一一月には、矢亀村鎮守日吉神社と多岐座波神社、隣村の前ヶ貫村鎮守八幡神社の奉幣の請書を良顕と各村の村役人が韮山県に提出した(93)。日吉神社別当東泉院は断絶し、八幡神社別当は塩川寺（円泉寺）という寺院だったので、それぞれの村で、良顕を指名したのだろう。

村鎮守である両社の神主職については、多岐座波神社の場合と違い、村が神社の運営権を持ち、良顕に委嘱する形になる。良顕が得たのは、神勤することであって、神社そのものではない。それを端的に示すのは、日吉神社と多岐座波神社の請書に、両社が「御布告以前者村方大源寺持」と記したことを村役人が問題視し、東泉院持であることを確認する一札をとったことである。八幡神社を請けたときも、除地と境内社木は村方支配である旨の一札を、良顕から前ヶ貫村役人と氏子へ差し出している(94)。

その後は、明治七年一二月に、矢亀・前ヶ貫・岩渕の三ヵ村惣鎮守征矢明神と永田村白鬚神社を祠掌したうえ、矢亀村・前ヶ貫村・永田村について神社一円祠掌兼務となり(95)、明治一七年に、岩渕村八幡神社、明治二八年には県社広瀬神社の社掌を勤めた(96)。

良顕の兼勤する神社増加の理由は、明治二年段階ではその社の奉職者不在である。その後は神職の選抜が考えられる。明治四年五月の世襲神主廃止と精選補任の布告[97]に基づくものか、一一月に、川越県管下十区で神職一同七〇人の惣廃が申し渡され、試験によって一三人に絞られた。明治六年三月にも旧神官が解任され、四月に神職試業により新選された[98]。

こうした整理によって、良顕は担当神社を増やしたものと思われる。

2　国学の学習

前項で触れた神職試業の内容は、神典国史、祝詞の講義などで[99]、国学の知識が必要とされており、良顕も国学を学んだ。良顕の履歴書を見てみよう。

〔史料7〕[100]（明治六年十二月付）

一明治二年八月廿五日父滝澤寛跡家督
一明治二年八月廿九日本山修験復飾願済
一明治二年九月七日東京神祇官ニ於テ神職許状拝受
一明治六年四月廿八日農籍編入
一明治□《（三カ）》年五月五日平田篤胤入門同四年十一月ヨリ二ヶ年小池貞景随ヒ国学研究
一明治六年四月廿二日教導職十四級試補被仰付候

〔史料8〕[101]（明治一五年七月付）

一明治五年九月ヨリ皇学者小池貞景ニ就テ皇漢学修業算術ハ飯能学校ニ於テ伝習其後井上頼圀ニ属シ学術研究

〔史料9〕[102]（明治三九年付）

一学業

年月日	合年月数	学科	程度又ハ用書	学校又ハ師名
自嘉永三年 至安政六年	十ヶ年間	和漢普通 学算術	消息商売庭訓往来ノ類及四書 五経算術加減乗除分数ノ類	旧高麗郡矢颪 滝澤寛
自明治五年一月 至同十二月	一ヶ年間	皇漢学	四書五経七書類古道訓蒙頌 玉鉾百首古学二千文等ノ類	高麗郡飯能町 ニテ小池貞景
自明治六年 以後二ヶ年	二ヶ年間	皇学	国史国文類	飯能町巡回先 ニテ井上頼圀

史料7に平田篤胤入門とあるが、平田家の門塾気吹舎の門人帳[103]に名前が無く、他の履歴書や史料でそれについて記されないことから入門していないと思われる。平田派国学者の中心的人物は、明治初年の神祇・宗教政策に直接関与していないとされ[104]、政治力に期待できる状況にはなかったとすると、明治六年に良顕が履歴書に入門と書いた理由はなんだろうか。これについては、この履歴書が神官の履歴書であることにもかかわると思われる（後の二点は教員の履歴書である）。

同門人帳の入門者のうち、高麗・入間・比企・秩父・多摩の五郡分を集計すると、慶応元年から明治四年にかけて六八人が入門、うち四五人が神主というデータが得られる。権威づけの手段にあせった神職が入門したという見解[105]も否定はし得ないが、それだけでもなく、この地域の神職には、同門のつながりと、平田国学を学んだことを重視する気風が生じたと思われる。その素地を作ったのは、権田直助と井上頼圀という二人の国学者である。

権田直助は、入間郡毛呂本郷に生まれ、天保八年（一八三七）に気吹舎に入門、その後京都で尊攘運動に加わった。名越舎という私塾を開き、晩年は大山阿夫利神社の祠官を勤めた。娘婿は高麗郡飯能村の医者早川舟平である[106]。井上頼圀は、江戸神田に生まれ、文久元年（一八六一）気吹舎に入門したのち、元治元年（一八六四）名越舎で権田直助に学んだ[107]。

上記入門者六八人の内三五人の紹介者は、井上の紹介で入門した高麗郡唐竹村長百姓岡部三五郎で、また三二人は井上の門人となった。こうした周囲の状況を考慮して、良顕も入門と書いたのではないだろうか。

履歴書により差があるが、良顕が国学を学び始めたのは明治五年と思われる。良顕の最初の国学の師は、小池貞景である。小池は、明治三年に気吹舎に入門しており[108]、明治四年に井上が飯能郷学校へ連れてきたようである[109]。小池からは皇漢学として、四書五経や皇典を学び〔史料９〕、良顕から神道書や両部神道の書などを貸すこともあった[110]。

また、明治六年から八年にかけて、井上も飯能の田中屋にて国学の出張授業を行っており、良顕はこれに参加して学んだと思われる[111]。このころ使ったものか、滝澤家蔵書には、国学関係の書写本が数冊[112]と、平田篤胤の著作物が含まれる。

良顕は、明治六年四月には教導職試補となり〔史料７〕、翌七年四月に教導職権訓導を拝命した[113]。良顕は、教導の指標として教部省から出された「三条教則」の衍義書を記しており[114]、こうしたことにも国学の知識が使われた。

3　教員の奉職

良顕は、神職・教導職と並行して小学校教師となり、その後の地域の教育を担っていく。明治六年一月に入間県拾八番仮小学校の句読師を拝命し、同七月に飯能学校助教生として小学校授業法と用書を学び、同九月開設の矢颪学校仮教員を勤める。その後熊谷県の教員養成学校である暢発学校で学び、同八年六月卒業、すぐに矢颪学校の教員を拝命、(115)法改正に伴い同校が改称した格知学校・加治学校・武宮尋常小学校で勤める。加えて個人教授も行っていたのか、矢颪学校教員となる岩澤倉次郎と山岸鶴吉の履歴書には、おのおの小学校卒業後、明治一五年（一八八二）と一七年に良顕に就いて四書素読と算術を学んだと書かれている。(116)明治三三年（一九〇〇）には武宮小校長になり、四五年（一九一二）にも入間郡藤沢尋常小学校に、訓導として在職していた。

このように良顕は神職・教導職・教員として、その折々で必要とされる知識を学び、明治政府の国民教化政策に基づき、村および地域の文化行政に関わっていった。

4　隠居　自僊

公的に活躍した良顕に対し、自僊は、私的な範囲で活動していた。隠居という制約の少ない立場で、修験時代とあまり変わらない役割を担って過ごしていたようである。

神官の補任はされないが、明治一一年（一八七八）一一月、父自然の五十年忌に際し、良智以降の先祖を神奠（かみまつり）に改めるなど、(117)多岐座波神社の私的な行事を執り行っていた。

自僊も、平田派である久保季茲の「神徳略述頌」(118)を筆写するなど、国学を学んだ形跡はある。晩年の明治一〇年代に述作した幾つかの文章には、記紀の記述に基づいて、我国とその人民は天御中主尊ら神の恩頼をうけた神国・神孫で、周辺国より優れた「日本人種」である旨を記す。(119)このうち「霊の箱」では、著述の契機として、小学校で「我国ノ人民亜細亜人種成事ヲ素読」しているのを聞き不快感を覚え、（日本人種であることを）「四方の君子」に伝えるべく古書をまとめたと記す。これらは、国学に影響を受けたものといえよう。

また、五行説を用いて神の徳を説き、七曜と干支を五行説で関連づけて、「人間一代性運ノ吉凶を定」めた「人性玉加々美」を記し、最晩年の明治一九年（一八八六）にも易の卦をまとめた本も作成している[120]。易学を用いた占いは、修験者だったころから引き続く自僊の仕事だったのだろう。

自僊の記した多岐座波神社の祝詞が二点ある。

一つ目は、「韮山県」「神祇官」という文言を含むことから、明治二年から四年に作成されたと思われ[121]、宣命体の書かれ方はややぎこちない。内容は、不動尊の縁起と免除地のこと、御一新で不動尊が国常立尊となり、社地を改めて免除され、良顕が社務進退をしていることが記される。

二つ目の「多伎坐波神社祝詞[122]」は、五穀豊穣・家内安全を願う内容で、年不詳だが宣命体の書き方もよどみなく、一つ目より後のものと思われる。この祝詞で描かれる多岐座波神社の神の姿は「蒼生乃形乎顕志大比奈留徳乃故爾金乃罣磐爾坐坐氐大比爾恵賜布故爾大比成晋火焔乎顕志大比奈留智剣乎執氐狂事世晋罪有世受随意乃索乎持氐過世晋者無久」というものである。岩にいて火焔をあらわし、剣と索を持つ、これは不動明王の姿である。自僊にとっての国常立尊は、やはり不動尊だったのである。

おわりに

本稿では、江戸時代に矢颪村に住んでいた修験寺院のありかたと、そのうちの大源寺の修験者について、明治維新をはさむ前後の様子について述べてきた。

矢亹の修験寺院は、百姓と同格でありながら、加持祈禱や卜占などの宗教活動により村人の心身を健全に保つとともに、寺子屋教育などの活動を通して知識人として村を安定させる役割を担い、さらに村人同士、または村と外部との仲介などを行っていた。しかし時代が下ると、しだいにその数は減少していった。

近代移行期をむかえて、矢亹村に最後に残った修験寺院大源寺の自僊は、維新政府の神仏分離令および本山聖護院の達を承けて、多岐座波神社の神主へと転身を図った。その際に用いられたのは、不動免という大源寺の由緒と、不動尊は国常立尊と同体である、という彼の修験としての知識であった。そして息子良顕を神主の座につけ、家督を譲って家の若返りをはかり、難局を乗り切った。

多岐座波神社神主となった良顕は、明治初めの神道国教化の流れの中で必要とされた国学などの知識を身につけ、村の鎮守や周辺神社の神主を兼務して、地域の宗教行政を担う。また、近代学校制度の中で、教育者としても力を尽くした。

隠居した自僊は、多岐座波神社の社人として、修験者時代と同様に村人の心の安定を手助けしていった。明治に入っても、彼の記した祝詞を見る限り、少なくとも自僊にとって、神と仏はそう違うものではなかった。

維新の変革の中で明治政府は、政策として神仏分離を求めた。修験者滝澤家は、それをきっかけとして転身を図るため、神社から仏を分離するのではなく、不動尊から国常立尊という分身を作ることにより、大源寺を多岐座波神社に転換させ、それにふさわしい由緒を整えていった。これも「神仏分離」の一つの事例である。

註

（1）　宮本袈裟雄『里修験の研究』（吉川弘文館、一九八六年）。

（2）森毅『修験道霞識の史的研究』（名著出版、一九八九年）、宮家準「武蔵国の修験道」（『大倉山文化会議研究年報』六、一九九四年）、藤田定興『近世修験道の地域的展開』（岩田書院、一九九六年）、菅野洋介『日本近世の宗教と社会』（思文閣出版、二〇一一年）、田中洋平「近世の村鎮守祭礼をめぐる別当寺の動向―武州入間郡上寺山村本山派修験林蔵院を事例として」（『風俗史学』二四、二〇〇三年）、山中清次「里修験と「入寺」慣行―下野国の事例から―」（『山岳修験』四五、二〇一〇年）、日本山岳修験学会『山岳修験』掲載論文ほか。

（3）藤田定興『寺社組織の統制と展開』（名著出版、一九九二年）、岸昌一「鳥海山蕨岡修験にみる明治維新」（『山岳修験』三五、二〇〇五年）、朝日則安「武州三峯神社の神仏分離」（『山岳修験』二四、一九九九年）、関守ゲイノー「修験道と神仏分離」（『山岳修験』別冊、二〇〇七年）ほか。

（4）「国家神道形成過程の問題点」（『日本近代思想大系五　宗教と国家』岩波書店、一九八八年）。

（5）「幕末期における修験の動向と在地社会―武州入間郡を中心として―」（『近代仏教』一四、二〇〇七年）。

（6）「明治維新期における神仏分離と地域神社」（『国立歴史民俗博物館研究報告』一四八、二〇〇八年）。

（7）飯能市滝澤自次家文書。

（8）飯能市郷土館所蔵、中村正夫家文書。以下、本文書引用にあたっては、『中村家文書目録』（飯能市郷土館、二〇〇九年）記載の文書番号を記す。

（9）『大日本地誌大系一五　新編武蔵風土記稿九』（雄山閣、一九九六年）。

（10）中村家Ｄｂ四〇五―二（地誌編輯取調書類）。

（11）現当主滝澤自次氏のご教示による。

（12）前掲註（11）。

（13）中村家Ｆｃ二〇一一　文化九年「縁附送り一札」。

（14）滝澤家新出一　明治二一年「滝澤家碑銘記」。

（15）滝澤家③―二八「奉願上又奉窺又奉内窺口上之覚」・③―二九「乍恐以書付ヲ神職式被仰付候趣左ニ奉申上候」。

（16）前掲註（14）。

(17) 中村家Ｂａ九三二　寛文八年「武蔵国高麗郡矢颪邨申御縄水帳」。
(18) 中村家Ｂａ四七四　文化四年「御水帳写」。
(19) 前掲註（10）。
(20) 中村家Ｂａ四四九「田方名寄帳」・Ｂａ四五〇「畑方名寄帳」。
(21) 中村家Ｆｂ九四八　明治四年「辛未戸数人員惣寄帳」より「社務人別帳下案」。
(22) 滝澤家②―八三　明治三年「人別下書」。
(23) 滝澤家②―三　安永四年「院号御免之事」・②―四　明和九年「二僧祇御免之事」。
(24) 中村Ｄａ三八四　明治元年「御一新ニ付諸書上帳」・Ｄａ三九五　明治二年「矢颪村差出明細帳」。
(25) 前掲註（10）。
(26) 中村家Ｂｉ一三二八ケ　明治九年〔矢颪村地租改正字限切絵図（九番字奥平）〕。
(27) 個人蔵。
(28) 中村家Ｋｂ五九　明治一七年〔矢颪村字滝澤　無格社多伎坐波神社由緒等書上〕。
(29) 中村家Ｆｂ七〇二　天保九年「五人組御改帳」。
(30) 中村家Ｆｂ七一二　文久四年「五人組改帳」。
(31) 前掲註（14）「滝澤家碑銘記」の東泉院の先祖書上に「周助分」とあり、前掲註（21）では周助は良顕弟とある。
(32) 前掲註（10）・（18）・中村家Ｂａ四六四　寛文八年「武蔵国高麗郡矢颪村申御縄水帳」。
(33) 中村家Ｆｃ一五八九　文化八年「落着一札之事」・Ｆｃ一六三七　文政四年「一札之事」、Ｆｃ一五七四　文政四年「送り一札之事」。
(34) 『狭山市史』地誌編、一九八九年、「武州大先達滝音山白山寺観音堂触下次第」。
(35) 中村家Ｂｆ八五九　延享四年「百姓持山反別書上帳」。
(36) 中村家仮三四四―一　元文元年「五人組御改帳」。
(37) 中村家仮三四四―二　天明五年「天明五巳ノ改五人組次第」（前掲註（36）と合冊）。

(38) 前掲註(18)。
(39) 中村家Ｂａ八五八　享保一七年「武州高麗郡矢颪村差出明細帳」。
(40) 中村家Ｄｂ四〇五―一〔地誌編輯取調書類・壱〕。
(41) 中村家Ｅｅ一七〇三　元禄一四年「差上申一札之事」。
(42) 中村家Ｆｆ一五八六　文化一一年「入置申一札之事」。
(43) 中村家Ｋａ一九四六　寛政九「家督株式分地定書之事」。
(44) 中村家文書中の五人組帳（Ｆａ三四四―一ほか）・請書類（Ａｃ六七五ほか）より。
(45) 中村家Ｋａ九九　天保七年「寺出ス合金覚帳」・Ｋａ八八　嘉永四年「檀中祝儀目録帳」。
(46) 滝澤家　明治二〇年「滝澤系統碑」碑文・②―五　文化三年「金襴地結袈裟之事」。
(47) 横山晴夫編『三峯神社史料集』一（三峯神社社務所発行、続群書類従完成会、一九八四年）、一〇六号文書　文化三年「法蓮院入峯私識」、横山晴夫編『三峯神社史料集』七（三峯神社社務所発行、続群書類従完成会、一九九八年）、七九五号文書　文化三～文政七「森御殿御用控配下諸用控帳抄（一）」、滝澤家②―五「金襴地結袈裟之事」。
(48) 横山晴夫校訂『三峯神社日鑑』二（三峯神社社務所発行、続群書類従完成会、二〇〇一年）、二二号文書　文化五年「文化五年札場日鑑」、中之間については三木一彦『三峰信仰の展開と地域的基盤』（古今書院、二〇一〇年）、第Ⅱ章第一節より。
(49) 前掲註(48)『三峯神社日鑑』二、二五〇～三二五頁。
(50) 中村家Ｆｃ一六三八　文政四年「送り一札之事」。なお、前掲註(46)の「滝澤系統碑」碑文では、文政三年六月に滝澤家に養子に入ったとする。
(51) 前掲註(14)。
(52) 前掲註(46)「滝澤系統碑」碑文。
(53) 滝澤家②―八三　明治三年「人別下書」。
(54) 滝澤家二〇一一新出―四二　文政一二年「護身法」。

(55) 滝澤家二〇一一新出―八五　文政一三年「湯花之大事」。
(56) 前掲註(21)。
(57) 前掲註(46)「滝澤系統碑」碑文。
(58) 滝澤家二〇一一新―九四（書簡）。
(59) 滝澤家二〇一一新―六六・二〇一一新―九三―一。
(60) 飯能第一国民学校編『飯能郷土史』（飯能翼賛壮年団本部、一九四四年）、飯能人物誌編さん委員会編『飯能人物誌』（一九七〇年）。
(61) 滝澤家①―六六　嘉永七年写「本朝武家大系図」ほか。
(62)『飯能市史』資料編Ⅲ　教育、一九七九年、二八頁。
(63) 埼玉県文書館所蔵　明五一四二―二　明治三二年「教員及職員（任免配置）」。
(64) 滝澤家拝殿内に「滝澤先生自遷翁筆塚樹立連名額」が掲げられている。
(65) 滝澤家①―六四・②―一一・①―六二。
(66) 滝澤家①―二・①―三・④―七・二〇一一新―五一・二〇一一新―七五。
(67) 世代がこの銘と齟齬するが、前記「滝澤家碑銘記」で自然の前に二〇人が書き上げられ、現当主の自次氏も自然を二一世、自僊を二二世とされていたので、これを採用した。
(68) 前掲註(24)「御一新ニ付諸書上帳」
(69) 前掲註(63)。
(70) 前掲註(21)。
(71) 前掲註(60)。
(72) 内閣記録局編『法規分類大全』二六　社寺門（第一編）神社一、（原書房、一九七九年）。
(73) 辻善之助他編『神仏分離史料』一・五（復刻版）（名著出版、一九七〇年）、同編『新編明治維新神仏分離史料』三（同、一九八三年）、内閣官報局『明治五年法令全書』（一八八七年）、青谷美羽「明治初年における修験道本山

の動向―聖護院の事例―」（『山岳修験』三七、日本山岳修験学会、二〇〇六年）より。
(74) 前掲註（72）。
(75) 滝澤家③―二九「乍恐以書付神職式披　仰付候趣左ニ奉申上候」、以下平出は二字分闕字、台頭は三字分闕字に直した。
(76) 横山晴夫編『三峯神社史料集』四（三峯神社社務所発行、続群書類従完成会、一九八九年）、二九三号文書。
(77) 宇高良哲編『近世寺院資料叢書四　武蔵越生山本坊文書』（東洋文化出版、一九八五年）、三六四号文書、『狛江市史料集』一〇、一九七九年、六三号文書。
(78) 前掲註（七四）『狛江市史料集』一〇、一一号文書。
(79) 日高市　高麗神社編集・発行『桜陰筆記』一、二〇〇一年、一二二～一二三頁。以下、『桜陰筆記』の引用にあたっては、巻数・頁のみ記す。なお、当資料については、高麗神社学芸員横田稔氏のご教示を得た。
(80) 滝澤家③―二八「奉願上又奉窺又奉内窺口上之覚」。
(81) 滝澤家②―一　明治二年「乍恐以書付奉願上候」。
(82) 前掲註（10）。
(83) 『日本古典文学大系六七　日本書紀　上』（岩波書店、一九六七年）。
(84) 神道説については大隅和雄「中世神道論の思想史的位置」（『日本思想大系一九　中世神道論』岩波書店、一九七七年）、山本ひろ子『中世神話』（岩波新書、一九九八年）を参考にした。
(85) 前掲註（10）・Kd一五〇七、Kd一五〇七では、勧請年の典拠を「天慶二年六孫王ノ勧請ナルヨシ記載セシ古書アリ」、「確拠トシタルニモ無之候得共百有余年前に係ル故人ノ書記ニ有之候」とする。この「古書」と思われる縁起（滝澤家新出二）は、成立年代に疑点があり根拠とし得なかった。
(86) 明細帳は中村家Da八五八・八六二・八六三、中村家Ke一一二四　文政九年「一千社堂拝礼帳」。
(87) 中村家Dd一四四七「図第壱号〔高麗郡矢颪村絵図〕」。
(88) 『大日本地誌大系一五　新編武蔵国風土記稿一二』三峯山の三峯権現社の記述より。なお三峯山博物館の千島幸明氏のご教示によると、今境内にある国常立尊社は、護摩堂（本地堂）を、神仏分離で変えたものという。
(89) 滝澤家蔵書にもある『両部神道口決抄』には、国常立尊を五行の神とする記述がある。
(90) 前掲註（24）「御一新ニ付諸書上帳」より抄出。
(91) 中村家Ｄａ三八八　明治二年「御一新ニ付諸書上帳」より抄出。
(92) 前掲註（91）より、明治二年九月「（新補許状）」。
(93) 前掲註（91）より、明治二年一一月「差上申御請書之事」（多伎坐波神社・日吉明神と八幡大神についての二通あり）。
(94) 前掲註（91）より、明治二年「一札之事」二通。
(95) 中村家Ｋｄ一五〇七　明治一七年「十七年五月社寺書上雛形」より。
(96) 滝澤良顕墓碑銘より。
(97) 内閣記録局編『法規分類大全』二六　社寺門（第一編）神社一、一九七九年、九五頁。
(98) 『桜陰筆記』二、一八〇・一九四～一九五頁。
(99) 『桜陰筆記』二、一九五頁。
(100) 中村家Ｋｂ五三Ａ　明治六年「神官履歴表」より抄出。
(101) 埼玉県立文書館所蔵　明五一〇一―三　明治一五年「町村立学校教員任罷録」より抄出。
(102) 埼玉県立文書館所蔵　明五一八四―三　明治三九年「教員及職員」より抄出。
(103) 「誓詞帳」「門人姓名録」平田篤胤全集刊行会編『新修平田篤胤全集』別巻（名著出版、一九八一年）。
(104) 阪本是丸『明治維新と国学者』（大明堂、一九九三年）。
(105) 中澤信弘「維新時の平田門人一考察―埼玉県を例として―」（『神道宗教』一二〇、一九八五年）。
(106) 『毛呂山町資料集五　草莽の志士権田直助』（毛呂山町教育委員会、一九九五年）、前掲註（60）。
(107) 日本文学資料研究会編『国学者伝記集成』続篇（国本出版社、一九三五年）。
(108) 前掲註（103）。

(109)『桜陰筆記』二、一七七頁、明治四年八月二八日に「井上宣直、小池を連入る」という記事あり、「宣直」は「鉄直」（井上頼圀の通称）の誤記か。
(110)滝澤家②─九二「しずのおもひで」（小池貞景の著作を良顕が写したと思われるもの）の巻末に、「小池先生」「小能主人」へ貸した図書名が列記される。
(111)前掲註(107)、浅見徳男氏講演録（ぐるーぷ倶楽志in飯能のウェブサイトより）。
(112)滝澤家②─七九「玉鉾百首」（本居宣長）、②─六七「敬神説略」（関盛長）、②─六九「謚号考十二説教」（権田直助）、②─六五「日本書紀」。
(113)前掲註(95)。
(114)滝澤家②─一〇七　滝澤良顕「三条講義」。
(115)前掲註(101)、中村家La一二六七　明治一四年〔滝澤良顕教員委属伺・霞月諦玄傭入伺綴〕。以下の履歴は前掲註(102)、埼玉県立文書館所蔵　明治四五年「教員及職員」。
(116)滝澤自②─一〇八　明治一八年「具状書」。
(117)滝澤家②─一四　明治一一年「霊奠式之文」。
(118)滝澤家①─一〇六。
(119)滝澤家②─七六「高天乃原正解・人性玉加々美・人間一代開運録」、③─一四「大日本学校始記」、二〇一一新出─三九　明治一五年ヵ「霊の箱」。
(120)前掲註(119)、滝澤家②─四四　明治一九年「六十四卦□□集」、「七十七翁自僊書」と署名がある。
(121)滝澤家③─二〇─二〔多伎坐波神社由緒〕。
(122)滝澤家②─一一五「多伎坐波神社祝詞」。

第二章　武州世直し騒動の記憶
―村役人・地域指導者・在村文人たちの一九世紀―

須田　努

はじめに

幕末開港以降、全国的な物価高騰が続いている中、天候不順が追い打ちを掛け、慶応二年（一八六六）、関東地域において飯米を中心に物価はさらに上昇していった。同年六月一三日、奥武蔵の山間地域である上・下名栗村（現飯能市）の小前百姓たちが、飯能町の米穀商に対して米穀値下げを強談に出向くところから、武州世直し騒動は始まった。上・下名栗村には水田がほとんどなく、村人たちの多くは山稼ぎに従事し、米穀を山を下りた飯能町から買い入れていた（第Ⅰ部第二章山本智代「山村における「並百姓」の生業」参照）。開港以降の物価上昇および、第二次幕長戦争の影響によって米穀値段はいっそう高騰し、名栗の人びとの窮乏は深まっていた。

六月一四日、人数を増加させ三〇〇人ほどになった世直し勢は山を下り、飯能河原に結集すると、一気に飯能町に駆け上り、酒屋八左衛門・堺屋又右衛門・板屋半兵衛・中屋清兵衛などの米穀商を打ちこわした。

飯能町打ちこわしの後、上・下名栗村の百姓たちは帰村したが、世直し騒動は激化し、六月一九日までに関東西北部一帯に広がった。世直し勢は有徳人を打ちこわし、さらに開港の物価上昇によって貧民が困窮するなか、横浜貿易によって利益を拡大していた「浜商人」を襲撃していった。

世直し勢は抜き身や鉄砲を携行する「悪党」の集団であり、手向かった村は放火され、村人は殺害される、という風聞が流れ、六月一六日から一九日にかけ、南方では多摩地域の農兵銃隊により、北部では公儀の上州岩鼻陣屋の兵力により、また西方では秩父大宮郷の人びとによって、世直し勢は殺害・捕縛、鎮圧されていった。

以上が、慶応二年武州世直し騒動の概要である。武州世直し騒動の研究は、一九六〇年代、「近代化」論に抵抗する中で、青木美智男・佐々木潤之介によって進められた(1)。そして、佐々木による世直し状況論以降(2)、関心が高まり、一九七一年には、大舘右喜・森安彦を中心とする近世村落史研究会による『世直し一揆史料』一・二(3)が刊行された。

一九八〇年代初頭、大舘右喜(4)・森安彦(5)・山中清孝(6)・斎藤洋一(7)らにより、武州世直し騒動に関する実証面での研究は極められ、武州世直し騒動は『新編埼玉県史』などの埼玉県内の自治体史では必ず取り上げられるトピックになった。武州世直し騒動の実証、社会経済的背景、事実経過等に関してはやり尽くされたといえよう。

そして、一九九〇年代以降、近世民衆運動史研究の低迷とも関連し(8)、武州世直し騒動に関する研究はほとんど見られなくなる。

わたしは、甲州騒動・世直し騒動・秩父事件とを素材にして、一九世紀における、地域社会と暴力との関係を〝万人の戦争状態〟と提起し(9)、武州世直し騒動に関しては、南武蔵地域を中心に、〝水平方向の暴力〟の問題を考察してきた。最近では、地域社会における騒動の意味を集合心性の問題として解析した(10)。

本論においては、武州世直し騒動の実態分析ではなく、地域社会が、武州世直し騒動をどう受け止め記録し記憶したのか、という問題関心から、おもに、北・西武蔵を中心に当時の人びとの集合心性の問題を考察したい。これは、本書のテーマ「地域の記録と記憶を問い直す」に寄与できるであろう。

一　武州世直し騒動の記録

1　「騒動記」

一八世紀、仁政イデオロギーが機能し、百姓一揆の作法が遵守されていた時期、百姓一揆・打ちこわしの様相を記録した「百姓一揆物語」と言われる史料群が存在している。(11)

一八世紀後半、仁政イデオロギーは揺らぎ始め、(12)一九世紀、とくに天保期、百姓一揆の作法は崩壊し、武器の携行・使用や盗み・放火が行われる騒動が発生するようになった。(13)そして、このような騒動を記載した「騒動記」と呼称すべき史料群が登場する。(14)これらは、騒動の様相を他者に伝達すること―筆者の記憶の拡散―を企図して作成されたものであり、メディアとして位置づけることができる。

天保七年（一八三六）、甲州騒動に関連する「騒動記」の叙述の特徴は、騒動の経過、とくに「悪党」とされた騒動勢の暴力と、これを鎮圧した幕府・諏訪藩や―歴史的事実として諏訪藩は騒動を鎮圧していない―、村々の暴力の様相を詳細に描いたものであった。ただし、その叙述内容はデフォルメされたり、歴史的事実とは相容れないものであった。そして、公儀の裁許により、捕縛された騒動勢の頭取たちが処刑され地域の安寧は回復する、という終盤となっていた。

慶応二年に発生した武州世直し騒動に関しても、これを叙述した「騒動記」が在地社会に存在している。表1は、記録年代が記載されている「騒動記」のうち、世直し勢に襲撃された地域（飯能・北武蔵・秩父）で作成されたものであり、なおかつ執筆者が分かるものである。各「騒動記」（ＩＤ1～4）の文字数を単純にカウントし、騒動の「原因」「経過」「結果」「その他」と大きく分類し、全体文字数で割り、％表記をした。文字数（％）が多いほど、筆者の関心が相対的に高いといえよう。

表1を分析すると、武州世直し騒動を記録した「騒動記」の叙述の特徴は、

・原因への言及はほとんど無い
・経過を中心に叙述したもの
・当該地域への関心が強い

とまとめることができる。

さらに「経過」を分析してみると、「当該地域」に関する記述量が多いことが分かった（表2）。たとえば、ＩＤ2『夕立の雨』の筆者は青山村の豪農根岸友山であり、「経過」の中心は青山村と、根岸家打ちこわしに関わるものであり、ＩＤ4『賊民略記』の筆者は秩父地域在住の蘭学医伊古田純道であり、記述は秩父地域の動向が中心となっている、という具合である。

ただし、ＩＤ1『武州百姓乱妨打梓シ之書』だけ、筆者は下直竹村（現飯能市）の組頭宿谷直左衛門であるにもかかわらず、他地域の記述が中心となっており、この意味は考察しておく必要がある（これに関しては後述する）。

以上を前提にして、表1にあげた四点の「騒動記」の分析を行っていく。先述したように、これらの「騒動記」は、名主の日記や、藩の公式記録と違い、幅広い読み手を想定して執筆されたメディアである。ゆえに読み手の関

表１　「騒動記」文字数の割合（訴状部分を除外）

ID	地　域	史料名	原因％	経過％	結果％	その他％
1	飯　能	『武州百姓乱妨打榉シ之書』	0	95.9	0	4.1
2	北武蔵	『夕立の雨』	2.5	86.9	7.8	2.8
3	秩　父	『秩父近辺打毀一件』	6.5	93.5	0	0
4	秩　父	『賊民略記』	1.9	63.4	0	34.7※

※『賊民略記』……教訓など

表２　地域への関心（「経過」の記述）

ID	地　域	史料名	当該地域％	その他地域％
1	飯　能	『武州百姓乱妨打榉シ之書』	22.5	77.5
2	北武蔵	『夕立の雨』	83.9	16.1
3	秩　父	『秩父近辺打毀一件』	100	0
4	秩　父	『賊民略記』	81.3	18.7

「当該地域」％＝「当該地域」文字数×100÷「経過」文字数
「その他地域」％＝「その他地域」文字数×100÷「経過」文字数

心をひく必要があり、冒頭と終盤の叙述を重視する傾向がある。「騒動記」の叙述内容分析に関しては、とくにこの点を留意した。

本論で取り上げる「騒動記」の作者（記憶の主体）は、飯能地域では村役人、北武蔵地域では地域指導者、秩父地域では地方文人、と類型化することができる。

２　村役人の記録

武州世直し騒動は、上名栗村から始まった。世直し騒動勢に襲撃された飯能町・北武蔵（青山村根岸家）・秩父地域の人びと、とくに、打ちこわしの対象となった村役人や有徳人たちにとって、世直し騒動とは他所から到来する難儀であり、参加動員によって同じ村の百姓が世直し勢に加わっていたとしても、鎮圧すべき他者であった。ゆえに、村役人や有徳人らは世直し勢を攻撃し地域社会を防衛した、ということを強調した合戦譚のごとき「騒動記」を創作していたのである。

一方、武州世直し騒動がはじまった上名栗村において「騒動記」の類は管見の限り発見できなかった。上名栗村の頭取らは、打ちこわしが武州西北一体にまで拡大するとは思っていなかったであろう。事実、上名栗村から飯能町に向かった小前百姓たちは、飯能町打ちこわしの後、三人を例外として帰村し、名栗地域において、有徳人への施行の要求をはじめている。上名栗村にとって、武州世直し騒動は、他地域とはまったく違った意味をもっていたのではないだろうか。

上名栗村新組の組頭平沼源左衛門が、名栗地域の様子を記録した『変事出来ニ付心得覚記』（以下、『変事』）という史料がある。平沼家は上名栗村で、材木商・酒造業・酒店を経営する豪農であった[15]。この史料は、横一六cm、縦一二cmの小横帳であり、筆者源左衛門個人の備忘録としてのものであったと推察できる。

この史料には、合戦譚のごとき叙述は一切なく、上名栗村の人びとのコミュニケーションの様子が記されており、その内容は、上名栗村で完結したもので、およそ他地域の読者を想定して記述されたものではない。その意味で、これは〝閉じられた〟史料といえる。なお、現時点において、『変事』の写本などは確認できない。以上の理由から、この史料は「騒動記」（表1・表2）からは除外してある。

武州世直し騒動の起点となった上名栗村に関する記憶の問題は、「騒動記」ではなく、村役人源左衛門が作成した備忘録『変事』を素材として解明する。この史料には多くの村役人たちが登場して、議論し行動している。ゆえに、上名栗村に関しては、村役人たちの記憶として提示したい。

二　飯能地域　村役人の記憶

表1に示した「騒動記」のうち、ＩＤ1『武州百姓乱妨打桙シ之書』[16]（以下、『乱妨』）をもとに、飯能地域にとっ

ての武州世直し騒動の記憶の様相を考える。

現在、『乱妨』は刊本として公開されている。『新編埼玉県史』資料編一一[17]収録のものは、「飯能市下直竹　宿谷武氏所蔵」とあり、『武州世直し一揆史料』二[18]収録のものは「高麗郡飯能村　井上家文書」とある。つまり、飯能地域において、『乱妨』の写本がひろがっていたと言える。

『乱妨』の表紙には「慶応二寅六月廿一日　武州百姓乱妨打櫟シ之書　下直竹村　宿谷直左衛門書」と記され、さらに、

御領知様御上京ニ付、御人撰御用御廻村御出役様より京都え土産ニいたし度旨
被仰渡、下畑村吉沢文蔵方ニて寅ノ六月廿一日左之通り書記し差上申候写
須永虎之助様
青木平九郎様

とある。領主一橋家の「御廻村出役」が京都への土産にしたい、と要請したことにより、下直竹村（現飯能市）宿谷直左衛門（組頭）が『乱妨』を作成したのであった。下直竹村の領主である一橋慶喜は慶応二年八月、徳川本家を相続し、一二月には征夷大将軍に就任することになる。政治史の重大な局面であるが一方、下直竹村にとっては、領主が遠く離れた京都に居続けているその間に、近隣の飯能町（上総久留里藩領）が打ちこわしをうけ、世直し騒動は規模を拡大し、激化していったが、領主の家臣がこの状況を「京都土産」程度にしか認識していなかった、ということが重要な問題となる。

『乱妨』の冒頭は以下のようであり、上名栗村の百姓たちによって飯能町が打ちこわされた、世直し勢は白布の鉢巻き・襷を身につけ、白旗に椀と箸の印を描いていた、彼らの得物は大工・山道具であった―武器は不携行―、と

いう叙述となっている。

一、武州秩父郡上名栗村間地と申所より、百姓多人数押出シ、寅六月十三日之夜、村々往来家々門戸お敲き立、飯能町打毀と大音に時之声ヲ上ケ、辞応掛合無、間夜中故に無是非被引連様子窺候処、頭取とも相見え候者は、数百人余、白布之後鉢巻いたし、白綿襷ヲ掛ケ、白幟ニ椀ト箸之印ヲ押立て、持出候道具は鳶嘴・竹鑓・鎌・鋸・斧・鐇・腰捺刀・山鉈・手木・棒木・太刀・大綱・小綱、其外思ひ〳〵の手道具持出し、追々加勢何千人とも不相分ラ

『乱妨』の叙述の特徴は、地元である飯能町の打ちこわしの様子よりも、次に見るように、川越城下や田無村・柳沢村といった他地域の状況―これらに共通することは、世直し勢が殺害されたという叙述となっている―に分量を割いている点にある。川越城下では、川越藩兵が発砲し、世直し勢を殺害・捕縛した、川越は大名の城下であり静謐であった、田無村・柳沢町では、幕府代官が鉄砲で世直し勢を殺害・捕縛した、拝島宿においては、江川太郎左衛門と八王子千人同心とが鉄砲で世直し勢を殺害・捕縛した、というのである。なぜ、筆者直左衛門は他地域の状況を詳しく叙述したのであろうか。

直ニ御城内より鉄炮之手たれヲ以御防被遊、即死三拾人余、召捕百人余之風聞ニ候、夫より田無村・柳沢町え数万人押出シ候処、江戸表より御代官様之御力ニて数万人、御防被遊、又々鉄炮之手たれニて即死弐拾人余、御召捕五拾人余之風聞ニ候（中略）、同刻川越ハ近城之御大名様之御力於有之ハ、静謐たるべしとて、早速御訴申上（中略）、拝島宿渡船場之御堅メニは御代官江川太郎左衛門様・八王子千人同心衆鉄炮ニて御防被遊候処

たしかに、川越藩は世直し勢に鉄砲を撃ちかけた。(19) しかし、田無村・柳沢村・拝島宿で世直し勢を鎮圧したのは、

幕府代官（江川太郎左衛門）や、八王子千人同心ではない。代官手付・手代に指揮されたとはいえ、直接、世直し勢を鎮圧したのは農兵銃隊である。(20)

この史料の終盤は、

高崎御城内より御役人衆鉄炮ニて御堅メ被遊、即死御召捕多分御仕留被遊候風聞候（中略）、尤上州之義は多分乱妨いたし候風聞は候へとも、御城下も多分之事故、数多之御役人衆御堅メニて、御仕留メ被遊候御沙汰有之、尤南は玉川、北は上州川ニて御仕留メ被成候事、尤当節柄之義は渡船場御堅メ被遊候ニて、人馬通路一切無之ニ付、他国之義は風聞計書記シ奉申上候、以上

慶応二寅年六月廿一日

御領知　下直竹村
与頭　直左衛門

となっており、飯能町からはるかに離れた上州高崎周辺の様子が記されている。やはり、城下防衛の物語となっていて、高崎藩兵が世直し勢を「仕留メ」たことが強調されている。そして、世直し勢は多摩川や上州で「仕留メ」られた、として終わっているのである。末尾には「他国」の様子を風聞として書き記したとある。

以上をまとめると、直左衛門が『乱妨』を執筆した目的は、正確な情報を記録することではなく、飯能町は打ちこわされたが、藩兵によって護られた城下は打ちこわしを免れ、藩と幕府代官の武力によって騒動は鎮圧されたことを強調し、それを領主に伝えることにあった、ということがわかる。

『乱妨』のモチーフは、打ちこわしを受けた飯能町の領主は遠方にある久留里藩であり、下直竹村の領主一橋慶喜は京都に行ったままである、という不安、さらには、領主から護られなかった飯能町は打ちこわされたが、「他国」

で世直し騒動は、領主（公儀・藩）によって鎮圧されたという事実を「風聞」を入れることで誇張しつつ、一橋家の無関心さ、領主としての無責任さを皮肉るものであった、と言えよう。

三　北武蔵地域 ―地域指導者の記憶―

中山道を北上した世直し勢の一部は六月一六日、北武蔵地域にある青山村（現　熊谷市）の根岸友山家を襲撃した。この時の様子は根岸友山が著したＩＤ２『夕立の雨』[21]（以下、『夕立』）に記されている。わたしは、すでに根岸友山に関して、菅野八郎・宮負定雄・三浦命助とともに、一九世紀における地域指導者として位置づけ、その社会的存在のあり方を論じた[22]。ここでは、慶応期までの友山の来歴を簡単に述べておきたい。

根岸友山（文化六年〔一八〇九〕～明治二三年〔一八九〇〕）は、青山村の名主であり―根岸家は代々名主の家系―、国学者でもあった。天保一〇年（一八三九）、三〇歳になった友山は、荒川堤防工事に関連した不正事件を公儀に告発した。しかし、公儀から強訴の罪を問われ、居村構および江戸一〇里四方追放とされてしまう。このため友山は約二〇年間、青山村から離れ生活していたが、その間の詳細は不明である。その後、彼は江戸の長州藩邸に出入し、長州藩尊王攘夷派や草莽の志士と交流、彼らに資金提供を行っていた。江戸に出た友山は、千葉周作から剣術も修得し―千葉周作の道場玄武館は尊王攘夷派のメッカであった―、平田派国学へ傾倒していった。のち、彼は玄武館での修業の成果を生かし、青山村に振武所という道場を開き、地域の若者に剣術を教えはじめる。安政元年（一八五四）、友山は長州藩から「御国塩其外産物之御用取扱」に任命され、同藩との関係を強化する。文久三年（一八六三）二月、五五歳の友山は清河八郎の新徴組に参加し上京するが、新徴組の計画が頓挫したため、帰村している。

つづく元治元年（一八六四）、友山は水戸天狗党の乱に呼応するが失敗する。

文久から慶応期、友山は五〇歳をすぎてから、長州藩との関係を深めつつ、尊王攘夷運動に積極的に参加するようになる。慶応三年（一八六七）には、薩摩藩邸浪士隊に友山の弟子が参加、同年、友山は出流山挙兵の竹内啓らに呼応し挙兵計画をたてるが、またもや失敗している。また、この時期、根岸家には国学者安藤野雁が居留し、友山と交流を重ねていた。なお、野雁は武州世直し騒動の顛末を記録した『青山防戦記』という「騒動記」を残しているが、『夕立』とほぼ同じ内容であるため、表1・表2には入れていない。

名主の系譜をもち、地域有数の豪農である名門根岸家に生まれ、平田派国学者でもあった友山は、地域指導者としての自覚を強くもっていた。一九世紀、関東における、地域指導者たちは政治的方向性は相違するも―多摩地域の佐藤彦五郎や、小島鹿之助のように―、地域の治安安定のために剣術を習得し、地域の人びとに拡げていくケースが多い(23)。このような経験が、武州世直し騒動の際に地域防衛として作用していったと考えられる。友山と佐藤彦五郎とは、武州の北と南、尊王・佐幕の違いはあるが、ともに地域指導者として、騒動勢を鎮圧（殺害）していったわけである。

以上を前提に、『夕立』の分析に入る。『夕立』は「渡辺横舟君御もとに」と記されているように、書状の形式となっている。長谷川宏は『夕立』の解説において「『青山防戦記』が成立する以前」に書状形式の『夕立』が存在し、これが友山・野雁のネットワークのなかで広がっていったと論じている(24)。『夕立』の冒頭には和歌が記され、その後に、

六月十三日、秩父の郡名栗谷六村より蜂起し、高麗郡飯能の里なる冨人の家をこほち、たからものをなけうちゝらし

となり、世直し騒動は名栗から始まり、飯能の富者を打ちこわしたとある。そして、世直し勢は武器を持っていないし、盗みもしていないと続く。また、友山は騒動の原因に言及し、名栗は穀物がとれないところであり、近頃米価が上昇したため、飯能の富者に借金を頼んだが断られたので、名栗の人は生きる術がなくなってしまったとして、名栗の民に同情的な叙述を行っている。

もっとも分量が多いのは、根岸友山家防衛の様相である。以下がその始まりとなっている。

友山おもへらく、信香は家にあらす、ゆくりなけれハ、ふせきと、めんとのミはかりことあらねは（中略）、やかて徳永の豊洲・安藤の野雁と二人出て、あへしらふことになりにけり

根岸信香（友山の子）が留守のため、安藤野雁が世直し勢に応対することになる。根岸家を襲撃してくる世直し勢は、放火・盗みをしているとして、「根岸党」―友山が剣術指導した若者たち―が、世直し勢を討つことに決定したとある。その場面は以下のように合戦譚のようであるが、防衛の主眼は、世直し勢を追い払うことにあったことがわかる。友山は、武器で向かってくる者を斬り伏せたと語っている。

三十所はかりのたゝかひになりて、おほくつきころし、きりころすへきいきほひなりけれとも、つミなきものを、いとひておほくハおひちらしにかして、斧をもてうちふりむかへりけるを、やミかたくて、ひとりハきりころしぬ、其外いたてをおへるもの三十人にハおはぬにやあらん

『夕立』の終盤は以下となり、他地域では公儀代官や高崎藩などが鎮圧したとある。

岩花の政処にさへとりかゝらんと、三千人はかりよりこそりたりしを、岩花の木村甲斐守殿・高崎殿よりきりとり、いけとり、うちちらしぬとや（中略）、歩兵奉行河津駿河守殿三百人引ゐて、をさめ給へり、きゝひかめもらせることもあらめと、むさしの国十二郡はかり、大かた、あらひて、かんつけのくにゝもおよひ、ほと

これりとなん、たゝおほよそをきこえさするになん、あなかしこ

『夕立』の叙述の眼目は、根岸家が世直し勢に襲撃されたが撃退した、というものであり、地域というよりも根岸友山、もしくは根岸家の記憶としたほうがよいかもしれない。ただし、先述したように、友山が地域指導者であったことを加味すると、『夕立』の叙述を、北武蔵地域の地域指導者たちの心性として普遍化することも可能であろう。友山は、世直し勢が斧（武器）をもって攻撃してきたので、「やミかたく」＝仕方なく殺害したと語り、暴力の事後正当化を図っている。根岸家は、公儀・藩など領主にたよらず、自分たちで防衛したのである。『夕立』ではそのことが強調されている点も重要である。友山に幕藩領主への恩頼感はまったく見られないのである。

四　秩父地域 ―地方文人の記憶―

六月一七日から一九日にかけ、世直し勢は秩父地域（大宮郷）において、忍藩兵と大宮郷の人びとの攻撃を受け、終焉を迎えた。秩父地域における武州世直し騒動の記憶の様相を二つの「騒動記」によって考察する。

まず、ＩＤ３『秩父近辺打毀一件』（以下、『近辺』）を確認する。『新編埼玉県史』資料編一一所収の『近辺』には、表紙に「井上如常筆」とあり、『世直し一揆史料』二の解説は、『近辺』の筆者を秩父絹仲買商で心学者であった井上如常としている。

冒頭において、世直し騒動は名栗村の龍化寺・正岳寺の住職が加わり始まり、その原因は横浜開港以降の物価上昇であると分析している。

今般徒党打毀一条之儀は、慶応二年丙寅年六月十三日、当大宮町より四五里も相隔巽に当り、岩鼻御代官所支

配ニて、名栗村上中下三組、同所龍化寺・正岳寺此二ケ寺之住職外五七人も相加り、横浜開港以来、諸色高直ニ相成、村方追々難渋ニ及ひ、殊ニ当年は蚕も違作、人気甚しく打毀発起相談行届、徒党之人数は凡四百人余、日々用弁致候、飯能町え押出し、穀屋其外五軒打毀、乱妨相働き候内ニ、兼々合図も致有之哉

やはり、地元である秩父地域の防衛の記述に分量が当てられており、以下のように、日をおって状況を確認できる。

一七日　忍藩陣屋から、秩父三町行事へ陣屋防衛が命令されたが、村役人たちはこれを拒否した。忍藩陣屋役人は、世直し勢が陣屋を襲撃するとの風聞を得、万一陣屋が襲撃されたのでは陣屋に詰めている役人たちの外聞がわるいので「近在之鉄砲、人数百五拾人余」集め、「御領分境皆野川」で防衛する、ついては「血気之者」を選択して、出動させるように、と命じてきた。しかし、忍藩秩父領の「割役」と村役人は忍藩に掛け合い、万一、防衛に失敗した場合、当所の難儀となってしまうと察せられるので、防衛を取りやめてほしいと願い上げた。すると、忍藩はしかたなく引き上げていった。世直し騒動には「近村之者」が参加しており、忍藩兵に鉄砲で打たれることを用心して「近村之者を楯」にしているようである。世直し勢は祭礼同様の支度で、面々は鋸・斧・カケヤ、鉄之棒などをもって打ちこわしをしている。

一九日　大宮町が打ちこわされたため、大宮郷の人びとは憤慨する。「此上は何処迄も追欠、賊徒」を討ち取ることは必至である、と覚悟を決めた五〇人ほどが「銘々白木綿之襷、白木綿之鉢巻」を合印に定め、鎗などの得物をもち押し出していった。先手の大宮郷の者二三人は「御上意之声」をあげ、世直し勢に切り込んでいった。世直し勢の即死・手負い数知れず。吉田において、打ちこわしをおこなっているところに、大宮勢が斬りかかり「討取首二ツ、即死五六人、生け捕り八拾余人」となった。

『近辺』の終盤は以下のようであり、筆者の井上如常は、世直し勢を捕縛したことによって地域の安寧は回復したと語っている。

火急之儀ニて、大宮通行村々へ人足相頼、十九日夜八ッ半時ニ、御本陣鍋屋東右衛門宅へ引取、御吟味之上本縄ニ致、皆入牢ニ相成候、其後も日々御耳ニ相成候者ハ、早速御召捕ニて当時八拾余人、此上は如何ニ可相成哉、誠ニ大変之次第、怪俄人沢山ニ出不申様ニ祈居候、余は追々可申上候、已上

慶応二丙寅年六月

『近辺』で注目すべきは、世直し勢に近村の者が参加しているとの叙述と、世直し勢を殺害していったのは、忍藩兵ではなく大宮郷の人びとであるとしつつ、それは大宮町が打ちこわされたことへの報復であった、と語っている点にある。

次に、秩父郡に居住した著名な蘭学医、伊古田純道（一八〇二〜一八八六）が著したＩＤ４『賊民略記』[25]（以下、『賊民』）を見ていきたい。『武州世直し一揆史料』一に収録されている『賊民』の所蔵者は、群馬県藤岡市中島泰助氏となっている。つまり『賊民』は地域を越え筆写されて広まっていたのである。

純道は冒頭で、

慶応二年丙寅六月十三日ノ夜、武州秩父郡名栗村ヨリ南川へ人ヲ駆セ告テ曰、今夕、村方上組ヨリ飯能町ヲ打毀ハスヘキ由ニテ、六七人出シ由ノ風聞アリ

と述べている。名栗村において飯能町を打ちこわす、として騒動が始まった、とだけあり具体的な記述はない。秩父地域の様子に関しては、『賊民』でも以下のように日をおって確認できる。

一八日　忍藩は秩父防衛を決定したが、大宮郷では世直し勢に恭順することに決した。世直し勢は野上に来て、

酒食を強要し井戸・藤谷淵で一二軒打ちこわす、といった注進が多く入ってくる。大宮町の者たちは、もし防衛すれば町に「火ヲ放テ焼」かれるであろうから、世直し勢にはただ穏便に町内を通行してもらえばよい、と決したので、忍藩兵はしかたなく、陣内に引きこもった。大宮町の者たちは、家々で酒食の準備をして、世直し勢を迎え入れることとした。

一九日　大宮町が打ちこわされてしまう。激高した大宮町の若者たちは、次のように世直し勢を殺害していった。

大宮町ノ若者共二十三人、槍刀ヲ携へ、打テ入リ、切リ散シ、捕縛十余人ヲ預ケ置キ、直チニ吉田へ駆セ行キ（中略）、終ニ矢畑迄追ヒ行キ、賊民一人残ラス打散ラセリ、手負・死人数十人、生捕三十余人ナリ（中略）、大宮ノ二番手三十人計リニテ切テ掛リ、残ラス追ヒ散シ、猶進テ吉田ニ至リ、先手ノ者ト同ク一手ト為リ、首級二ツ、捕縛ノ者引率シ難ナク引揚ケ帰郷セリ

『賊民』の終盤の叙述は、世直し勢に同情的であり、為政者（幕藩領主）を批判したものとなっている。被害を受けた者は横浜商人・穀屋・高利貸・大惣代やそのほか「権勢有る者」であり、世直し勢は彼らを「悪ミテ」打ちこわした、当時、みな攘夷を唱えていたので「人民」が皆横浜を憎むこと仇敵の如くであった、というのである。また、純道はこの騒動を「国民」の罪ではない「為政ノ官吏モ亦罪スル所」があるのではないか、として天明の打ちこわしと比較して、以下のように語っている。

天明ノ乱暴ハ黄昏ヨリ何クトモナク人集リ来テ、夜ニ至テ打毀シ、夜明レハ残ラス散乱セリト云、蓋シ未タ廉恥ノ情ヲ失ハス、且ツ毀損スルモ甚タ粗ナリ、今ヤ昼夜ノ分チナク、白昼ニ面を曝シテ廉恥ノ情ナク、又毀損スルモ甚タ密ナリ、古今人情ノ異ル所ナリ（中略）、今日ノ賊民ハ屋室ヲ毀ツヲ以テ主トナシ、財宝ハ陰ニ貪ル者アリト雖、陽ニ奪フ事ヲ禁シ、婦女ハ決シテ侵ス

事ナシ（中略）、然ラハ則、賊民ノ興ルコト乱国ノ兆ニシテ

天明のころ、打ちこわしを行った人たちには「廉恥ノ情」があったが、今度の乱妨には「廉恥ノ情」はない。ただし、婦女への暴行はなかった、というのである。

そして、末尾で純道は騒動の原因と本質とを、

賊民ノ起ル本原ニ遡リ民害ヲ除ヲ以テ政務ト為サハ、国家自ラ無事ナルヘシ、又打毀サレシ人モ、強チニ其人ヲ怨ルコト無ルヘシ、数百家ノ中ニテ僅ニ五七軒ニ過ス、然ラバ是レ打潰ルヘキ悪ノ積ルニ因ルナリ（中略）、然レハ財宝ヲ聚積シテ散シ施スコトヲ知ラス、山林田畝ヲ集併シテ貧ヲ救フ事ヲ知ラサル者ハ、天地神人ノ悪ム所ニシテ、蓄財并田ヲ損失スル所以ナリ（中略）、翼クハ世上蓄財ノ人、能此理ヲ通知シ、早ク先ツ散シ施ス事アラハ、水火・疫病・盗賊、一切災害ヲ免ルヘシ（中略）、今年蓄財家ノ厚ク失フヲ見聞シ、聖賢ノ戒メ虚妄ナラサルヲ徴シ、賊民ノ乱暴変事ヲ略記シ、聊カ教戒ヲ示シテ我子孫ニ贈ルコト尓リ

慶応二年丙寅七月上浣

白茅舎主人誌

としている。純道は子孫への教訓のために『賊民』を執筆したのである。大宮町の人びとは、町をまもるために、領主の見解（防衛論）を否定し恭順をしめしたが、打ちこわしが発生してしまった、このため、大宮町の若者たちは報復として世直し勢を殺害・捕縛した、というのである。

純道は天明の打ちこわしとの比較は行っているのに、なぜ天保の打ちこわしに言及しないのか、という疑問が残る。社会状況、百姓一揆・打ちこわしの様相に関して、慶応期は天明期とは大きく相違しているが、天保期とではさほど大きな変容がないために、比較対象たりえなかったのではなかろうか。

また、先述したように純道は「賊民ノ乱暴変事」＝世直し騒動の発生するのは、為政者に問題があるとし、「蓄財家」への批判と、窮民救済の必要を説いている。この発言は、純道が医師であることに関係するであろうか。たとえば、杉田玄白も『後見草』において天明の社会状況（百姓一揆の激化）に危機感をもち、F・ファノンはアルジェリア民族解放戦線を闘い、チェ・ゲバラはキューバ革命に参加した。医師という立場からの社会への鋭い視線、現状批判のまなざしとして重視したい側面である。

以上、『近辺』と『賊民』という二点の「騒動記」の執筆者である井上如常と伊古田純道という二人の地方文人に共通する記憶を整理すると、以下の二点となる。

・忍藩から地域防衛を命じられたが、大宮郷ではこれを拒否し、世直し勢への恭順を決定した。しかし大宮町が打ちこわされたので、これの報復として世直し勢を殺害していった。

・忍藩と大宮郷の人びととが共同して武力を発動し世直し勢を殺害した。

五　上名栗村　―村役人たちの記憶―

先述した上名栗村新組の組頭平沼源左衛門が記録した『変事』から、上名栗村の村役人たちの記憶を解析する。『変事』の文字数＝情報量を分析すると、訴状などの挿入部分を除外すると、表3のようになる。

なお、この『変事』には、合戦譚のごとき大仰な表現、事実を無視した風聞による記述―つまり、「騒動記」のような叙述―などは一切ない。以下、表3「細目」にしたがい解説していく。

表３　『変事』の文字数＝情報量

項　目	％（／総文字数）	内　訳	％
原　因	0	−	−
経　過	42.9	細　目	（／経過文字数）
		引き留め	24.3
		飯能町打ちこわし	17.1
		掛合	58.6
その後	57.1	細　目	（／その後文字数）
		関東取締出役の出張　捕縛・吟味	47.4
		施行関係	35.6
		その他	17.0

1　前　提

訴状の部分を除くと、『変事』には「原因」に関する記述がない。「原因」について、筆者源左衛門の関心は薄いといえる。

「経過」のうち飯能町まで打ちこわしに出て行こうとする若者たちを引き留める叙述＝「引き留め」と、施行要求を迫る若者たちと村役人たちとの折衝の場面＝「掛合」とが「経過」のほとんどをしめている。「飯能町打ちこわし」に関しては「経過」文字数のうち、一七・一％でしかない。『変事』の叙述は名栗地域の状況に収斂されているといえよう。

2　「経過」——「引き留め」

「引き留め」とは、騒動が始まった六月一三日のみの叙述である。これが「経過」文字数のうち、二四・三％を占めている。とくに強調されているのは、上名栗村　町田滝之助（古組名主）・原田太次郎（新組名主）・平沼源左衛門（新組組頭）・軍蔵（古組年寄）ら村役人が、打ちこわしを引き留めようとしたが失敗した、また、不動淵に結集している者に、村役人たちの言うことを聞けと説諭するが無視されてしまった、という場面である。

3「経過」―「飯能町打ちこわし」

飯能町に関しては、上・下名栗村の小前たちが打ちこわしに出て行った先、彼らを村役人たちが追いかけていった場所、として登場しているに過ぎない。飯能町ではすでに打ちこわしが行われていたので、「最早無拠次第と飯能宿へ見舞」に立ち寄るとあるが、詳しくは触れていない。源左衛門たちは、騒動勢が扇町屋から、所沢へ向かったというので、追いかけていこうとするが、途中で騒動勢が名栗へもどったとの情報を得、一五日昼七ッころ帰村している。くり返すが、源左衛門は飯能町打ちこわしにはまったく関心を示していない。

4「経過」―「掛合」

飯能での打ちこわしが終わり、上・下名栗地域の小前たちは帰村する。六月一五日から一六日にかけ、彼らは村役人・有徳人を相手に施行を要求した。『変事』には、上名栗村における「施行」の交渉＝「掛合」の様子が詳細に記録されている―わたしは、日本全国の百姓一揆・打ちこわし・騒動関係の多くの史料を見てきたが、これほどまでに具体的な記録にお目にかかったことはない。『変事』は近世民衆運動関係史料としても、とても貴重な史料といえる―。ここでは、トピックごとにその概要を紹介したい。

(1) 小前にリードされる交渉

小前を代表する交渉担当者は松太郎であった。松太郎は「金二千両を出せ　早く証文を書くように」と要求し、医王寺方丈が証文を認めた。最初から交渉は小前たちにリードされ、村役人たちは無視されていた。源左衛門は、

この緊迫する「掛合」の様子を、

四人参り申様、松さん、只今下名栗より人が参り、浅海戸之儀者、取極り、金弐千両、外ニ時かし分帳消、質物者不残置主江可返

と記録していた。そのうち小前たちの要求はエスカレートし、裕福な上名栗は弐万両くらい出してもらいたい、と言い始めた。これを聞いた源左衛門は、あきれて酒蔵にはいって煙草を吹かしていた、するとそこに松太郎がやってきて「上名栗では弐万三千両だしてもらいたい」として、各有徳人への金額までを「割附」た証文まで作成していた。

(2) 激怒する村役人

交渉内容を聞いた古組名主滝之助は、激怒し「掛合」は村役人との交渉ではない、村役人が小前に「割附」され、かってに証文まで作られたのでは「何も名主ハいらぬ事ゆへ、此事済次第退役ニおよび、誰ニ而も名主可致候」「勝手次第に打ちこわすへし」とまで言い始めている。

(3) 逆転する日常

先述したように「掛合」の交渉は、はじめから小前たちのペースで進められ、村役人たちは無視されていた。これを示す場面が以下である。

芋恨ら小沢迄之人不残凡百人余（中略）、白布たすき・白布の鉢巻ニて、六尺棒・とび口・木立、中ニハ丸キ棒、銘々所持いたし（中略）、打ちこわすべしと申候ニ付、芋恨栄助殿居合、見請候得ば、皆々近所之者ニ付、

栄助申様、みんなが何をするのだ、しづかにしろ、と申ければ、是、栄助、平実とハ違うそ、面色かへて、倉之助・栄助下タへ下り、土間ニ而挨拶ニ及へし、首をとって両人を土間へすりつけ、いま申候金子差出すか、いか丶いたすと申聞セ（中略）、大勢之者申様、其様之面倒之事ならば打毀すへしと、障子壱本打破り

栄吉が「近所之者」である「小前」たちを、「しずかにしろ」と咎めたところ、「小前」たちが「平実とハ違うそ」と栄吉を一喝した、というのである。上名栗村における武州世直し騒動の意味を如実に示すものとして、源左衛門はこの場面を記述したのであろう。日常の社会関係の逆転である。

5　「その後」――関東取締出役の出張　捕縛・吟味

騒動が沈静化した後の上名栗村の様子が詳細に記録されている。最初の叙述は、関東取締出役の出張である。

帰らない留吉・紋次郎・豊五郎

六月一六日、関東取締出役から頭取を割り出すように、との命令が上名栗村に届く。上名栗村では、留吉・紋次郎・豊五郎の三名が帰村していなかった。一八日、留吉が帰村してきた。彼は、途中で病気となり、帰りが遅れたとのことなので、村役人たちは、公儀に留吉の赦免を訴願する――留吉は八月三日赦免となる――。しかし、二〇日になっても、紋次郎と豊五郎は帰らない、この段階で、村役人たちは紋次郎・豊五郎が頭取であることを認識する。

七月二日、関東取締出役が出張してくる。紋次郎・豊五郎が帰村し、山にこもっているとの噂があるとのことで、山狩りを行ったが発見できない。関東取締出役は「猪猿ニ而ハあるまいし、山の中に住居致筋無之、第一者食事ニ差支」ではないかとして、村役人たちを詰問している。この後、二人は捕縛され尋問がはじまる。

6 「その後」―施行の「割附」

源左衛門は、小前たちから要求された施行の「割附」をめぐる議論に関しても詳述している。

回復する日常

上名栗村において、打ちこわしや、村人の防衛による殺戮は発生せず、時の経過とともに騒動は沈静化していった。騒動の沈静化にあたって、延命寺の果たした役割は大きい。以下にあるように、源左衛門は延命寺が騒動勢を説諭したと記している。

延命寺殿に逸々問き被為聞、大勢之者ども券ヲれ、詫言申証文、浅海戸へ返ス、川又并金左衛門へも返ス（中略）、太次郎殿・松太郎殿同道ニ而柏屋江寄、新立江参り、昨十六日晩始末、滝之助殿江小前一同惣代ヲ以詫入、施し之儀者思召ヲ請被下候事

小前たちは「詫言証文」を作成し、滝之助（新立名主）に詫びを入れている。これに対して、村役人たちは小前たちの傍若無人な言動を、村方が穏便になったので、すべて「聞き捨てる」とし、施金一〇〇〇両を上名栗の有徳人たちで工面することに決定した。

ところが、総額一〇〇〇両という施行金の「割附」で上名栗村内は紛糾していく。各有徳人の言い分は以下である。

・柏屋代八…源左衛門にはさらに二〇両出して貰わないと「村方の人気」に背く。
・源左衛門…なぜ自分だけに二〇両増加させるのか。

・柏屋…源左衛門は金貸しをしていて、裕福だから。
・源左衛門…「施しの事ゆへ思召次第」である。もともとの二〇〇両でも、私にとっては大金である。それならば、私は村の割り振りから除いて貰いたい。わたしは一人で身分相応の施行をおこなう。滝之助(新立名主)が二〇〇両ならば、私も二〇〇両にしてもらいたい。
・伴次郎(小殿組頭)…源左衛門が二〇〇両ならば、おれは一五〇両しか出さない。こうなったら、一人で施行を行いたい。
・代八(柏木組頭)…一人で施行を行いたいというのは、伴次郎だけのことではない。しかし、すでに、全体で一〇〇〇両と決定し、証書も出したのであり、関東取締出役に報告してあるから、不足になることはできない。

このように『変事』には施行の村での割り振りに関する議論に関して具体的に記している。しかし、その結果、施行金がどのように「割附」られたかに関しては触れていない。

7　「その他」

上名栗村には、炭谷入などの入会地があり、杉・檜などが植林されていたが、これを伐採し、施行の一部にあてようとする企画が出て、村役人たちで評議がはじまった。しかし、その結果は『変事』からは分からない。

源左衛門は打ちこわしを引き留めたことを強調しつつも、村役人たちが小前たちに無視され、「引き留め」に失敗してしまう様子を描いていた。また、「掛合」の場面では、騒動という非日常の空間において、村落の力関係が逆転している状況が見て取れる。一方、日時が経過するに従い、寺院が仲介し小前が詫びをいれることによって、施行は村役人たちによる議論によって決定したことが強調されていることにも注意を払いたい。『変事』の叙述は小前の詫びによって、村役人の権威と村落秩序は回復した、となっているのである。また、騒動が沈静化した後における施行金額の「割附」の場面では、皮肉・嫌みな面を多分に含みつつも、村落内部における政治的・経済的上下関係や、日常的家格の問題が投影されている点、さらに「施しの事ゆへ思召次第」であるとの源左衛門の言葉にも注目したい。村役人・有徳人が総体として施行を行う、という意識は薄く、個々の思惑、さらに、いわば私的財産を重視する認識が強かった、といえるのではなかろうか。

また、この議論において、公儀への期待が一切見られないことも重要である。公儀は、頭取捕縛のために訪れる、難儀をもたらす存在でしかない。上名栗の村人たちが、頭取と目された紋次郎・豊五郎を匿っていたことは事実であろう。関東取締出役が出張して来ている段階においても、上名栗の村役人たちが、紋次郎・豊五郎を匿っていた意味と意図とは何であろうか。先述したように、源左衛門には飯能町に対する関心はほとんど無い。上名栗村は炭の生産・流通、西川材の輸送、諸商い、米穀購入などの面で飯能町と経済的な関係を有していた。しかし、上名栗村と飯能とが常に良好な関係であったとは言えない。たとえば、西川材を切り出し、消費地である江戸まで輸送するには、筏に組み、入間川に流さなければならないが、その際、飯能の村々が農業用水取り入れのために入間川に設置した堰は邪魔になる。そこで、入間川の利用をめぐって、上名栗村と飯能の村々とは、たびたび争論をおこしていた[27]。そして、慶応二年、米価上昇によって、上名栗村が困窮していたことは事実であった。紋次郎・豊五郎は、逐電していたので、上名栗村における「掛合」には関与していない。彼ら二人は、米穀値段を下げるために飯能町を打ちこわしたのであり、『変事』の記述が二人の行為に対しては同情的な叙述になっているとも言える。

以上が『変事』の記述から見る村役人たちの動向であり、彼らの武州世直し騒動の記憶である。武州世直し騒動を契機に、地域内部における日常の矛盾が浮かびあがった。小前たちによる村役人への「掛合」や、「割附」における有徳人同士のせめぎ合いなどが、消せない記憶として上名栗村内に折り重なっていったのである。

おわりに

世直し勢に襲撃された飯能・北武蔵・秩父各地域のうち、村役人・地域指導者・地方文人たちは「騒動記」に自己の記憶を語り込んだ。そこに共通するのは、困窮する名栗地域の民への同情と、襲撃してくる他者＝世直し勢への恐怖と嫌悪、暴力の事後正当化、などである。また、幕藩領主への恩頼感の衰頽、痛烈な批判もあるが、さらに重視したいことは、村役人・地域指導者・地方文人たちが、幕藩領主を相対化し、地域・自家防衛のために独自の判断により、世直し勢への攻撃という行動を起こしたことを強調している点である。

これらの「騒動記」は読み手を想定して作成されたメディアであり、事実、複数の写本が存在している―その広がりはおそらく関東近辺までと考えられる―。「騒動記」で語られた村役人・地域指導者・地方文人たちの記憶は、たとえ歴史的事実に反していたとしても拡散し、一九世紀における関東地域の人びとの集合心性を形成していったといえる。

一方、上名栗村にとって武州世直し騒動とは、地域内で完結した出来事であった。小前たちは武器など使用せず、上名栗村において、打ちこわしは実行されていない。しかし、騒動の中で日常の社会関係は逆転していた。「掛合」の様相を見ると小前たちは途方もない額の施行金を要求しており、有徳人たちは、最終的に一〇〇〇両もの施行金を受け入れたのであった。上名栗村における経済格差は驚くほど大きい。

『変事』の内容から、既存の村落秩序や、村役人の権威が失墜したことに着目することも可能であるが、これは一八世紀の百姓一揆や打ちこわしの場面にも見られることであり、一九世紀の地域社会像の特徴ではない。注目したい点は以下である。

上名栗村における世直し騒動の沈静化は、幕藩領主の軍事力や、村々の暴力による世直し勢殺害・捕縛によってなされたのではなく、地元の寺が仲介に入り、小前たちが詫びを入れることによって実行されたのである。上名栗村の村役人たちは、頭取とされた紋次郎・豊五郎を匿っていたように、地域の安寧をとりもどすことに関して公儀をまったく当てにしていないのである。源左衛門は、これらのことを武州世直し騒動の記憶として記録したのである。『変事』という備忘録は、いわば〝閉じた史料〟であり、ゆえに、読み手を想定していない分、誇張や合戦譚のような表現は必要ないのであるが、一方、村役人たちの記憶が他者へと広がることはない。『変事』には多くの村役人たちが登場し、行動し、議論しており、そこから、一九世紀における上名栗村の村役人たちの集合心性が創られていったのである。

一九世紀の地域社会において、幕藩領主への恩頼感はほぼ無くなっており、自己の姓名と財産とは自村（自己）で護り、地域の安寧は地域内で維持（回復）させていく、という意識が形成されていたのである。

公儀が作成した「武州秩父辺農民徒党一件[28]」という史料や、村々が領主に提出した訴状などには世直し勢を「悪党」と表記しているが、本論が分析の対象にした「騒動記」は、世直し勢が放火・盗みをしていると記しても、彼らを「悪党」とは表現していない。この問題の解明は後日に期したいが、おもしろい相違であると思う。

註

（1）須田努『イコンの崩壊まで』（青木書店、二〇〇八年）。
（2）佐々木潤之介『幕末社会論』（塙書房、一九六九年）。
（3）近世村落史研究会編『世直し一揆史料』一・二（慶友社、一九七一年）。
（4）大舘右喜『幕末社会の基礎構造』（埼玉新聞社、一九八一年）。
（5）森安彦『幕藩制国家の基礎構造』（吉川弘文館、一九八一年）。
（6）山中清孝『近世武州名栗村の構造』（名栗村教育委員会、一九八一年）。
（7）斎藤洋一「武州世直し一揆のいでたちと得物」（『学習院大学史料館紀要』一、一九八三年）。
（8）前掲註（1）。
（9）須田努『「悪党」の一九世紀』（青木書店、二〇〇二年）。同「人斬りの村」（須田努・趙景達・中嶋久人編『暴力の地平を超えて』青木書店、二〇〇四年）。同『幕末の世直し』（吉川弘文館、二〇一〇年）。
（10）須田努「自助と自浄の一九世紀」（『人民の歴史学』一九四、二〇一三年）。
（11）安丸良夫「地方と文学的萌芽」（『岩波講座文学』六、岩波書店、一九七六年）。アン・ウォールソール「一揆物語の世界史的比較」（『民衆運動史』二、青木書店、一九九九年）。若尾政希「百姓一揆ものがたりと『太平記読み』」（『民衆運動史』二、青木書店、一九九九年）。
（12）須田努『幕末の世直し』（吉川弘文館、二〇一〇年）。
（13）須田努『「悪党」の一九世紀』（青木書店、二〇〇二年）。
（14）前掲註（10）。
（15）飯能市平沼宏之家文書。
（16）『新編埼玉県史』資料編一一、一九八一年（以下、『県史』一一）。
（17）前掲註（16）。
（18）前掲註（3）。

(19) 前掲註（6）。
(20) 前掲註（9）。
(21) 埼玉県立図書館所蔵。
(22) 須田努「菅野八郎のクロッキー」（須田努編『逸脱する百姓』東京堂出版、二〇一〇年）。
(23) 前掲註（9）。
(24) 長谷川宏「夕立の雨」解説　埼玉県立図書館所蔵。
(25) 秩父市立図書館所蔵　写真版を参考にした。
(26) 飯能市教育委員会『名栗の歴史』(上)、二〇〇八年。
(27) 前掲註（14）。
(28) 前掲註（3）。

第三章　地域における戊辰内乱の記憶
―飯能戦争を事例に―

宮間　純一

はじめに

慶応四年（一八六八）正月三日、京都南郊の鳥羽・伏見で薩摩・長州藩兵と旧幕府軍が衝突した。戦線は、短期間で東海道、関東、甲信越、東北へと拡大し、明治二年（一八六九）年五月にようやく終息をみた。約一年五か月に及んだこの内乱は、徳川将軍の政治からの退場と、天皇をいただく新政府の政権獲得を決定づける日本史上の一大事件となった。

内乱へ歴史的評価を与えようとする動きは、その最中から当事者たちの手によって始まっていた。内乱において、「勤王」・「佐幕」どちらの意志を表明したかは、明治期以降の社会を生きる上で重要な要素となってゆく。同時代の人びとは、そのことを強く認識していた。それゆえ、「勤王」の功績証明あるいは「佐幕」行為の釈明を目的に、内乱に関与した人物・集団、またはその遺族によって数多くの著作物、回想録、談話筆記などが明治期以降作成・刊行された。内乱の記憶を不特定多数の人びとと共有化することが図られたのである。

そうした戊辰内乱に係る修史編纂事業のうち、最も大規模に展開されたのが明治政府の手による「復古記」の編纂事業である。明治五年（一八七二）一〇月四日、政府は太政官正院に歴史課を設置して本格的に事業を開始し、紆余曲折を経て、明治二二年（一八八九）一二月に「復古記」は完成した。「復古記」編纂に込められた政府の意図は、明治国家創世の起源を戊辰内乱に求め、その歴史を正当化することにあった。ここにみられる「王政復古史観」の政治性については、大久保利謙[1]をはじめ、田中彰[2]、宮地正人[3]の研究によって鮮明となっている。

官撰の修史編纂事業が進む一方で、民間でも「明治維新」を回顧する風潮が、当時を知る「古老」の減少を背景として明治二〇年代頃から盛況となった。旧幕臣の団体や自由民権派などの「没落分子」による歴史叙述[4]や、旧藩が母体となって進められた藩史の編纂[5]、旧大名諸家で組織された史談会における史料蒐集[6]などがそれである。

地域において、戊辰内乱の歴史叙述が本格化したのも同じ頃である。そのあり方は、各地域の慶応四年の体験によって異なる。たとえば、「賊」と烙印された旧藩領に特徴的なのは、「王政復古史観」への接近を図って「朝敵」の汚名を返上し、戊辰の記憶を解消しようとする方向性である。反対に、「官軍」方についた旧藩領では、過去の功績を称えて郷土自慢を展開する[7]。そのような歴史意識は、少しずつ変容しながら、現在まで継承されていることも少なくない。

こうした戊辰内乱あるいは「明治維新」に対する地域の記憶・歴史意識の形成過程に関する問題は、これまでも検証されてきた。しかしながら、従来の研究では政府の創造する歴史像に地域がいかに引き寄せられていくかを、政府もしくは旧藩社会などの新旧権力の立場から分析したものが多い[8]。地域を対象にした渡辺尚志[9]のような視角は注目されるが、主に豪農に焦点を当てており、それ以外の地域住民の手による歴史像の形成については検討の余地がある[10]。戊辰内乱は、町・村といった庶民の生活空間を舞台とした新旧権力の武力闘争であった。それゆえ、あらゆる身分・職業の人々が、何らかのかたちでこの内乱の当事者となり、新政府軍の勝利と旧幕府軍の敗走を目の当たりにした。地域における内乱像の形成過程を明らかにするためには、政権交代を目撃した地域がどのようにそれを記録し、記憶を物語り、内面化していったのかを考証しなくてはならない。

そこで本稿では、慶応四年五月二三日に武蔵国高麗郡飯能周辺にて新政府軍と旧幕府軍の間で発生した局地戦である「飯能戦争」を事例として、飯能という一地域の立場からこの問題に具体的に迫ってみたい。主に、飯能戦争で戦場化した範囲（武州高麗郡飯能村、久下分村、真能寺村、中山村ほか）は、幕末当時、久留里藩領、一橋領、幕府領、旗本領、寺領などから構成されていた非領国地域であり、歴史意識の形成過程に特定の藩の影響はみられない。関東でもとくに苛烈な戦闘の一つとなった飯能戦争によって、戦場となった村々は焼失し、地元民に死者も多数出た。また、飯能戦争は一九世紀から二〇世紀にかけて飯能の地域が直接経験した唯一の「戦争」（戦闘行為によって家屋が焼け、地域の中で人が死亡するという意味において）であった。そのため、飯能戦争は地域史の中でも多くの関心を集めつづけてきたテーマであり、地域における戊辰内乱像の形成を解明する上で有効な材料となりうる。

一　飯能戦争の概略と現状の評価

新政府軍は、慶応四年三月一五日に江戸城総攻撃を予定していたが、同月一三・一四日の西郷隆盛・勝義邦（海舟）会談の結果、江戸での決戦は回避された。四月一一日に江戸開城が実施されると、前将軍徳川慶喜以下の恭順路線に不満をもつ旧幕臣たちは一斉に江戸を脱走し、これが引き金となって関東各地の町・村で局地戦が多発した。(11)大規模な部隊では、旧幕府撤兵頭福田八郎右衛門直道を首領とした二〇〇〇人とも三〇〇〇人ともいわれる兵力の撤兵隊が、四月一二日深夜に上総国木更津に到達した。撤兵隊は、徳川宗家の家名存続・領地確保を目的に掲げ、「義軍府」と称して上総国西部の村々を支配下においた。また、上総国へは旧幕府遊撃隊士伊庭八郎・人見寧が率いる部隊も向かい、請西藩主林忠崇に徳川再興への協力を申し入れた。忠崇は、これに呼応して閏四月三日にみずから陣屋を出陣。藩士を引き連れて遊撃隊に従軍している。他方、旧幕府歩兵奉行大鳥圭介は、伝習隊を率いて江戸を脱走し、ほかの旧幕府勢力を吸収しながら、本所、下総国市川を経て日光方面へ北上。下野国小山、宇都宮、今市を転戦した。

江戸湾では、旧幕府海軍副総裁榎本武揚率いる艦船七隻が、品川沖を離れて館山沖に碇泊していた。榎本艦隊は、海軍力において新政府軍に優っており、この時点で江戸湾の制海権は旧幕府軍側にあった。榎本は勝に説得され、四月一七日に品川へ引き返したものの、依然として反新政府的態度を示しており、旧幕府軍への支援は続けていた。

多摩地域には、二月初旬頃から、旧幕府歩兵が出現するようになる。これは、勝が恭順路線を実行に移すため、旧幕府の軍事力の核をなす歩兵を解散させ、江戸から退去させたことによる。閏四月中旬には、八王子へ三〇〇名を超える仁義隊が集結して、村々から軍資金や武器類を徴発した。

一方で、一橋家の家臣を中核として旧幕臣、諸藩の藩士などで構成された彰義隊は、江戸に留まり、江戸市中の警備・徳川家霊廟守護を名目に上野寛永寺に根拠を置いていた。彰義隊の頭取であった渋沢成一郎（喜作）は、副頭取天野八郎と対立し、四月下旬に彰義隊と分派して振武軍を結成した。振武軍は、江戸を離れて多摩方面に向かい、兵力を増やしながら進軍。最終的に五月一八日に飯能の町へ姿を現した。これ以後、飯能戦争勃発までの約一週間程度、飯能は旧幕府軍の影響下におかれることになる。

以上のような旧幕府の脱走兵集団が、拠点として選んだのは、いずれの場合も庶民の生活空間である町や村であった。新政府軍は、関東から抵抗勢力を一掃するため、村々に進撃してゆき、地域は軍事闘争の舞台となる。関東の各地域は、こうして政治闘争の渦中へと巻き込まれ、飯能は戦場の一つとなったのである。

飯能戦争の経過および振武軍を核とする旧幕府軍の策動については、松尾正人「多摩の戊辰戦争」[12]や『飯能炎上』[13]（飯能市郷土館平成二三年度特別展図録）などにて、すでに詳細が明らかにされている。本稿ではその単純な反復は避けて、行論に必要な範囲で戦闘の概略だけを説明し、若干の肉付けをしておきたい。

前述のように振武軍は、彰義隊と分離した一派で、五月初旬に田無へ屯集した。同軍は一二日に箱根ヶ崎に移動し、一五日に彰義隊が壊滅する（上野戦争）と飯能に移る。飯能に入ると武陽山能仁寺に本陣を置き、観音寺・廣渡寺・心應寺・智観寺・玉竇寺に分宿した。その人数は、史料によってやや異なるが、およそ四〇〇から五〇〇名程度であったと思われる。これは、元の振武軍に彰義隊の残党などが加わった人数である。

対して、新政府の最高軍事組織である東征大総督府は、振武軍を中心とした旧幕府勢力掃討のため、五月一三日に筑前藩士尾江四郎左衛門を軍監に任命。つづいて備前・大村・佐土原・川越・筑前・久留米の各藩に出兵を命じて、糧食の供出を韮山代官江川太郎左衛門に担当させた。この軍勢に、尾江四郎左衛門の要請に応じた忍藩兵が加わった。新政府軍の総勢は、二〇〇〇名から三〇〇〇名といわれるが、旧幕府軍の兵力を大きく上回っていたことは確かである。新政府軍のうち、飯能の町へ進攻したのは、扇町屋村に滞陣していた東征大総督府下参謀の大村藩士渡辺清左衛門率いる筑前ほか四藩の部隊であった。

飯能戦争の大略は、新政府諸藩が東征大総督府へ提出した報告書からわかる。飯能戦争に関する新政府側の史料は、従来十分に活用されてこなかった[14]ので、その一端をここで紹介しよう。左は大村・佐土原二藩の報告書である。

（大村藩）

（五月―宮間註、以下同）廿二日賊兵八王子道逃遮断之為筑前兵隊直竹江相備、秩父遁逃遮断之為川越兵隊秩父路江相備、日光道逃遮断之為筑前半隊鹿山江相備、筑前、筑後ハ賊窟横撃として双柳より進ミ、備前、佐土原、大村ハ野田ゟ正面江相進候様軍配既ニ成、廿三日暁二字佐土原先駆入間川を渡り笹井村江出候処、賊兵林木中江潜伏砲撃ニ付、野砲小銃ニ而壓衛相戦候央大村為援兵駆付候処、賊兵既ニ遁逃いたし候、併夜陰にて地理未分賊之伏兵難計ニ付天明を待、各藩両道ゟ伏兵探索相進候処、野田村外より賊兵猶又狙撃候得共、衝突ノ進軍平原曠野ニ出撒兵を布衍し、野砲小銃を以路次之林藪賊之伏兵を進撃し、飯能市街之前ニ至り、賊窟能仁寺江注目、吶喊之声山嶽を撼し、砲弾如雨雷電之勢を以瞬息之間能仁寺前ニ至リ候(15)

（佐土原藩）

同二十日江戸ニ於テ一番砲隊同銃隊武州青梅辺江賊徒屯集之趣ニテ追討之命ヲ受ケ、同廿一日江戸ヲ発シ田無宿ヘ陣シ賊ノ動静ヲ探ル、ニ賊等尽ク飯野（能）ヘ屯集之由ニ付、翌廿二日進テ扇町谷ヘ陣シ、各藩軍議備前大村及佐土原ノ兵隊明暁二字野田ヨリ正面ヘ進撃ノ約ヲ定ム、時ニ此ノ地タルヤ入間川ノ険アリ、若シ敵要地ニ拠ル時ハ官軍ノ不利極ヲ以テ俄ニ用意シ、各藩ニ告テ独十二字兵ヲ発シテ入間川ヲ渡リ、夜未夕明ケサレトモ進テ笹井村ニ到ル、不図兵ニ遭フ、問テ云誰レタル、小隊長谷山藤之丞藩名ヲ答フ、彼直ニ短銃ヲ放ツニ不発、則チ其銃ヲ以テ谷山カ額ヲ打ツ、谷山屈セス刀ヲ抜テ之ヲ斬ル、賊斃ル、然ルニ賊徒畑側ノ藪中ニ在リ斉シク発射ス、味方銃隊川岸ニ開キ同シク発砲、此ノ時砲隊後ニ在リ、銃隊ノ戦声ヲ聞キ敵間近キヲ察シ散弾ヲ放ツ、五六発銃隊亦頻ニ放撃シ賊大ニ敗走ス、（中略）時ニ天未夕暗今大村兵来リ会シ、暁ニ及ンテ兵ヲ進ム、賊防戦ス、砲隊大道ヨリ進ミ銃隊ハ左右ニ開キ斉シク進撃ス、賊敗レテ能仁寺ヲ保ツ、兵隊進テ能仁寺ニ迫ル(16)

これらによれば、二二日、筑前・久留米藩兵は双柳村から、備前・佐土原・大村藩兵は野田村から飯能村を目指して進軍するように軍監より指令が出された。さらに、直竹村に筑前藩兵、秩父往還へ川越藩兵、鹿山村に筑前藩兵を配置して、それぞれ八王子方面、秩父方面、日光方面への逃走路を遮断し、飯能を完全に包囲した。新政府軍は出陣に際して、備前藩が生け捕った「賊」三人を「血祭リニ討捨」て、士気を高めたという(17)。

戦闘の開始は、二三日の未明二時頃のことであった。佐土原藩の先鋒隊が入間川を渡り、笹井村に入ったところで森林に潜伏していた旧幕府兵と遭遇し、銃撃戦が開始。この時は、朝霧が深く敵味方の区別がつかないような状況であったため、新政府軍は進軍できずに足留めをくう。夜が明けてから新政府軍は反撃に移り、旧幕府方が屯所とした寺院に野砲を「雨雷電」のごとく打ち掛けた。これに対して旧幕府方は、民家や森林、畑の中から小銃で攻撃を仕掛けて抵抗するが、兵力と銃器の性能で圧倒的に劣る差は埋めようもなく、所持品を投げ出して逃散した。およそ午後三時頃までには、飯能は完全に新政府軍によって制圧された。

その後、二六日頃まで残党の追討が続き、五、六〇人ほどが生け捕られ、旧幕府兵の遺骸のほとんどはそのまま野にさらされた。この戦争によって、旧幕府軍が駐屯した能仁寺、智観寺、観音寺、廣渡寺の建造物のほか民家二〇〇軒以上が焼失している。新政府軍に従軍していた掛川藩士の本藩宛報告書に、「右飯能村江出張与御達し候得共、前文ニも申達候通同所焼亡故、上鹿山村江出張相成候事ニ御座候、鹿山辺兎角賊徒博徒等慕行いたし候様子甚心配之事ニ候」とあるように、飯能の治安は戦争以後急速に悪化した(18)。

飯能戦争は、戊辰内乱史全体を俯瞰すれば、江戸開城に不満をもつ旧幕府脱走兵部隊が、関東の各地で起こした騒擾の一つと位置づけられる。飯能を活動舞台とした旧幕府軍は、ほかの脱走兵部隊と行動形態に大差はなく、むしろ共通点が多い。こうした関東における旧幕府抗戦派の抵抗は、戊辰内乱の代表的研究である原口清『戊辰戦争』[19]や石井孝『戊辰戦争論』[20]によって、五月一五日の彰義隊壊滅を契機に終焉に向かうとされてきた。その約一週間後に起きた飯能戦争は、振武軍が彰義隊から分派した部隊であり、彰義隊の敗残兵を吸収した経緯から、上野戦争と連続する戦闘とも理解される。

だが、戦前から飯能戦争に対して関心が高くあり続けた関係地域では、飯能戦争は地域固有の特別な事件として認識されてきた。近年も断続的に研究は続けられており、『飯能市史』[21]や新井清壽『飯能戦争』[22]、浅見徳男『飯能の幕末』[23]は、多くの史料を渉猟した特筆すべき業績である。ほかにも、周辺の自治体史[24]や個人の史料探索に基づく調査・研究によって、さまざまな成果が蓄積されてきた[25]。

それら地域史研究における飯能戦争の評価は、一連の騒擾を地域にとっての〝苦難の維新〟とみなす点で一致する。〝苦難〟とは具体的には、旧幕府軍による「掠奪」行為、戦火によるとばっちりの被害だとされる。浅見徳男『飯能の幕末』が、「飯能の人達は何ともやりきれない思いであったに違いない。偶々村々を訪れた旧幕府軍が、強談でここに居座ったことにより、甚大な被害が出てしまった[26]」と評しているのは、それを顕著に反映していよう。

しかしながら、筆者が別稿[27]ですでに論じた通り、関東の村々では旧幕府軍に同調し、主体的に内乱へ参加してゆくケースも多く、村＝「被害者」という枠組みを一様に当てはめることは適当でない。飯能戦争においても、村々が当初から旧幕府軍に対して嫌悪感を抱き、ただ迷惑だと感じていたとは必ずしも断言できない。

では、なぜ「被害者」の側面ばかりがクローズアップされてきたのだろうか。「被害者」としての戊辰内乱像は、飯能に限らず他地域でも散見され、地域史中の戊辰内乱史に関する叙述から、これと類似する事例を探すことはそれほど困難ではない。かかる課題は、地域における戊辰内乱像の形成過程を探る上である程度一般化できるものと考えられる。

飯能戦争については、戦前期に研究の俎上にのせられた時点で、すでにそうした評価が定着していた。次章でその点をみていこう。

二　内乱の「傷跡」と「聖徳」

飯能戦争に関する本格的な歴史叙述に最初に着手したのは、吉田筆吉である。昭和八年（一九三三）に刊行された『飯能戦争の梗概』[28]がその初めであり、戦前の飯能戦争研究は飯能第一国民学校編『飯能郷土史』[29]において集大成をみる。

吉田筆吉は、考古・人類学者鳥居龍蔵が大正七年（一九一八）に設立した武蔵野の自然・地理・歴史・考古学の民間研究団体である武蔵野会の会員で、飯能第一尋常高等小学校の第一六代校長を務めた人物である。退職後は、飯能町名誉助役に就任している。吉田は、その生涯で飯能の「郷土史」に関するいくつかの著作を残した。とりわけ、昭和初年から戦前にかけての研究活動が著しい。

飯能戦争を主題に掲げた吉田の著作は、『飯能戦争の梗概』、『飯能戦誌』[30]の二冊が確認できる。前者は、昭和八年五月に執行された飯能戦争の戦死者並びに遭難者の慰霊法要の際に、地元の東雲亭主人横川竹造から吉田に依頼があって執筆された。吉田は、「戦死遭難諸氏の幽魂に対する追善の一端にもならん」と考え依頼を引き受けたとされる。執筆の過程では、地域に残された史料の踏査や聞き取り調査が行われた。

後者の『飯能戦誌』は、振武軍副頭取の尾高惇忠家の蔵書（尾高の伝記『藍香翁』など）を吉田が借用し、前者の増補・修正版として飯能戦争から七〇年を迎えようとする昭和一二年（一九三七）に刊行された。

吉田の執筆方針は、『飯能戦誌』の次の一節から明白である。

飯能戦争後明治の聖代となり同一六年には本戦跡の地に畏くも明治天皇行幸あらせられ、親しく近衛諸兵の演習を天覧あらせらる。此に同演習の跡と振武軍の戦跡とを窺ふときは、其の道順及其戦略其他に於ても相類似するもの、如くに思はれ、振武軍の拠りし裏山は明治天皇鳳翔あらせられし、以後天覧山として世に推称する所となる。又之れと同時に振武軍の戦跡を追懐せられ、同時に又精神的にも感無量之を発表そ得ざるの尊きもの、存するを覚ゆるのである。(31)

右の引用文からは、吉田が明治一六年（一八八三）の小演習天覧と飯能戦争の記憶を同化していることが明らかである。飯能戦争の主要な舞台となった能仁寺の裏山に天皇が行幸したことで、二つの出来事が同時に回顧される。明治一六年の天皇行幸とは、同年四月に行われた近衛諸隊春季小演習天覧のことである。明治天皇は、一六日午前八時三〇分、供奉人約一九〇名を率いて仮皇居を出発。一七日午前一一時一四分、行在所となった飯能町の金子忠五郎宅へ到着した。一八日には演習が挙行され、天皇は羅漢山を天覧所として騎馬にて観覧。一九日まで演習は続き、二〇日、仮皇居へ還幸した。天皇は、演習が行われた二日間、演習場を騎馬で駆け、訓練の精粗、戦術の巧拙などを観察したという。羅漢山は、旧幕府軍が本拠地とした能仁寺の裏手にある標高約二〇〇mの山である。飯能戦争では、敗れた旧幕府軍の兵士が羅漢山に多数身を隠した。この時の行幸を経て、羅漢山は天覧山と改称され、鎮守祭典の日が行幸のあった日に改められた。(32)

右のような地域の歴史意識・記憶のあり方は、やはり吉田が主体的に関わった「振武軍之碑」の建碑活動でも同様にみられる。「振武軍之碑」は、吉田をはじめとする地域の有力者などが発起人（細田栄蔵、横川竹造、関口兒玉之輔、関柢二、若松若太夫、大野嘉太郎、渋沢敬三、尾高豊作ら振武軍幹部の子孫が賛成人）となり、能仁寺境内（現在は同寺開山堂前に立つ）に昭和一二年五月一三日に建碑された。碑には「唱義死節」と刻銘され、碑文では彰義隊や振武軍は「順逆の大義を謝れるに似たりと雖も、素より王師に抗し私を為す所以に非す」とされ、「今や皇運隆昌稜威赫々として八紘に輝き、徳川氏一門亦顕要に列し」と建碑当時の状況認識が刻まれている。そして、ここでも「郷人碑を天覧山の麓（能仁寺のこと）に樹て、振武軍の事蹟を不朽にせん」と演習天覧と飯能戦争の記憶が一体化している。(33) 本来「賊」であり「朝敵」であったはずの振武軍の戦跡を、演習天覧の記憶と一致させることで、飯能戦争の記憶が天皇の「聖徳」に包まれてゆく。

また、この碑で注目されるのは、発起人の一人に初代若松若太夫（松崎大助）が名を連ねていることである。明治七年（一八七四）、埼玉県大里郡に生まれた若松若太夫は、説教節の中興の祖とも呼ばれる人物で、東京・埼玉・千葉・群馬などの各県で活動を展開していた。(34) 若松は、渋沢栄一の見立て養子である渋沢平九郎を題材とした「飯能の嵐―平九郎自刃の段―」を作曲し（作詞大野鐵人）、その小冊子が「振武軍之碑」の竣工した昭和一二年に刊行されている。(35)

渋沢平九郎は、渋沢成一郎の従兄弟で尾高惇忠の実弟である。成一郎とともに振武軍に参加した人物で、敗戦後、顔振峠経由で越生方面へ逃走中、新政府軍に発見されて自刃。平九郎の首級は、越生今市宿に晒された。その後、地域住民の手によって、首は法恩寺（現越生町越生）に、胴体は全洞院（現越生町黒山）に葬られたという。二二歳の若さで死亡した平九郎は、平山蘆江の小説(36)などによって飯能戦争の悲劇のヒーローとして知られている。平九郎が自害した場所は「自刃岩」と名づけられ（昭和二九年〔一九五四〕「渋沢平九郎自決之地」の碑が建立）、平九郎の首や胴体は「脱走様」・「お首様」と呼ばれて病気平癒の信仰対象となっていた。また、自刃岩の傍らにあるグミの実は、平九郎の血の色を宿すといわれ、「平九郎グミ」と称されるなどさまざまな挿話・伝説が残されている。こうしたエピソードは地域内だけではなく、平九郎の「雄姿」とともに広く知られている。しかし、同時代に平九郎はそれほど名が通った人物でなく、自刃したのも平九郎個人ではなく単に脱走兵としてしか地域では認識されていなかった(37)。ゆえに、悲劇のヒーローたる平九郎像は、後世に創造されたものと推量される。「人の禄を食む者は人の為に死すと」の文句で始まる「飯能の嵐」では、平九郎の勇敢さ、潔さおよび死の悲壮さが語られ、聞き手の同情を誘う。その影響の程度を明示するのは困難であるが、若松の説教節は、飯能戦争が広く知られ、平九郎の死が右のような挿話とともに物語として語られるようになった一因だと考えられる。

若松が、「飯能の嵐」を作曲した背景には渋沢家と若松の関係が推察される。大正五年（一九一六）頃の若松会（若松の後援会）の筆頭に、柔道家嘉納治五郎、実業家諸井恒平ら各界の有力者とともに渋沢栄一の存在が確認できる(38)。渋沢が、若松の大手支援者の一人だったことから、若松が渋沢家の意を受けて「振武軍之碑」の発起人に名を連ね、「飯能の嵐」を作成したことは想像に難くない。若松は、「飯能の嵐」以外にも、昭和六年（一九三一）頃に全洞院へ平九郎の供養のため扁額を奉納している(39)。

一方で渋沢栄一は、家人芝崎確次郎に命じて、明治六年（一八七三）に平九郎の首と胴体を回収し、上野寛永寺にて法要を営み、谷中墓地へ改葬した。また、明治三二年（一八九九）には、栄一が尾高惇忠を伴って入間郡黒山の地を訪問し、平九郎の菩提を弔うとともに村人たちに感謝の意を表した(40)。その後も栄一は、明治四五年（一九一二）に黒山まで赴いている(41)。こうした栄一の活動は、平九郎像の形成と深い関わりをもつが、それはひとり平九郎の問題だけではなく、渋沢家さらには旧幕臣の顕彰・慰霊全体の中に位置づけられるものであろう。その検討は、本稿の趣旨からはずれるので機会を改めることにする。ここでは、若松若太夫の説教節による関係地域以外への飯能戦争像の拡大並びに悲劇のヒーローとしての渋沢平九郎像の存在を指摘するに留めたい。

さて、話題を吉田の飯能戦争論に戻そう。吉田の「郷土史」を「王政復古史観」に擦り寄せようとする志向は、『飯能郷土史』へと継承された。

『飯能郷土史』は、皇紀二六〇〇年を記念して昭和一九年（一九四四）に上梓された。同書は、埼玉県史編纂主任稲村坦元と吉田の指導のもと、飯能第一国民学校研究部地歴部員の援助を得て、飯能郷土史編纂主任富澤実が中心となり五か年計画で執筆された。その目的は、飯能町長大江八郎による序文に「国民精神が国史によって培はれる如く、郷土愛も郷土を識ることによって高められる」とあることに標榜される。戦時下で国民の愛国心を喚起するための装置としての役割が、「郷土史」に期待されたのである。幕末に、薩摩藩邸浪士隊に参加した飯能出身の「志士」小川香魚のエピソードなど「勤王」につながるような話題が、『飯能郷土史』の全体を通して強調されていることはそれを証左していよう。

同書は、飯能戦争の記事に約八頁（二〇九～二一七頁）を割く。その叙述に特徴的なのは、飯能戦争への地元民の関与を徹底否定していることである。「この事件（飯能戦争）は全く飯能人の関知する所でなかつた」とか、「他人（旧幕府軍）に利用されたに過ぎぬ」とあり、当時「飯能人」が、旧幕府軍に加勢したという史伝は「実に誤りも甚だしいと言はねばならぬ」と結論づけられている。この一文で否定しなければならないほどに、旧幕府軍に地元住民が荷担したという史伝は、昭和戦前期段階でまことしやかに語られていたといえる。

また、同書は飯能戦争により受けた地元住民の「傷」は、明治天皇の行幸により「全く癒ひ心気清朗《（晴）》」になったとする。「賊」である旧幕府軍ですらも、天皇の「聖徳」によって正当化しようとする『飯能戦誌』の叙述方法と比較して、『飯能郷土史』は旧幕府軍に対する地元民の協力を否定し、憎悪を表明している点で対照的である。

しかしながら、『飯能戦誌』と『飯能郷土史』は、飯能戦争に際して地元民が旧幕府軍に同調的であったとする疑惑を意識している点では共通する。『飯能戦誌』が、飯能戦争と演習の天覧行幸の記憶を一体化する必要があったのは、飯能に旧幕府軍が駐屯したことから、住民が「賊」軍へ協力したといわれるイメージを払拭するためであった。一見すれば、旧幕府軍を肯定・否定するという真逆な立場をとっているようにみえるが、両書はともに旧幕府軍に協力した＝天皇の直属軍である「官軍」に抗した、とされる飯能戦争の「傷」を、明治天皇の天覧行幸によって解消しようとしているのである。この「佐幕」のイメージについては、詳しく後述する。

さらに、両書の叙述の背後には飯能戦争は維新の「困苦」であった、あるいは〝新政府軍が来たせいで飯能は焼けてしまった〟とする「被害者」視点が横たわっている。旧幕府軍への協力を徹底否定することで、飯能は内乱のまったくの被害者となる。戦後、「王政復古史観」および「皇国史観」の放棄に伴い、天覧行幸と飯能戦争を同一化する観点は失われるが、『飯能市史』などにその歴史意識は（無意識かもしれないが）たしかに継承されている。

以上を考慮すると、「佐幕」・「勤王」の立場に拘束された戦前の歴史意識に、現在の飯能戦争像もある程度規定されているといえよう。

三　「被害者」としての記憶

『飯能戦誌』や『飯能郷土史』で「被害者」のポイントとなるのが、町の全焼である。実際に焼失した民家は、飯能村九四軒、久下分村五四軒、真能寺村二六軒、中山村二六軒で、ほかに寺院では、能仁寺（本堂、上総久留里藩主黒田家御霊屋ほか）、智観寺（本堂、庫裏ほか）、観音寺（本堂、庫裏）、廣渡寺（本堂、庫裏ほか）で被害があった。

前述の通り、『飯能戦誌』・『飯能郷土史』の両書は、飯能の町が被災した責任をすべて旧幕府方に押しつけている。

当時使用された銃火器類を考慮すると、わずか半日程度の戦闘で、飯能の町が全焼するのは不自然である。しかし、飯能全焼の要因について、大多数の文献が漠然と兵火による焼失とのみ記し、それ以上の追究はなされてこなかった。

新政府軍を構成する諸藩が、東征大総督府へ届け出た報告書を再びみてみると、火災の主因は新政府軍による放火であったことがわかる。佐土原藩の報告書には「智観寺及ヒ商家ニ放火シ残賊ヲ撃ツ」と明記されている(42)。また、大村藩の場合にも「火ヲ放テ鯨波ヲ揚ケ」との記載がみられる(43)。さらにもう一例をあげれば、飯能に所領を有し、能仁寺を菩提寺とする上総久留里藩士の記録には、「官軍諸隊飯能に入り、尋いで脱走の根拠とせし能仁寺を初め附近の各寺院を悉く焼き払つて凱歌を唱へ、午后三時陣を払へり」と記されている(44)。新政府軍が、意図的に放火作戦をとったことは明白であろう。一部、旧幕府方が捨て鉢的に民家に放火することもあったが(45)、飯能が全焼した主因は新政府軍の放火と考えるのが妥当である。

新政府による放火作戦は、敵の根拠地や隠れ家を奪い、村が敵の味方をする場合にはみせしめとする目的を有していた。とはいえ、無闇な放火は民心の離反を生むため軍規で厳しく禁じられている(46)。それでもなお、放火作戦を採用したということは、飯能戦争は新政府軍にとって簡単な戦闘ではなかったことを表すのと同時に、飯能の人びとが旧幕府軍を支援していた可能性も示唆している。

新政府による放火が、これまで明確でなかったのは、新政府軍側の史料が十分に活用されてこなかったことに一因がある。だが、それにも増して旧幕府軍の「被害者」としての飯能戦争像のあり方が、新政府による放火という情報をみえにくくしていた大きな理由だと考えられる。

戦争後、火災に遭った寺院や村は、それぞれ被害状況を領主などに届け出た。左は、能仁寺が久留里藩寺社奉行所へ被害状況を届け出た文書である。

　　　御書付御届申上候
一、当（五月）十八日徳川家之浪士与申唱凡軍勢五百人余当郷ニ罷越、拙寺方ニ茂百五六十人致止宿度旨以村役人申出候、依之夫々致示談候得共無拠次第ニ付為致止宿候、然ル処段々延引ニ相成、廿三日明七ツ時より官軍之方より逐討ニ相成出寺、致戦争候得共、官軍之方追々押寄遂ニ諸堂舎等不残鉋火ニ而焼亡仕候、尤御朱印幷御代々様御尊牌之儀者早々持抜末寺之内江御移申上候、丹生宮祠惣門土蔵弐ヶ所相残申候、尚寺内之者怪我等一切無御座候、此段不取敢御届申上候、以上(47)

　能仁寺の建造物は、飯能戦争によって丹生宮祠・惣門・土蔵二つ以外すべて焼失した。ここでは、火災の経緯や放火された理由の詳細は明らかにされない。「（旧幕府軍に対して）夫々致示談候得共、無拠次第ニ付為致止宿候」と、旧幕府軍は寺院や村が拒否したにもかかわらず無理矢理駐屯した、とだけ戦争の経緯が説明されている。火災に至った理由について、放火よりも旧幕府軍が居座ったことに説明の重心がおかれたのである。

　ほかの寺院の届書にも類似の文言がみられる。能仁寺と同じく旧幕府軍の兵士が駐屯し、全焼した廣渡寺のそれには「迷惑之筋種々申立候得とも何も聞入不申」とある。飯能・久下分・真能寺・中山四か村が提出した届書にも旧幕府方による「強談逗留」と記されている(48)。わざわざこうした表現が用いられているのは、寺院や村が旧幕府軍に同調したとの疑惑を回避するためだと推察できよう。そして、右の飯能戦争像は、『飯能郷土史』で描かれるまったくの「被害者」像と一致する。すなわち、旧幕府軍に対する憎悪表現および「被害者」としての飯能戦争像が、事件直後からすでに語り始められていることが看取できるのである。

　「被害者」側に立とうとする認識は、真能寺村の双木利八郎による「大炮玉箱(49)」の箱書にもみられる。「大炮玉箱」

は、飯能戦争で使用された砲弾（大玉）を納めた木箱である。砲弾が保存されたのは、「悪事負難摩除ニモ全可相成」との理由からで、箱書の最後は「諸国ノ戦争モ皆焼打ニ有之、後世可恐事共也、有増記置」と締めくくられている。つまり、村が戦争によって焼けた「被害」の記憶を後世へ永く伝えるために砲弾は保存され、箱書は記されたといえる。

では、実際に飯能の住民は旧幕府軍に対して、どのように接していたのであろうか。

○五月二十五日青梅在より来りし農夫の咄し

武州高麗郡飯能在能仁寺といへる寺あり、山中にて至て要害よき地所なり、しかるに此頃東叡山の残兵のよし多人数にて屯し、近郷の農民追々はせ加はり兵器兵糧おびたゞしく相集め、防戦の用意相とゝのへ、然る所へ官軍方討手御差向黒澤川より扇町谷辺へ宿陣之処、去る廿三日夜浪士勢不意に押出し木砲数十挺其外小銃にて打立候故、俄之事にて官軍方御引取之趣に御存候、其後の戦争いかゞ相成候や、廿四日之夜より廿五日におひく新宿へ惣勢引上けに相成り候よし、但し飯能ハ少々放火ありしとぞ

秩父辺の風習にて年々盆頃にハ大花火をあげ、村々より其大なるをきそへり、其大なるに至りてハ木筒の丸々一からハ長さ六七尺もあるべし、竹たがをすき間なくかけたり、此戦ひに用ひしハ多分此筒なりと云へり、又此辺ハ狩人多く住居従此者ども隊中へ加はり大にはたらきしとぞ、猶其後の事実を得バ追々しるすべし[50]

この『内外新報』の記事では、旧幕府軍へ積極的に物的・人的面で協力する地元民の姿が描かれている。この記事と同じように、花火の筒を旧幕府軍へ提供する話は、『此花新書』にも記載されている。[51] さらに、周辺地域の風聞書にも「飯能近在之百姓大ニ気ヲ入、花火大筒抔江小石入品ニ寄、打出候手筈有之候[52]」とあり、飯能の人びとが「佐幕」とみなされていたことが看取できる。また、同種の記録には、旧幕府兵が滞在した寺が焼き払われたのは

旧幕府方へ寺が「入魂」に協力したためであり、いくつかの飯能の商家（金子屋・外屋）は、火薬・物品を旧幕府軍の兵士に用立てたため大砲で土蔵が破壊されたと記されている(53)。

旧幕府の脱走兵部隊は、支配下においた村々に対して必ずしも威圧的・脅迫的に迫るのではなく、むしろ支配者の「徳」をもって接し、支持を受けようとする態度がみられる。具体的には、内乱によって悪化した治安の回復活動などを請け負うことがあった。その背景には、滞在先の村々の援助なくして活動できない脱走兵の実情が存在した。つまり、脱走兵は食料や資金、人足などを自前で賄う能力はなく、これらの大部分を滞在先の村々に依存していたのである。それゆえ、民心を掌握することは、脱走兵部隊にとって重要な問題であった。これに対して関東各地の村々では積極的に旧幕府軍を支持するケースも散見される。金銭・物資面で間接的に支援する人びともいれば、直接軍事行動に身を投じる者たちもいた(54)。旧幕府軍ばかりが、村々を略奪・使役して苦しめたとするイメージは後世の「王政復古史観」下での産物である。

飯能においても、右のような旧幕府方に加勢する人びとが存在したことをうかがわせる史料を見出すことができる。ただし、ここではそれが史実かどうか確定することが目的ではなく、旧幕府軍に同調しているとみなす周囲の視線があったことが重要となる。そうした視線があったからこそ、飯能の人びとは旧幕府軍との協力関係の否定へと駆り立てられたのである。かかる観点からみれば、被害の届書は地域にとって最も早い釈明の機会になったと捉えることができる。

飯能戦争における佐幕の「傷」は、戦闘終了直後から生じていたのであり、その否定も同時並行して開始していたのである。先にみた『飯能戦誌』や『飯能郷土史』が意識する旧幕府軍に協力する地元住民像の源泉は、ここにあるといえよう。

四　「被害」と「勤王」の挿話

戊辰内乱期には、種々の情報・風聞が飛び交い、その中ではさまざまな挿話や「武勇伝」が生まれ、「英雄」が誕生した。飯能戦争でもそうした物語が確認できる。そのうち「飯能辺騒擾日記」と題された史料に、いくつかのくり返し語られるエピソードが記されている。

同史料は、写本が東京大学史料編纂所に所蔵されている[55]。文部省維新史料編纂事務局が旧蔵した維新史料引継本に含まれるが、原本の所在は特定できない。原題は「飯能青蠅」とあり、「飯能辺騒擾日記」との名称は維新史料編纂会が付したものだと思われる。「慶応四年辰五月」との年紀があるが、作成者名の記載を欠く。同史料を抄録した稲村坦元編『埼玉叢書』[56]は、作成者を元薩摩藩邸浪士隊の一員で、当時岩倉具視の命を受けて関東の世情を探索していた落合直亮だと推定しているが、その根拠は示されていない。ほかにも「飯能辺騒擾日記」は、東京大学史料編纂所蔵「大日本維新史料稿本」をはじめ『飯能郷土史』や浅見徳男『飯能の幕末』などに掲載されているが、これらは作者を明記しないか、あるいは不詳としている[57]。

内容は、新政府の立場に立ちながら飯能戦争を第三者の視点から記録したものである。記載内容から、作成者が新政府側の人物であることには疑いないが、直接戦闘に参加していた形跡はない。東京大学史料編纂所が所蔵する写本には、「木村亀太郎所蔵」と採録先が明記されているので、赤報隊の中心人物として著名な相楽総三の孫である木村亀太郎が祖父あるいは赤報隊顕彰の過程で入手した文書の可能性もある[58]。相楽総三と落合直亮は、薩摩藩邸浪士隊での「同志」であったこと、落合とともに岩倉の命を受けて関東で工作活動を行っていたとされる権田直助と作成者との関係が史料の記載内容から推測できることを論拠にして、『埼玉叢書』は作成者を落合と比定したのかもしれない。筆者（宮間）も、落合もしくはその周辺の人物が作成者である可能性は高いと考えるが、その確定にはより明確な証拠が必要であろう。

しかし、本稿の趣旨で肝要となるのは史料の作成者の特定よりも、この新政府の関係者によって執筆された史料が、地域における研究の上でいかに読み解かれてきたかということである。換言すれば、「飯能辺騒擾日記」が飯能戦争研究の基礎史料として長らく活用され、その内容が史実として採用されてきたことこそが本稿の課題では肝心なのである。

とりわけ、同史料中にみられ、よく紹介されてきた〔史料１・２〕の二つの挿話をみてみよう。

〔史料１〕

飯能に一人の針医住たるに、此騒動に驚き、長田まて逃け去りしに、今朝此音に周章、家に大切の品を残し置たりと再ひ立帰り、能仁寺の門前を通りすくるに、官軍針医の惣髪なるを見かけ賊徒と見誤り捕え、黒田侯の墓前にて散々に切殺されしは無慚なり

〔史料２〕

飯能宿内ニいなりの社ありしが賊士三人来リ、右社を土足にかけ破却せんとせしを、武蔵屋某なる者見兼、六尺棒を以て賊士三人打たせし、其身ハ山にかくれしが、不日官軍推寄せさいわい再ひ出て、賊士を追散せしハ田舎にまれなる勇士なり

〔史料１〕は、旧幕府軍の兵士と間違えられて新政府軍の兵士に殺害された針医の話である。これは、飯能戦争において地元民が被害を被った話として象徴的に取りあげられる。留意しなくてはならないのは、この挿話は非戦闘

民を誤って殺した新政府軍兵士への批判ではなく、あくまでも旧幕府軍のせいで起きた飯能戦争によって生じた悲惨な事件を表す出来事として語られている点である。ほかにも似たような「被害」のエピソードは同史料中に現れるが、『飯能戦誌』はそれらをまとめて「此等は戦乱中の出来事とは云ひながら悲惨の至りである」と評している。(59)

また、口頭で地域に伝わる伝承もある。たとえば、下畑村の綱吉・松吉兄弟が畑仕事の後、川で足を洗っている最中に鉄砲で撃たれたとする話がある。(60) 日常の生活が営まれていた中に突然武力闘争が出現し、村人がいわれなく殺されたことを象徴するこのエピソードは、右の針医の話と重なる「被害」の物語とされる。本来的には自分たちに何ら関係がない戦闘に巻き込まれ、無惨に殺される地元民の姿は、町が全焼した話とともに〝苦難の維新〟を象徴する挿話として継承されてゆくのである。

〔史料2〕は、地元民の武蔵屋某（『飯能郷土史』では真能寺村の堤治助とされる）が傍若無人な旧幕府軍の兵士を打ちひしぐ様子を描いている。『飯能郷土史』は、この挿話を「実に飯能人の面目を表現した痛快事であった」と強調する。(61) この挿話から、『飯能郷土史』が読み取っているのは、旧幕府軍の横暴さとそれを迷惑に思って堂々と成敗する地元民の雄姿である。旧幕府軍へ協力した話が完全否定されたのに対して、抵抗した「勇士」の挿話は誇張される。ここにおける『飯能郷土史』の狙いが、旧幕府方へ同調したとされる視線の打ち消しにあることはいうまでもない。

〔史料2〕に類する旧幕府軍に抗する飯能地元民は、慶応四年当時の新聞にも登場する。

廿二日夜、脱走兵士よりおうぎ町屋に陣どりたる官軍方へ夜討しかけんと、一手は本通りより押出し、一手はうら道より押出す（中略）

裏手の方より押かけたる歩兵隊の案内者はこのあたりの剣術遣いに島田某とかいうもの、弟子二人をつれ真先にたち、裏道の難所を谷へはいり根笹をわけゆくほどに、表の方にては早砲声はじまりたれど、更にうらての戦地へ出ず、道六・七里もあるきたらんと思うころ、砲声もやみ、夜まったく明けたり、ここにおいて歩兵隊の差図役大いに怒り、案内なしたる剣術遣いにその事を云わんとするとき、彼三人の案内者は差図役の者を目がけ、持ちたる鑓を投げつけていず地ともなく逃げ失せたれば、再びところのものを雇い、道の知るべをさせて以て空しく飯能のかたへ戻りしに一里に足らぬ道なりしとぞ[62]

右の記事では、旧幕府軍兵士を手玉にとる地元民が描かれている。これを読んだ人びとが、あっさりと騙される兵士の間抜けさと、迷惑に思っていた旧幕府軍に一矢報いる勇敢な地元民像を脳裏に描くであろうことは容易に想像される。先にみた旧幕府軍に協力する地元民とは対象的なこうした姿もまた、慶応四年当時からかたちづくられていたことがわかる。

これらの話が、実際にあったことなのかどうかは別にして、同時代の記録を取捨選択して、みずからの歴史意識に適った解釈が採用されきたことは確かであろう。『飯能戦誌』や『飯能郷土史』にみられるように戦前の「王政復古史観」、「皇国史観」のもとで抹消されるエピソードがある一方、誇張されてきた挿話も存在し、それらが一対をなして地域における飯能戦争像が形成されてきたことが看取できる。

だが、飯能地域にとっては、右のような「勇士」の挿話よりも、佐幕的な態度をとったとみられている「傷」の方がより巨大な存在であった。それゆえ、「勇士」のエピソードを全面に出すだけでは足りず、吉田筆吉や『飯能郷土史』は明治一六年（一八八三）の行幸を利用して「佐幕」の記憶を解消する必要があったといえる。

おわりに

吉田筆吉の著作や『飯能郷土史』および「振武軍之碑」からは、佐幕的態度をとったといわれる史伝＝「傷」を解消するため、飯能戦争を明治天皇の演習天覧行幸と同一化して回顧する方向性が読み取れた。そこでは、飯能戦争は〝苦難の維新〟と描かれ、「被害者」としての戊辰内乱像が強調されてゆく。また、他方では、旧幕府軍に抗した「勇士」の物語が、旧幕府兵への協力の否定と併行して誇張される。戦後、飯能戦争の歴史叙述の中から、天覧行幸との一体化を図るまなざしは放棄されたが、「被害者」の地域像は、『飯能市史』をはじめとする歴史叙述の中に、現在まで色濃く残っている。

そしてその「被害者」としての記憶・意識の源泉は、慶応四年時点にあった。すなわち、旧幕府方が敗北した段階で、地元住民が「佐幕」的態度をとったとする記憶の否定は開始していたのである。その時期は、別稿[63]でみたような旧幕府軍が完全に敗れ去り、「味方」から「賊」へと転換する時点、すなわち旧幕府軍兵士が敗残兵となり、治安維持上の脅威と化してゆく時と一致する。地域社会において「佐幕」と「勤王」の間で生じた葛藤状態の消化作業は、慶応四年当時から敗戦まで続いたといえよう。

戊辰内乱は、あらゆる身分・社会集団へ逃げ場のない政権選択（新政府か旧幕府か、「勤王」か「佐幕」か）を迫り、支配の受け手側は何らかの態度決定を行った。その過程で生じた、あるいは生じたとされる出来事の評価は、明治期以降の社会を生きる上で自己を規定する重要な条件となる。最終的に新政府による支配を、積極的にせよ、消極的にせよ何らかのかたちで承認した大多数の人々にとって、「勤王」理念に反目する「佐幕」的行為の記憶は抹殺の対象となり、反対にそれに適う行跡・物語は功績として強調されていったのである。

以上が、地域で記録され、語られ、創造されてきた飯能戦争である。一九世紀以来、飯能地域が直接経験した唯一の「戦争」は、戦後においても戦いの恐ろしさを知らしめる出来事として継承されてゆく。[64] そうした言説は、飯能戦争が地域にいかに災難をもたらしたかという「被害者」意識が現在も地域に根強く横たわっていることを教えてくれるように思う。本事例で検討したように、描かれ方は多様であるにせよ、地域の内から醸成する歴史像と外からのそれが相互に作用しながら、現在もイメージされる戊辰内乱像は形成されてきたといえよう。

註

（1）大久保利謙「王政復古史観と旧藩史観・藩閥史観」（『法政史学』一二、一九五九年、『大久保利謙著作集七　日本近代史学の成立』吉川弘文館、一九八八年に所収）。

（2）田中彰『明治維新観の研究』（北海道大学図書刊行会、一九八七年）。

（3）宮地正人「政治と歴史学―明治期の維新史研究を手掛りとして―」（西川政雄・小谷汪之編『現代歴史学入門』東京大学出版会、一九八七年）、同「『復古記』原史料の基礎的研究」（『東京大学史料編纂所研究紀要』一、一九九〇年）。

（4）前掲註（2）、宮沢誠一『明治維新の再創造―近代日本の〈起源神話〉―』（青木書店、二〇〇五年）。

（5）日比野利信「維新の記憶―福岡藩を中心として―」（明治維新史学会編『明治維新と歴史意識』吉川弘文館、二〇〇五年）、拙稿「明治・大正期における幕末維新期人物像の形成―堀田正睦を事例として―」（『佐倉市史研究』二二、二〇〇九年）、長南伸治「近代の秋田県における「秋田藩史観」形成に関する一考察―明治中後期の県内の動向を中心に―」（『風俗史学』四五、二〇一二年）。

（6）前掲註（1）、註（3）宮地「政治と歴史学」。

（7）旧加賀藩領における旧藩顕彰の過程を分析した本康宏史は、幕末期における「地域の個別事情を鑑みつつ」、地域社会の歴史意識形成過程を論ずる必要性を説いている（「「加賀百万石」の記憶―前田家の表象と地域の近代―」〔『日本史研究』五二五、二〇〇六年〕）。

（8）代表的な成果として、高木博志「「郷土愛」と「愛国心」をつなぐもの―近代における「旧藩」の顕彰―」（『歴史評論』六五九、二〇〇五年）がある。高木は、地方都市における旧藩顕彰の動向を探り、明治二二年の大赦令から日露戦争にかけて、地域の文化アイデンティティが国家のそれと結合する過程を描き出した。

（9）渡辺尚志「歴史像はいかにつくられたか」（同編『幕末維新期萩藩村落社会の変動』岩田書院、二〇〇二年、のちに同『東西豪農の明治維新』塙書房、二〇〇九年）。

（10）京都という特殊な空間をフィールドにした、小林丈広「都市祭典と政治―都市間競争時代の歴史意識―」（『日本史研究』五二三、二〇〇六年）、吉岡拓『十九世紀民衆の歴史意識・由緒と天皇』（校倉書房、二〇一一年）などの試みはある。また、戊辰内乱に関しては、吉岡拓「近現代における山国隊像の変遷」（坂田聡編『禁裏領山国荘』高志書院、二〇〇九年）、坂田聡・吉岡拓『民衆と天皇』（高志書院、二〇一四年）のような具体的な成果もある。ただし、山国隊の場合、隊士たちが地域を離れて内乱に参加したのであり、地域が戦場となったケースではないことに留意しなくてはいけない。本稿では、まさに戦闘の舞台と化した関東の一地域について取りあげたい。

（11）関東各地における脱走兵部隊の動向については、三浦茂一「房総戊辰戦争研究ノート」（川村優先生還暦記念会編『近世の村と町』吉川弘文館、一九八八年）、大嶽浩良「下野の戊辰戦争と民衆」（『栃木県立文書館研究紀要』五、二〇〇一年）、近藤靖之「戊辰戦争期旧幕府軍の一考察」（『史学論集』三〇、二〇〇〇年）、中村彰彦『脱藩大名の戊辰戦争―上総国請西藩主林忠崇の生涯―』（中公新書、二〇〇〇年）、松尾正人「多摩の戊辰戦争―仁義隊を中心に―」（同編『近代日本の形成と地域社会』岩田書院、二〇〇六年）、山崎有信『彰義隊戦史』（覆刻版、マツノ書店、二〇〇八年）、拙稿「戊辰戦争期における上総国農村の「佐幕」的動向」（『千葉史学』五五、二〇〇九年）など参照。

（12）前掲註（11）松尾論文。

(13) 飯能市郷土館平成二三年度特別展示図録『飯能炎上―明治維新・激動の六日間―』(飯能市郷土館、二〇一一年)。
(14) 前掲註(13)は、新政府軍側の史料を広範囲に収集・活用した数少ない成果である。展示と関連して、飯能市郷土館編『飯能戦争関係史料集』(飯能市郷土館、二〇一二年)も刊行されている。
(15) 「大村純熙家記(肥前大村)」坤・慶応四年五月条(東京大学史料編纂所蔵、四一七五―九五八)。
(16) 「島津忠寛家記(日向佐土原)」乾・慶応四年五月条(東京大学史料編纂所蔵、四一七五―一〇一四)。
(17) 「見聞略記　巻之八」慶応四年六月一六日条(福岡県立図書館蔵紙焼版)。
(18) 「若林家文書」ア二七三一、千葉県文書館蔵。
(19) 原口清『戊辰戦争』(塙書房、一九六三年、『原口清著作集三　戊辰戦争論の展開』岩田書院、二〇〇八年に所収)。
(20) 石井孝『戊辰戦争論』(吉川弘文館、一九八四年)。
(21) 『飯能市史』通史編、一九八八年。
(22) 新井清壽編著『飯能戦争』(飯能郷土史研究会、一九八八年)。
(23) 浅見徳男『飯能の幕末』(飯能郷土史研究会、二〇〇六年)。
(24) 『瑞穂町史』、一九七四年、『田無市史』三・通史編、一九九五年、『入間市史』通史編、一九九四年、『東大和市史　里正日誌の世界』資料編七、一九九七年、『武蔵村山市史』通史編・下巻、二〇〇三年。
(25) 高岡松雄「振武軍飯能に戦う―高岡槍太郎「戊辰日記」より―」(『日本医事新報』二二九六、一九六八年)、内野勝裕「振武軍の勇士・杉山銀之丞―もう一人の渋沢平九郎―」(『埼玉史談』五七―一、二〇一〇年)、同「振武軍の勇士・杉山銀之丞―その生家と菩提寺を訪ねて―」(『埼玉史談』五七―二、二〇一〇年)ほか。
(26) 前掲註(23)、九一頁。
(27) 前掲註(11)拙稿。
(28) 吉田筆吉『飯能戦争の梗概』(東雲亭、一九三三年)。
(29) 飯能第一国民学校編『飯能郷土史』(飯能翼賛壮年団、一九四四年)。
(30) 吉田筆吉『飯能戦誌』(東雲亭、一九三七年)。

(31) 前掲註（30）、二九・三〇頁。
(32) 宮内庁編『明治天皇紀』六（吉川弘文館、一九七一年）、明治一六年四月一八〜二〇日条、矢吹活禅編『明治天皇行幸年表』（覆刻版、東京大学出版会、一九八二年）、大正一五年「埼玉縣飯能町行幸ニ関スル調査書」（宮内省臨時帝室編修局作成、宮内庁宮内公文書館蔵、識別番号三五〇三九）。
(33) 前掲註（30）、二九〜三四頁、昭和一二年五月一三日建立「振武軍之碑」（渋沢敬三題額、尾高豊作選並書、飯能市能仁寺境内）。
(34) 若松若太夫については、白井哲哉氏からご指摘いただいた。若松の経歴・活動は、主に東村山ふるさと歴史館平成一八年度企画展展示図録『初代若松若太夫　哀切なる弾き語り―説教節―』（二〇〇六年）を参照した。
(35) 大野鐵人作詞・若松若太夫作曲『説教節　武蔵野史談　飯能の嵐・飯能の重忠の墓』（大野嘉太郎発行、一九三七年）、飯能市郷土館蔵。
(36) 平山蘆江『飯能戦争』（新正堂、一九四三年）。
(37)「飯能軍之記事」（『坂戸市史』近世史料編二、一九九一年、二三〇号文書）には、脱走兵が自害し、越生で首が晒された記事に次のような追記がある。「後年之ヲ審査スルニ、此者ハ武州榛沢郡ノ人渋沢平九郎ナリ、出テ旧幕府ニ仕ヘ振武軍中隊長タリ、其兄渋沢栄一ハ今紳縉ニ列セリ、此事ヲ穿鑿シ家来ヲ遣ハシテ建碑追善ス」。後述の渋沢栄一による追善供養が、「脱走様」を平九郎と印象づける契機になっていたことがうかがえる。
(38) 前掲註（35）、二〇・二一頁。
(39) 同右、見返し写真。
(40)「渋沢平九郎小傳」（竜門社編『青淵先生六十年史―一名近世実業発達史―』竜門社、一九〇〇年）、一〇五九〜一〇七三頁。
(41) 竜門社編『渋沢栄一伝記資料』五七（渋沢栄一伝記資料刊行会、一九六四年）、一二・一三頁。
(42)「島津忠寛家記（日向佐土原）」乾・慶応四年五月条。
(43)「大村純熙家記（肥前大村）」坤・慶応四年五月条。

(44) 慶応四年七月「雨城の夢」(久留里城再建協力会編・刊『久留里城誌』、一九七九年所収、二三六頁)。
(45)「大村純熈家記(肥前大村)」坤・慶応四年五月条。
(46) 保谷徹『戊辰戦争』(吉川弘文館、二〇〇七年)。
(47) 能仁寺文書(能仁寺蔵)。ほかにも、被災した寺から同種の届書が提出されている。中藤栄祥編『武州高麗郡中山村記録』(智観寺、一九六六年)参照。本書第Ⅰ部第四章の佐藤論文でもそうした届書への言及がある。
(48) 双木家文書一―一三一(飯能市郷土館蔵)。
(49) 慶応四年六月「大炮玉箱」箱書(『飯能戦争関係史料集』史料番号Ⅲ―五)。
(50)『内外新報』四六号、慶応四年五月二五日。
(51)『此花新書』五号、慶応四年五月。
(52) 日の出町三宅茂家文書(軍事―一六号文書、日の出町蔵)。本史料の情報は、尾崎泰弘氏にご教示いただいた。
(53)「飯能軍之記事」。
(54) 前掲註(11)拙稿。
(55) 慶応四年五月「飯能辺騒擾日記」(東京大学史料編纂所蔵、維新史料引継本―Ⅱほ―二五一―一)。
(56) 稲村坦元編『新訂増補　埼玉叢書』五(国書刊行会、一九七一年)。同書については、藤田英昭氏にご教示いただいた。
(57)『飯能郷土史』は、原題の「飯能青蠅」と表記して筆者未詳としている。また、浅見徳男も作者不明としている(前掲註(23)、八八頁)。
(58) 木村亀太郎の顕彰運動については、長谷川伸三『相楽総三とその同志』(新小説社、一九六八年)参照。
(59) 前掲註(30)、二六・二七頁。
(60) 南高麗郷土史編集委員会編『南高麗郷土史』(南高麗郷土史研究会、一九九六年)。
(61) 前掲註(29)、二一三頁。
(62)『此花新書』五、慶応四年五月。

(63)　前掲註（11）拙稿。
(64)　昭和四一年（一九六六）に飯能観光協会が作成したレコード『あゝ振武軍』は、そうした側面を打ち出している。前掲註（13）参照。

〔附記〕本稿は、拙稿「創造される飯能戦争像」（『埼玉県の文化財』五一、二〇一一年）の執筆や、飯能市郷土館平成二三年度特別展「飯能炎上―明治維新・激動の六日間―」へ協力させていただいた経験を基盤として成稿したものです。二〇一一年一二月に行われた第七四回民衆思想研究会にて報告の機会も得、数多くの貴重なご指摘をいただきました。末筆となりましたが、お世話になった皆様に感謝申し上げます。

なお、本稿脱稿後、松沢裕作編『近代日本のヒストリオグラフィー』（山川出版社、二〇一五年）が刊行された。また、拙著『戊辰内乱期の社会―佐幕と勤王のあいだ―』（思文閣出版、二〇一五年）、拙稿「地域における「明治維新」の記憶と記録―真忠組騒動を事例として―」（渡辺尚志編『相給村落からみた近世社会―上総国山辺郡台方村の総合研究―』岩田書院、二〇一六年）を発表する機会を得た。いずれも、本稿と深く関わる内容なのであわせて参照されたい。

第四章　飯能地域における在村鉄砲の動向と戊辰内乱

中西　崇

はじめに

江戸時代の村に、害獣対策や狩猟などを目的として、少なからぬ量の火縄銃が存在していたことがこれまでに明らかにされている。[1] 戦国時代に戦場で武器として用いられていた火縄銃が、江戸時代には百姓たちによって、獣害対策や狩猟に用いる道具として使用されていたのである。[2] しかし、武器となり得る在村鉄砲[3]が、江戸時代後期以降の社会の変化や治安悪化の中で、さらには戊辰内乱を経て明治時代に至る過程で、どのような動向をたどっていったのかは、これまでの研究ではほとんど取り上げられていない。いわゆる幕末維新期の社会情勢の中で、武器となり得る村の火縄銃の存在がまったく意味を持たなかったとは考えにくい。さらにいえば、開港後は火縄銃よりも技術的に進んだ西洋銃が日本に伝えられ、その中でもゲベール銃は日本国内で量産されるようにまでなっている。そして戊辰内乱の時点では、ゲベール銃すらもはや時代遅れの銃となり、さらに新式の西洋銃が戦線に投入されている。こうしてにわかに登場した様々な西洋銃と在村鉄砲の関係性も、検討すべき課題である。

そこで本稿では、これらの課題に応えるべく、飯能地域を研究対象として、江戸時代後期から明治時代初期にかけての在村鉄砲の実態を明らかにするとともに、そこから、各種の在村鉄砲に対する意識や、その意識形成に影響を与えた地域の記憶についても論じることとしたい。

なお、本稿で鉄砲と表記した場合には、火縄銃に限らず西洋銃も含めた銃器全般を指し、単に火縄銃のみを指す場合には火縄銃と記すこととする。

獣害対策や狩猟用の火縄銃は、日本中の村々に均等に存在しているわけではない。狩猟の対象となる獣が多く生息する山村や、獣害が頻繁に起きる山付きの村には火縄銃が数多く存在し、数十挺の在村鉄砲がある村も珍しくない。一方、平野部の村や町場には在村鉄砲は少なく、鉄砲が一挺もない村もある。在村鉄砲の必要性は、地理的要因に多分に影響を受けるのである。飯能地域には、山村や山付きの村のみならず、平地の村や町場もある。多様な地理的環境の村が存在しており、在村鉄砲について検討する上で好個の地域といえる。

本稿ではまず、江戸時代から明治時代初期にかけての、江戸幕府や明治政府の在村鉄砲政策を明らかにしておきたい。広く知られているテーマではない以上、議論を展開する上で、あらかじめ江戸時代の状況についても言及しておく必要があると考える。さらに、各段階における飯能地域の在村鉄砲の実態を、その政策と関連させながら解明していく。そして、在村鉄砲の動向から飯能地域における戊辰内乱の意味を考えることとしたい。

一　江戸幕府の在村鉄砲政策

戦国時代に日本に伝わった火縄銃は、戦国大名の軍勢の武器として戦場で用いられていた。しかし、火縄銃を所持していたのは大名配下の正規の武士だけではない。平時には百姓をしていて、合戦になると武具を身につけて戦場で戦働きをする者の中にも、戦場に携えていく武器のひとつとして火縄銃を入手する者がいた。彼らが持つ火縄銃は、近隣の村との水争いや山争いといった地域紛争を解決するための戦いの武器としても用いられた[4]。村が軍勢や武装集団に襲われた際には、村の自衛のために使われることもあったに違いない。また、すでに戦国時代には火縄銃で猟をする猟師も現れている[5]。このように、早くも戦国時代から、火縄銃は村に入っていったのである。

豊臣秀吉による天下統一が進むと、豊臣政権は村が武力を用いて地域紛争を解決することを固く禁じ、違反した場合には村人全員を厳しく処罰するとした。江戸幕府もこの方針を引き継いだので、村の火縄銃は地域紛争解決のための武力としては用いられなくなっていった[6]。

夜盗や浪人らが徘徊し、時には彼らが村を襲うようなこともあった江戸時代前期において、村の火縄銃は自衛のための武器としての役割も持っていた。しかし、大坂夏の陣を最後に大名同士の合戦がなくなり太平の世が続くと、江戸幕府の治世の安定もあって、一七世紀後半には夜盗や浪人らによる治安問題は解決を見るようになった。村の火縄銃は、自衛の武器としての役割を終えたのである[7]。そして、村の火縄銃のうち、獣害対策にも狩猟にも用いられない火縄銃は、幕藩領主からすれば不要なものとなった。幕藩領主の命令によって、鉄砲改めという村の火縄銃の数量や持主の調査が行われ、不要とされた火縄銃は没収された。かくして、村の火縄銃は、武器としては使われなくなり、獣害対策や狩猟という、百姓の生活のための道具へとその性格を変化させていくのである[8]。

四代将軍徳川家綱の治世に、関東の村々に対して鉄砲改めが実施されて幕府による把握・統制が開始され、五代将軍徳川綱吉の時に、全国の諸大名に対して領内での鉄砲改めが命じられた。諸国鉄砲改めと呼ばれるこの調査を契機として、全国の諸大名も、村の火縄銃を把握・統制する政策を広く行うようになった。綱吉死後、生類憐み政策がほぼ撤廃されると村の火縄銃政策も緩められるが、八代将軍徳川吉宗の時に再び強められることになる。関東で鉄砲改めが実施され、村の火縄銃の使用許可に関する制度も整備されていった。

その結果、村の火縄銃は、獣害対策に用いる拝借鉄砲―威し鉄砲とも呼ばれるが、空砲ではなく、実弾を込めて使用できる―と、猟師が狩猟に用いる猟師鉄砲とに大別されることとなった。拝借鉄砲はさらに、春夏秋冬の四季に使用可能な四季打ち鉄砲と、春夏や夏秋などの二季に限り使用可能な二季打ち鉄砲に分類される(9)。

拝借鉄砲は、建前としては、領主の火縄銃を借用するものである。しかし実際に領主が手持ちの火縄銃を百姓に貸し与えているケースは少なく、村や百姓が購入した火縄銃を、領主から拝借している形にしている場合が大半である。とはいえ、拝借という形式になっている以上、毎年の使用開始にあたっては必ず領主へ書面で借用を願い出なければならない。そして領主の許可を得てはじめてその年の使用が認められる。四季打ち鉄砲ならば通常一月に拝借願いを出し、二月から一一月までが使用可能期間である。二季打ち鉄砲ならば、四月から七月まで、あるいは五月から九月までなどが使用期間となる。使用期間が終わると、その火縄銃で仕留めた害獣の数を領主に報告し、翌年の再拝借を願い出つつ火縄銃を返却する。拝借鉄砲の利用には、この一連の書類手続きを毎年繰り返す必要がある。また、四季打ち鉄砲といえども一月と一二月は使えないなど、使用時期にも制約があった。ちなみに、返却と一口にいっても、実際に火縄銃を領主に返却している事例もあれば、火縄銃の筒の底をふさぐネジだけを返却している事例、領主には返却せず名主が手元で保管している事例、名主にも預けず拝借主が自分で保管している事例など、その実態はまちまちであった。

猟師鉄砲は、猟師運上を納める猟師にのみ使用が許可されるが、毎年の手続きはなく、持ち主の代替わりのときにだけ持主の変更願いを領主に出せばよい。しかも通年使用可能である。四季打ち鉄砲よりも書類手続きが簡易で使用期間の制限もないので、百姓が四季打ち鉄砲から、書類手続きが簡便で使い勝手も良い猟師鉄砲への区分変更を領主に願い出ることもある。ただし、前々から猟師をしていないという理由で却下されるのがほとんどであった。

なお、制度上、火縄銃一挺ずつにその鉄砲を使用する百姓を定めておく必要があったが、実態としては、村の火縄銃は百姓個人の物というよりは村の共有財としての性格が強い。そのため、書類上、ある百姓が火縄銃の拝借者や所有者となっていても、実際には村の百姓が使い回していることも少なくない。本稿で「百姓の火縄銃」といわずに「村の火縄銃」としているのは、こうした理由による。

獣害がひどく村の火縄銃を増やしたい場合には、領主に新規拝借（追加拝借）を願い出ることができた。ただし、必ずしも願いが聞き届けられるとは限らず、また許可される場合でもすぐに許可が下りるとは限らなかった。ここで矢颪村（現飯能市矢颪）の新規拝借願いの事例を見てみよう。嘉永元年（一八四八）四月、矢颪村の百姓が領主である久留里藩に火縄銃の新規拝借を願い出たところ、許可が下りたのは嘉永六年（一八五三）三月であった。拝借鉄砲を一挺増やすのに約五年を要したのである[10]。

このように、拝借鉄砲の使用には面倒な書類手続きや使用期間の制約が伴う一方で、拝借鉄砲の実態把握のために幕藩領主の役人が廻村してくることはほぼ皆無であった。獣害対策には鉄砲は多い方が便利で、しかも火縄銃の購入にはほとんど規制はなく、中古の火縄銃ならば金二分程度で買えたので、領主へ新規拝借を願い出ずに無許可で火縄銃を入手して使用する百姓が増えてくるのは当然の結果であった。こうした無許可の火縄銃を隠し鉄砲といい、村の火縄銃に関する制度を整備した吉宗の時代から、すでにその存在が問題視されている。一八世紀末頃になると、隠し鉄砲は獣害対策だけではなく、遊興の射的にも用いられるようになる[11]。幕府は隠し鉄砲の禁止を村々にたびたび触れているが、効果は薄かったようである。一九世紀初めごろからは無宿者たちも火縄銃を手にするようになり、隠し鉄砲による治安問題が懸念されるようになっていった。

天保の飢饉の中、天保七年（一八三六）の甲州騒動、翌年の大塩平八郎の乱など、大規模な民衆運動が相次ぐと、幕府は隠し鉄砲問題の解決に本格的に乗り出すことになる。天保九年（一八三八）、幕府は関東を対象として、天保の関東鉄砲改めと呼ばれる、村の火縄銃の実態把握調査を開始する。

天保の関東鉄砲改めは、二つの点で画期的であった。一つは、本来ならば隠し鉄砲を所持していた百姓は厳罰の対象とされ、鉄砲も没収となったが、この改めでは、隠し鉄砲の所持を正直に申告すれば罪は問わず、正式な拝借鉄砲として使用を許可すると明言されている点である。これは、隠し鉄砲を摘発して厳罰を下す従来の方針を改め、すでに存在する村の火縄銃の実態把握に力点を置いたものといえる。もう一つは、村による調査に頼っていたそれまでの鉄砲改めと異なり、関東取締出役が廻村し、実物を確認した上で改めを行うこととした点である(12)。これにより、村側は虚偽の報告をしにくくなった。かくして、村の火縄銃のすべてとまではいかなくとも、相当程度の実態を幕府は把握し得たのである。

飯能地域における天保の関東鉄砲改めの結果を見てみよう。山間部の赤沢村（現飯能市赤沢）には、七挺の四季打ち鉄砲（拝借鉄砲）と二挺の猟師鉄砲があった。ところが、七挺の四季打ち鉄砲のうち六挺が壊れて使用不能になっており、壊れた拝借鉄砲の代わりの火縄銃を百姓が自弁で購入し、「添筒」と称して使用していたことが、この鉄砲改めで明らかとなった(13)。つまり、百姓に貸していると領主が認識していた四季打ち鉄砲のほとんどが実際には壊れていて使い物にならず、かわりにまったく別の火縄銃を百姓が勝手に入手して使用していたのである。領主が拝借鉄砲の破損に気づかないままになっていたのは、赤沢村では毎年の拝借鉄砲返却の際に、領主には返却せず自分たちで保管していたためと考えられる。天保の関東鉄砲改めによって、こうした領主も把握していなかった在村鉄砲の実態が次々と明らかになっていったのである。なお、この場合の添筒は領主の許可を得ていない隠し鉄砲にあたるので、本来であれば厳しい処罰の対象であるが、正直に申告しているため、おそらく正式な四季打ち鉄砲として引き続き使用を認められることになったと思われる。

天保期以降、関東一円で鉄砲改めが行われることはなかったので、関東では天保の関東鉄砲改めが江戸時代最後の鉄砲改めということになる。ただし、各村で必要な数の火縄銃が天保期にすべて揃っていたわけではなく、天保期以降も獣害対策用の火縄銃の需要増加はあった。しかし、前述した矢颪村の新規拝借鉄砲の申請に見られるように、拝借鉄砲の追加が認められるにはかなりの時間を要したとみられる。そして、天保の関東鉄砲改め以降、日常的に幕藩領主の役人が廻村して在村鉄砲を確認することも、火縄銃の入手に大きな制約が加えられることもなかった。こうした緩い規制のもとで、天保期以降も隠し鉄砲は増加傾向にあったものと考えられる。

しかし、明治時代に至るまで、隠し鉄砲が大きな治安問題を引き起こすことはなかった。それはひとつには、隠し鉄砲も農具・猟具として必要な道具であり、百姓によって無事に使用されていたからに違いない。

江戸時代を通じて、鉄砲の把握・統制は、書類上は厳格に行われていたものの、実際に厳しいチェックがなされていたとはいえず、次第に帳面と実態には乖離が生じてきていたのであった。しかし、そのことが、幕府が危惧したような深刻な事態を引き起こさなかったところが、江戸時代の社会の興味深い点でもある。

二　明治政府の在村鉄砲政策

明治維新後、こうした江戸幕府の在村鉄砲政策は、明治政府にどのように引き継がれていったのであろうか。まずは、矢颪村の明治三年（一八七〇）の「御用留」中の、次の記述を見てみよう[14]（史料中の傍線は筆者による。以下の史料でも同様)。

〔史料1〕

今廿二日、久留里藩山崎庄兵衛様御出役被成、先般被仰聞候其村方拝借鉄炮、此度韮山県江御頼ニ相成候、右ニ付、持主名前幷玉目御改ニ相成候間、鑑札持参、今夕無遅滞飯能村江御出張可被成候、

壱挺　　前ヶ貫村

安政四巳年中七郎兵衛願替ニ相成候様右取調、御参可被成候事

三挺　　矢颪村

右鑑札持参可被成候事

此状早々御順達可被下候、以上、

(明治三年)午十二月廿三日　　飯能村役人

矢颪村・前ヶ貫村　右御役人中様

久留里藩の飛地領だった前ヶ貫村(現飯能市前ヶ貫)と矢颪村には、それぞれ一挺、三挺の拝借鉄砲があった。両村の支配が久留里藩から韮山県に変更される際、久留里藩からの拝借鉄砲は「韮山県江御頼」になった。そこで、拝借鉄砲の持ち主と使用する玉の重さを調査することになったので、それらの情報が記載されている鑑札を飯能村に持参しなさい、というのが史料1の主旨である。[15]拝借鉄砲を久留里藩に返却するのではなく百姓が引き続き保有し、韮山県側は鑑札で情報収集をはかっているに過ぎないことから、久留里藩からの拝借鉄砲は実際には百姓が自弁で購入したものであり、久留里藩に返却する筋合いはなかったのであろう。そして韮山県側は、この前々からある拝借鉄砲を引き続き許可する方針をとったとみられる。

このように、明治政府は在村鉄砲の扱いについて独自の政策を打ち出すのではなく、旧来の江戸幕府の方針をひとまず踏襲していったのである。

明治政府が独自の在村鉄砲政策を本格的に打ち出すのは、明治五年（一八七二）になってからである。同年一月二九日、明治政府は「銃砲取締規則」を公布する。あまり知られていない法令なので、やや長くなるが、以下に全文を引用する。[16]

〔史料２〕

銃砲取締規則別紙之通被定候条、来ル四月ヨリ規則之通可相守事

銃砲取締規則

第一則

一大小銃幷弾薬類商売ノ儀ハ、府県共定員商売ノ外取扱致間敷、右定員ノ商売ハ其地方官庁ニ於テ精選ノ上、免許状可差遣事

但、東京・大坂ノ儀ハ武庫司ニ於テ管轄スベキ事

免許商売ノ定員

一府下　　各五員

一県下　　各三員

一鎮台本分営下　各一員

但、府県庁下・開港場等ニアルハ別ニ設ケズ

一開港場　　　　各五員

右免許差遣候商賈ノ姓名・住所等、東京武庫司へ届クヘキ事

第二則

一免許商人タリトモ、軍用ノ銃砲・弾薬類ヲ窃ニ売買不相成、売渡候節ハ買主ヨリ官ノ免手形ヲ受取、其員数ヲ照シ売渡可申、又買入ノ節ハ其官庁へ願出、免手形ヲ受、其員数ヲ以テ買取可申事

第三則

一免許ノ商人、其売買ノ銃砲・弾薬類ハ多少ヲ論セス、買取・売渡共其主人ノ姓名・其物品ノ員数等明細附記シ、軍用ノ物ハ免手形相添、毎月其官庁へ可差出、其庁ヨリ毎月十日ヲ限リ管轄鎮台へ差送可申事

但諸鎮台ヨリ毎歳正月・七月両度半ヶ年期細帳ヲ以テ東京武庫司へ差送リ可申、尤東京・大坂ノ儀ハ武庫司ニ於テ取締可致事

第四則

一弾薬ノ儀ハ、仮令些少ノ品タリトモ唯便利ノミヲ計リ勝手ノ場所へ差置間敷、兼テ其地方官庁へ願出、差図ヲ受相囲可申事

但、東京・大坂ノ儀ハ武庫司へ願出ベキ事

第五則

一華族ヨリ平民ニ至ル迄、免許銃類ヲ除クノ外、軍用ノ銃砲幷弾薬類ヒストールニ至ル迄、私ニ貯蓄不相成、就テハ是迄銘々所持致居候軍用銃砲ハ一々其官庁ニ持出東京・大坂ハ、武庫司へ持出、別紙銃砲改刻印式ノ通り番号・官印ヲ受可申、他人へ譲リ与へ候節ハ第二則ノ手続ニ従フヘシ

但、弾薬買入致シ度者モ、亦二則ノ通リタルベシ

銃砲改刻印ノ式

干支・何番　武庫司或ハ何府県

右所持　人名・番号等逐一書記シ置、管轄鎮台へ届出、鎮台ヨリ東京武庫司へ差送可申事

免許ノ銃類

一和銃四文目八分玉以下

一各国諸猟銃

但、西洋猟銃ノ儀ハ玉目稍大ナレトモ霰弾ヲ用ユルモノハ之ヲ許ス

右猟用銃所持ノ者ハ、其銃・名・員数等巨細附記シ其官庁へ届出、其庁ヨリ東京武庫司へ差出可申東京・大坂ハ所持ノ者ヨリ直ニ武庫司へ届出ヘシ、万一軍用・猟用銃ノ差別難相弁者、官へ尋出候得ハ、検査ノ上、免許ノ証印ヲ据へ可相渡事

第六則

一免許猟人ノ外、猥リニ銃猟致間敷、銃猟致度モノハ其官庁へ願出候得ハ、吟味ノ上別紙ノ通其庁ヨリ免許猟

札可差遣事

但、免許猟人ノ姓名ハ其官庁ヨリ東京武庫司へ可届出事

免許猟札ノ式

第何号　何県府何郡何町村何身分

何某

右鉄砲猟差免候事

年号干支　何県府印

第七則

一銃砲・弾薬、下々ニ於テ猥リニ製造不相成候、尤モ新タニ奇巧便利ヲ発明シ、為試制作致度者ハ其官庁へ相願、管轄鎮台へ届出免許ヲ可受事

但、制作其宜キニ適ヒ最モ便利ナル者ハ鎮台ヨリ武庫司へ差送リ、検査ヲ遂ケ、採用可相成分ハ西洋免許ノ法ニ傚（倣カ）ヒ何分ノ　御沙汰可有之事

是迄砲銃幷（マヽ）弾薬類売買致来候者ハ、現今所持ノ物品・員数等無遺漏書記シ管轄庁へ為差出、其庁ヨリ東京武庫司へ可差出事

但、東京・大坂ノ儀ハ売買ノ者ヨリ直ニ武庫司へ可届出事

右之通ニ候事

各条の内容をまとめると、次のようになる。

一、銃砲・弾薬の売買は、地方官庁の許可を得た商人にのみ認める。

二、軍用銃砲・弾薬の売買には地方官庁の事前許可を得ること。

三、銃砲・弾薬売買の情報は、商人が地方官庁にすべて報告すること。地方官庁は管轄鎮台へ報告し、鎮台は東京武庫司（武庫司とは兵部省に置かれた部署で、陸軍内の武器兵器管理を担当する部署）へ報告すること。東京府・大坂府は各武庫司へ直接報告すること。

四、弾薬の保管場所は地方官庁の指示に従うこと。

五、免許銃以外の軍用銃（ピストル含む）を私的に所持することは禁じる。すでに所持している分については、地方官庁による銃砲改めを受け、銃に刻印付けをすること。他人への譲渡については第二則にしたがって事前許可制とする。免許銃とは、①四匁八分以下の和銃（火縄銃）、②猟銃（国産、外国製問わず）、を指す。猟銃所持者は、その旨を地方官庁へ報告すること。

六、免許猟人以外の銃猟を禁じる。免許猟人の情報は、地方官庁から東京武庫司へ報告すること。

七、銃砲・弾薬の製造は原則禁止。銃砲・弾薬の改良・発明のための試作は、地方官庁を通じて鎮台の許可を得て行うこと。

付、これまで銃砲・弾薬売買をしてきた者は、現在所持している物品を地方官庁へ報告すること。地方官庁は東京武庫司へ報告すること。

一読してわかるように、地方官庁（府県庁）を通じて武庫司が民間の銃砲を一元管理することが主眼であり、銃砲商人の人数を限定し、売買記録をすべて報告させることになっている。そして、民間の銃砲を軍用銃と免許銃に分類し、第五則では軍用銃の所持を原則禁止とする方針が示されている。ただし、この段階では民間の軍用銃の没収には至らず、民間にあるすべての軍用銃は地方官庁の改めを受けるよう命じている。いわゆる壬申刻印とは、このときに改めを受けた鉄砲に刻印されたものである。

このように、「銃砲取締規則」は民間の軍用銃を主に意識した法令である。村の火縄銃はすべて第五則にある「和銃四文目八分玉以下」に該当するので、免許銃に分類される。免許銃とは、地方官庁の改めを受ける必要のない、言い換えれば役所への登録が不要な、自由に所持・売買してよい銃である。[17]

陸軍はすでに火縄銃を圧倒的に凌駕する性能の銃砲を多数保有していたため、村の火縄銃は、明治政府にとって対応を憂慮すべき存在ではなくなっていたのである。明治一七年（一八八四）に起きた秩父事件では、火縄銃で武装した騒動勢は新式の銃を備えた陸軍と戦って完敗している。[18]

遠藤芳信によれば、「銃砲取締規則」作成を主導したのは兵部省であった。この前年に実施された廃藩置県によって、各藩が保有していた銃砲が藩士に下付される形で世の中に拡散していった恐れがあった。そこで、民間に所在する軍用銃の実態を把握し、これ以上軍用銃が出回らないようにするとともに、既存の軍用銃の売買をすべて報告させることで常に民間所持の軍用銃を兵部省の把握下に置くことが、「銃砲取締規則」の最大の狙いであった。[19]この二年後に佐賀の乱が、五年後に西南戦争が起きたことを想起すれば、民間の軍用銃に対する明治政府の警戒が杞憂ではなかったことが理解できよう。

一方で、火縄銃に関する規制は、火縄銃や火薬の販売店に売買記録の報告が義務づけられた以外は、江戸時代よりもむしろ緩くなっている。そして銃砲取締規則施行後も、民間の火縄銃に対してはほとんど規制強化はなさなかった。わずかに、明治六年（一八七三）一月二〇日に鳥獣領免許取締規則が公布され、銃猟を行う者に毎年鑑札の取得が義務づけられた程度である。

鑑札申請の事例として、明治一七年に長沢村（現飯能市長沢・上長沢）が提出した、職猟鑑札願を以下にあげる。(20)

〔史料3〕

（表紙）

「明治十七年分控

職猟鑑札願

高麗郡長沢村控」

職猟銃御鑑札願

高麗郡長澤（ママ）村

八拾九番地平民

一和銃壱挺　筒長弐尺八寸　田島良助

玉目三匁

明治十七年八月三十五年五月

（以下和銃一四挺分略）

一当村方之儀ハ山間幽谷之地ニシテ常ニ猛獣ノノ（ママ）為メニ耕作物ヲ害セラレ候ニ付テハ右連名ノ者共猟銃用ヒ方熟知罷在、兼テ所持ノ小銃ヲ以テ銃猟仕度、尤明治十年一月第拾壱号公布御規則之趣堅相守、聊違犯仕間敷候、仍テ御鑑札御下渡被成下度、此段奉願上候也

右願人

田島良助（印）

（以下一四名略）

明治一七年八月二十二日

埼玉県入間・高麗郡長鈴木敏行殿

右出願之趣取糺候処、心得書第八条ニ照シ聊不都《（合脱カ）》無之ニ付、奥印仕候也

高麗郡長沢邨

前戸長

田島今助

長沢村は「山間幽谷之地ニシテ常ニ猛獣ノノ《（ママ）》為メニ耕作物ヲ害セラレ」るために、村民一四名による火縄銃を用いた狩猟が必要だったのである。

このように、村の火縄銃は「銃砲取締規則」施行後も必要に応じて日常的に存在し、獣害対策や狩猟に使用されていた。遠藤は「銃砲取締規則」を「（今日まで続く）銃社会規制の端緒になるべく画期的なものとして位置づけられる」とするが、仮に銃社会を「銃が日常的に存在する社会」と定義するならば、こうした江戸時代以来の村の火縄銃への視点を欠いた遠藤の指摘には同意しがたい。

三　明治五年の銃砲調査結果

明治五年（一八七二）に公布された「銃砲取締規則」に基づいて、同年から翌年にかけて、各地方官庁による在

村鉄砲の調査が実施された。飯能地域においても、その調査記録が残っている。そこで、飯能地域の調査記録を検討することにしたいが、その前に、比較事例として同じ旧武蔵国である多摩地域の調査記録を先に見ておきたい。

多摩地域の多くは、江戸時代には幕府領であった。東西に甲州街道が通り、人や物の往来が盛んな土地柄でもある。天保七年（一八三六）、甲州騒動と呼ばれる大規模な騒動が甲斐国で起きると、その情報は甲州街道を通じてたちまちのうちに多摩地域にも届いた。須田努によれば、異様な出で立ちをした騒動の頭取たちが、刀を抜いて騒動勢を率い、地域の富裕者の家を次々と打ちこわしていったという前代未聞の騒動の情報は、多摩地域の名主たちに多大な恐怖をもたらした、という。この甲州騒動の記憶が、彼らを自衛のための剣術習得に駆り立て、さらには代官の江川太郎左衛門に自衛用のゲベール銃の貸与を願い出るに至らしめるのである。名主のゲベール銃貸与願いに応えて、文久三年（一八六三）に多摩地域の江川代官領では、江川農兵と呼ばれる農兵隊が組織されることとなった。農兵隊はゲベール銃の射撃や部隊としての集団行動など熱心に訓練を重ね、慶応二年（一八六六）に発生した武州世直し騒動では、この百姓からなる農兵隊が武力鎮圧に功績をあげる。ただし、須田が指摘するように、ゲベール銃を装備して熱心に訓練を重ね、地域防衛のために武力を行使する江川農兵は、多摩地域の江川代官領にのみ見られるものであり[21]、類似の事例も、江川代官領の村々と密接なつながりのある近隣地域で自主的に組織された小野路村組合の農兵が確認されているだけである。多摩地域における武装化の動きは、基本的には江川代官領にほぼ限られていたといってよい。なお、日野宿組合の江川農兵は、慶応四年（一八六八）一月、最新式の後装式銃[22]二〇挺を六〇〇両もの大金を支払って横浜で購入してもいる[23]。

江川代官領の村々では、明治維新後も治安維持用に農兵のゲベール銃を持っていてよいと、韮山県[24]から許可されている。さらには村から韮山県へ製造料を上納することで、ゲベール銃よりも性能の優れたミニエー銃を拝借して

もいる。(25)

ゲベール銃とは、雷管《らいかん》という、強くたたくと爆発する発火装置を用いて火薬に点火する仕組みの銃（管打銃《かんうち》）である。銃身や弾丸の構造は火縄銃と大差なく、用いる火薬の種類も火縄銃と同じ物なので、貫通力や射程距離や命中精度は同じ口径の火縄銃と同程度である。ただし、火縄銃は発砲に火のついた火縄が必要なので撃ち手同士が距離をとらなければ危険なのに対し、ゲベール銃では裸火は用いないので密集陣形で使用ができる点が、両者の最大の違いである。そのため、ゲベール銃は指揮官の号令のもとに集団行動をとる洋式軍隊や農兵隊などで使用されたのである。

一方、ミニエー銃は銃身や弾丸の構造が火縄銃やゲベール銃とは大きく異なっている。銃身内部に線条（ライフル）が刻まれており、これに沿わせて弾丸を発射することでスピンをかけて弾丸を射出することができる。これにより弾丸の直進性が増し、貫通力も命中精度も射程距離も飛躍的に向上する。ミニエー銃の射程距離は、火縄銃やゲベール銃の五～一〇倍に達する。

この旧江川代官領の村々の銃砲調査の結果を、保谷徹の研究(26)をもとに表1にまとめた。明治七年（一八七四）の中藤村・三ツ木村・横田村（いずれも現東京都武蔵村山市）三か村分の集計だが、旧式のゲベール銃が三挺、新式のミニエー銃が計一六挺、さらにはピストルも三挺あったことがわかる。江戸時代の一般的な村では見られないような鉄砲が、多摩地域の旧江川代官領の村々には存在していたのである。なお、火縄銃が一挺も見られないのは、これら三か村は江戸時代に尾張藩の鷹場に属していたため獣害対策の火縄銃の使用が禁止されていたことによるとみられる。これに対して飯能地域では、多摩地域で見られたような武芸習得熱は管見の限り確認できていない。前述の慶応二年の武州世直し騒動は、飯能市域の上名栗村（飯能市上名栗）から起こり、騒動勢が飯能河原に集結した

表1　明治7年の中藤村・三ツ木村・横田村の在村鉄砲の内訳

村　名	ゲベール銃	拝借ミニエー銃	ピストル	（合計）
中藤村		12	2	14
三ツ木村	2	3		5
横田村	1	1	1	3
（合計）	3	16	3	22

後で飯能の町場を打ちこわしたのが始まりである。しかし、ここまでは大規模な騒動ではなく、むしろ江戸時代の典型的な打ちこわしの一事例であった。飯能の町場を打ちこわした騒動勢の多くは、名栗へと引き返していったのである。しかし、騒動勢に加わっていた無宿たちが打ちこわしを継続したことで、騒動は発端となった人々の手を離れて未曾有の暴動へと発展していった。詳しくは本書第Ⅱ部第二章収録の須田論文を参照していただきたいが、飯能地域からすれば、武州世直し騒動はごく一般的な打ちこわしに過ぎなかったのである。したがって、多摩地域の江川農兵がゲベール銃を担いで武州世直し騒動鎮圧に出動したのに対し、飯能地域ではそうした武力を用いた自衛の動きはみられなかったのである。飯能地域の人々にとって、武州世直し騒動は武装化を促すような恐怖の対象ではなく、騒動後に武芸習得熱が高まることもなかった。飯能地域の武装化の動きは、幕末に御三家一橋領の村々で農兵取り立ての動きがあった程度である。しかしこれとて、計画段階で江戸城無血開城を迎えたため、実現には至らず明治を迎えている。飯能地域には、多摩地域にとっての甲州騒動や武州世直し騒動のような、武装化の契機となる出来事は、これまで指摘されていないのである。

　しかし、甲州騒動や武州世直し騒動も経験していない飯能地域のうち一一か村における、明治五年（一八七二）の鉄砲調査の史料をみると、計七四挺もの鉄砲があったことが判明する（表3）[27]。しかも、七四挺の約三分の一にあたる二九挺は、いわゆる西洋銃に分類されるものである。どうして武装化の契機がないはずの飯能地域に、これだけの西洋銃があったのであろうか。まずは、表2の鉄砲の内訳を詳しく見てみることとした

表2　明治5年の飯能地域における鉄砲調査

番号	種　類	筒長（尺）	玉目（匁）	村	身　分	持ち主	備　考
1210	和　銃	2.5	3.5	飯能村	戸　長	小能俊三	
1211	和　銃	2.8	4	飯能村	戸　長	小能俊三	
1212	和　銃	2.5	3.5	飯能村	戸　長	小能俊三	
1213	和　銃	3.4	8	飯能村	戸　長	小能俊三	玉目が大きいのでゲベール銃か？
1214	和鈗打銃	1	2.5	飯能村	戸　長	小能俊三	短筒を管打式に改造した和製ピストル
1215	洋六発銃	0.52	3.5	飯能村	戸　長	小能俊三	ピストル
1216	洋六発銃	0.5	1.5	飯能村	戸　長	小能俊三	ピストル
1217	洋六発銃	0.45	1.5	飯能村	戸　長	小能俊三	ピストル
1218	洋七発銃	0.25	0.5	飯能村	戸　長	小能俊三	ピストル
1219	洋鈗打銃	1.75	5	飯能村	農	池田伊三郎	ゲベール銃
1220	洋六発銃	0.2	1	飯能村	農	池田伊三郎	ピストル
1221	和　銃	3	4	飯能村	農	小川権三郎	1221番～1226番は同一規格
1222	和　銃	3	4	飯能村	農	小川権三郎	1221番～1226番は同一規格
1223	和　銃	3	4	飯能村	農	小川権三郎	1221番～1226番は同一規格
1224	和　銃	3	4	飯能村	農	小川権三郎	1221番～1226番は同一規格
1225	和　銃	3	4	飯能村	農	小川権三郎	1221番～1226番は同一規格
1226	和　銃	3	4	飯能村	農	小川権三郎	1221番～1226番は同一規格
1227	洋六発銃	0.3	2	飯能村	農	小川権三郎	ピストル　原史料では1237番
1228	和　銃	1.65	2	飯能村	農	亀山熊太郎	
1229	洋六発銃	0.4	1.5	飯能村	副戸長	大河原太七	ピストル
1230	洋鈗打銃	2.7	5	飯能村	農	加藤惣次郎	ゲベール銃
1231	和鈗打銃	1	3	飯能村	農	小山儀作	短筒を管打式に改造した和製ピストル
1232	和　銃	1.5	2.5	飯能村	農	吉田三吉	
1233	和　銃	3.2	2.8	飯能村	農	吉田三吉	
1234	和　銃	2.75	2.2	飯能村	農	篠原畿多郎	
1235	和　銃	3.2	1.6	飯能村	農	嶋田芳蔵	
1236	和　銃	3.2	3.5	飯能村	農	槙田友次郎	
1237	和　銃	1.2	2.5	久下分村	副戸長	小山八郎平	
1238	和　銃	3.2	3.5	久下分村	副戸長	小山八郎平	
1239	洋鈗打銃	3.18	4	久下分村	副戸長	小山八郎平	ゲベール銃
1240	洋鈗打銃	3.18	4	久下分村	副戸長	小山八郎平	ゲベール銃
1241	洋六発銃	0.52	3.5	久下分村	農	金子忠五郎	ピストル
1242	洋鈗打銃	2	8	真能寺村	副戸長	双木利八郎	ゲベール銃
1243	洋鈗打銃	2.5	8	真能寺村	農	日出間粂蔵	ゲベール銃
1244	洋鈗打銃	3.2	8	真能寺村	農	小川亀吉	ゲベール銃
1245	和鈗打銃	3	2	真能寺村	准副戸長	双木万平	火縄銃を管打式に改造した和製ゲベール銃

1246	和　銃	3.2	3	真能寺村	商	矢尾喜平	
1247	和　銃	3.3	2	真能寺村	農	双木清吉	
1248	和　銃	2.8	1.8	真能寺村	農	水岡長次郎	
1249	和　銃	2.75	3	真能寺村	農	一柳重五郎	
1250	和　銃	2.75	3	真能寺村	農	双木新平	
1251	洋弐発銃	0.4	3	笠縫村	農	島崎忠蔵	ピストル
1252	洋鐶打銃	2.3	10	笠縫村	農	島崎平蔵	ゲベール銃
1253	洋鐶打銃	3.1	11	笠縫村	農	内沼伊之八	ゲベール銃
1254	洋鐶打銃	2.4	10	笠縫村	農	嶌崎冨八	ゲベール銃
1255	洋六発銃	0.65	4	笠縫村	農	嶌崎冨八	ピストル
1256	洋鐶打銃	2.4	10	笠縫村	農	岩田半七	ゲベール銃
1257	和　銃	3.7	2	笠縫村	農	西野万次郎	
1258	洋鐶打銃	1.85	10	笠縫村	農	嶋崎為吉	ゲベール銃
1269	洋六発銃	0.63	4	笠縫村	農	内沼藤吉	ピストル
1259	洋鐶打銃	3.3	10	下岩沢村	農	澤辺伊平	ゲベール銃
1260	和　銃	3.5	3.5	下岩沢村	副戸長	澤辺勝三郎	
1261	和　銃	3.2	2.5	下岩沢村	農	岩沢正平	
1262	和　銃	3	3.5	下岩沢村	農	新井忠蔵	
1263	和　銃	2.8	3	前ヶ貫村	農	渋谷亀太郎	
1264	和　銃	2.95	2	矢颪村	農	新井竹次郎	
1265	和　銃	3.2	3	矢颪村	農	小嶋金次郎	
1266	和　銃	3.45	2.2	矢颪村	農	岩澤庄平	
1267	和　銃	2.75	3.5	永田村	准副戸長	細田健治郎	
1268	和　銃	2.5	2.7	永田村		細田竹次郎	
1270	和　銃	2.3	3	久須美村	副戸長	大江賢助	
1271	和　銃	3.5	3.5	久須美村	農	小林音次郎	
1272	和　銃	2.8	3.3	久須美村	農	新井亀次郎	
1273	和　銃	2.8	3.5	久須美村	農	新井竹次郎	
1274	和　銃	2.1	3.8	久須美村	農	小林源吉	
1275	和　銃	2.8	3.5	久須美村	農	山川銀蔵	
1276	和　銃	2.8	3.5	久須美村	農	山川由太郎	
1277	和　銃	3.2	3	久須美村	農	小林助治郎	
1278	和　銃	3.5	3	久須美村	農	宮寺清吉	
1279	洋鐶打銃	3.2	10	久須美村	農	小林啓之助	ゲベール銃
1280	和　銃	2.85	3.5	小瀬戸村	農	須田礒五郎	
1281	和　銃	3.2	3.5	小瀬戸村	農	須田啓介	
1282	和　銃	2.85	3.5	小瀬戸村	農	須田精道	
1283	和　銃	3	3.5	小瀬戸村	農	加藤重助	

い。表2にある和銃とは、火縄銃のことである。洋鐶《かん》打銃（洋鈨打銃）は管打銃である輸入品のゲベール銃で、和鐶打銃（和鈨打銃）は筒長（銃身長）と玉目（弾丸の重さ）からみて二種類に分類でき、一種類は火縄銃の発火装置を管打式に改造した和製ゲベール銃（一二四五番）、もう一種類は短筒の発火装置を管打式に改造した和製ピストル（一二一四番・一二三一番）である。洋弐発銃・洋六発銃・洋七発銃は、複数の弾丸が装填できる銃で、いずれも銃身が二〇cm足らずであることから、輸入品のピストルと判断できる。以上を踏まえて、表2の内容を村ごと、鉄砲の種類ごとに整理したものが表3[28]である。

なお、明治五年に公布された「銃砲取締規則」では、四匁八分以下の和銃（火縄銃）は各地方官庁での刻印付けは不要とされ、本来は調査の対象外である。しかし、この時の飯能地域の調査では、四匁八分以下の和銃（火縄銃）についてももれなく調査を受けたとみられる。これは、在村鉄砲はすべて領主の調査を受けるべきであるとする、この地域の村々の意識を受けてのものと考えられる。第一節でふれた、嘉永元年に矢颪村の百姓が火縄銃の新規拝借を願い出て約五年も待たされた事例も、在村鉄砲を領主に隠れて勝手に増やすのをよしとせず、きちんと領主の許可を得るべきだとする意識の表われと位置づけられよう。よって、この調査の結果は、村にあった鉄砲の実態をかなり正確に反映したものとみてよい。

江戸時代の村の火縄銃は、獣害対策や狩猟を主な目的としていた。獣害対策や狩猟のためには火縄銃で充分で、わざわざゲベール銃やピストルを入手する必要はない。とくにピストルは人の殺傷を明確に意図した携行用の武器で、標的との距離が伸びると火縄銃と比べて命中精度が大きく下がる—よって、ピストルは基本的に近距離で使用する

（合計）	飯能戦争
27	○
5	○
9	○
9	○
4	
1	
3	
2	
10	
4	
74	

表３　明治５年の飯能地域における鉄砲調査の集計

表　記	和　銃	和鑁打銃	洋鑁打銃	和鑁打銃	洋弐発銃	洋六発銃	洋七発銃
（銃の種類）	（火縄銃）	（ゲベール銃）		（ピストル）			
飯能村	15		3	2		6	1
久下分村	2		2			1	
真能寺村	5	1	3				
笠縫村	1		5		1	2	
下岩沢村	3		1				
前ヶ貫村	1						
矢颪村	3						
永田村	2						
久須美村	9		1				
小瀬戸村	4						
（合計）	45	1	15	2	1	9	1

―ため、獣害対策や狩猟にはむしろ不向きである。江戸時代に坂本龍馬がピストルを持っていたことは有名であるが、彼のように開港地の武器商人と特別なつながりがなければなかなか入手できる物ではなく、少なくとも江戸時代の村にはまずあり得ない鉄砲である。飯能地域の人々がピストルを入手したのは、江戸幕府が倒れて西洋銃の購入に関する規制がなくなってから、明治五年に銃砲取締規則が施行されるまでの間であろう。この期間に、人を殺傷する武器という意識を明確に持って、ピストルを購入したのである。

ピストルに注目してみると、輸入品のピストル全一一挺のうち七挺が飯能村（現飯能市飯能・本町・山手町）で、そのうちの四挺は戸長の小能俊三が所持している。一人で四挺を使用するとは考えにくいので、周囲の人物にも護身用に持たせていたのであろう。なお、明治時代に郵便制度が導入された後、郵便配達員の護身用にピストルが携行されることもあった。こうした銃を郵便物保護銃というが、小能家は郵便局を営んでいない[29]ため、小能家のピストルは郵便物保護銃ではない。小能家のピストルは、護身用の武器とみて間違いあるまい。このほかに短筒を管打式に改造した和製ピストル二挺も飯能村にあり、そのうちの一挺は小能俊三が所持している。ピストルを購入できるのは裕福な家に限られていたであろうから、ピストルが欲しくても入手できない人も飯能村にはいたであろう。したがって、小能家に限らず、飯能村の人々には、ピストルなどで護身をはかろうとする意識が少なからずあったと考えられる。

また、飯能村の小川権三郎が所持している、刻印の番号が一二二一番から一二二六番までの、長さ三尺、玉目四匁の統一規格の火縄銃六挺の存在も、実はきわめて特異な事例である。火縄銃は鉄砲鍛冶が一挺ずつ手作業で制作するため、規格を定めてまとまった数の火縄銃を同時に注文しない限り、同じ規格の火縄銃が揃うことはまずない。ところが、小川権三郎が所持している六挺の火縄銃は見事にすべて同一規格である。これは、この六挺の火縄銃が、まとめて同時に注文されたからに他ならない。

ではなぜ、小川権三郎は同時に六挺もの火縄銃を新規に注文したのか。その手がかりは、小川権三郎がピストルも所持していることにある。先述したように、ピストルは護身用の武器と明確に意識して入手したものである。明治時代初め、小川権三郎は、鉄砲で自衛しなければいけない事態を強く意識し、自身の護身用という明確な意図を持ってピストルを購入し所持していたのである。

したがって、小川権三郎が所持している六挺の火縄銃は、自身が使用するためのものではなく、村内の人に使用させるための鉄砲と考えられる。そして、これら統一規格の火縄銃は、小川自身が所持するピストルと同様、対人用の武器としての性格を強く意識して購入したと考えられる。つまり小川権三郎は、村人に六挺の新品の火縄銃を持たせ、いわば飯能村の「鉄砲隊」を結成することで、自身の護身のみならず、村の自衛をもはかったのである。この小川権三郎の意識は、単に彼個人のものとは考えられない。「鉄砲隊」に参加する村人の存在が「鉄砲隊」結成の前提としてあったであろうし、村人の「鉄砲隊」結成への同意なくして、鉄砲は購入しないであろう。換言すれば、飯能村の「鉄砲隊」は、鉄砲での武装自衛を求める飯能村の人々の意識が具現化したものといえよう。

このように、飯能村では、ピストル所持者を中心として、鉄砲による自衛の必要性が強く意識されていたと考えられる。ここで再び表3を見ると、ピストルは飯能村に加え、久下分村（現飯能市久下・稲荷町・南町・仲町・柳町）と笠縫村（現飯能市笠縫・東町・柳町・栄町）にもあることがわかる。久下分村・笠縫村でも、飯能村と同じく、鉄砲による自衛の意識が強かったとみられる。

ゲベール銃は、江川農兵が江川代官所から貸し与えられていたものと同種のものである。前述のように、ゲベール銃は貫通力や命中精度や射程距離は火縄銃と同程度で、火縄銃と大きく異なるのは、密集陣形で使用可能な点である。したがって、集団で使用することではじめて火縄銃以上の価値を持つ鉄砲といえる。よって、狩猟や獣害対策にわざわざゲベール銃を使用するメリットはほとんどない[30]。ゲベール銃も、ピストルと同様に対人用の武器としての性格が色濃い鉄砲であり、江戸時代の村にはまず存在しえない銃である。

飯能地域の事例でみると、複数挺のゲベール銃があるのが、飯能村（三挺）、久下分村（二挺）、真能寺村（四挺、現飯能市仲町・原町・本町・八幡町）、笠縫村（五挺）で、ゲベール銃はこの四か村に集中的に存在している（火縄銃を改造してゲベール銃にしたものも含む）。数を集めて使用するのがゲベール銃の運用上の特徴であることを考えると、これらの村には、ゲベール銃を武器として自衛に用いる意図があったと推察される。とりわけ飯能村・久下分村・笠縫村には、自衛のためのピストルもある[31]。

幕末の多摩地域では、江川代官領で江川農兵が組織されていたが、それ以外の地域では、わずかに近隣の小野路村組合の農兵の事例のみが知られているだけである。ところが、武装化の契機がないはずの飯能地域一一か村に、明治五年時点で、統一規格の火縄銃六挺、ゲベール銃一六挺、ピストル一三挺もの対人用の鉄砲があったのである。とりわけ、一一か村のうち、飯能村・久下分村・笠縫村・真能寺村に対人用の鉄砲が集中している。

では、なぜこの四か村は、自衛用の鉄砲を所有し、武装化していったのであろうか。前述のように、飯能地域では、須田が多摩地域における武装化の契機とした甲州騒動や武州世直し騒動のような出来事は、これまで指摘されていない。しかし、表2・3の分析結果を見てわかるように、飯能村・久下分村・笠縫村・真能寺村は、明らかに鉄砲による武装化をはかっている。鉄砲の種類からすると、武装化の時期は慶応四年（一八六八）から明治五年（一八七二）の間とみられる。この間におきた、飯能地域における武装化の契機となり得る出来事は、慶応四年五月に飯能地域で起きた飯能戦争しか考えられないのである。

四　飯能戦争の「記憶」

飯能戦争については本書第Ⅱ部第三章収録の宮間論文で取り上げられているので、ここでは概要と行論に関わる点のみふれることとする。慶応四年二月、新政府軍への恭順に反対する旧幕府方の一部が彰義隊と称し、武装して上野寛永寺に立てこもった。その後、意見対立から彰義隊で内部分裂がおき、彰義隊を離脱した者たちは上野を離れて田無に滞在し、振武軍を名乗って上野の動向をうかがっていた。五月一五日の上野戦争で彰義隊が新政府軍に敗れると、振武軍は飯能に移動し、能仁寺を本陣として周辺の寺にも分宿した。やがて振武軍には、上野から逃げてきた元彰義隊士なども加わり、その数を膨らませていった。一方、彰義隊残党の掃討作戦をすすめる新政府側は、軍勢を飯能に派遣して五月二三日に総攻撃を行い、一日で振武軍を壊滅させた。この戦いで戦場となった村々は家屋焼失などの甚大な被害をこうむり、流れ弾による住民の死傷者も出た。田畑も軍勢によって踏み荒らされたことであろう。振武軍の本陣となった能仁寺は多くの建物が焼かれ、振武軍が分宿していた中山村の智観寺や観音寺にも新政府側が火を放ち、多くの堂宇が失われた(32)。

飯能戦争の一か月半後でも、戦場となった村々は、いまだ復旧には程遠い状態だった。それからさらに二か月後に書かれた近隣村の住人の手紙には、飯能は残らず焼き払われ、盗賊も多く出没し混乱が続いていると記されている(33)。

さて、表3に登場した村々のうち、表中の「飯能戦争」という欄に丸印をつけた村が、飯能戦争で戦場となった村である。これをみると、鉄砲による武装化をはかった村はいずれも、飯能戦争で戦場となっていたことがわかる。

飯能戦争によって焼き払われた村々は、直接の損害のみならず、その後数か月は復旧もままならなかった。さらには盗賊が多数出没するなど、治安も悪化したようである。こうした飯能戦争に関わる負の記憶が現地の人々の間に生まれ、復旧もなかなか進まない日々の中でさらにその記憶が再生産されていったことは想像に難くない。明治政府によって警察が設置されるのは明治八年（一八七五）以降であり、それまでは政府による治安維持は不充分であった。こうした状況のもと、人々が自らの生命や財産を守るためには、鉄砲で武装して自衛をはかるほかなかったのではなかろうか。そのことを、これらの村々にあるピストルやゲベール銃は示していると考えられるのである。

さてここで、飯能地域の特徴をより明らかにするべく、同じ旧武蔵国内、現埼玉県内の他地域の明治初期の在村鉄砲の様子と比較検討してみたい。具体的に取り上げるのは、日光街道の宿場である幸手宿《さって》（現幸手市）を中心とする幸手地域である。表3と比較する材料として、明治五年四月の幸手地域二五か村の「和洋鉄砲書上帳」をまとめたものが次の表4である(34)。原史料の和筒を火縄銃、西洋筒と「ケベル」（ゲベール銃の意であろう）をゲベール銃、六発短筒をピストルに分類し、表3と対応させる形にした。

これをみると、幸手地域二五か村には飯能地域一一か村とほぼ同数の鉄砲があったことがわかる。その内訳を見

表4　明治5年の幸手地域における鉄砲調査の集計

村　名	火縄銃	ゲベール銃	ピストル	(合計)
幸手宿	4	1		5
上吉羽村	2			2
高須賀村	3			3
円藤内村	2			2
千塚村	6			6
松石村	2			2
八甫村	2	7	1	10
東大輪村	5			5
西大輪村	1	5		6
外野村		2		2
上川崎村		2		2
中川崎村	5			5
下川崎村	2			2
木立村	4	1		5
下吉羽村	1			1
平野村	1	1		2
長間村	2			2
平須賀村	6			6
天神島村	8			8
上高野村	7			7
茨島村	1			1
栗原村	1			1
国納村	1	1		2
和戸村	4	1		5
神明内村		1		1
(合計)	70	22	1	93

ると、ゲベール銃の数自体は飯能地域よりも幸手地域の方が多い。だが、幸手地域には飯能地域における飯能戦争のように、戦いに巻き込まれた経験はない。ゲベール銃は表1の多摩地域でもみられ、明治初期の武蔵国の村々では、そこまで珍しいものではなかったのかもしれない。しかし、飯能地域と多摩地域・幸手地域で大きく異なる点は、ピストルの数である。飯能地域のピストルは、数自体も一村あたりの挺数も、多摩地域・幸手地域と比べて格段に多い。ピストルは人の殺傷を明確に意図した鉄砲であり、価格も他の鉄砲より高価であったとみられる[35]。そのピストルが大量に存在していた要因は、やはり飯能戦争の経験・記憶に求めざるを得ないであろう。よそからやってきた軍勢同士の戦闘によって村内が荒らされ、さらには治安も悪化させられ、明治政府の対応も不充分だった記憶を持つ村々は、自衛のために鉄砲で武装化するほかなかったのである。飯能地域にとっては、甲州騒動や武州世直し騒動ではなく、飯能戦争の記憶こそが、地域の人々の意識に多大な影響をもたらしたものだったのである。

おわりに

火縄銃は、戦国時代からすでに村へ入っていき、戦いや村の自衛のための武器、猟の道具などとして使用されていた。戦国時代末から村同士の戦いが禁じられ、天下太平の江戸時代を迎えると、村の火縄銃は武器としての役割を終え、害獣対策や狩猟のための道具へとその性格を変化させていった。江戸時代中期には、幕藩領主による村の火縄銃政策も確立し、法令上は厳格に把握・統制されていたかのようであるが、実際の把握・統制はルーズなものであった。しかし、その結果、村の火縄銃によって治安が悪化したかというと、そうした動きは少なかった。また、幕藩領主の把握外の隠し鉄砲も増加傾向にあったものの、村の火縄銃政策は、在村鉄砲の野放図な増加に一定の歯止めをかけていたとみられる。

明治時代になると、火縄銃を大きく上回る性能の新式銃を多数保有していた政府にとって、民間に所在する火縄銃はもはや軍事的驚異とは感じられなかった。そのため、廃藩置県にともなう旧藩保有の軍用銃の民間への流出は警戒するものの、村の火縄銃は非軍用銃と位置づけられ、その規制はきわめて緩やかであった。

こうした社会全体における在村鉄砲の動向を踏まえつつ、飯能地域における在村鉄砲の動向をみていくと、戊辰内乱で飯能戦争の戦場とされた村々では、飯能戦争後から、明治政府が「銃砲取締規則」を公布して民間の銃砲調査・規制に本格的に乗り出した明治五年までの間に、害獣対策や狩猟用ではない、村落自衛や自身の生命・財産の防衛を明確に意識した、人を殺傷する目的の鉄砲が所有されるようになっていたことが明らかとなった。とりわけ、護身用の携帯銃器であるピストルの数が多いことに目を引かれる。よそから持ち込まれた戦乱（飯能戦争）で大きな被害を受けた飯能地域の記憶が、鉄砲による自衛へとつながっていったと考えられるのである。従来は、甲州騒動や武州世直し騒動が鉄砲による地域の武装自衛化の契機とされてきたが、飯能地域にとっては、甲州騒動や武州世直し騒動ではなく、飯能戦争こそが、鉄砲による武装自衛化の契機であったのである。

江戸時代前期に、在村鉄砲は武器から道具へとその性格を大きく変化させた。そして、飯能地域のように、地域がおかれた状況によっては、幕末から明治時代にかけて、在村鉄砲は道具から武器へと、再度その性格を転換させたという見通しが得られる。

しかし、すべての地域が鉄砲による自衛のための武装化をはかったわけではない。飯能地域における飯能戦争や、あるいは多摩地域にとっての甲州騒動や武州世直し騒動といった、きわめて衝撃的な事件が画期となって、鉄砲による村の武装化が急速に進行したといえる。逆にいえば、こうした事件のないところでは、武装化は進行しにくかったとみられる。

本来は強力な飛び道具である鉄砲が村にあることと、それを武器として使うことの間には、容易には越えがたい一線―大きな意識の差異―が存在していたことは間違いない。だからこそ、江戸時代には村の火縄銃が平和裏に存在し、使用されていたのである。換言すれば、村の火縄銃は、武器ではなく道具であったのである。しかし、明治初期の飯能地域には、道具ではなく、明確に人を殺傷する意識を持って入手された、武器としての鉄砲があり、その鉄砲で自衛をはかろうとする人々の姿があった。彼らにそうまでさせたのは、飯能戦争に巻き込まれ、家や田畑を荒らされ、死傷者すらも出してしまったという、非常に苦い飯能戦争の記憶であったろう。鉄砲で武装した人々が、自衛のために実際に鉄砲を使用することはなかったとみられるが、飯能戦争の記憶は、場合によっては鉄砲を自衛のための武器として使用させかねないところまで人々を追い詰めていたのである。飯能地域にとっての戊辰内乱は、彼らの自衛に対する意識を大きく変えるほどの、非常に大きな衝撃をもたらした出来事であり、その記憶は後々まで影響を与えていったのである。

註

（1）塚本学『生類をめぐる政治』（平凡社、一九八三年）。
（2）たとえば、平野裕久「小田原藩における鉄砲改めについて」（『地方史研究』二一〇、一九八七年）、鈴木一哉「西上州山村の在村鉄砲について―二、三の事例から―」（『群馬文化』二五八、一九九九年）など。また、武井弘一が研究成果を著書『鉄砲を手放さなかった百姓たち―刀狩りから幕末まで―』（朝日新聞出版、二〇一〇年）にまとめている。
（3）江戸時代の史料では、鉄砲は「鉄炮」と表記されることが多い。しかし、本稿では煩雑さを避けるため、史料引用の場合に限り「鉄炮」と表記することとする。
（4）たとえば、福田アジオ『戦う村の民俗誌』（歴史民俗博物館振興会、二〇〇三年）など。
（5）荒垣恒明「戦国時代の狩猟に関する一考察―『上井覚兼日記』の場合―」（『中央大学大学院論究』二七、一九九五年）。
（6）藤木久志『刀狩り―武器を封印した民衆―』（岩波新書、二〇〇五年）。
（7）この点については、早稲田大学史学会大会（二〇〇五年一〇月一五日）における口頭報告「近世の在村鉄砲―武器から「道具」へ―」およびその議論に基づいている。詳しくは別稿を準備している。
（8）前掲註（1）。
（9）徳川家綱期から徳川吉宗期にかけての幕府の在村鉄砲政策については塚本前掲註（1）書による。
（10）詳しくは拙稿「矢颪村の火縄銃」（『武蔵国高麗郡矢颪村　中村家文書目録』飯能市郷土館、二〇〇九年）を参照いただきたい。

(11)「文化十四（一八一七）年九月　下発知村百姓鉄炮の早打ち・賭的等吟味につき無実返答書」（『沼田市史』資料編二　近世、一九九七年）五三六頁。
(12) 天保の関東鉄砲改めの概要や調査結果については、武井弘一「天保期隠し鉄砲の摘発とその歴史的意義」（『日本歴史』六四九、二〇〇二年）、「天保期隠し鉄砲の数量的考察」（『東京学芸大学附属学校研究紀要』二九、二〇〇二年）がある。なお、その内容は武井前掲註（2）書にまとめられている。
(13) 天保九年六月「威鉄炮書上　控」（浅見譲二家文書三一三〈古文書一―四三三〉（飯能市郷土館所蔵））。
(14) 明治三年二月「御用留」（中村正夫家文書六六四〈飯能市郷土館所蔵〉）。
(15) 日本では戦国時代以来、玉の大きさを玉の重さで示すのが一般的である。火縄銃は一挺ずつ手作りであるため、銃によって銃の形も銃身の長さも口径もまちまちである。そこで、銃を特定するための情報として、その銃が使用する玉の重さが必要となるのである。
(16)「太政官日誌」明治五年一月二九日。
(17) 村の火縄銃のほとんどは二・八匁（一匁は三・七五g）から四匁の間で、なかでも三・五匁が最も一般的な弾丸の重さである（口径でいうと、三匁玉は一二・六㎜、三・五匁玉は一三㎜、四匁玉は一三・八㎜である）。管見の限り、百姓が使用する火縄銃で玉の重さが四匁八分を超えるものは見たことがない。なお、武士が使用する火縄銃は、江戸時代に入ると五匁以上のものが主流となってきている。
(18) 火縄銃の有効射程は約九〇ｍだが、当時の陸軍が保有していた銃はその五～一〇倍の有効射程を持つ。さらに、弾薬を銃口からではなく手元から装塡する後装式の銃の導入を進めており、連射性能でも火縄銃を上回りつつあった。
(19) 遠藤芳信「一八七二年銃砲取締規則の制定過程―近代日本における武装解除と銃社会規制の端緒―」（『北海道教育大学紀要　人文科学・社会科学編』六二―二、二〇一二年）。
(20)「職猟鑑札願」（近現代文書一―一九二〈飯能市所蔵〉）。
(21) 甲州騒動と多摩地域の武装化や武州世直し騒動時の活動については、須田努『「悪党」の一九世紀―民衆運動の変質と「近代移行期」―』（青木書店、二〇〇二年）で詳述されている。

(22) 銃口から弾薬を装塡する前装式銃に比べ、手元で弾薬を装塡できる後装式銃は、装塡時間と装塡時の安全性が劇的に向上する（前装式銃は基本的に筒を立てて弾薬を装塡するため、撃ち手は立って装塡作業をすることになるが、後装式銃は寝転がっての装塡が可能であり、敵の攻撃をより受けにくくなる）。

(23)『図録　日野宿本陣』（日野市、二〇〇四年）二六頁。日野宿組合の江川農兵の中心人物であった佐藤彦五郎は天然理心流の近藤勇の門人であり、上洛後の近藤勇とも連絡を取り合っている。鳥羽伏見の戦いの情報も耳に入っており、こうした背景があった上での後装銃購入である。なお、該当する史料は『佐藤彦五郎日記』二（日野市、二〇〇五年）一三六頁に収録されている。

(24) 廃藩置県後、旧江川代官領は韮山県となった。なお、韮山県庁の役人は旧江川代官所の人員が中心となっている。

(25) 保谷徹「免許銃・所持銃・拝借銃ノート―明治初年の銃砲改めと国産「ライフル」―」（松尾正人編『近代日本の形成と地域社会―多摩の政治と文化―』岩田書院、二〇〇六年）。

(26) 前掲註(25)。

(27) 明治五年四月「鉄炮再調書上帳」（近現代文書一―八八（飯能市所蔵））。

(28) 表2の一二一三番の和銃は、玉目が八匁でゲベール銃と同口径であることから、和銃（火縄銃）ではなく洋鐶打銃（ゲベール銃）の誤記の可能性が高いため、表4では洋鐶打銃（ゲベール銃）に加えた。もし誤記でなければ、侍筒とよばれる、武家が所持していた口径の大きい火縄銃ということになるが、いずれにせよ、対人用の武器としての鉄砲であることは間違いない。

(29) 飯能市郷土館学芸員の尾崎泰弘氏のご教示による。

(30) 強いてあげれば、雷管で火薬に点火するため、火縄に火をつける手間が省け、また火縄が燃焼する匂いや煙を出さずにすむくらいである。

(31) ただし、後述する飯能戦争の折に旧幕府方が捨てていったゲベール銃を拾って保有していた可能性も否定はできない。

(32) 飯能戦争については、『特別展飯能戦争　飯能炎上―明治維新・激動の六日間』（飯能市郷土館、二〇一一年）に詳しい。

(33) 前掲註(32)、四七頁。

(34) 「和洋鉄砲書上帳」（田口〔栄〕家文書四六〇〔埼玉県立文書館所蔵〕）。

(35) なお、明治一四年の事例だが、飯能地域の虎秀村の澤田巻之助なる一九歳の青年が、非常用心のためにピストルを購入した際には、川越鍛冶町の免許商桜井半蔵から購入している。ただし、価格は不明（近現代文書一―一九三〔飯能市所蔵〕）。

第五章　一九世紀の神社氏子組織と由緒の再編

清水　裕介

はじめに

本稿では、武蔵国高麗郡矢颪村を事例に、明治初期の神社に関する制度改革や神社明細帳の作成にあたり、地域内で起きたさまざまな問題とその対処方法について考察を行う。とくに矢颪村と隣村の前ヶ貫村・岩渕村の三か村惣鎮守とされた征矢神社について、社領上知や氏子取調の実施に端を発する三か村間の諸問題とその解決過程を追い、地域的特質である明治以前からの三か村と征矢神社の関係を把握し、近代の神社制度に地域がどのように対応したのかを考察する。その上で、征矢神社とは別に地域内に存在していた神社の神社明細帳の作成過程を、惣鎮守である征矢神社の明細帳との関連性に着目して考察し、地域の神社の由緒、すなわち地域で共有可能な歴史・記憶が、新たな神社制度という〝外部からの介入〟を通じ、どのように再編・創出されたのかを明らかにしたい。

考察に用いるのは、主に武蔵国高麗郡矢颪村中村家文書（飯能市郷土館所蔵。以下、中村家文書）中の神社制度改革及び各種調査書類である。とくに「鎮守征矢神社社地旧除地地名之事件前ヶ貫村岩渕村引合之書類八郎右衛門分地名両村差縺一件（埼玉県ニ而旧書類ニ基キ所置写）（以下、「地名之事件」）[1]」、「征矢神社ニ対シ御一新已来一大改革已来経歴書（以下、「経歴書」）[2]と題された征矢神社旧除地の上知・処分の過程で生じた問題と解決までの経緯を記した二点の資料と、同時期に作成が進められた神社明細帳草稿を中心に用い、検討を行う。これらは当時の中村家当主、中村忠三九が矢颪・前ヶ貫村の戸長を務めていたため、役場に提出した書類の写しや征矢神社や旧除地を巡る三か村の協議中に作成された書類が残されたものである。同家文書中、征矢神社に関する明治以前の史料は、慶応元年（一八六五）の鳥居修復に関する入用帳が残るのみである。同史料により、明治以前から矢颪・前ヶ貫・岩渕村の三か村で征矢神社の運営費が賄われていたことが確認できる[3]。

全国で統一的に行われた明治初年の神社制度の改革と各村内の神社の実態に関して、かつて米地實は「地域により村落のあり方は多種多様であった。したがって神社制度の整備過程を個々の具体的な村落において検討することを必要とする。現在その視点からの研究は要請されなければならないが研究は少ない」と指摘している[4]。また櫻井治男は、神社は静的な存在として捉えられがちであるが、実際には各時代の社会全体の影響を受けてきた動態的存在であったとし、その連続性・不連続性を検討しておくことの重要性を指摘している[5]。

また除地処分に関する研究は、戦前からの関係法規の分析や処分方針の形成過程を中心とする研究が進められてきた。滝島功・寺崎弘康によれば、とくに封建的領有制の解体と近代的土地所有制度の創出という視点、あるいは解体過程から近世社寺領の特質を探ろうとする視点に重点が置かれ[6]、「社寺領上知令の社寺経営への影響や、地処分の経過について、特定の社寺や地域を対象に具体的に考察した成果は少ない」[7]とされている。一方で、地域社会における除地処分の過程については「近世社会を通して明治維新を迎えるまでの寺社信仰の地域性や、社寺領上知令以前よりの社寺境内地の複合的な構造など、処分の前提となる社寺をめぐる地域的特質が反映されたはず」[8]と指摘されている。除地処分に限らず、改革にあたって起きた問題の解決までの過程には、それ以前からの神社の運営形態や各村・集落の神社への関わり方が反映されたはずである。

前述の通り、考察の対象とする征矢神社やその他の神社に関わる現存史料は、多くが明治以降のものである。そのため、全国で統一的に敷かれた制度に対して、三か村惣鎮守を持つ地域的特質の中にある村々がどのように対応したのか、何が問題とされ、どのように解決が図られたのかをみることで、明治以前から続く各村と征矢神社との関係や地域内の各神社と氏子集団（集落）の関係を探る。まずは明治以降の新たな制度下で生じた諸問題について稿を進める。

図１　征矢神社の位置

一　地名問題の発生

明治初期に行われた神社関係制度の改正・制定や各村の調査において、征矢神社をめぐって大きな問題が生じたのは、社寺領（朱印地・除地）の取調べに際してのことであった(9)。版籍奉還では諸藩主の持つ領地が朝廷に返納されたが、社寺領については旧来通り存在していた。そのため、明治政府は明治四年（一八七一）一月に「社寺ノミ土地人民私有ノ姿ニテハ不相当」として、境内を除く敷地のすべてを上知の対象とした（明治四年正月五日太政官布告第四号）。この実施のため、各村では村内の社寺領についての調査が行われた。三か村惣鎮守という同地域の条件下において同調査は、地域の歴史・由緒が改めて確認される機会となった。

征矢神社には田畑一反五畝歩の除地があり、これは鎮座地である前ヶ貫村の取調書に記載され、管轄である韮山県に申告されるはずであった。しかし、この除地について前ヶ貫村だけでなく、岩渕村も取調書に記載して提出したため、各村の調査を取りまとめていた飯能村から重複が指摘された。「地名之事件」は、この重複問題について、明治四年正月に前ヶ貫村から韮山県に提出された訴状の写しから記述が始まる（表1）[10]。訴状は以下の通りである。

乍恐以書付奉願上候

武蔵国高麗郡前ヶ貫村小前村役人惣代名主渋谷定七外壱人奉申上候、当村ニ勧請有之候征矢明神之儀者当村幷矢颪村岩渕村三ヶ村鎮守ニ有之然ル処、今般社寺朱印地除地等御取調ニ付右征矢明神社地社木幷御見捨地田畑壱反五畝歩共書上候処、右社地社木除地面共岩渕村よりも書出候趣寄場飯能村より改有之候ニ付、両村より書上ヶ候者不都合之義と存候間、右岩渕村名主簗地正左衛門江申談候処、右社地者勿論御見捨地共岩渕村之地所ニ相違無之抔申之、且当村之内八郎右衛門分と唱へ高四十九石五斗九升五合前々より岩渕村持添進退御年貢上納仕来候地所ニ御座候処、是以当節ニ至リ八郎右衛門分之義も岩渕村地所之内抔と申之後年規則ニも可相成大切之義書上ヶ候義ニ而、以来正右衛門何様之源意ヲ巧差妨被致候而者実以当惑、況右社幷御見捨地田畑壱反五畝歩共前々より当村ニ而書上候書類ニも有之程之義縦令八郎右衛門分と唱候地続ニ相成候共、是以前ヶ貫村之内八郎右衛門分ニ聊紛無之絵図面幷古書物ニも記有之夫而已不成、岩渕村より遙欠隔候場所江社而已飛地ニ勧請可有之謂無之、然ルニ社地幷御見捨地

田畑共岩渕村地所ニ候抔難題被申掛候而者何分難捨置已来如何之義取巧可申も難斗無余義此段奉願上候、何卒以御仁恤右正左衛門被召出何等之的証を以右社并御見捨地面共岩渕村地所ニ候哉、心得方逐一御糺明之上以来右様無筋之難題不申掛候様被　仰付被下置度偏ニ奉願上候以上

明治四未年正月

高麗郡前ヶ貫村
小前村役人惣代
組頭　渋谷源蔵
名主　渋谷定七

韮山県御出役様

表1　「地名之事件」収録文書

掲載順	由緒	年代	宛所	差出
1	乍恐以書付奉願上候（征矢明神社地・社木并御見捨地取調ニ付）	明治四年一月	韮山県御出役様	高麗郡前ヶ貫村小前村役人惣代組頭渋谷源蔵・名主渋谷定七
2	一札之事（征矢神社神職継目并行違之儀ニ付）	明治四年七月	十五区戸長大川原又右衛門殿、同井上順造殿	岩渕村組頭・名主、前ヶ貫村百姓代・組頭・名主、矢颪村百姓代・組頭・名主、楡木村名主、真能寺村副戸長
3	御請書（八郎右衛門分地券書換ニ付）	明治一〇年三月九日	埼玉県令白根多助殿	第四大区七小区前ヶ貫村戸長渋谷定七・立会人渋谷亀太郎・山岸倉二郎
4	書付ヲ以奉願上候（八郎右衛門分地券書換ニ付）	明治一〇年三月九日	埼玉県令白根多助殿	岩渕村戸長築地左源次・小前惣代杦田重蔵

この訴状によると、岩渕村の名主築地正左衛門（左源次）は、征矢神社の境内や除地は岩渕村の地所であり、隣接する「八郎右衛門分」と呼ばれる土地についても、岩渕村の地所であると主張している。これに対し、前ヶ貫村側は「八郎右衛門分」は岩渕村の持添であることに違いないが、古くから「前ヶ貫村内八郎右衛門分」と記されていたことを「絵図面・古書物」でも確認し、あくまで飛地であり、境内・除地・八郎右衛門分のいずれも前ヶ貫村内であると述べている。

前ヶ貫村の訴えは、何の根拠があっての主張であるのか、築地を糺明して貰いたいとするもので、築地の主張についての詳細は不明である。しかし、この地名問題は、問題解決の過程で、岩渕・前ヶ貫・矢颪村の三か村が共有する歴史認識が形成される端緒であり、同地域においてきわめて重要な出来事であった。

「地名之事件」には、この訴状に続き、明治四年七月に征矢神社の神職の継目について、三か村で交わされた一札が記載されている。この一札によると、征矢神社の神職は、神仏混交の禁止により別当だった岩渕村の観喜寺（真言宗）の隆田が復飾して岩渕巨膳と改名し、明治二年（一八六九）九月より勤めていた(11)。岩渕巨膳が病気となったため、岩渕村は新たに高場北溟という人物を神職とした。これに対し、前ヶ貫・矢颪両村は征矢神社神職の継目は、「旧例」では三か村の氏子で話し、前ヶ貫村の役人が調印するものであるのに、岩渕村の氏子だけで決定したばかりか、就任の披露すら行われていないとして相論になったのである。

継目問題の発生時期については明らかでないが、一札は明治四年七月に交わされ、結論は今後の征矢神社に関する行き違いのすべてを飯能村寄場役人が貰い受けるとするものである。継目に関する問題は直接的に社領上知と関わるものではないが、同一の「地名之事件」中にまとめられていることから、地名問題と継目問題は、いずれも岩渕村築地の「社地者勿論御見捨地共岩渕村之地所ニ相違無之」とする主張を根源とするものであったと考えられる。

征矢神社の神職に関しては、この一札には高場が引き続き勤めるとあるが、その後、高場に代わって矢颪村の滝澤良顕が務めることになった（「経歴書」）。この交代時期は明治七年（一八七四）一二月のことであった[12]。

地名問題の決着は、発生から六年近くが経過した明治一〇年（一八七七）三月九日のことである。長期に及ぶ問題となったのは、明治六年（一八七三）一二月に熊谷県が発行した地券に八郎右衛門分が「岩渕村」と記されて岩渕村に交付されるなど、新たな問題が生じたためである。地名問題については、征矢神社の除地処分問題と合わせて考える必要があるため、ここでは社領上知のための調査が、地域の中でその枠を超える問題を呼び起こすことになっていた事実を指摘するに留め、解決過程については後述するものとする。

二　征矢神社・八郎右衛門分と三か村

地名問題からは、岩渕村の築地が征矢神社の社地ばかりでなく、隣接する八郎右衛門分も岩渕村であると主張するなど、征矢神社と八郎右衛門分とがきわめて関係の深いものとして認識されていたことが分かる。ここでは、前ヶ貫村側が「絵図面并古書物ニも記有之」とする征矢神社や八郎右衛門分を、築地が岩渕村の地所だと主張した背景や、岩渕・矢颪村はなぜ征矢神社を鎮守としていたのか、三か村と征矢神社・八郎右衛門分の関係を整理したい。

「岩渕地誌」（作成年未詳・明治）には、八郎右衛門分について、前ヶ貫村内に点在する土地であり、「慶長年間戸長築地左源次ノ先祖八郎右衛門ノ開拓スル所ナリト云リ、寛文八戊申年本村ト同時ニ雨宮忠成検地改定ス」とある[13]。岩渕村の名主を務め、明治期には当主正左衛門（左源次）が岩渕村戸長を務めていた築地家は、八郎右衛門分を開拓した由緒を持つ家であった。

明治一九年（一八八六）一二月の史料には「前ヶ貫八郎右衛門分之義ハ文禄年間高麗郡岩渕村ノ居民八郎右衛門ナル物開墾セシ趣ニテ年貢等ヲモ他村ト別ニ上納」していたとある。[14] 征矢神社が位置する「字砂ノ宮」はこの八郎右衛門分に接し、除地も八郎右衛門分の中に位置していた。

八郎右衛門分は多くが水田であり、土性もよく、矢颪村と岩渕村の民費で名栗川に構えられた堰により水利に恵まれた土地であった。[15] 慶応元年（一八六五）一一月の年貢割付状によると、八郎右衛門分は高四九石五斗九升五合で、五町四反二畝一三歩のうち田方が五町一反七畝九歩を占める水田地帯であったことが分かる。[16]

八郎右衛門分の開発年代については、文禄年間（一五九二〜一五九六）とする説、慶長年間（一五九六〜一六一五）とする説があり、高入れは寛文八年（一六六八）の検地である。岩渕村の石高は『正保田園簿』で一五四石余、文政期には三〇二石余に増加しており、[17] 八郎右衛門分の開発による増加分はこの約三割を占める。

八郎右衛門分の水田を通過する用水は、矢颪堰からの入間川用水、前ヶ貫堰からの成木川用水とがあり、大半を占める五町一反八畝一二歩が入間川用水によって灌漑されていた。[18] 入間川用水は矢颪村が持つ矢颪堰下流の水田五町五反歩余も灌漑していた。[19] この矢颪村の水田は八郎右衛門分と入り組んだ形で存在しており、矢颪村からは六分の八郎右衛門分への出作もあった。[20] このことから、矢颪村が持つ耕地も八郎右衛門分の開拓と同時期に進められ、堰・用水の築造は双方の協力で進められたものと考えられる。

『新編武蔵国風土記稿』には、矢颪村について「正保之国図及田園簿ニ見エス元禄ノ国図ニハ載リタリ何ノ頃カイツレノ村ヲ割テ一村トセシヤ按スルニ隣村前ヶ貫村正保ノ村高ヲ今ノ村高ニ比スレハ半ヲ減ス是ヲモテ考レハ恐クハ前ヶ貫ヲ割テ矢颪一村トセシモノナルカ」[21]と、前ヶ貫村が分村されて矢颪村が成立したのではないかと記されている。この分村の過程については、前ヶ貫村の寛永八年（一六三一）及び寛永九年の検地帳の分析からも裏付けられている。(22)

前ヶ貫村の分村は、八郎右衛門を含む低地部の開発による人口・石高の増加が要因と考えられる。岩渕・矢嵐の人々が耕作する低地部に隣接する段丘上に鎮座する征矢神社は、この低地部と分村前の前ヶ貫村の鎮守であったと思われ、矢嵐村が分村されたことで、征矢神社に関わりを持つ村が三か村となり、惣鎮守として祀られてきたのである。

三　征矢神社の除地処分・運営と地名問題

次に地名事件の発端となった征矢神社の旧除地の処分がどのように進行されたのか、その経緯を追うこととする。都市部の大規模な寺院・神社を除き、農村内の旧除地は村民や寺・神職などが払下げを申請し、買い戻すのが一般的である。矢嵐村内の神社を例とすると、字前原に位置する八坂神社の場合、畑反別三畝五歩と一畝二四歩の二筆の除地が上知となり、福嶋弥与吉・福嶋要蔵の二名を進退人として、地代金を納入し、払下げを請けた。(23)福嶋家は同神社を勧請した家とされ、氏子・信徒の惣代を務めていた。(24)この他の神社についても同様で、日吉は滝澤周助、多岐座波は滝澤良顕を進退人として旧除地の払い下げを請けている。(25)

征矢神社の場合は三か村が関わること、また前述の通り、除地の地名をめぐる問題が生じていたため、除地処分の過程でも三か村間での協議・調整が必要であった。この除地処分の経緯は「経歴書」(26)で追うことができる。

征矢神社の除地について、払下げを請ける方針が決定されたのは、明治六年（一八七三）一二月のことである。

この方針の決定には、地名事件・継目問題により征矢神社に関するすべての事柄が飯能村寄場役人の預かりとなっていたため、寄場役人を立会人とする三か村協議が開催され、払下げやその他に関する六か条の規約が定められた(27)。

この規約の一か条目には、征矢神社の地所は前ヶ貫村であり、調査書などは前ヶ貫村から書き上げると明記されている。これは地名事件の際に築地が征矢神社の「社地者勿論御見捨地共岩渕村之地所ニ相違無之」とした主張とは相反するものである。地名表記はすべての手続き・書類作成に関わる事柄であるため、はじめに協議・解決が図られたものと考えられる。征矢神社と八郎右衛門分の地名表記問題は、旧除地の払い下げを請けようとする中で、必要に迫られて協議され、征矢神社と旧除地については前ヶ貫村であると確定されたのである。

払下げ後の地券や入揚金は祭礼当番が管理することも定められた。入揚金であるから、旧除地には小作人を立てる前提である。この他、租税は祭礼当番が立て替え、前ヶ貫村に納入すること、決算は祭礼勘定の際に行うこと、営繕の際は氏子一統が協力すること、祭礼その他について協議する場合はすべて前ヶ貫村で集会の上で決定することなどがとり決められた。集会の開催場所を地元村である前ヶ貫村とするのは、継目問題の訴状で語られた「旧例」を改めて確認する内容であり、この規約は三か村間で過去の事実の確認・合意が築かれたものである。

この決定に基づき、翌明治七年五月には征矢神社旧除地の払下げが熊谷県に申請された(28)。小作人は前ヶ貫村が渋谷亀太郎、矢颪村が佐野吉三郎、岩渕村が枚田重蔵である。申請には、三名の小作人について「永年小作致し活計相営居候間、他へ御指向ニ相成候間者生計難相立難渋至極」とあるから、上知の前後で耕作者に変更はないとしている。また「同人江御払下ヶ被成下置度」としているから、小作人の個人名義で地券交付を受ける申請であることが分かる。前述の地券を祭礼当番が預かる規定は、旧除地が書類上は個人所有の形となることを想定していたため、盛り込まれたものと考えられる。小作人や入揚金の取り扱いについては、払下げ申請を行った直後の明治七年五月にさらに具体的な内容が協議され、同年六月には新たな「確証」が三か村で取り交わされた(29)。

その内容は、地代金の負担方法は各村ごとの戸数割と新たに定められ、払下げを請けた後の地券は祭礼当番が預かること、小作人米金は祭礼当番村が取り立てること、立木の伐採は三か村で協議の上、営繕などに用いることなどである。地券交付を受けることで、表面上は個人が所有し、個人が租税を負担する近代的土地所有制度に対応するが、前述の通り、地券は祭礼当番が預かり、租税も氏子一統が負担するなど、実態としては征矢神社の社領・三か村の共有地として運営する方針だったことが明文化されている。後述する通り、最終的には三か村共有地名義で地券の交付を受けることとなるが、この決定は国家の制度と地域の事情が合致しない場合、地域内の協議によって地域的な事情を優先した運用が行われうる実態があったことを示している。

払下げや運営の詳細が定められると同時に、それまで「旧例」によって行われてきた征矢神社の運営についても、鎮座地である前ヶ貫村を中心とする三か村協議の体制を執ることが明文化された。上知が神社の経済基盤を揺るがすものであったことに加え、除地・八郎右衛門分の地名問題・継目問題で征矢神社の運営に支障が生じた経験から、三か村の立場、とりわけ鎮座地である前ヶ貫村の中心的位置を改めて三か村間で確認する必要性が生まれたのである。

明治七年（一八七四）五月に続き、明治八年九月には再度、払下げ願いが熊谷県に提出されている(30)。再提出となった経緯は明らかでないが、「三か村氏子一統江御払下被成下置度」とあるから、再提出された払下げ願いは小作人名義ではなく三か村の共有地として払下げを申請したものである。申請には小作地からの「入揚を以御租税諸掛リ等相勤其余宮拝殿修復祭事等仕度」とあり、明治七年六月に定められた運営方法が反映された内容となっている。

同払下げ願いの表紙には後筆で「同年一一月払下ヶ地代金拾円五拾銭上納、三か村共有地ノ地券証下附アリ」と添え書きがあるから、この申請に基づき、三か村共有地と記載された地券が交付されたものと考えられる。地代金の負担額は五二戸の矢颪・岩渕が四円五八銭八厘三毛、一五戸の前ヶ貫が一円三二銭三厘四毛であった。

実際に交付された地券は現存しておらず、交付年月日は明らかでないが、明治九年（一八七六）七月四日に、改正地券の交付は名義記載を「三か村共有地」とし、一枚にすることを確認する「為取換確証」が作成されているから[31]、交付された地券は明治九年の改正地券のことであろう。この確証からは、実際に作付けも開始されていたことが読み取れる。

払下げの許可と地代金の徴収・納入が行われ、作付けも開始されるなど、征矢神社旧除地の処分は制度上は完了するが、「経歴書」にはこれ以降も三か村間で独自の調整が続けられたことが記されている。

地名問題のうち征矢神社の社地・旧除地については前述の通り、明治六年一二月の「為替確定之事」によって前ヶ貫村分であることが確認された。これにより除地の払下げ手続きを進めることが可能となり、明治八年一〇月には拝殿・鳥居の修繕が氏子一統で行われるなど、征矢神社の運営は正常化していた。一方、除地が位置する八郎右衛門分の村名表記問題の解決は、明治一〇年三月九日のことであった。「経歴書」中に前ヶ貫村から埼玉県令白根太助に宛てた「御請書」が収録されている。

右奉申上候同村八郎右衛門分ト唱来候地所地券証去明治六年十二月中旧熊谷県ヨリ岩渕村へ御下渡ニ相成候沵村名違ニ付御書改之義奉出願、岩渕村築地左源次被召出書改之義熟々御説諭有之候得共同人義彼是苦情申募リ追々引攤へ罷在候中御所轄ニ相成候ニ付今般猶御書改之義出願仕候処、右岩渕村々吏御呼出シ御取調之末、右者旧書類ニ依リ前ヶ貫村八郎右衛門分ト御書改御下渡被成下置候段被　仰渡承知奉畏候依之御請書奉差上候処如件、

これによると、明治六年一二月に八郎右衛門分の土地に対し、地名を「岩渕村」と記載した地券が熊谷県から岩渕村に交付された。前ヶ貫村では熊谷県に「村名違」であるとして書き換えを出願し、岩渕村の築地正左衛門（左源次）が呼び出されたが、解決に至らなかった。明治九年八月二一日に熊谷県が廃止され、管轄が埼玉県となると、これを契機に前ヶ貫村は再び書き換えを出願し、「旧書類」に基づいて「前ヶ貫村八郎右衛門分」と書き換えることになったという。岩渕村から提出された文書にも「御渡之地券旧記書類江不引合」とあり[32]、問題発生当初に前ヶ貫村が主張した「絵図面幷古書物ニも記有之」を築地側が認める形で地名問題は決着した。

地名問題の決着を受けて、同月二四日には、征矢神社旧除地の運営方法の改定が行われた。ここでの決定は、旧除地の田畑を五つに分割し、その内一つを前ヶ貫村の小作が、二つをそれぞれ矢颪・岩渕村の立てた小作が耕作するというものである[33]。払下げの際の地代金負担は戸数割で、岩渕・矢颪の五二戸に対し、前ヶ貫村は一五戸であったから、前ヶ貫の持ち分がわずかに多いものの、おおよそ戸数・地代金負担に応じた広さを各村の小作人が担当することとなった。ただし、実際の入揚金の収支などを記した帳面によると、三か村の小作人が支払った小作金は、明治一二年（一八七九）分は前ヶ貫村が四円七七銭、矢颪村が二円八七銭、岩渕村が三円九五銭である。明治一三年分は前ヶ貫五円八四銭四厘、矢颪三円六六銭六厘、岩渕五円五銭五厘で、記録が残る明治一五年分まで同様に、最も耕作面積が少ない前ヶ貫村が最も多く小作金を納入しており[34]、前ヶ貫村の小作が収穫高の良い耕地を耕作していたと考えられる。

この後の「経歴書」には、修繕やそのための樹木の伐採、祭礼などが三か村によって執り行われていた様子が記され、また入揚金や祭礼収支などに関する勘定帳からは、明治一〇年三月に定めた規約通りに運営が行われていたことが読み取れる。

征矢神社や旧除地の運営方法が再び改定されるのは、明治一九年（一八八六）五月に交わされた「為取替規約書」によるもので、旧除地に関しては、会計係を前ヶ貫村または祭礼当番村から選挙すること、小作年季は五か年として保証人二名以上を立てること、小作金の算出には毎年一二月の飯能町の米相場を用いることなどが定められた[35]。この他、集会の会場や境内・境外の立木の取り扱いなど、過去に規約が交わされた事柄を含む全二二条の規約である。この規約の前書きには「従来ノ慣習其義ヲ得ス依テ各村集会熟議ノ上規約ヲ設クル」とあり、財政的基盤として神社が直接所有していた除地がなくなったことの影響の大きさが垣間見える。

同時期に規約が定められたのは、八郎右衛門分内にある前ヶ貫村・矢颪村の村境改定と関係するものと考えられる。明治一九年四月七日付で入間高麗郡から絵図・調書の提出に関する照会がされているから[36]、これ以前に村境改定の方針が固められ、規約策定後の六月一一日に八郎右衛門分で錯綜している村境・飛地を整理したいとする「村界御定願」が正式に提出されている[37]。

社寺領の調査を端緒とする社領・旧除地・八郎右衛門分の地名問題や征矢神社の運営方法をめぐる問題は、上知の処分方法の決定と連動しながら三か村間で協議が続けられ、解決が図られた。また征矢神社や旧除地を巡って起こる問題は八郎右衛門分の問題でもあり、反対に八郎右衛門分で起こる問題は征矢神社・旧除地に関わる表裏一体の関係にあったのである。

四　氏子記載をめぐって　―氏子取調制度・神社明細帳―

明治四年（一八七一）七月、「大小氏子取調規則（太政官布告第三二二号）」によって、「臣民一般出生ノ児アラハ其由ヲ戸長ニ届ケ必ス神社ニ参ラシメ其神ノ守札ヲ受ケ所持可致事」と定められ、人々は郷社・村社の氏子となり、「氏子札」を受け取る必要があった。氏子札には、名前・出生年月日・父の名前が記され、その台帳である氏子帳が旧来の宗門人別帳としての役割を果たすものであった。同布告では「六ヶ年目毎戸籍改ノ節守札ヲ出シ戸長ノ検査ヲ受クヘシ」とされ、同日の太政官布告第三二一号では、郷社は「凡戸籍一区ニ一社ヲ定額トス」とされるなど、戸籍制度との関係が重視された制度である。そのため、地域の実態とは必ずしも一致せず、地域はこの制度への対応を迫られた。

氏子取調制度に対し、矢颪村では総鎮守である征矢神社を村社とし、全村民を征矢神社の氏子として登録した。しかし、明治五年中に氏子取調制の廃止が言い渡されると、同年一一月五日には村内の前原組で祀る八坂神社を「小鎮守」とし、日吉・多岐座波の両社をその摂社としたいとする入間県令宛の願書が作成された(38)。

乍恐以書付奉歎願候

第四大区小七区高麗郡矢颪村役人共一回奉申上候、氏子御取調ニ付而者先般奉書上置候処、猶又今般被　仰渡候ニ付奉歎願候義者当村者隣村前ヶ貫村征矢大神ヲ右前ヶ貫村当村外《岩渕》壱ヶ村《右》都合三ヶ村大鎮守と唱ひ祭事仕来候得共、当村□（虫欠）八坂大神・日吉大神弐社鎮座氏子五十六戸有之其《外》余多岐座波社氏子八戸有之都合六十四戸右三社を氏神と尊敬致シ天下泰平国家安全之祭事致来候処、今般氏子御廃止之旨被　仰渡昨四月帰村仕一同得被　仰渡之趣申聞候処承知奉畏候得共、前書奉申上候通八坂大神之義者皇国災除之大神故諸作豊熟悪事災難無之様往古より村方小鎮守と尊敬仕来リ候得共、今般氏子御取調ニ付而者上如何可相成哉と一同心痛之余リ前書八坂大神之儀者従前之通小鎮守と御居置被下置度奉願上候、日吉大神多岐座波社右二社之義者八坂大神摂社ニ被仰付候而も一同御願筋奉申上間敷候間何卒出格之以御仁恤右願之通御聞済被成下置度奉歎願候以上

明治五壬申年十一月五日

第四大区小七区
高麗郡矢颪村
役人総代
准副戸長
中村権三郎
同
佐野権平
副戸長
中村忠作(三九)

澤入間県権令殿(ママ)
宮城入間県権参事殿

この願書には、矢颪村の人々は以前から征矢神社を「大鎮守」として祭事に参加して来たが、一方では八坂神社・日吉神社・多岐座波神社を氏神としていたとある。氏子の数は八坂・日吉で五六戸、多岐座波に八戸と記されている。明治二年調の矢颪村の戸数は全体で六四戸であるから、村内の全戸がこの三社のいずれかを氏神としていたことになる。後述する通り、多岐座波社は元は大源寺という修験寺院であったから、この主張は維新以前の氏神・氏子の実態をかならずしも正しく記したものではない。

この願書の提出以前、同年六月に作成された「式外神社氏子取調」には、八坂・日吉神社の氏子がそれぞれ六五戸、多岐座波神社の氏子は八戸と記されている。(39)これも氏子取調制度の廃止を前提に、征矢神社ではなく矢颪村内の各社の氏子と書き上げられている。戸数に異同はあるが、八坂・日吉神社は矢颪村全戸が氏子と記され、両神社の鍵取・氏子総代は中村彦太郎・佐野左之吉・中村六右衛門とあり、彼らはかつて矢颪村の村方三役であった。すなわち、この調査書は八坂・日吉の両社を矢颪村の氏神と位置付けているのである。

矢颪村内の人びとをどこの氏子として公的書類に記載するかという問題は、以下にみる通り、明治一〇年代の神社明細帳作成にあたって再燃していることから、前掲の願書は不許可または未提出だったと考えられる。

明治一二年（一八七九）六月二八日の内務省達乙第三一号によって各府県に神社・寺院の明細帳の作成・提出が命じられると、各村ではその編成が開始された。明治一七年五月には項目が改められ、鎮座地・社格・社名・祭神・由緒・社殿・境内・氏子や崇敬者数・境内神社などの項目が定められた(40)。この「氏子」の項目を記載するにあたり、惣鎮守征矢神社と村方の神社のいずれの氏子として人びとを書き上げるのかという問題が再び表面化した。

明治一七年五月一五日、神社明細帳の提出にあたり、それまでの調査で「不心得」のために書き上げていなかった秋津・琴平神社についても村内の神社として明細帳を提出したいとする願書がそれぞれの信徒総代から埼玉県に提出され、同月二四日付で許可された(41)。秋津は元は神明宮、琴平は金比羅大権現であった(42)。

続く六月二二日、「去ル明治五年氏子御取調ノ際誤テ征矢神社氏子ト書上其儘ニ致置候」として、矢颪村の内、前原組の一五戸を八坂神社の氏子と訂正したいとする願書が埼玉県へ提出され、これも同月三〇日付で許可されている(43)。願書には八坂神社の氏子と記載されても、征矢神社については信徒として「総鎮守タルヲ以テ大祭ノ節参拝致」とあり、この関係性は以前と変わらないものだとしている。さらに七月一三日、岩渕村の三三戸も八坂神社氏子と同様の文言で征矢神社の氏子を離脱し、同村八幡神社の神社明細帳に氏子として記載する願書を埼玉県に提出し、八月三日に許可されている(44)。

これらの氏子正誤願いが受理・許可された結果、明治一七年作成の神社明細帳では、矢颪村八坂神社・岩渕村八幡神社の氏子はそれぞれ一五戸・三三戸と記載され、征矢神社の明細帳には信徒として記載された(45)。

これらの氏子離脱については、三か村の各総代らが連印しており、相論となって各氏子中が単独で願い出たものではない。氏子取調制度は明治六年五月に廃止済みであり、村社に氏子札や氏子帳を作成する行政機関としての役割は失われていたため、実態と合わない記載を無理に続ける必要性は地元・行政の双方でなくなっていたのである。

この時期、こうした「氏子正誤願」・「氏子離脱願」が全国各地で作成・提出されるが、これらは神社や地域の信仰に変化があったのではなく、氏子取調制の下で実態よりも制度に対応させる形で書類に記載されていたことが要因であったと考えられる。

この後、明治一七年一一月一七日には、八坂神社の氏子総代が八坂神社を村社に加えたいとする願書を埼玉県へ提出している(46)。これは不許可とされたが、氏子訂正願と合わせて、矢颪村内では八坂神社を祀る前原組とその他の集落とで征矢神社との関係性が大きく異なっていたことがうかがえよう。

五　神社明細帳と由緒の作成

矢颪村の神社明細帳には、実際に提出され、加治村役場に引き継がれた最終版の他、草稿段階のものが中村家文書中に残されている。とくに草稿が多く残されているのは、明治五年に小鎮守としたいとされ、征矢神社の氏子から離れた前原組が祀る八坂神社のもので、五種類の草稿と提出校の控えが現存している。反対に琴平・秋葉神社は、由緒の項目は創立年未詳などと記されるのみで、草稿も一種のみが存在し、提出されたものとほぼ変わりがない。

八坂神社の明細帳草稿を作成されたと思われる順に並べると、表2のようになる。第一校には氏子の項目に記載がないから、氏子訂正が許可される明治一七年六月三〇日以前に書かれたものである。第二校では付箋で氏子が一五戸と訂正されているが、信徒の人数は差し引かれていない。付箋による訂正は六月三〇日以降のものである。このことから、氏子訂正願は神社明細帳の作成開始後に提出されたことが確認できる。神社明細帳の作成は、氏子の項目を公的にどう記載するかを改めて確認する機会になったのである。

第三校では、氏子一五戸分の人数が信徒から差し引かれており、六月三〇日以降に作成されたものと分かる。第四校では祭神に稲田姫命が加えられ、また境内神社二社についても記述が加わっている。

第五校は由緒の記述順序が他の校と大きく異なるが、「此由緒換ル　他ハ此書留ノ通ニテ書上済」と付箋があり、最終版である第六校は「由緒」の項目以外の記述は第五校からそのまま写されたものと考えられる。第四校の由緒部分は第六校とほぼ同じであるから、第五校に第四校の由緒部分を書き加えたものが最終的に提出された第六校である。

由緒部分の作成過程に注目すると、創建年については、嘉承年間（一一〇六～一一〇七）に勧請されたとする記述ですべて一致している。第二校以降は、寛文検地の際に除地が付せられたことが記され、少なくとも近世初頭には集落・耕地とともに公的に存在していたことを明らかにしている。また第四校には治承年間（一一七七～一一八〇）に源義重（新田大炊助）が前原に駐屯し、八坂神社（牛頭天王）を再興したとする記述が加わっている。建物や社号の変更などの記述も、後になるに従って徐々に加えられていることが分かる。

詳細が加えられていく点は、作成にあたっての調査が進められただけとも考えられるが、表現の変更が行われている点は、由緒書作成を性格付ける上で重要である。第一校から第三校までは嘉承年間に前原組の福嶋家先祖が勧

表2　矢颪村八坂神社明細帳の作成過程（傍線は前校からの変更部分）

作成順	由緒	氏子	信徒	祭神	備考
1	創立年月不詳ト礫往昔嘉承年間近国大疫病流行ニ付其事情ヲ恐レ前原組福嶋氏ナル者山城国祇園社心願ヲ畾ミ彼大神ヲ遷シ奉リ前原組鎮守トシテ崇祭ルト云、其後前ヶ貫村征矢神社ハ前ヶ貫村岩渕村矢颪村各三ヶ村一同信仰ニ付右前原組氏子モ征矢神社ヘ合併セシ由古老ノ云伝ル所ナリ、其後文化二巳丑年八月旧氏子并信徒戮力シテ再建ス	―	四二〇人	素盞嗚尊	
2	当社ハ往古嘉承年間近郷大ニ疫病流行セシ時当村福嶋某（末裔当村字前原組ニアリ）之ヲ傀レ山城国祇園社ニ祈リ該神ヲ遷シ祭祀シテ牛頭天皇ト称シ爾後当村字前原組一同産土神ト崇敬シ来レリト福嶋弥与吉家并余族ノ者モ世々確乎トシテ語伝ヘリ（伝語中社ニ祈ルノ下霊験アルノ語リ脱漏セシヤ）然レトモ数百年ノ久シキ古書等ノ存スルナシ、幕府徳川家ノ世寛文八申年検地ノ節除地畑四畝廿九歩ヲ附セラレ、明治二年神仏区別制被仰出候節当今ノ社号ニ改称ス、現今境内ニ二杉ノ大樹アリ（一本ハ半ハ朽枯ス）何レモ周囲一丈八尺余及ヘリ以テ古社タルヲ表スヘシ、（付箋）「以下浄クヘシ」鎮守タリ然レトモ隣村前ヶ貫村征矢神社ヲ大鎮守ト為スニ因テ維新ノ以降古来ノ氏子ハ征矢神社ノ氏子ト唱シヨリ当社ハ村社ニ列セス	一五戸（付箋・後筆）	四二〇人	素盞嗚尊	
3	当社ハ往古嘉承年間近郷大ニ疫病流行セシ時郷内人民之ヲ傀レ当村福嶋某ナル者（末裔当村字前原組ニアリ）先途ト成山城国祇園ノ社ニリ該神ヲ遷シ祭祀シテ牛頭天皇ト称シ爾後當村字前原組一同産土神ト崇敬シ来レリ（伝語中社ニ祈ルノ下霊験アルノ語リ脱漏セシヤ）、然レトモ数百年ノ久キ古書等ノ存スルナシ、旧幕府徳川家ノ世寛文八申年検地ノ節除地畑一反十二歩ノ所ヲ附セラル、明治二年神仏区別制被仰出候当今ノ社号ニ改称ス、現今境内ニ二杉ノ大樹アリ（一本ハ半ハ朽枯ス）何トモ周囲壱丈八尺余及ヘリ、以テ其古社タルヲ表スヘシ	一五戸	三四一人	素盞嗚尊	

4	当社古来祇園牛頭天王ト称シ来レモ創立年紀等詳カナラス、但古老ノ口碑ニ往昔嘉承年間郷民協力シテ山城国祇園社神ヲ勧請ス、其後鎌倉幕府ノ世治承年間新田大炊助源義直当郷在庁ノ節当社崇敬シ社殿ヲ再営セル由ヲ伝フ、然レトモ古記等ノ拠確スヘキモノナシ、右ハ往昔ヨリ古記等伝ハル無カリシカ或ハ爾後数百年間乱世ニ遭遇シ頗ル哀頽ヲ極メシ故随テ古記等モ散失セシカ詳カナラス、幕府徳川家ニ至リ寛文戊申年五月代官雨宮勘兵衛忠成検地査縄ノ節畑四畝廿九歩ノ地ヲ貢租ヲ除キ社免ニ附セラル、寛政五癸丑年七月社殿ヲ再営ス乃今ノ現在建物ナリ、明治二年官令ニ因リ当今ノ社号ニ改称ス、同三年社免地奉還ス、現今境内ニ老杉二樹アリ周囲壱丈八尺余ニ及ヘリ但一樹ハ半ハ朽枯スレトモ共ニ蓊鬱トシテ最モ古社タルノ微ヲ為セリ	一五戸	三四一人	素盞鳴尊 稲田姫命	境内神社二社 （稲荷大神・八幡大神）
5	（付箋）「此由緒換ル　他ハ此書留ノ通ニテ書上済」 当社古記書類ノ伝フル無ク創立年記詳カナラス、古老ノ口碑ニ伝フルニ往古嘉承年間山城国祇園ノ社ヲ分祀セリ（福嶋某ナル者ノ祖先創立スト裔孫当村ニ在リ）後鎌倉幕府ノ世、当国比企郡住人比企判官能員其妹ヲ伴ヒ鎌倉へ赴ク途当社ヲ詣シ崇敬アリシヨリ郷民追々崇敬ヲ増シ神徳日ニ盛ナリシガ後数百年間乱世ニ遭遇シ漸々哀頽ヲ極メリト云、然レトモ古書等ノ伝フル無ケレハ拠リ証スヘキモノ無シ、徳川家幕府ニ至リ寛文八申年検地ノ際畑四畝廿九歩ヲ除地シ当社へ附セラル、当社古来牛頭天王ト称セシカ明治二年官令ニ因リ当今ノ社号ニ改称ス、附記　当社ニ大杉二アリ周囲壱丈八尺余ニ及ヘリ（但壱本ハ半ハ朽枯ス）亦古社タルヲ表セリ	一五戸	三四一人	素盞鳴尊 稲田姫命	境内神社二社 （稲荷大神・八幡大神）
6	当社古来祇園牛頭天王ト称シ崇敬シ来レトモ創立年紀詳カナラズ、但古来老ノ口碑ニ往昔嘉承年間郷民協力シテ山城国祇園社神ヲ勧請ス、其後鎌倉幕府ノ世治承年間新田大炊助源義重当郷在庁之節当社ヲ崇敬シ社殿ヲ再営セル由ヲ伝フ、然レトモ古記等ノ拠証スベキ者ナシ、右ハ往昔ヨリ古記等伝ハル無カリシカ或ハ爾後数百年間乱世遭遇シ頗ル哀頽ヲ極メシ故随テ古記等モ散失セシカ詳カナラス、幕府徳川家ニ至リ寛文戊申年五月代官雨宮勘兵衛忠成検地査縄ノ節畑四畝廿九歩ノ地ヲ貢租ヲ除キ社免ニ附セラル、寛政五癸丑年七月社殿ヲ再営ス乃今ノ現在建物ナリ、明治二年官令ニ因リ当今ノ社号ニ改称ス、同三年社免地奉還ス、現今境内ニ老杉二樹アリ周囲壱丈八尺余ニ及ヘリ但一樹ハ半ハ朽枯スレトモ共ニ蓊鬱トシテ最モ古社タルノ微ヲ為セリ	一五戸	三四一人	素盞鳴尊 稲田姫命	境内神社二社 （稲荷大神・八幡大神）

表３　矢颪村多岐座波神社明細帳の作成過程（傍線は前校からの変更部分）

作成順	由緒	氏子	信徒	祭神
1	創立年月不詳ト雖モ全六十一代朱雀帝天慶二年勧請ト故人ノ書説有之候、明治五申年社格御調之説無格社ノ許可有之候	―	―	―
2	当社ハ天慶二年勧請ナルヨシ記載セシ古書アリ、確乎トシタルモ之無候得共百有余年ニ係ル故人ノ書記ニ有之候ニ付爰ニ是ヲ記載ス、且旧幕府徳川家ノ世寛文八申年検地之節除地田九畝歩ヲ附セラル古来氏子（ママ）十戸余有之候処、近来隣村前ヶ貫村征矢神社ヲ惣鎮守ト為スニ因テ征矢神社ノ氏子ト	―	四二〇人	国之常立尊 天之御中主尊
3	当社ハ天慶二年六孫王ノ勧請ナル由記載セシ古書アリ確拠トシタルニモ無之候得共、百有余年前ニ係ル故人ノ書記ニ有之候ニ付爰ニ記載ス、社号ハ本社旧境内一段余歩ノ高サ廿二丈有余ノ瀑布アリ故ニ称之、且旧幕府徳川家ノ世寛文八申年検地節除地九畝ヲ附セラル、古来氏子十戸余有之候処、近来隣村前ヶ貫村征矢神社ヲ惣鎮守トナスニ因テ征矢神社ノ氏子ト唱タリ、当社ハ村社ニ不列	―	三四一人	国之常立尊 天之御中主尊

請したと記されているが、第四校以降では「郷民協力シテ」の文言が加わり、福嶋家だけではなく前原組全体で勧請されたことが強調されている。この変更により、八坂神社の由緒は前原組全戸が氏子となる神社にふさわしい内容に整えられたといえる。

また、八坂神社への氏子記載が認められる以前は、征矢神社との関係に触れられているが、氏子の項目に付箋で「一五戸」と追記された第二校では、征矢神社との関係についての記述は付箋で削除され、第三校以降には征矢神社に関する記述は記されていない。由緒の記載は、情報の取捨選択あるいは創作によって、その時々の事情に応じ、その他の項目との整合性が図られながら、作成されたのである。

明細帳作成段階での由緒の創作は、元修験寺院であった多岐座波神社の場合にとくに顕著である。多岐座波神社は、明治三三年（一九〇〇）一月二二日付の「境外官林民有下戻申請書」中の「事実」関係の説明に「申請人滝澤良顕ハ元大源寺ト称スル京都聖護院宮御末本山修験ナリシカ、維新後神官ト相成タル者ニ御座候」と記して、元大源寺に寄付され、当時は多岐座波神社の境外官林となっていた土地の滝澤家への返還を申請している[47]。また明治三年（一八七〇）一一月の「武蔵国高麗郡矢颪村郷社書上帳村綴」にも「元本山修験」と明記されている[48]。このように、公的な申請・書類でも多岐座波神社が元大源寺であったことが事実として記されている一方で、加治村役場文書に現存する神社明細帳には「古来氏子十戸余有之候」とし、また明治一九年の調査と思われる「地誌編輯取調書類」には、多岐座波神社の項に「従前多岐座波神社ト称シ社号改替ナシ」とある[49]。

第一校から第三校までが残る多岐座波神社明細帳の由緒の記述変遷を追うと（表3）、天慶二年（九三九）に勧請されたとする言い伝えについては共通しているものの、第一校・第二校では勧請した人物についての記載はないが、第三校では確乎たる証拠はないとしながらも「六孫王（源経基）」の勧請という由緒が記載されている。

この他、由緒に具体的な人名が登場するのは、八坂神社の源義重、征矢神社の六孫王（源経基）である。また岩渕村の八幡神社は「元八幡大菩薩[50]」であったが、明細帳の由緒には勧請について「往古鎮守府将軍源頼義奥賊征討トシテ下向ノ途、当郷岩渕（当村）ノ岡に宿営セラレシ時」と記されており、源頼義の名が見える[51]。征矢神社の由緒には、「日本武尊東夷征伐トシテ御下向ノ時千束ノ矢ヲ備ヒ征矢ヲ飾リ兵器ヲ連テ屯シ給フトナリ、其後相馬将門追討ノ時六孫王経基東国御下向随兵兵密ニ屯シ[52]」とあり、多岐座波神社にも登場した六孫王の名が記されている。

征矢神社の神社明細帳草稿は現存しておらず、明治以前の史料も所在が明らかでないため、同社の由緒にいつから六孫王が登場していたのかは不明である。しかし、惣鎮守である征矢神社の由緒に清和源氏の祖とされる六孫王が登場し、その他神社の由緒に清和源氏系の人物の名が登場していることは着目すべきであろう。岩渕村の八幡神社は八幡大菩薩であったから、源氏に関わる由緒ともつながるが、聖護院末の本山修験寺院であった多岐座波神社

（大源寺）に、旧来から六孫王による勧進の由緒が伝えられていたとは考え難い。もとが修験寺院であったことや、征矢神社との関係に関する記述が削除された八坂神社の例を踏まえると、多岐座波神社の由緒は惣鎮守である征矢神社の由緒に合わせて、創出された由緒と考えるべきであろう。

地域内の神社の明細帳が、同時期に戸長の元でまとめて作成されたことは、惣鎮守である征矢神社と一体的な由緒の創出を可能とし、それは六孫王と関わるという征矢神社を祀る三か村の地域の由緒、共通性を創ることにつながった。一方では、前原組の例に見た通り、地域によって征矢神社への意識・関係性に違いがあることも浮き彫りとなった。これは神社明細帳の作成が、次節に見るような地域・集落その物の歴史・由緒（記憶）を再認識する機会であったからに他ならない。

六　矢颪村の集落と征矢神社

これまでみてきた征矢神社やその他の神社をめぐる事例から、三か村と征矢神社、三か村の集落（組）と征矢神社の関係を考えたい。

明治五年に小鎮守としたいとされた八坂神社、その摂社となりたいとした日吉・多岐座波神社は、いずれも征矢神社や八郎右衛門分からは距離が離れる村内北部に位置している。反対に、明治一七年五月の神社明細帳の編成に至るまで、各種調査には書き上げられなかった琴平神社（元金比羅大権現）・秋津神社（元神明宮）は南部に位置している。

琴平・秋津が各種調査に書き上げられなかったのには、小社であることに加え、征矢神社の氏子と記され、集落内神社の氏子と記載されないことを「心痛」とした八坂神社を祀る前原組を筆頭とする村内北部の集落に対し、琴平・秋津を祀る村内南部の集落の人々は、神社明細帳に征矢神社の氏子と記載されることを受け入れていたためと考えられる。この違いは、村内の北部と南部のそれぞれの集落と征矢神社や周辺の耕地との関係性の違いに起因している。

それぞれの集落の位置が持つ地勢を見ると、多岐座波神社の位置する字滝澤は滝野川（滝澤）と呼ばれる沢が矢颪堰上流に向かって流れる谷・丘陵であり、日吉神社がある奥平（矢下、内出・堀そへ）は滝野川が流れる谷戸の出口南側、八坂神社がある前原は高根川（前原沢）と呼ばれる沢が流れる谷戸の出口北側に位置している。これらの谷戸は、用水整備が必要とされないため、八郎右衛門分などが位置する入間川用水が灌漑する低地部よりも早くから開発が進められ、字滝澤・奥平・前原の家々の主な耕作地・水源となっていたと考えられる[53]。先述した通り、征矢神社は入間川用水が灌漑する低地部に関わる家々が主に祀る神社であるから、谷戸を中心に耕作を営んできた村内北部の集落が、南部の集落に比べて征矢神社との関係性が薄いのは必然である。

征矢神社と矢颪北部・南部の関係性の違いが、低地部に広がる水田の開発と関わるのであれば、征矢神社と各地域の関係性を考えることで、低地部の開発の様相も見えてこよう。先述の通り、矢颪村は前ヶ貫村から分村されたもので、征矢神社は岩渕村の観喜寺が別当していた。岩渕村内には「前ヶ貫村」に隣接する「字前ヶ貫」があり、岩渕村の築地家の先祖が八郎右衛門分を開拓したとする由緒を持つ。これまでみてきた通り、八郎右衛門分や隣接する矢颪村分の水田を灌漑する入間川用水との関わりが南部の集落に比べて薄い北部の集落は、征矢神社よりも集落内の神社を重視する傾向にあった。矢颪村と同様に征矢神社・八郎右衛門分から距離がある岩渕村の集落は、征矢神社の氏子から離れ、村内の八幡神社の氏子となっている[54]。

先述の通り、矢颪村の成立は、岩渕村からの八郎右衛門分の開拓と前ヶ貫村での八郎右衛門分に隣接する低地部の開発（入間川用水の整備・開拓）によって、分村以前の大きな前ヶ貫村が成立し、人口と石高の増加によって矢颪村が分立したものと考えられている。また前ヶ貫・矢颪村の分村については、分村直前の寛文検地帳の分析や由緒、分村によって前ヶ貫村が十数軒のみで村が立てられたことなどから、前ヶ貫村は成木川の南（岩渕村）から入間川右岸の地に入ってきたという出自をもつ集落として、矢颪村は低地部が開発される前から居住していた人びとの集落として村切りされたのではないかとする指摘がある。(55) 低地部の開発以前から形成されていた集落として考えられるのは、谷戸や谷戸の出口に位置する八坂神社や多岐座波神社・日吉神社の位置する村内北部の地域であり、明治五年（一八七二）に八坂神社を小鎮守としたいと願い出た集落である。矢颪村を低地部の開発以前からの人びとの集落と考えれば、氏子取調制度の撤廃後、全戸を八坂神社の氏子ないし信徒としたこと、村社への加列願いの提出といった一連の活動はこうした集落の歴史、開発の記憶が発露されたものであり、きわめて当然の流れであったといえる。

おわりに

以上、矢颪村・前ヶ貫村・岩渕村の三か村惣鎮守征矢神社と矢颪村内の神社を事例に、明治初期に定められた神社制度が地域神社に適用される中で起きた問題とその解決の過程、神社明細帳の作成過程について、とくに由緒・氏子の項目記載に注目して概観してきた。

社領の上知は神社の財政的基盤を揺るがすものであったが、征矢神社を惣鎮守とする三か村では協議を行い規約を定めることで旧来の社領の形を維持しようと対応した。その過程では、個人名義の地券を祭礼当番が預かるとする決議も行われるなど、地域的な慣習・慣例の維持が国家的な制度よりも優先される側面が垣間見えた。また三か村が征矢神社を惣鎮守としていたのは、同地域の開発の歴史に基づいており、社領の取調はその歴史や土地に対する認識が発露される機会となったのである。

明治一二年、明治一七年の神社明細帳の編成は、氏子取調制度下において、本来信仰している神社とは異なる神社の氏子として書類に記載された人びとにとって、書類上の表記を本来の形に復する格好の機会となった。矢颪村の場合、氏子訂正願いが提出されるなど、村内北部と南部の集落とで征矢神社との関係性が違うことが浮き彫りになった。また神社明細帳に記載される由緒の作成過程からは、各集落と神社との関係性、各神社の由緒の整合性などが意識されながら、征矢神社を惣鎮守とする三か村の各集落・家が共有可能な記述が創作され、由緒が再編成されていく過程を確認することができた。

明治初期の村の神社は、神社制度改革や調査によって発露されることとなった村・集落・耕地の歴史と神社との関係、それを必ずしも反映し切れない制度との相克の中に存在していたといえよう。全国へ画一的に適用された制度であるため、本稿で取り上げた矢颪村と類似する事例は、各地に見られるものと考えられる。明治初期の神社をめぐる地域の動向を探ることは、地域の成り立ちや歴史、構造を把握する上での有効な手段の一つなのである。

註

（1）〔明治四年〕「鎮守征矢神社社地旧除地地名之事件前ヶ貫村岩渕村引合之書類八郎右衛門分地名両村差縺一件（埼玉県ニ而旧書類ニ基キ所置写）」中村家文書四四号。

（2）〔大正七年〕「征矢神社ニ対シ御一新已来一大改革已来経歴書」中村家文書七六号。
（3）慶応元年「征矢明神鳥居修復諸入用帳」中村家文書一〇一九号。
（4）米地實『村落祭祀と国家統制』（御茶の水書房、一九七七年）、一七七頁。
（5）櫻井治男「明治初期の『神社』調べと地域社会―明治四年鳥羽藩『神社取調』の分析から―」（『神社本庁教学研究所紀要』二、一九九七年、同『地域神社の宗教学』弘文堂、二〇一〇年に所収）。
（6）滝島功「江戸寺社境内地の基礎構造―明治維新期社寺地処分の理解のために―」（『関東近世史研究』四九、二〇〇一年四月）、寺崎弘康「近代社寺領処分問題の研究史と一・二の問題点」（『中央大学大学院研究年報　文学研究科篇』一四、一九八五年）。この他、滝島は「明治維新と社寺地処分」（『明治維新史研究』八、二〇一二年）において、地租改正史・近代的土地所有の形成といった視点から、社寺地処分を検討している。
（7）前掲註（6）滝島二〇〇一論文。
（8）滝島功「明治初年の社寺地処分と神祠仏堂」（『地方史研究』二八四、二〇〇〇年）。
（9）社領上知にともなう調査の他、明治初期の神社取調については櫻井治男「明治初期の『神社』取調」（前掲註（5）櫻井著書）、国文学研究資料館史料館扁『史料叢書七　社寺明細帳の成立』（名著出版、二〇〇四年）に詳しい。
（10）この訴状は「地名事件」に写しが収録されている他、「武州高麗郡前ヶ貫村小前役人物代名主渋谷定七外壱人より岩渕村名主築地正左エ門江相掛御利解願訴状」（中村家文書三六号）と題した竪帳も存在している。
（11）岩渕巨膳の復飾・神勤については、一札の他、明治二年九月「乍恐以書付奉願上候（観喜寺隆田改名復飾ノ上神主ニ転ジ度ニ付）」（中村家文書一七〇六号）でも確認できる。
（12）滝沢良顕については、第Ⅱ部第一章酒井論文に詳しい。
（13）「岩渕村地誌」（南高麗郷土史研究会『南高麗郷土史資料集』一　地誌・村史、南高麗郷土史研究会、一九九七年、四九頁）。
（14）「内務省へ稟議之義ニ付伺」（『飯能市史』資料編Ⅳ　行政Ⅰ、一九八〇年、八〇～八一頁）。
（15）前掲註（13）。

(16) 慶応元年「丑御年貢可納割付之事（写）」中村家文書四四六号。
(17) 『飯能市史』通史編、一九八八年、二六七頁。
(18) 明治一九年一〇月一日「岩渕村持添前ヶ貫八郎右衛門分惣反別之写綴」中村家文書一五一五号。成木川用水分は七反八畝二六歩。
(19) 天保四年三月「済口証文之事（矢颪用水堰場用水出入一件）」中村家文書、一六〇一号。
(20) 明治三年「武蔵国高麗郡矢颪村差出明細帳」中村家文書三四一・三四三・七二〇号。
(21) 『大日本地誌大系一三　新編武蔵国風土記稿九』（雄山閣、一九三二年）、一一三頁。
(22) 尾崎泰宏「寛文八年検地と矢颪村の成立」（『飯能市郷土館研究紀要』五、二〇一〇年）。
(23) 「社領上地御払下願」中村家文書三九七号。
(24) 「（矢颪村字前原　無格社　八坂神社由緒等書上）」中村家文書四七号。
(25) 「［社寺領上地御払下願関係綴・明治六～八年］」中村家文書四四五号。
(26) 前掲註（2）。以下、本節でとくに註釈がないものはすべて同史料が典拠である。
(27) 明治六年一二月「為取替確定」中村家文書四九号。
(28) 明治七年五月「社地上地御払下ヶ願」中村家文書五四号。
(29) 明治七年六月「為取替確証（征矢神社上地田畑小作人等ニ付）」中村家文書五四号。
(30) 明治八年「社地上地御拂下ヶ願」中村家文書九九三号。
(31) 明治九年七月「為取換確証（征矢神社旧除地払下ヶ田畑当作付之儀ニ付）」中村家文書五一号。
(32) 前掲註（1）。
(33) 明治一〇年「為取換議定（征矢神社田畑小作米、奉幣等ニ付）」中村家文書五二号。
(34) 明治一二年「明治十二卯年ヨリ十五午年迄精算　征矢神社田畑租税幷小作入揚金勘定帳」中村家文書二八号。
(35) 明治一九年五月「為取換規約書（征矢神社共有地外ニ付）」中村家文書六九号。
(36) 明治一九年四月七日「八郎右衛門分処分ニ付明細絵図飛地調書等提出照会」中村家文書四二〇―二号。

(37) 明治一九年六月一一日「村界御定願（八郎右衛門分処分ニ付）」中村家文書四二一号。
(38) 明治五年一一月五日「鎮守ニ付御願（氏子調ニ付八坂大神ヲ小鎮守与居置願）」中村家文書四八号。
(39) 明治五年五月「式外神社氏子取調・寺領境外立木調書上帳之控」中村家文書一五〇三号。
(40) 明治一七年五月「一七年五月社寺書上雛形（ほか社寺明細取調関係綴）」中村家文書一五〇七号。
(41) 明治一七年五月一五日「神社書上落記入願（無格社秋津神社）」中村家文書六八―三号、同「神社書上落記入願（無格社琴平神社）」中村家文書六八―四号。
(42) （明治一九年カ）「地誌編輯取調書類」中村家文書四〇五号。
(43) 明治一七年六月二二日「神社氏子書上正誤願」中村家文書六八―一号。
(44) 明治一七年七月一三日「征矢神社氏子書上正誤願指令写」中村家文書六七号。
(45) 「神社明細帳」加治村役場文書一二―二〇七号、飯能市郷土館所蔵。ただし、征矢神社の信徒は矢颪村が「戸主一七人」、岩渕村が「戸主三二人」とあり戸数に違いがある。他の神社には氏子の書上げがないため、この差分についての詳細は不明である。
(46) 明治一七年一一月一七日「村社加列願（無格社八坂神社）」中村家文書六八―二号。
(47) 「社寺ニ関スル書類」加治村役場文書一二―一八九号。
(48) 明治三年一一月「武蔵国高麗郡矢颪村郷社書上帳村綴」中村家文書一五〇二号。
(49) 前掲註（42）。
(50) 前掲註（13）。
(51) 「埼玉県入間郡　神社明細帳　丙」国文学研究資料館所蔵。
(52) 明治一七年「神社明細帳　加治村役場」加治村役場文書一二―二〇七号。
(53) 矢颪村の耕地については第Ⅰ部第一章辻林論文を参照のこと。
(54) 前掲註（43）。
(55) 前掲註（22）。

〔コラム〕災害の記憶・記録と継承への試み

災害記録には、有形の文書や日記などの文献類と災害碑等の金石文、無形の伝承や記憶がある。明治後期になると、写真資料等がこれに加わる。

東日本大震災後、各地の博物館では、避けては通れない諸災害に対し、過去の災害を改めて検証し、減災のための教訓とする展示が続いている。平成二五年（二〇一三）一月飯能市郷土館と市の危機管理室は、市内各自治会を対象に「地域における災害の記憶調査」を合同で実施し、同年一〇月特別展「飯能方面湖水の如し」を開催した。この成果は「飯能災害史年表」として市のホームページに公開されている。災害史年表には、土砂災害と洪水が突出している。飯能市域の記念碑二一三基中、一〇基が災害関連で、うち四基は展示のタイトルともなった明治四三年（一九一〇）の水害碑であった。

「地域における災害の記憶」調査は、新興住宅地を除く全自治会を対象とした。回答を寄せた約半数の自治会のうち、「記憶がある」としたのは二三自治会（三五％）であった。とくに明治四三年水害や昭和二二年（一九四七）のカスリーン台風の記憶が顕著であった。また、年次別では、五五件の災害のうち、昭和二〇年代以降が約半数の二八件を占める。これは、人による記憶の継承の傾向と限界を自ずと示唆している。災害の記憶が継承されない最大の原因は、自然災害の発生と人間の寿命のサイクルが必ずしも一致しないことにある。

飯能市域には約五〇〇か所以上の土砂災害の危険性を持つ地区がある。平成一一年（一九九九）八月に発生した土砂災害は、市民の記憶に新しいところだろう。一三日午後から一五日午後まで振り続いた雨で、床下浸水一〇戸、河川護岸被害三か所、道路被害三〇か所、崖崩れ五八か所に被害が出て、二三四人が自主避難した。最大の災害は、一四日午後七時二八分頃、西武池袋線吾野駅南面の崩壊であった。

図　篠原写真館撮影の明治43年水害・飯能河原の様子
（小山健仁氏蔵、飯能市郷土館提供）

当初危険箇所とされてなかった場所の災害は、まさに「想定外」だったという。

明治四三年の水害後に撮影された飯能河原の写真（図）は、まさに「湖がごとく」の景観である。入間川は、過去幾度となくこの広い河原を洪水で押し流し、その都度先人たちは復興に力を注いだ。

東日本大震災から半年後、飯能河原は現在の姿に生まれ変わった。平時の穏やかな川からは想像もできないが、ここに遊ぶ人々が、過去の災害を認識する記録媒体としての掲示板の設置など、積極的な防災・減災のための手段の提供が必要である。人は忘却しがちであり、喪われがちな無形の記憶を次世代につなぐためにも、有形の記録に転嫁しなければならない。自然に想定外はないのである。（橋本直子）

あとがき

まず、この共同研究『地域の記録と記憶を問い直す』の経緯に触れておきたい。編者の白井哲哉と須田努が大学の非常勤講師を務めるようになった二〇〇二年、わたしたちは共通する恩師木村礎さんから受けた史料調査と共同研究の刺激と楽しさを二〇代の世代へと伝えていきたい、という歴史学徒としての思いから、飯能地域を対象として資料調査を始めた。飯能市郷土館の学芸員尾崎泰弘さんには資料調査・巡見踏査、共同研究と、すべてにわたってお世話になり続けている。二〇〇五年からは資料調査に加え、論文集の出版を視野に入れた研究会も発足させた。調査合宿発足当時、編者二人は研究職には就いておらず科研費等の研究費を獲得する立場になく、調査合宿の費用は参加者からの私費でまかなってきた—この形態は今現在も続いている—。

二〇一六年現在、白井は筑波大学図書館情報メディア系、須田は明治大学情報コミュニケーション学部にそれぞれ所属している。このように、二人とも勤務先は文学部史学科ではない。ゼミには江戸時代の地域史・村落史を専門として勉強・研究するという学生・院生はまずいない。さまざまな興味関心を持った学生・院生・卒業生が調査合宿に参加しているが—内田叶夢の映画論で修論を書いた院生もいた—、調査合宿の回数が増えるごとに、近世地方文書に対する興味関心と読解力は向上している。

二〇〇二年から二〇一四年までは、春と夏に調査合宿（二泊三日）を実施していた。毎年、この二回の合宿に必ず参加する卒業生たちもいる。彼ら・彼女らは社会人であり、有給休暇をやりくりして駆けつけ、一日中古文書と向き合う。そして、夜は各自持ち寄った〝銘酒〟での宴会となる—卒業生の岡本美穂さんにはいつもうれしい珍味をたくさん頂いている。この調査合宿は同窓会の意味も持っている。また、合宿最終日には飯能地域・奥武蔵地域を知るために巡見踏査をかならず実行している—参加者の評判はすこぶるよい—。本書巻末には「資料調査参加者一覧」「資料調査の記録」を掲載し、「調査資料群」「巡見」地域、そして参加者を書き上げた。合計二一一名がこの調査に参加したことになる。

資料調査の成果として、二〇〇八年に『武蔵国高麗郡矢颪村　中村家文書目録』を刊行することができた。飯能市郷土館の事業の一環であるが、調査をひとつの形として〝世に出す〟ことができたことは、わたしたち全員の励みになった。

調査の指導者としては、椙本直子・牛米努両氏はもちろんのこと、本論文集の執筆者である尾崎泰弘・酒井麻子・本村慈、そして当初は学生・院生であったがリーダーへと育っていった辻林正貴・山本智代・佐藤顕・宮間純一・中西崇・清水裕介といった頼もしい仲間がいる。そして、この合宿には日本近世史をリードし、史料調査にも精通した来訪者がいた。二〇〇三年には木村礎さんが、二〇〇八年、二〇一〇年には青木美智男さんが、学生たちと目録取りを行い、夜は気焔を上げた。その時のお二人の声と姿は今でも浮かんで来る。お二人とも鬼籍に入られた。

また、二〇一一年、三月一二日からの春の合宿は取りやめとなったことは記しておきたい。言うまでもなく東日本大震災の年である。震災の日、メンバーはそれぞれの活動拠点に閉じ込められていた。一二日、早朝から連絡を取り合い合宿は中止とした。わたしたち歴史学徒は、史料保存や歴史景観の保全といったことを意識し活動してきが、震災により地域（故郷）そのものが消滅するという事態に直面した。このような問題は、本論集のテーマにも反映されている。わたしたちが「記録・記憶」にこだわった理由もそこにある。

本論集は、奥武蔵という「武州山の根」地域にスポットを当てたものとなっている。「神は細部に宿る」とまでは言わないが、このローカルなこだわりから「地域の記録と記憶を問い直す」ことの意味を少しでも問いかけられたかな、と思っている。本論集の執筆にあたっては、研究会を開催し議論を繰り返してきたが、各執筆者の問題意識やこだわりを最優先としたため、各論文のバランスに偏差が出てしまった感もある。これはひとえに編者二人の責任である。

最後に、資料調査等でお世話になった以下の方々に心からお礼を述べたい。

・飯能市郷土館　市民会館　中央公民館　奥むさし旅館

・文書所蔵者の皆様

　中村興夫様・智子様　滝沢自次様　浄心寺　故須田洋一郎様　采澤伸之様　学習院大学史料館

・巡見・踏査でお世話になった皆様

　浅見徳男様　越生町教育委員会　鳥居観音　長光寺　曽根原裕明様

　智観寺　高麗神社　龍隠寺　子之権現　常楽寺

＊記録の不備のため、名前の掲載に漏れがあるかも知れませんが、何卒ご海容いただければと思います。

（須田　努）

資料調査の記録

	期間	調査資料群	会場	巡見※	参加人数
一	平成一四年（二〇〇二）八月二九日（木）～三一日（土）	矢颪村中村正夫家文書	市民会館	大字矢颪	四〇
二	平成一五年（二〇〇三）三月二〇日（木）～二二日（土）	矢颪村中村正夫家文書	郷土館・市民会館	飯能市街地	三二
三	平成一五年（二〇〇三）八月二日（土）～四日（月）	矢颪村中村正夫家文書 真能寺村絵図調査	郷土館・市民会館	能仁寺	四七
四	平成一六年（二〇〇四）三月一三日（土）～一五日（月）	矢颪村中村正夫家文書 真能寺村絵図調査	郷土館・市民会館	久留里藩主黒田家墓所	三三
五	平成一六年（二〇〇四）八月二六日（土）～二八日（月）	矢颪村中村正夫家文書	郷土館・市民会館	大字矢颪	三二
六	平成一七年（二〇〇五）三月一二日（土）～一四日（月）	矢颪村中村正夫家文書 小瀬戸村須田省一郎家文書	郷土館・市民会館	大字矢颪・前ヶ貫境、征矢神社	四二
七	平成一七年（二〇〇五）八月二七日（土）～二九日（月）	矢颪村中村正夫家文書 小瀬戸村須田省一郎家文書	郷土館・市民会館	能仁寺・天覧山	三七
八	平成一八年（二〇〇六）三月一一日（土）～一三日（月）	矢颪村中村正夫家文書 小瀬戸村須田省一郎家 矢颪村滝澤自次家文書	郷土館・市民会館	大字矢颪（滝澤家）	四三
九	平成一八年（二〇〇六）八月二九日（火）～三一日（木）	矢颪村中村正夫家文書 小瀬戸村須田省一郎家文書 矢颪村滝澤自次家文書	郷土館・市民会館	大字小瀬戸（須田家）	三八
一〇	平成一九年（二〇〇七）三月一〇日（土）～一二日（月）	矢颪村中村正夫家文書 小瀬戸村須田省一郎家文書	郷土館・中央公民館・市民会館	大字上名栗中心部	三九

	期間	調査資料群	会場	巡見※	参加人数
一一	平成一九年（二〇〇七）八月三一日（金）～九月二日（日）	矢颪村中村正夫家文書 小瀬戸村須田省一郎家文書	市民会館	日高市　高麗神社・聖天院	二六
一二	平成二〇年（二〇〇八）三月一四日（金）～一六日（日）	矢颪村中村正夫家文書（新出分追加整理）	郷土館・中央公民館	東京都青梅市　新町の大井戸、吉野家住宅	二六
一三	平成二〇年（二〇〇八）八月一七日（土）～一九日（月）	矢颪村浄心寺文書 矢颪村中村正夫家文書	郷土館	子之権現	三〇
一四	平成二一年（二〇〇九）三月一九日（木）～二一日（土）	能仁寺文書	能仁寺	天覧山	三五
一五	平成二一年（二〇〇九）八月二二日（土）～二四日（月）	能仁寺文書	能仁寺	智観寺	三四
一六	平成二二年（二〇一〇）三月一三日（土）～一五日（月）	能仁寺文書	能仁寺	多峯主山	三五
一七	平成二二年（二〇一〇）八月二二日（日）～二四日（火）	能仁寺文書	能仁寺	高山不動	四六
—	平成二三年（二〇一一）三月一二日（土）～一四日（月）	東日本大震災のため中止			—
一八	平成二三年（二〇一一）八月二七日（日）～二九日（火）	能仁寺文書 矢颪村滝澤家文書	能仁寺	美杉台　滝澤家墓所	二八
一九	平成二四年（二〇一二）三月一七日（土）～一九日（月）	能仁寺文書	能仁寺	鳥居観音	三四
二〇	平成二四年（二〇一二）八月一一日（土）～一三日（月）	能仁寺文書	能仁寺	飯能市街地（店蔵絹甚・大通り）	三二

二二	平成二五年（二〇一三）三月一六日（土）～一八日（月）	能仁寺文書	能仁寺 中央地区行政センター	越生町　龍穏寺	二七
二三	平成二五年（二〇一三）八月二四日（土）～二六日（月）	能仁寺文書	能仁寺	長光寺	三三
二三	平成二六年（二〇一四）三月一日（土）～二日（日）	能仁寺文書	能仁寺 中央地区行政センター	天候不良のため中止	三一
二四	平成二六年（二〇一四）八月一六日（土）～一八日（月）	坂本村采澤家文書	郷土館	大字坂本、吾野	三四
二五	平成二七年（二〇一五）八月一五日（土）～一七日（月）	坂本村采澤家文書	郷土館	台風接近のため中止	四四

※「巡見先」欄で市町村名がないのは飯能市内である。

資料調査参加者一覧（五〇音順）

相川 詩織
相庭 瞳
青木 美智男
青柳 美香
青山 仁
明石 玲
赤堀 由佳
浅見 徳男
熱海 尭之
阿部 靖子
新井 健太
飯泉 今日子
飯島 彦四郎
石川 悟
石崎 思津子
石田 貴之
石田 幹彦
泉山 孝生
出野 雄也
伊藤 洸紀
伊藤 平八
稲垣 理美
稲田 かおり
井上 かおり
井上 潤
猪股 寛
今井 美樹
岩井 雄介
岩橋 直樹
植田 良
牛米 努
宇田川 龍馬
浦松 靖典
江藤 慶
遠藤 雅士
大坂 芙美子
太田 貴也
大塚 洋平
大貫 茂紀
大村 菜摘
大屋 登美雄
岡庭 亜紀子
岡野 樹明
岡本 美穂
小澤 伸行
押尾 佳奈子
尾西 宏一郎
小貫 知晴
恩田 玲
梶原 拓也
賀須井 貴子
片桐 駿介
勝田 真幸
加藤 葵
加藤 徹
神谷 朋衣
川崎 可奈
北林 大
北藤 李津子
北村 厚介
木津 亜希菜
城所 宏美
木村 礎
桐山 修一
久保 直哉
久保 恵
熊谷 美奈子
久間木 純
椙沢 朋美
桑垣 ひろみ
桑原 功一
九重 明大
小菅 竜司
児玉 憲治
小林 慶太
小林 奈穂
小林 真理絵
小林 夕里子
小堀 好子
小室 祐樹
小山 祥恵
斎藤 弘美
酒井 麻子
里 新菜
佐藤 顕
佐藤 悠
佐藤 陽祐
佐藤 亮
佐藤 亮太
真田 幸佑

施　利平
塩原（辻林）菜穂
重松　洪作
宍戸　知
篠田　由地
島田　和也
島田　美穂
清水　規夫
清水　祐介
白井　哲哉
城前　欣宏
鈴木　挙
鈴木　一史
鈴木　和人
鈴木　聡
鈴木　奈緒
鈴木　美識
鈴木　友里亜
須田　努
砂原　崇志
陶山　舞
関　瑞穂
高橋　和哉
高橋　奈緒
高橋　伸拓
高橋　弘志
高山　敦夫
寶田　麻衣
竹ケ原　康佑
竹中　憲司
田中　元暁
田村　翔
趙　景達
塚脇　悠太
辻岡　健志
辻林　正貴
寺澤　正直
輝元　奏文
徳差　健太
富沢　達三
豊田　恵
鳥居　もえぎ
永井　絵理
長尾　明希
中岡　貴裕
長澤　亜沙美
中臺　希実
中西　崇
中野　浩一
中村　仁美
西村　光正
羽岡　美子
橋本　直子
花木　知子
林　進一郎
林　敬祐
林原（會田）久恵
早田　旅人
原田　信男
バールィシェフ・エドワルド
日笠　佐世子
東　慶郎
比田勝　直文
平沼　真実
平野　杏奈
平野　麻希子
福田　将之
福留　賢
福室　幸恵
藤木　愛
藤木　元子
布留川　進
古川　舞
星野　英恵
干場　愛美
馮　林
牧田　純一
牧野　奏尚
増子　千尋
増山　彩香
松尾　悠亮
松下　隆史
松田　かのん
松田　景介
松本　聖
松本　芽生
水野　佳介
水村　暁人
宮井　香織
宮内　美由紀
宮島　花陽乃
宮間　純一
宮元　友季恵
武者　詩久美
宗藤　広恵
村島　京子
本村　慈
森　優次
諸井　弘子
門馬　克子
柳川　太希
山口　遼
山崎　聡
山崎　麻理
山下　玲奈
山田　健太郎

山田 直弘　山田 美希　山田佑紀子　山野邉 渓　山本 俊　山本 智代
湯本 寛深　横田 茜　吉田 悠希　依田 直樹　米村 志朗
涌井(椿田)有希子　渡部 航太朗　渡辺 由希子　鰐部 美香

計 二一一名

※ 名前の表記は参加時のものに従い、その後の参加の際に姓が変わった場合は（ ）で掲載している。
※ 万一、名前の掲載漏れがあった場合は何とぞ御容赦いただくとともに、その旨を御一報いただければ幸いです。

（白井哲哉）

執筆者紹介（五〇音順）

【編者】＊略歴は奥付に記載

白井哲哉（しらい　てつや）

須田　努（すだ　つとむ）

牛米　努（うしごめ　つとむ）　一九五六年生。日本大学大学院文学研究科博士後期課程満期退学。現在、税務大学校租税史料室研究調査員。〔主な著作〕「幕末の助郷と多摩の村―元治元年の内藤新宿定助郷差村一件をめぐって―」（松尾正人編著『多摩の近世・近代史』中央大学出版部、二〇一二年）・「首都東京の形成と民費」（明治維新史学会編『講座明治維新七　明治維新と地域社会』〔改訂版〕有志舎、二〇一四年）。

尾崎泰弘（おざき　やすひろ）　一九六六年生。明治大学文学部卒業。現在、飯能市郷土館学芸員。〔主な著作〕「地域史料としての台紙付写真に関する一考察―写真史料学の構築に向けて―」（『アーカイブズ学研究』九、二〇〇八年）・「飯能縄市の成り立ちと見世空間」（『飯能市郷土館研究紀要』四、二〇〇八年）。

酒井麻子（さかい　あさこ）　一九七一年生。明治大学文学部卒業。現在、藤沢市文書館史料専門員。〔主な著作〕「近世における丘陵部の開発と村落景観―石川村の天正検地とその後―」（原田信男編『地域開発と村落景観の歴史的展開―多摩川中流域を中心に―』思文閣出版、二〇一一年）。

佐藤　顕（さとう　あきら）　一九七九年生。明治大学大学院文学研究科博士後期課程修了、博士（史学）。現在、和歌山市立博物館学芸員。〔主な著作〕「近世後期における高野山参詣の様相と変容―相模国からの高室院参詣を中心に―」（『地方史研究』三三九、二〇〇九年）・「延享期の寺院本末改と教団組織編成―曹洞宗を事例に―」（『日本歴史』七五九、二〇一一年）。

清水裕介（しみず　ゆうすけ）　一九八二年生。中央大学大学院文学研究科博士後期課程単位取得退学。現在、福島大学非常勤講師。〔主な著作〕「多摩の豪農と在村文化―多摩郡連光寺村富澤家の文芸と思想―」（松尾正人編著『多摩の近世・近代史』中央大学出版部、二〇一二年）・「明治天皇御製の公開と『聖蹟』―田中光顕・児玉四郎の活動を事例として―」（『パルテノン多摩博物館部門研究紀要』一一、公益財団法人多摩市文化振興財団、二〇一三年）。

辻林正貴（つじばやし まさたか） 一九八三年生。明治大学大学院文学研究科博士前期課程修了。現在、会社員。〔主な著作〕「富士山宝永噴火災害からの復興過程―相模国足柄上郡千津島村・皆瀬川村を中心に―」〔二〇〇七年度、修士論文〕。

中西　崇（なかにし たかし） 一九七八年生。早稲田大学大学院文学研究科博士後期課程満期退学。現在、聖光学院中学校高等学校社会科教諭。〔主な著作〕「武力を担う百姓の意識―江川農兵の農兵人を事例として―」（『人民の歴史学』一八二、二〇〇九年）・「鉄砲を持つ百姓と地域防衛―小田原藩領の村足軽を事例として―」（小田原近世史研究会編『近世南関東地域史論―駿豆相の視点から―』岩田書院、二〇一二年）。

橋本直子（はしもと なおこ） 一九五四年生。東京大学大学院新領域創成科学研究科博士後期課程修了、博士（環境学）。現在、葛飾区郷土と天文の博物館学芸員。〔主な著作〕『耕地開発と景観の自然環境学―利根川流域の近世河川環境を中心に―』（古今書院、二〇一〇年）・「The Redevelopment of Farmland and the Creation of New Villages in the Aizu Region in the 18th and 19th Centuries.」（『歴史地理学』二四〇、二〇〇八年）。

宮間純一（みやま じゅんいち） 一九八二年生。中央大学大学院文学研究科博士後期課程修了、博士（史学）。現在、国文学研究資料館准教授。〔主な著作〕『国葬の成立―明治国家と「功臣」の死―』（勉誠出版、二〇一五年）・『戊辰内乱期の社会―佐幕と勤王のあいだ―』（思文閣出版、二〇一五年）。

本村　慈（もとむら めぐみ） 一九七一年生。明治大学大学院文学研究科博士前期課程修了。現在、独立行政法人国立公文書館公文書専門官。〔主な著作〕「近世後期江戸近郊村上層百姓の家訓と家意識―武蔵国橘樹郡長尾村鈴木家を中心に―」〔二〇〇七年度、修士論文〕

山本智代（やまもと ともよ） 一九八三年生。明治大学大学院文学研究科博士前期課程修了。現在、錦城学園高等学校教諭。〔主な著作〕「近世の日野・八王子地域における焼畑の位置」（原田信男編『地域開発と村落景観の歴史的展開―多摩川中流域を中心に―』思文閣出版、二〇一一年）・「白山麓一八ヶ村とむつし関係史料について」（原田信男・鞍田崇編『焼畑の環境学―いま焼畑とは―』思文閣出版、二〇一一年）。

【編　者】

白井 哲哉（しらい てつや）

1962年生まれ。明治大学大学院博士後期課程退学，博士（史学）。

現在，筑波大学図書館情報メディア系 知的コミュニティ基盤研究センター教授。

〔主な著作〕

『日本近世地誌編纂史研究』（思文閣出版，2004年）

『『新編武蔵風土記稿』を読む』（重田正夫との共編，さきたま出版会，2015年）

「砂川町役場の公文書等にみる砂川闘争」（『歴史評論』778，2015年）

「Exhibitions in local archives in Japan」（『COMMA』2014-1/2，ICA，2015年）

他多数

須田　努（すだ つとむ）

1959年生まれ。早稲田大学大学院博士課程満期退学，博士（文学）。

現在，明治大学情報コミュニケーション学部教授。

〔主な著作〕

『「悪党」の一九世紀―民衆運動の変質と“近代移行期”―』（青木書店，2002年）

『イコンの崩壊まで ―「戦後歴史学」と運動史研究―』（青木書店，2008年）

『幕末の世直し―万人の戦争状態―』（吉川弘文館・歴史文化ライブラリー，2010年）

『薩摩・朝鮮陶工村の四百年』（久留島浩・趙景達との共編，岩波書店，2014年）

他多数

地域《ちいき》の記録《きろく》と記憶《きおく》を問《と》い直《なお》す

―武州山《ぶしゅうやま》の根地域《ねちいき》の一九世紀―

2016年4月20日　初版第一刷発行　　定価（本体9,800円＋税）

編　者　白　井　哲　哉

須　田　　　努

発行所　株式会社　八　木　書　店　古書出版部

代表　八　木　乾　二

〒101-0052 東京都千代田区神田小川町3-8

電話 03-3291-2969（編集）-6300（FAX）

発売元　株式会社　八　木　書　店

〒101-0052 東京都千代田区神田小川町3-8

電話 03-3291-2961（営業）-6300（FAX）

https://catalogue.books-yagi.co.jp/

E-mail pub@books-yagi.co.jp

印　刷　上毛印刷

製　本　牧製本印刷

用　紙　中性紙使用

ISBN978-4-8406-2208-0

索　引

一，本索引は、事項・人名・研究者からなる。
一，配列は五十音順とした。

事　項

【あ】

【い】

【う・え】

【お】

【か】

【き】

【く】

【け】

【こ】

【さ】

【し】

【す・せ】

【そ】

【た】

【ち】

人　名

研究者

【あ–お】

【か–こ】

【さ–そ】

【た–と】

【な–の】

【は–ほ】

【まーも】

【やーよ】

【わ】